法 学 阶 梯
INSTITUTIONES
普通高等教育法学规划教材

能源法学总论

Principles of Energy Law

中国法学会能源法研究会 编

主 编 | 石少华 周凤翱 曹富国
副主编 | 于文轩 黄振中 胡德胜

撰稿人（以姓氏笔画为序）
于文轩 王文革 王 江
石少华 严厚福 苏苗罕
沈 磊 张小平 陈兴华
周凤翱 胡德胜 莫神星
黄振中 黄锡生 曹富国
龚向前

法律出版社
始创于1954年

www.lawpress.com.cn
好书，同好老师和好学生分享

编审委员会

出版说明

法律出版社在其奋进发展的六十年光辉历程中,秉精诚之心,集全社之力,服务于我国法学教育事业,致力于法学教材出版。尤其在改革开放三十余年间,本社以“传播法律信息,推进法制进程,积累法律文化,弘扬法治精神”为宗旨,协同司法部法学教材编辑部,规划并组织出版了国家“八五”“九五”期间的法学规划教材,为我国改革开放之初的法学教育和法治建设做出了开创性贡献;进入 21 世纪之后,法律出版社又根据教育部的部署和指导,相继规划并组织出版了“十五”、“十一五”和“十二五”法学规划教材,为我国法学教育事业的发展与改革付出了艰辛努力。

承蒙法学教育领域专家作者的信任,以及广大法律院校师生的支持,法律出版社经过三十年的发展与积累,相继出版各类法学教材达四百余种。在学科范围方面,完成以法学核心课程为重心,涉及法学诸学科的“全品种”横向结构;在培养层次方面,健全以本科教育为根本,兼顾职业教育和研究生教育的“多层次”纵向结构,进而打造“法律版”法学教科书体系,以期更好地为法学教育服务,为法治建设贡献绵薄之力。

近年来,法律出版社因应法学教育的发展变化,在教材编写体例及系列安排方面做出相应调整。在教材编写体例方面,结合当前教学实际与培养方案,将系统、全面的理论知识讲授与灵活、丰富的法律实践和能力训练相结合,倡导教材内容差异化,增加教材可读性,以期更好地培养法科学生的思维能力和法学素养。在教材系列安排方面,全力推进新品教材编写与注重既有教材修订相结合,根据教材风格与特色进行适当的套系整合,集中现有的国家级规划教材和在编的规划教材,形成以“普通高等教育法学规划教材”为名的全新教材系列。

本系列教材多为出版多年并广受好评的经典教科书。此次全新推出,既是向长期以来关心支持法学教育出版事业的专家作者的崇高致敬,也是法律出版社为中国当代法学教育事业发展拳拳努力之情的真诚表达。法律出版社将以高度的精品意识和质量标准,不断丰富、完善本系列教材的结构和内容;除教材文本之外,还将配有多层次、多形式的教辅材料,更好地为广大师生服务。

“好书,同好老师和好学生分享”,法律出版社愿与法律共同体诸同仁,分享好书,分享智识,分享法治进程中的点点滴滴!

法律出版社　谨识

2014 年 10 月

作 者 简 介

石少华 中国法学会能源法研究会会长，中国法学会理事，研究生学历；国务院安委会专家咨询委员会委员、国家安全生产专家，中国矿业大学(北京校区)教授。曾任原国家安全生产监督管理总局政策法规司副司长、巡视员，能源法起草工作领导小组成员。1977年至2011年，先后在原煤炭工业部、能源部、国家安全生产监督管理总局从事法制工作，主持创建了我国煤炭工业法律体系和安全生产法律体系，是《煤炭法》《安全生产法》的主要执笔人。被全国人大常委会办公厅、全国普法办、司法部、中央电视台提名为2014年度中国法治人物；被2014年度法治发展综合项目专家评委会授予“2014年中国十大影响力法治人物”荣誉称号。作为主要执笔人和组织领导者，先后主持起草并已由全国人大常委会、国务院发布实施的法律、行政法规有10余部，撰写并发表10余部法律专著和百余篇学术论文。

周凤翱 中国法学会能源法研究会副会长，国家能源法专家，法学博士；华北电力大学教授、博士生导师，校学术委员会委员，能源资源环境法律研究中心主任。曾任原子能法立法专家组副组长，能源法、《电力法》和核电管理条例等立法专家组常驻专家，北京能源发展研究基地(北京市设立)主任。主要从事中国能源法、国际能源法、外国能源法等教学与研究。主持国家社科基金及省部级课题38项，主编著作15部，发表论文50余篇。获国家能源局等省部级奖6项。

曹富国 中国法学会能源法研究会副会长，教育部新世纪优秀人才，法学博士；中央财经大学教授、博士生导师、PPP治理研究院院长。兼任财政部法律顾问、联合国贸法会采购和PPP法专家组成员。主持国家社科基金重大项目“PPP立法研究”、世行项目“加入WTO政府采购协定法律谈判国际比较研究”及多项省部级项目；发表*The Current Situation, Problems and Future Paths of Energy Law Education in China*、《城市燃气接驳费的意义及其规制》、《我国能源效率政府采购法律政策之发展》、《合同能源管理关系的规制》等50余篇(部)论著。

于文轩 中国法学会环境资源法学研究会副会长，教育部新世纪优秀人才，法学博士、博士后；中国政法大学教授、博士生导师，环境资源法研究所所长。兼任中国环境科学学会环境法学分会常务委员。入选“2009年全国优秀博士学位论文”；主持国家级和省部级课题研究30余项；独著论著5部，主编著作2部，翻译论著1部；发表学术论文100余篇。获中国法学会首届“董必武青年法学成果奖”及其他省部级奖5项。

黄振中　中国法学会能源法研究会常务理事，法学博士；北京师范大学法学院教授、博士生导师。兼任中国东盟法律合作中心副理事长、北京市京师律师事务所终身名誉主任、中国国际经济贸易仲裁委员会仲裁员、英国皇家特许仲裁员及多家上市公司独立董事等；曾任北京师范大学法学院副院长，中国石油化工集团有限公司资产管理部企业改革处副处长，西藏自治区人民检察院副检察长等。主要研究国际能源法、国际经济法等。出版著作10余部；发表论文40余篇。

黄锡生　中国法学会能源法研究会常务理事，法学博士、博士后，教育部新世纪优秀人才；重庆大学法学院院长、二级教授、博士生导师。兼任中国自然资源学会资源法学专业委员会主任，国务院发展研究中心智库专家，西部环境资源法制建设研究中心（重庆市设立）主任，中共重庆市委法律顾问，重庆市人大及市政府立法咨询专家。主要从事环境资源保护法、能源法的教学与研究。主持国家社科基金重大项目1项、一般项目2项及省部级课题16项；出版专著10部、教材20余部；发表论文180余篇。获省部级奖4项。

胡德胜　中国法学会能源法研究会常务理事，学术委员会副主任，哲学博士、博士后；中美富布赖特项目访问学者；重庆市巴渝学者特聘教授；重庆大学法学院教授、博士生导师。兼任致公党中央法治建设委员会委员，世界银行和亚洲开发银行项目咨询专家，律师，经济师，仲裁员。擅长跨法学、经济学和相关自然科学的交叉研究。出版《能源法学》《美国能源法律与政策》《能源与自然资源中的财产和法律》《矿业特许税费》等论著；发表中文和英文论文100余篇。荣获省部级奖8项。

王文革　中国法学会环境资源法学研究会副会长，法学博士、博士后；上海政法学院教授、博士生导师、环境资源与能源法研究中心主任。兼任全国人大环境资源立法研究基地（上海社科院）学术委员会副主任委员，中国环境资源法评论（中国环境资源法学研究会会刊）副主编，中华环保联合会法律专家委员会委员，中国国土资源报法律栏目专家。主要研究环境资源法、能源法等。独著、主编、参编著作（教材）共20余部；发表论文100余篇。荣获全国及上海市等省部级奖励20余项。

龚向前　中国法学会能源法研究会理事，法学博士、博士后；北京理工大学教授、硕士生导师。兼任中国欧洲学会欧洲法律研究会常务理事等职。主要研究与讲授国际环境法、能源法。主持国家社科基金及省部级课题多项；在*East Asia Journal of International Law*（SSCI）、《中国法学》、《法学家》等国内外重要刊物发表论文多篇。获得北京市教学成果一等奖、中国法学会能源法研究会优秀论文一等奖等。

陈兴华　中国法学会能源法研究会副秘书长，博士；北方工业大学副教授、硕士生导师，能源法研究中心主任。主要研究能源法、经济法、环境资源法。2006～2008年，作为国家能源法起草组秘书处工作人员，全程参与能源法立法，获国家能源领导小组办公室颁发能源法起草小组专家组助理专家证书，获能源法起草工作表现突出奖。主持、参与省部级、校级课题多项;出版专著 1 部,参与编写教材多部;发表学术论文 40 余篇。获国家能源局等省部级奖 3 项。

莫神星 中国法学会能源法研究会会员,法学博士;华东理工大学副教授,能源与资源环境法研究中心核心研究人员。主要从事能源法、环境法等研究与教学。出版《节能减排机制法律政策研究》《能源法》《能源法学》等著作;在《社会科学》《北京行政学院学报》《中国人口、资源与环境》《政法论丛》《中外能源》《中国能源》等杂志上发表论文 50 篇。10 余篇能源法论文在全国或地区学术会议获奖。

苏苗罕 中国法学会能源法研究会理事,法学博士;同济大学法学院副教授,硕士生导师,上海金融与法律研究院研究员。主要研究政府监管与行政法、能源法、信息法。主持国家社科基金项目和教育部人文社科基金项目各 1 项;独译理查德 · J. 皮尔斯《行政法》(第 5 版 · 3 卷本),合译或者译校作品 6 部;在《法学》《环球法律评论》等期刊上发表论文、译文 45 篇。

张小平 中国法学会能源法研究会副秘书长,法学博士;中央财经大学法学院副教授,环境与自然资源法教研室主任。加州大学伯克利分校访问学者。著有《全球环境治理的法律框架》(专著)、*The Implementation of Climate Change Mitigation Policy after Paris Agreement*(合著)、《排放权交易设计》(译著)。

沈　磊 中国法学会能源法研究会会员,法学博士;华北电力大学副教授、硕士生导师,北京能源发展研究基地(北京市设立)执行主任。兼任北京法律谈判研究会理事,英国法律学者协会(Society of Legal Scholars)会员、英国及爱尔兰法律、教育及技术联合会(BILETA)会员。主要从事国际能源法、外国能源法、国际金融法研究。主持北京社会科学基金等省部级课题 14 项、横向课题 5 项;出版专著 1 部,发表论文 10 余篇。获国家能源局等省部级奖及其他奖 2 项。

严厚福 法学博士,北京师范大学法学院副教授。研究方向为环境法、能源法。作为核心专家参与多部行政法规、部门规章和地方性法规的起草工作。主持国家社科基金青年项目 1 项,参与国家级及省部级科研项目数项;参与编写专著 2 部,教材 2 部,译著 3 部;发表论文 20 余篇。

王　江 中国法学会能源法研究会会员,法学博士;重庆大学法学院副教授、硕士生导师;重庆大学法学院能源法治研究所副所长。英国萨里大学访问学者,环境监管研究团队成员。主要研究能源法、自然资源法、国际环境法。主持国家社科基金项目 1 项,省部级项目 2 项,参加国家和省部级项目 6 项;参编《能源法学》《环境与资源保护法学》等教材 3 部;发表学术论文 20 余篇。

本书各章撰写分工如下：

第一章 石少华 周凤翱 黄锡生
第二章 周凤翱 于文轩 曹富国
第三章 苏苗罕 曹富国
第四章 陈兴华
第五章 黄振中 严厚福
第六章 胡德胜
第七章 曹富国 张小平
第八章 石少华 王文革 莫神星
第九章 龚向前
第十章 周凤翱 沈 磊
第十一章 于文轩
第十二章 王 江 胡德胜

值此本书出版之际，要特别感谢中国法学会、国家能源局及相关领导的关心和支持！感谢华北电力大学、中央财经大学、中国政法大学、北京师范大学、重庆大学、上海政法学院、北方工业大学、北京理工大学、同济大学等高校的大力支持！感谢周立涛、郭进平、李朝晖、任华等同志提出的宝贵意见和建议！感谢法律出版社及张雪纯编辑总监、吴昉编辑和郑怡萍责任编辑的严谨、高效、勤勉、负责的职业精神！

对于本书的编写，虽然我们付出了努力，但是由于时间仓促，能力所限，疏漏在所难免，尚请广大读者提出宝贵意见。

中国法学会能源法研究会
二〇一九年六月

编写说明

中国法学会能源法研究会是中国法学会直管的50多个研究会中，具有“产、学、研、政、律”五位一体特色的全国性能源法学术研究团体。研究会成立20多年来，逐步发展壮大研究队伍，发挥五位一体特色优势，团结引领全国能源领域的法学学者、法律工作者，紧密围绕党和国家的工作中心，深入研究能源立法以及相关法律法规实施过程中的重点、难点问题，积极参与国家有关立法活动，为能源法治建设建言献策，为完善能源法律制度体系、为繁荣能源法学研究交流做了大量工作，发挥了能源领域全国性法学社团的积极作用。

党的十八届四中全会作出了全面推进依法治国的重大决策，习近平总书记提出了加强能源法律法规“立改废”和能源法治建设的总体目标。研究会根据这一总体目标，确定了“三个服务”的办会宗旨：一是服务于国家能源立法，为国家立法献计献策，使能源法研究成果转化为国家能源政策、能源立法；二是服务于能源法的法理研究和学科建设，发挥相关高校院所和专业人才的作用，增强研究能力，拓展研究领域，挖掘研究深度；三是服务于会员单位的法律实务，为能源行业、企业提供优质法律服务，为能源企业、会员单位排忧解难。

学科建设是能源法学研究和人才培养的基础工程。自1988年我国第一本能源法教材出版以来，能源法学研究水平不断提升，能源法学专著和教材不断增多，能源法学体系日臻完善，多所高校相继开设了能源法课程，形成了稳定的能源法学教学与科研团队。尽管如此，能源法学科建设，尤其是教材体系建设整体上仍然滞后。由于我国能源法尚未出台，已经出版的能源法学教材、专著体例不一，对于能源法学的基本理论、学科范式、框架结构与知识内容难以统一，无法形成全国通用的能源法学权威教材，影响了能源法学科建设和高等院校人才培养，不能满足国家能源法治建设的需要。

为了推动中国特色能源法学科体系建设，研究会将能源法学科建设列入2018年工作重点，研究起草并审议通过了《能源法学科建设工作纲要》，强调能源法学科建设要“面向国家能源立法和能源产业部门发展需要，突出能源法学科主体地位，发挥研究会‘产、学、研、政、律’五位一体的优势，科学规划、开门办学、广纳资源、协同合作，力争在较短时间内，提升能源法学科建设整体水平，取得一批有影响力和显示度的学科建设成果，实现资源投入、政策支持、人才培养、学科建设的良性循环”。

《能源法学科建设工作纲要》要求研究会抓紧抓好能源法教材建设，汇集研究会内外能源法理论与实务两方面的权威专家，在总结现有研究成果的基础上，组织能源法学系列教材的编写出版。通过教材编写，形成能源法知识体系，突出能源法学科主体地位，重点加强对能源法研究的基本方法和基本范畴的研究，总结能源法的概念体系、理论体系和能源法律关系，厘清能源法与其他学科的关系，为高等院校能源法教学提供范本。

研究会经过深入分析和全面调研认为，随着我国能源法制定工作的深入推进，研究会2015年向国家能源局和原国务院法制办公室提交的《能源法(送审稿)》修改稿是近10年能源法立法研究成果和各方意见的集中提炼，其框架结构安排及其中蕴含的基本理论、基本原则和主要法律制度已经相对稳定，可以在能源法出台前作为编写《能源法学总论》确定章节框架和知识要点的参考范式。因此，为了尽快解决我国能源法教材目前存在的突出问题，精心打造能够代表近年来能源法学研究成果的通用权威教材，研究会于2018年5月正式启动了《能源法学总论》编写工作。

《能源法学总论》编写工作的指导思想：以习近平新时代中国特色社会主义思想为指导，努力践行研究会"三个服务"办会宗旨，贯彻落实《能源法学科建设工作纲要》要求，立足能源行业实际、能源改革实践和能源革命需要，总结能源立法、执法和司法经验，广泛吸收国内外研究成果，提炼能源法基本概念、基本原则和基本制度，构建能源法学理论体系，完善能源法学学科范式，为高等院校教学和能源企业培训提供权威教材，为立法部门加快能源立法提供理论支持，为实现能源法学科跨越发展奠定坚实基础。

《能源法学总论》编写工作的总体要求：一是要注重能源与法学的交叉性和复合性，立足法学与能源的交叉特点，既要有能源专业知识，更要有法学理论提炼，着重契合跨界学科的交叉类知识传授与复合型人才培养；二是要注重国内与国外的借鉴性和互动性，既要体现国内能源改革文件精神，也要借鉴国外能源立法最新成果，更要促进能源领域"产、学、研、政、律"之间的立法支撑、法务支持、知识更新、学术创新的良性互动；三是要注重吸收与创新的广泛性和代表性，要集各家之长，集思广益，凝聚共识，既要有集成创新，也要有原始创新，既要体现广泛性，更要具有代表性。

《能源法学总论》编写工作的组织保障：一是成立编委会，由研究会会长、副会长及在能源法立法、研究和教材编写等方面具有丰富经验的常务理事和专家组成，负责指导教材编写、审定教材内容等工作；二是成立编写组，由主编统筹谋划，副主编分工把关，主要高校能源法学科带头人承担撰稿任务；三是成立秘书组，由秘书分工负责，做好相关会务、财务等服务工作，做好与作者的联系、沟通等协调工作，以及做好校对、出版等对接工作。

《能源法学总论》编写工作于2018年5月正式启动，启动会审议通过了《能源法学总论》编写工作方案，包括撰写提纲、各章作者、书稿模板、体例参考范本、文风参考范本和编写工作进度等内容；研究会向编委会和参编人员颁发了聘书。2018年8月中旬研究会年会期间，形成了《能源法学总论》中期书稿；10月上旬形成了《能源法学总论》初稿，召开了审稿会；12月上旬完成了副主编审稿工作；12月下旬完成了主编及编委会审稿、定稿工作并提交出版社。

《能源法学总论》由研究会组织编写，编委会指导，石少华统筹、审定，周凤翱组稿、统稿，曹富国组织审稿，于文轩、黄振中、胡德胜分别审稿。

目　　录

第一章　能源法的研究与制定

导 读

能源法是能源领域的基本法，是规范能源开发利用和管理，优化能源结构，提高能源效率，保障能源安全，促进能源和经济社会可持续发展的法律规范。国家正在推进能源法的立法与研究工作。本章阐述了能源法的立法进程、立法目的、法律关系、基本原则、基本法律制度、立法难点及其与能源单行法的关系。本章重点是能源基本法的定位、能源法律关系三要素、对能源单行法起指导作用的基本原则、涵盖能源单行法各方面的基本法律制度。本章难点是能源法的调整对象即纵向能源法律关系、横向能源法律关系和涉外能源法律关系，以及能源基本法与能源单行法的关系。

国家推进能源法的立法与研究工作，既是依法治国、依法行政的客观要求，也是全面落实科学发展观，建设资源节约型和环境友好型社会的现实需要。改革开放四十年来，我国相继颁布实施了《煤炭法》《电力法》《节约能源法》《可再生能源法》《核安全法》等能源单行法律以及配套法规，能源法律体系的框架初步形成。但是，我国还缺少全面体现能源战略和总体政策导向的基础性法律，难以对能源安全、能源效率、能源结构、能源环境等综合性、全局性的问题实行有效调整。从国际经验看，用法律手段规范能源开发利用活动，是世界各国的通行做法，美国、德国、英国、日本、波兰等二十多个国家制定了综合性能源法律，在推动能源战略规划实施，规范能源开发利用秩序，建立能源市场机制等方面发挥了积极作用。当前我国面临严峻的能源安全、环境保护以及应对气候变化问题，新的形势和工作实践迫切需要完善能源法律体系，尤其是要加快研究制定一部在能源开发利用活动中具有基础性作用的能源法。

第一节　能源法的立法进程

经国务院批准，《中华人民共和国能源法》（以下简称能源法）起草工作自2006年年初正式启动。随后，由原国家能源办、国家发展改革委、原国务院法制办牵头成立了由国务院15个部、委、办组成的能源法起草工作领导小组，下设起草专家组，启动相关课题研究，开展调查研究，举行专家座谈会，广泛征求意见等，先后形成了能源法大纲、工作稿、讨论稿、征求意见稿和送审稿（草稿）。2008年11月21日，国家发展改革委将《能源法（送审稿)》提请国务院审议。此后,原国务院法制办就《能源法(送审稿)》广泛征求了相关部门、行业、地区和专家意见,梳理各方的立法诉求和建议,提出需要研究解决的问题清单:对总体框架、章节设计存在的争议,对市场机制表述、能源战略的内容、能源规划的约束与指导作用、可再生能源的资质许可、能源普遍服务、能源战略储备与应急等问题存在的不同认识,能源法与能源单行法律及其他相关法律之间的协调,如何使能源法目标明确、措施有效、保障得力,切实解决现实需要及社会普遍关注的问题,避免法律条文过空、过虚,等等。这些问题急需通过修改《能源法(送审稿)》予以解决。党的十八大以后,党中央和国务院作出了全面深化改革,全面依法治国,简政放权,充分发挥市场在资源配置中起决定性作用,更好发挥政府对市场的调控作用,推进能源革命和国际合作,加强能源安全保障,加快能源领域法律法规立、改、废工作,强调重大改革必须于法有据等一系列重大决策部署。这些决策部署必须通过加快出台能源法加以体现并提供法制保障。

根据原国务院法制办、国家发展改革委和国家能源局的统筹安排,中国法学会能源法研究会(以下简称能源法研究会)于2015年5月重启《能源法(送审稿)》修改工作,并开展了以下工作:(1)成立《能源法(送审稿)》研究修改工作班子,依托能源法研究会开展课题研究;(2)认真学习党的十八大报告、政府工作报告、中央全面深化改革决定、中央推进全面依法治国决定及习近平、李克强同志有关能源工作的系列讲话和《能源发展十二五规划》《国家能源战略行动计划》等重要文件,提炼出必须在《能源法(送审稿)》中加以体现并保障实施的具体内容;(3)针对原国务院法制办提出的问题清单,收集整理、分析研究国内外相关能源法文本、研究资料和研究报告,进行相关基础资料的研究,进而提出关于修改《能源法(送审稿)》的问题清单,按专题形成初步研究报告;(4)确定《能源法(送审稿)》修改工作的指导思想和工作思路;(5)召开能源法专家研讨会、能源企业研讨会、能源法研究会2015年会、能源法研究会顾问及专家研讨会,听取各方面意见和建议;(6)研究分析国务院有关部门、单位和能源企业对能源法送审稿、修改稿初稿提出的修改意见、建议;(7)拟出《能源法(送审稿)》修改稿初稿;(8)将《能源法(送审稿)》修改稿初稿在国家能源局内反复征求各司局的修改意见后形成修改二稿;(9)研究、吸纳国家能源局相关司局的修改意见。在完成上述工作的基础上,能源法研究会于2015年10月将《能源法(送审稿)》修改稿正式上报国家能源局。2017年年初,国家发展改革委将《能源法(送审稿)》修改稿再次报国务院审议。在2018年9月公布的第十三届全国人大常委会立法规划中,能源法被列为需要抓紧工作、条件成熟时提请审议的法律项目。目前,《能源法(送审稿)》的审查协调和调研修改等工作尚在进行中。

起草制定能源法,是解决能源领域发展、改革和管理等重大问题,保障能源与经济社会协调可持续发展的客观需要,具有积极的现实意义和深远的历史意义。(1)有利于推进能源战略实施,为政府制定和实施能源政策提供法律依据;(2)有利于保障国家能源和经济安全;(3)有利于构建资源节约型、环境友好型社会,使能源节约和高效、清洁利用成为全社会共同遵守的行为准则;(4)有利于提高能源安全生产、节约生产、清洁生产水平;(5)有利于完善能源管理体制和机制,规范市场主体行为;(6)有利于推动能源科技自主创新;(7)有利于健全我国能源法律体系,促进能源法治建设。

第二节 能源法的立法要点

能源法的制定工作,必须对立法工作的指导思想、立法原则、立法思路、重点内容等重大问题凝聚共识,做好顶层设计。

一、能源法的立法指导思想

能源法立法工作的指导思想是,坚持以习近平新时代中国特色社会主义思想、“四个全面”战略布局和实现中华民族伟大复兴的中国梦为指导,立足于经济新常态、市场化改革、简政放权、能源革命、国际合作的新背景,精心做好能源法治体系顶层设计,努力做到重大改革于法有据,把握重点,突破难点,求同化异,解决问题,力促能源法顺利出台。

二、能源法的立法原则

(一)全面把握与突出重点相结合

能源法作为一部基础性、综合性法律,对其立法目的、调整范围、重要原则、基本法律制度等基本要素要全面把握;对于中央已经明确、改革措施到位、立法条件成熟的改革成果要重点体现。对于中央尚无明确决策、改革方案措施尚未到位、体制机制尚未理顺、各方意见尚未取得共识的政策措施留有空间,待将来条件成熟时再转换为法律规范。

(二)求同化异与突破难点相结合

虽然能源法的制定工作已历时十余年,但是这部法律有比没有好,早出比晚出好,不宜久拖。对于能源法的法律定位、调整对象、基本政策、战略规划、开发生产、供应消费、安全保障、科技进步、国际合作、政府监管等问题要求同化异;对能源法与能源单行法及相关法的关系,能源管理体制、机制等难点要有所突破,不能继续陷入旷日持久的纷争之中而停滞不前。

(三)原则条款与操作条款相结合

能源法的法律条文不仅要体现宣示性、原则性,更要注重可操作性和执行力。因此,除了在立法目的、能源方针政策、能源战略规划、体制机制等方面作出一些必要的宣示性、原则性规定外,在开发生产、供应消费、能源市场、安全保障、科技进步、国际合作,尤其是在监督管理、法律责任等章节要增加大量内容具体、可操作性较强的法律条款,以提升该法的执行力。

三、能源法的立法思路

能源法的立法思路:(1)认真学习党和国家有关能源发展的最高、最新决策,全面体现在法律条文上;(2)深入研究问题清单和各方意见,坚持问题导向,把握重点,突破难点;(3)梳理我国能源立法的现状及存在问题,分析能源立法滞后的体制、制度和机制等方面的深层次矛盾及原因；(4)对国外能源立法经验进行认真比对、研究和借鉴；(5)充分利用、吸收能源法制定工作中已有的研究成果，对以往形成的能源法各个版本进行研究，以国务院法制部门提交的修改稿为基础，坚持综合比对、与时俱进；(6)集思广益，反复充分征求、集中各个方面的修改意见、建议，在一些重大问题上取得共识或者突破；(7)对能源法基本框架进行科学的顶层设计，结合实际进行深入研究并提出修改稿，促使该法尽快出台。

四、能源法的重点突破

能源法应当力求在以下五个方面的问题和内容上取得重点突破：

1. 要贯彻落实以习近平同志为核心的党中央、国务院和中央领导同志关于我国能源发展的一系列指示精神及重大决策，将党和国家关于能源发展的既定方针、原则、战略和决策法律化。如将“能源革命”和“国际合作”作为修改稿的指导方针，在有关章节及法条中要作出具体规定。

2. 要将国家能源基本政策制度化。能源法要对有关能源投资、产业结构优化、普遍服务、消费价格、财政金融支持、科学技术、低碳环保、节约能源、进出口等重大政策、措施作出规定，增强实施力度。如在能源法中规定：“国家采取措施调整和优化能源产业结构和消费结构，统筹化石能源与非化石能源的协调发展，鼓励可再生能源等非化石能源优先发展，支持化石能源的高效、清洁生产利用。”“各级人民政府应当采取法律、经济、行政、宣传教育等手段，节约高效开发能源资源，推进重点领域和关键环节节能，合理控制能源消费总量”。

3. 着力解决基础性、综合性的能源法律问题，对重大能源社会关系进行法律调整。能源法不可能将所有的能源问题、能源法律关系纳入其调整范围，只能择其重点、解决事关能源发展的带有全局性、综合性的、基础性的、非立法不能解决的、没有严重体制障碍等重大而紧迫的、立法条件成熟的法律问题。在能源开发利用和监督管理等活动中产生的重大社会关系、能源主体各自的权利义务关系和涉外关系，是能源法的主要调整对象。

4. 创制能源基本法律制度，推进能源管理体制、机制法制化。能源法的主要任务和功能之一，是确立符合我国国情的、适应能源革命需要的、规范能源合理开发利用活动的、具有广泛适用性和规制引领性的基本法律制度，形成上下有序、内容齐全、相互衔接的能源法律制度体系。《能源法(送审稿)》修改稿不仅对我国现行的能源行政管理体制加以法制化，还对涉及政府监管、市场运行、价格财税、科技进步和国际合作等方面的机制问题作出了规定。解决能源管理的体制、制度、机制的法制化问题，有助于强化政府这只“有形的手”对能源发展的宏观调控和市场监管作用，充分发挥市场这只“无形的手”对能源供应消费的决定性作用。

5. 处理好能源法与能源单行法律及相关法律的内部与外部的两个关系，实现内、外部法律体系的总体和谐。(1)要按照普通法与特别法、一般规定与特别规定有机结合、详略结合和留有余地的思路，处理好能源法与《煤炭法》《电力法》《可再生能源法》《节能法》等单行法律之间关系的界定问题；(2)在能源法与单行法律之间对相关问题的法律规定上，要实现能源法“到位而不越位”、法律条文原则而不具体，两者的调整对象各有侧重、法律规范无缝衔接；(3)在处理能源法与能源矿产资源、海洋能源、水能源、安全生产、环境保护等相关部门法外部关系的问题上，要按照有序衔接、避免冲突的思路，作出指引性、原则性规定。

第三节　能源法的主要内容

关于能源法的主要内容，一些学者指出，至少应当包含以下三个方面：能源立法目的、能源基本原则、能源基本制度。具体而言，能源立法目的应当有机结合能源“质”与“量”的安全，前者保障所用能源是清洁的，后者保障能源的充足供应。能源基本原则至少应当包含能源安全原则、节能与效率原则、环保原则和市场机制原则。能源法律应当包括哪些基本制度？我国学者肖乾刚、肖国兴认为，构成能源法律基本制度的是能源市场供给制度、能源政府规制制度、能源资源环境制度、能源技术创新制度、能源法律责任制度。也有学者认为，能源法律的基本制度应当包括能源规划制度、能源生态补偿制度、能源行业的市场准入制度和能源环境影响评价制度。

在能源法立法过程中，要综合研究分析能源法起草过程中形成的历次文本、问题清单的内容和国务院有关部门、单位、能源企业的修改意见，按照新的立法思路、原则进行整合设计，以立法目的、基本原则、基本制度为主线，使能源法的内容更加丰富、更加充实、更加全面。

一、能源法的立法目的

能源法的立法目的或立法宗旨，可以说是能源法所要追寻的法律价值目标，是整个能源法立法的灵魂与核心，它指导着能源法立法原则的确立、能源法律体系的形成、能源法律制度的创设和能源法律实施的效果。就能源立法而言，能源法立法目的的确立及其价值取向的形成，对能源法立法有着十分重要的意义。我国能源法虽未出台，但是关于能源法的立法目的的研究已于能源单行法律法规、能源实务工作经验总结和学术研究探讨中形成了基本共识。这些共识经过总结和提炼，可在能源法中表述为：“为了规范能源开发利用和管理行为，构建稳定、经济、清洁、可持续的能源供应及服务体系，提高能源效率，保障能源安全，推动资源节约型和环境友好型社会建设，促进能源与经济社会的协调发展，制定本法。”这一立法目的涵盖五项内容：(1)将能源开发、生产、加工、转换、运输、配送、销售、利用、消费和进出口全流程的行为纳入法律规范体系中；(2)为能源从开发利用和保护的全流程活动的政府行政管理、行业自律管理及社会监督管理及规制提供法律规范；(3)为国家调整优化能源生产结构和能源消费结构提供法律依据；(4)将节约能源，提高能效，保障能源安全提升到立法保障的高度；(5)将保障能源稳定供应，促进能源可持续发展，实现能源与经济社会协同并持续发展作为能源法的终极目标。

(一)规范能源开发利用和管理行为

能源问题或能源危机始于能源领域不合理的开发利用行为，规范能源领域的开发利用行为是解决能源问题的首要任务。能源的开发利用与能源供应之间存在不可分割的关联，两者间的相互关系影响能源在市场中的价格。规范能源开发利用行为能够为能源供应的持续性和能源市场的稳定性奠定坚实的基础。规范能源开发利用行为具有以下四个特征：(1)能源的开发利用行为应当遵守合理布局、结构优化、节能高效和环境保护的基本原则；(2)国家应规范能源开发利用项目和主体的准入条件和管理办法，以能源开采的合理性和高效性为规范目标；(3)持续推动清洁能源、新能源和可再生能源的开发利用；(4)建立能源开发利用与生态环境保护间的协调机制，实现能源开发利用与生态环境保护间的协调发展。

同时，能源问题的解决还需要构建行政管理、行业管理和社会管理的法治体系。由于能源所蕴含的巨大经济价值使对能源开发、利用等行为的管理及其管理行为本身极为困难。很多管理者为了自己的利益，使能源领域的“权力寻租”现象横生，严重扰乱了能源市场的经济秩序。因此，规范能源行政管理行为、行业自律管理行为和社会监督管理行为尤为重要。

规范能源行政管理行为、行业自律管理行为和社会监督管理行为的法律规制措施主要有：(1)完善国家能源管理体制，构建明确的中央与地方能源管理权责分工机制，形成中央统一管理与地方分工协作的机制。(2)发挥能源行业协会等社会组织的作用。在某一方面，社会组织在能源问题上所发挥的作用更为实际。(3)加强社会公众参与，充分发挥社会监督作用。对于重大的能源决策，应当多听取公众的意见，减少在能源开发利用过程中“权利—权力”摩擦，增强能源决策的民主性、科学性。

（二）优化结构、提高能效及保障安全

优化能源生产结构和消费结构，重点在于大力发展新能源和可再生能源，适度开发化石能源和其他不可再生能源。能源效率是全球能源转型的核心，是世界上最安全、可获得和负担得起的能源资源，各国政府均通过进一步提高能源效率来获得广泛的利益。国际能源署(International Energy Agency，IEA)《2017 年能源效率》市场报告中指出：(1)全球经济的能源强度正在持续下降，即全球继续从能源使用中获得更多的价值，自 2010 年以来，能源强度每年以平均 2.1% 的速度下降，2016 年全球能源强度下降了 1.8%；(2)能源效率正在帮助重塑全球能源体系，即如果没有 2000 年以来的能源效率改进，2016 年世界将会多消耗 12% 的能源，相当于能源市场增加了一个欧盟的能源消耗量；(3)能源效率的提高降低了家庭能源开支，即能源效率的提高帮助全球每个家庭每年节省了 10% ~30% 的能源支出；(4)全球能源效率市场正在持续扩大，即在一些国家，能源效率已成为一种非常有价值和可交易的商品。

我国经历了长期的高投入、高消耗、高排放、低效率的粗放型经济增长方式，造成了资源消耗高，环境压力大的社会发展现状。从近几十年的发展中可以看出，粗放型经济如果不发生根本性转变，那么中国的经济可持续发展将受到严重的限制。在国际社会上，“能源效率”已经普遍替代了“节能”一词，能源效率是指减少提供同等能源服务的能源投入。中国是一个能源大国，2007 年中国成为全球第二大能源生产国，能源生产总量折合成标准煤为 23.7 亿吨。而化石能源总量占全球 16%。与此同时，中国也跃居为世界上第二大能源消费国。从人均能源占有量来看，中国人口众多，能源相对匮乏，仅占世界平均水平的40%。至2013年中国跃居世界第一大能源生产国和消费国。在此种情况下,我国的能源效率仍处于世界较低水平。影响能源效率的因素包括:能源结构、原料路线、企业规模用能设备效率、生产工艺、燃料质量,等等。[1] 因此,能源法立法目的必须着眼于提高我国的能源利用效率。

能源是国民经济可持续发展的基础,可持续能源战略对保障国家能源安全具有重要意义,能源安全与能源战略日益成为当前国际社会和国家安全战略中备受关注的重大问题。能源对一国和地区而言有巨大的影响:(1)能源是国际社会博弈中经常出现的对象,关系着一个国家和地区的经济安全和稳定;(2)能源通过经济因素进而影响政治,由外及内的政治渗透对一国的国家主权有着严重的威胁。能源安全是国际政治经济竞逐中的关键抓手,保障能源安全,维护经济发展和政治稳定,是世界各国对待能源问题的普遍性共识。

目前,我国常规油气资源储量不足,能源进口通道对海洋依赖过度,近年来随着经济的快速发展与国际能源局势的急剧变化,我国能源对外依存度与日俱增,能源安全形势严峻,主要表现在:(1)能源结构不合理,以煤为主;(2)能源人均占有量低,能源资源分布不均匀;(3)化石能源开采的安全风险较大;(4)能源供需矛盾突出;(5)能源利用率低,能源环境问题突出。因而,保障我国的能源安全,解决当前突出的能源安全问题,应在能源法中将这一立法理念贯彻于能源法律制度中。

(三)保障能源稳定供应和可持续发展

保障能源稳定供应是能源法的基本价值目标,促进能源可持续发展是能源法的核心价值目标。(1)稳定的能源供应能够保证能源经济的稳定发展,实现国家整体经济实力和国际政治的稳定发展。(2)经济合理的能源供应带来的是经济合理的能源价格,从而最大限度地扩大能源市场利用,而并不成为某一领域或某人的专有产品。与此同时,经济的能源供应将促进能源行业,甚至是社会各行各业的发展,特别是给经济薄弱环节和社会弱势群体带来实惠。(3)清洁的能源供应是生态文明建设的必然要求。能源开发利用、能源运输、能源分配等每一环节都应当最大限度地减少对生态环境的损害,否则将会造成极为严重的后果。如2011年6月中海油渤海湾某油田发生漏油事故,溢油油污沉积物污染面积达到1600平方公里,影响范围涉及辽宁、河北、天津、山东三省一市,这起事故被国务院调查组定性为中国迄今为止最严重的海洋生态事故和漏油事故。2012年4月下旬,康菲和中海油总计支付16.83亿元用于溢油事故赔偿。(4)能源供应还需实现可持续发展的目标。能源供应不仅要考虑当代人的利益,还需要考虑代际间的利益。利益可区分为私人利益与公共利益。在能源公共利益方面,应强调能源的稳定、经济、清洁和持续公益。而在能源私人利益方面则应当强调能源供应的服务性。

由于能源的战略性地位及其重要性,能源资源权属的性质决定了其在经济社会生活中具有极大的垄断地位。掌握能源的组织机构在提供能源的过程中必然处于强势地位,可以通过能源垄断性来牺牲能源消费者利益以换取更大的经济利益。因此,需要对能源供应进行法律规范。能源供应要建立起与之价值目标相对应的能源服务体系,强化能源

---

[1] 王庆一:《中国的能源效率及国际比较》,载《节能与环保》2005年第6期。

服务意识，公平公正地对待能源消费者，这也是能源普遍服务的基本要求。能源供应者与能源使用者在地位上的严重不平等，使能源供应的服务性显得尤为重要。这是对每个公民合法权益的保障，是自然垄断下权利义务平衡的必然选择。

（四）促进能源与经济社会协同发展

环境问题成为世界性的普遍问题以后，在国际社会的政治角逐中会逐渐占据重要的地位。1972 年的《人类环境宣言》称，人类有权在一种能够过尊严的和福利的生活环境中，享有自由、平等和充足的生活条件的权利，并且负有保证和改善这一代和世世代代的环境的庄严责任。1980 年世界自然保护联盟（International Union for Conservation of Nature, IUCN）的《世界自然资源保护大纲》提出："必须研究自然的、社会的、生态的、经济的以及利用自然资源过程中的基本关系，以确保全球的可持续发展。"这是可持续发展原则首次在国际社会上提出。从此，世界各国开始聚焦于环境保护问题。相较于其他立法对于环境保护的功能而言，能源法的环境保护功能应当在立法中予以体现，原因在于现实中人类社会经济的发展大都建立于能源消耗的基础之上，生态环境的破坏很大程度与能源开发利用的活动相关。

从理论上看，具有能源资源属性的生态环境要素都兼具经济价值和生态价值，而两种价值之间又难以在现实中兼得，人类对经济价值的过度追求必然有损于生态价值。从长远来看，人类社会想要永续发展就必须处理好自然资源的无限开发利用与其有限性之间的相互矛盾。因此，能源法作为调整能源开发利用行为的基本规范，保护生态环境应当成为其立法宗旨之一。虽然，在长期以来的盲目追求经济的价值观影响下，与能源相关的立法一直未能将环境保护放在重要的位置上，但是，环境保护在现实社会中的普遍共识，为能源法立法的环境保护价值提供了社会共识性基础。在生态环境问题日益严重的今天，确立能源法中能源与环境、经济社会协调发展的立法宗旨，并制定完善的保障策略，是解决能源与环境、经济之间相互矛盾的关键。[2]

二、能源法调整的法律关系

法律关系，是指由法律规范所确认的当事人之间的具有权利义务内容的社会关系。从广义上说，法律关系是指通过法律调整所形成和确立的各种关系。基于这种广义的认识，能源法律关系，是指经能源法律规范所调整而形成的一种权利义务关系，即能源法律关系是能源法律规范的调整对象。能源法律关系是社会关系的一部分，发生于能源领域。在能源开发利用和管理过程当中，各种主体所产生的经济和社会关系，经由能源法律规范的调整，即形成了能源法律关系。在能源领域，参与社会关系的各相关主体十分广泛，包括法人、非法人组织、自然人等。能源法律关系是这些主体以能源为媒介而产生的一种联系，这种联系的内容即是在规则和制度基础上主体的权利和义务。

能源法的立法工作之所以进展迟缓，重要原因之一是没有准确地界定其调整范围。因此，在能源法立法过程中，应当始终坚持问题导向，通过对各种问题和关系的梳理，抓住制约我国能源发展的基础性、综合性、全局性的三大法律关系作为能源法调整对象，即纵

---

〔2〕 王利：《能源法的功能及其保障策略研究》，武汉大学法学院 2011 年博士学位论文，第 28～29 页。

向能源法律关系、横向能源法律关系和涉外能源法律关系。

（一）能源法律关系的分类

1. 纵向能源法律关系

纵向能源法律关系既指能源行政管理关系中的上级机关与下级机关、行政管理人与行政相对人在法律地位上存在管理与被管理、监督与被监督等关系，又指政府授权的事业单位对能源市场主体的规制与被规制关系等，还包括能源行业非政府组织与其会员之间的自律管理与被管理关系等。纵向能源法律关系主体的一方包括国家能源行政主管部门、政府授权的组织或单位及能源行业协会等。而能源法律关系主体的另一方则是处于被管理、被监督、被规制、被指导的位置。管理主体的权利义务体现了国家领导、管理能源开发、建设、生产、供应、使用、保护、服务及能源资源管理的职能。因此，这种权利义务表现为国家意志，既不能放弃也不能转让，它往往是因单方面的意思表示而产生，而且它规定和要求的相对方主体，即管理相对人的行为较多。能源法要调整的纵向能源法律关系很多，如基于国家能源发展方针、战略和政策所产生的能源行政管理关系；为实施国家能源战略、规划对能源企业、能源用户所设定的权利义务关系；能源开发利用活动中的行政管理与被管理关系；为实现低碳减排、节能环保对行政相对人所设定的权利义务关系；为实现政府对能源市场建立、准入、运行、规范所设定的权利义务关系；为保障能源安全所采取的相关应急处置措施产生的权利义务关系；为维护能源开发利用秩序所实施的“打非治违”和法律责任追究措施产生的法律关系等。

2. 横向能源法律关系

横向能源法律关系，是指能源的经营和市场运行关系，这种关系包括能源的合作关系、流转关系、交易协作关系等。既有政府部门间的相互协作，也有平等民事主体间的相互合作。横向法律关系调整的方式和手段与纵向法律关系有所不同，发生争议所适用的法律也有所不同，但是，解决争议的方式、程序则有相同的地方，可采用调解、仲裁和诉讼方式处理。能源法调整的横向能源法律关系，主要有能源企业与能源企业、能源用户与能源用户、能源企业与能源用户、能源企业和能源用户与其他社会组织、公民之间所产生的权利义务关系。如能源企业因征用土地、探矿采矿、建设施工与相关企事业单位、能源用户和公民产生的土地矿藏权属、搬迁、补偿、生态环保等方面所产生的权利义务关系，还有平等主体之间产生的损害补偿、事故赔偿、权益纷争、毁约违约等法律关系，能源普遍服务法律关系，农村能源供用法律关系等。

3. 涉外能源法律关系

根据国家能源发展战略而“走出去”“请进来”的中国和外国公民、法人乃至国家之间必将发生各种涉外能源法律关系。能源法调整的主要涉外关系有单边、双边、多边能源国际合作开发、贸易、交流法律关系，对外合作开发煤炭、石油、天然气、煤层气、油页岩、页岩气等化石能源法律关系，境外能源开发项目的风险预警和应对法律关系，跨国能源输送管网、能源运输通道及配套设施建设的投资、开发、建设、经营等活动产生的法律关系，能源进出口管制法律关系等。

（二）能源法律关系三要素

能源法律关系包括三方面的构成要素：能源法律关系的主体、能源法律关系的客体和能源法律关系的内容。

1. 能源法律关系的主体

能源法律关系的主体，是指在能源法律关系中享有权利和承担义务的当事人或参加者，又称为权利义务主体。能源法律关系的主体非常广泛，遍及能源开发利用、国家经济运行的方方面面，国家、法人、非法人组织和自然人等均以不同的身份参与相关能源活动。

(1)国家。国家参与法律关系中作为一方主体，往往是作为一个整体，既可以是行政法律关系主体、民事法律关系主体、刑事法律关系主体，又可以成为国际法律关系主体。国家是能源法律关系的一种特殊主体，也称为公法人，它与其他能源法律关系主体的权利义务是不对等的。在国际能源法律关系中，国家通过参加与能源相关的国际能源公约、缔结能源的双边或多边条约等，广泛参与国际能源合作，如与其他国家和相关国际组织进行沟通、相互协调，进行能源安全预测、预警和应急管理方面的合作。同时，当发生国际能源纠纷时，国家以纠纷当事人一方参与到国际能源纠纷的解决之中。在国内能源法律关系中，国家主要以能源政策制定者、能源战略规划制定者的身份参与能源法律关系。当然，包括国家能源主管部门在内的国家机关不仅以能源的组织管理者、能源政策与法规的具体执行者等身份参与能源法律关系，而其自身亦是能源资源的消费者。如国家制定并遵守与能源相关的政策，通过使用可以降低能源消耗的方法、技术，减少能源消耗为环境带来的负面影响。又如，国家依法保护公民、法人和其他组织从事能源开发利用活动的合法权益。在对内的能源法律关系中，国家并不以自己独立的身份直接参与能源法律关系，在大多数情况下是通过国家机关(政府部门)或其授权的组织来参与其中。

(2)法人。法人，是指具有权利能力和行为能力，依法独立享有民事权利和承担民事义务的组织。作为法律所拟制的"人"，主要包括机关法人、事业法人和企业法人，无论是哪种法人均可成为能源法律关系的主体。机关法人是从事国家管理和行使国家公权力的机构，包括国家的权力机关、行政机关、审判机关和检察机关等，它们在各自职权范围内进行社会管理活动，能够参与多种能源法律关系，成为能源法律关系的主体。机关法人与前述国家主体或代表国家行使权力的主体是一样的，此处不再予以赘述。事业法人，是指依靠国家预算拨款，从事非营利性的社会公益事业活动的各类法人组织。事业法人具有从事社会公益活动、拥有独立的财产和经费、依法成立并取得法人资格等特征。我国能源领域的全国性事业法人主要有中国能源研究会、中国战略与管理研究会等。企业法人，一般是指拥有一定自主权、独立核算、自负盈亏的组织。企业法人的特点是以营利为目的。能源企业，即参与能源法律关系的企业法人，包括以能源开发、加工、仓储、输送、配售和服务等为主营业务的企业。我国能源企业的最主要特征就是行政化程度高。由于能源对于经济安全和公众生活至关重要且能源基础建设所需的庞大支出，我国历来对能源产业实行集中的政府介入，其在法律上存在两种形式：一是能源企业有权行使公权力。它们往往以国有企业的形式由政府掌控，在不以营利为目的的基础之上依政府意志运营，具有相当程度的垄断地位，负责开发、生产、输送与销售能源的公共服务职能。二是对能源企业的严格管控。在电力行业中，私人企业需服从于政府的指导，其利润、定价、投资及管理结构均需接受政府监督。当然，让能源企业走向市场，引入竞争机制，是我国能源革命与发展的方针。目前，我国实行能源领域投资多元化的产业政策，一方面，在关系国家安全或国民经济命脉的能源领域,坚持以国有资本控股为主体的产权制度;另一方面,我国也鼓励私有资本介入能源领域。煤炭行业是进入市场最早、市场化程度最高的,其他能源行业的市场化尚待推进。

(3)自然人。自然人是因出生而取得民事主体资格的人,是相对于法人的民事主体。自然人包括国内公民、外国公民以及无国籍人,其中外国人和无国籍人在中国境内从事与能源活动相关的行为,因受我国能源法律规范所调整,从而成为能源法律关系的主体。公民是能源法律关系中最为广泛的一类主体,也是能源的主要消费者。公民,是指具有一国国籍的自然人。作为能源法律关系的参与主体,公民有权依法获取能源信息,参与能源决策、能源价格听证,监督能源法律法规的实施等活动。公民作为能源法律关系的主体最重要的一点即表现为能源领域的公众参与。目前,我国越来越重视公众参与在能源领域发挥的积极作用。从直接参与能源的开发利用活动及能源的决策、管理和监督,到通过科学合理的生活方式或消费模式间接地进行能源节约的行为,都是公众参与的重要方式。

2. 能源法律关系的客体

能源法律关系的客体,是指主体的权利和义务所指向的对象,又称权利客体或义务客体。法律关系的客体一般包括物、行为、精神财富和其他权益。能源法律关系的客体亦不例外,但能够反映能源法律关系特点的客体主要是能源(物)及与能源活动相关的行为。

(1)能源。能源作为能源法律关系的客体,是能源法律关系权利和义务联系的中介,具有一定的价值和使用价值,是一种能够被控制的客观存在。这一客体表现为各种形态的能源资源,如各种各样的不可再生能源和可再生能源,也包括各类能源基础性设施。其中能源资源和产品是能源法律关系客体最主要的物。作为能源法律关系客体的能源,是指产生能量的物质,能量又称为“做功的能力”。“能源”一词包含了两层含义:一是以煤、石油、天然气等产生能量的物质作为客体;二是以水能、核能、太阳能、地热能、风能、电能等能源形式作为客体。归根结底,已被人类认识的各种物质能源,在一定条件下都要转化为人们所需要的某种形式的能源。随着全球不可再生能源的消耗及经济发展对能源需求的日益膨胀,现在许多国家在不断地探索新型的能源物质,如页岩气、可燃冰等;同时,还更加重视可再生能源、环保能源及新型能源的开发研究。随着人类科学技术水平的不断进步,不同形式的能源法律关系客体将会陆续地纳入法律规制的范围之中。

(2)与能源活动相关的行为。在法律关系客体的意义上,行为,是指权利义务主体所共同指向的作为与不作为。作为能源法律关系客体的“作为行为”,是指能源法律规范所要求从事的与能源相关的行为;“不作为行为”则是指被能源法律规范所禁止、拘束的与能源相关的行为。

作为能源法律关系客体的行为,按其功能和内容可分为能源开发行为、能源利用行为、能源管理行为三类。一是能源开发行为,是指勘探能源资源,开采煤炭、石油、天然气、核燃料等自然矿藏,建设水力、火力、风力等发电站及探索、利用新能源的一系列生产经营活动。能源开发是能源发展的基本前提,没有开发便没有能源的供应和使用。二是能源利用行为,是指能源开采后通过加工转换、储运、消费能源以满足自身需求的一切经济行为。能源的加工转换是能源从资源向产品转化的必经程序,也是低级能源向高级能源、污染能源向清洁能源转化的一个过程。能源储运,是指能源的存储和运输,是能源生产到利用间的一个环节，是提供仓储与运输劳务行为的客体。如运输主要通过铁路和船运，也可以通过管道进行煤浆运输；石油、天然气存储主要是用石油库和气柜，运输主要用管道，海上则用大油轮；核燃料运输则包括将燃料元件从核燃料加工厂到核电站的运输和将反应堆卸出的乏燃料，从核电站到离堆贮存设施的运输；电力输送区分交流和直流，按电压可分为高压、超高压和特高压。能源消费是能源产业链的终端环节，其主要包括能源的直接利用、综合利用和节能利用。三是能源管理行为，是指政府能源行政主管部门依法实施的能源战略、能源政策，制订和实施各级能源规划，统筹负责能源领域发展和改革，对能源行业进行管理的活动。能源管理行为包含了能源战略制定、政策实施、规划落实及能源开发、利用、贸易、审计与统计等行为。能源管理行为可分为宏观管理行为和微观管理行为。

3. 能源法律关系的内容

能源法律关系的内容，是指能源法律关系的主体所享有的法律上的权利义务的总和。能源法律关系的权利，是指规定或隐含于能源法律规范当中，能源法律关系主体有作为或不作为的自由。能源法律关系主体的权利来源于法律规定。当国家机关作为能源法律关系的主体时，其所享受的权利本质上是“职权”与“职责”的混合。因此，其实现权利的行为又必须遵守国家的能源法律、法规与能源政策。能源法要明确政府的职能和职责，要求政府在制定能源政策、规划时，应当合理安排国家能源布局，优化能源结构，以协调区域经济与环境之间的关系。能源行政管理主体的权利主要体现在能源产业规制、能源战略实施、能源结构调整、能源安全保障、能源科技发展、能源价格调控以及国际能源合作等方面。能源法律关系的义务，是指能源法律规范中相关主体应当作为或不作为的法律手段。这种手段表现为法律对有关主体必须作出一定行为或者不作出一定行为的约束力。能源法律关系主体的义务类型可分为两类：一是管理型义务，如政府组织的管理义务，能源企业的管理义务及公民个人的参与能源管理的义务；二是服务型义务，即为保障和促进能源的协调可持续发展而创造各种条件的法律义务总和。如能源教育宣传义务、节约能源义务，等等。

（1）能源管理主体的职权和职责。职权与职责对于能源管理主体而言，实为能源法律关系内容的一种集合，具体而言，能源管理主体应履行多方面的职权和职责：一是能源综合管理方面：政府部门应当在能源管理体制机制、管理部门人员编制、职能协调、能源产业输出输入、能源安全预测预警方面发挥应有的作用。二是能源战略与规划实施方面：国家能源战略是筹划和指导国家能源可持续发展、保障能源安全的总体手段。政府部门应当科学合理地制定、编制、评估和修订，以及组织、实施、监督能源战略与规划。国务院根据基本国策和国家发展的基本方向，制定国家能源战略；各级人民政府应当执行国家能源规划，对不符合国家能源规划的能源项目不得办理审批许可手续。三是能源节约方面：政府部门在能源节约方面的主要职权和职责，体现在对节能工作的引导、督促、示范和激励等方面。具体职权和职责包括：建立节能的激励和约束机制，实施节能奖惩制度，推行节约能源的生产、生活和消费方式，调整能源结构等。四是能源应急方面：面对能源风险积累导致的能源供应短缺、中断，能源价格剧烈波动及其他能源突发性事件，国家有必要建立能源应急制度，以保证能源供应和消费的基本秩序，保障经济社会的稳定运转。在能源应急方面，政府的主要职权和职责有：组织编制国家能源应急总体预案和主要专项能源产品的应急预案,制定能源应急事件的分级标准和相应的预警标准,制定能源突发事件预警后的应急响应措施等。五是能源储备方面:能源储备方面的职权和职责主要有:规范对能源储备的建设和管理,提高能源应急管理能力;制定能源储备分类及其管理办法;监督检查企业的能源储备;规划能源资源战略储备等。六是促进能源技术发展方面:国家应积极推动能源科学技术创新,依靠科技进步保障能源战略布局。政府部门在这方面的职权和职责主要有:制定能源科技发展方针、加大能源科技财政投入、建立能源科技创新体系、奖励能源科技创新人才、扶持能源科技创新企业、促进能源科技成果的推广和运用等。

(2)能源企业的权利和义务。能源企业是能源法律关系的重要主体,它在享受能源法律赋予的权利的同时,也应当承担法律设定的义务。能源企业的权利主要有:一是能源使用权,即拥有使用能源资源的权力;二是能源保障权,即在能源开发利用过程中,有得到国家能源主管部门的支持和保护的权力;三是能源受益权,即能源企业在开发利用能源资源过程中获得相应收益的权利。能源企业的义务主要有:一是能源普遍服务义务,即从事电力、热力、燃气及其他能源产品供应的能源企业,负有为用能单位和公民个人提供安全、持续、可靠的能源供应与服务的义务。二是节能义务,即节约能源的义务。节能是我国的基本国策,无论是生态还是消费等环节,能源法律关系的主体都应当做到合理降低能源消耗、制止能源浪费行为。三是减排义务,即减少污染物排放、减轻污染物对环境损害的义务。四是企业能源储备义务。能源供应及能源应急处置能力的基本保障,均建基于国家能源储备制度之上。以企业为例,负有能源储备义务的企业有义务达到国家规定的能源储备量,按照规定及时通报能源储备数据,并接受能源主管部门的监督检查。

三、能源法的基本原则

能源法的基本原则是能源立法、能源执法、能源守法、能源司法的基本准则,对能源单行法及能源开发利用行为具有指导功能、约束功能和补充功能。这些基本原则不仅贯穿于能源法的全部法律规范,而且是所有能源单行法必须遵循的指导依据,是确立能源法律关系的基本规范。它既要反映能源发展规律和能源革命成果,更要体现国家能源战略和能源规划的价值取向。经十多年的能源立法研究,能源法应当确立的基本原则主要有:实施国家能源战略、优化能源结构、促进能源科技创新、保障能源安全、实施能源普惠、加强市场竞争、依法监管、提高能源效率、保护生态环境、开展国际合作等。

把握能源法的基本原则,应当注意几个要点:(1)能源法的基本原则与能源法的立法原则是两个既有联系又有区别的概念。能源法的基本原则是在能源法中必须规定并予以体现的,并贯穿于全部法律规范中具有普遍性指导意义的原则。能源法的立法原则,是指为了实现能源安全、可持续利用的目标,在法律上充分体现能源的经济价值和社会价值,在起草、制定和修改能源法草案的过程中,对立法者和立法工作具有指导意义的基本原理和基本方法。能源法的立法原则仅适用于立法的过程,是能源法立法工作的方法论基础。(2)能源法的基本原则是该法本身所确立和体现的思路、目的目标和内容要点。基本原则的特点在于它是一种具有指导意义的基础准则,是一种指导性法律规范,其贯彻需要通过具体的法律条文、法律规范或者法院裁判予以具体化。能源法的基本原则必须在能源法律体系中得到广泛适用,构成能源法的基础和核心,并适用于能源法律体系的各个环节、所有领域和一切效力范围的基础性原则。这是能源法基本原则区别于一般法律规范、法律原则之处。不能把能源法规中确认的只适用于某个特定领域或者特定对象的个别原则或者个别政策,都称为能源法的基本原则。鉴于能源法基本原则是对能源立法、执法、司法精神的高度概括和总结,因此应当集中体现于能源基本法之中,不能过度分散。(3)能源法的基本原则必须是能源法这一新兴的、独特的法律领域所特有的原则,应是能源法基本特点的体现。不能把能源法所必须遵循的基本原则同一般的立法原则、司法原则或者其他原则混为一谈。

四、能源法的基本制度

涉及能源发展的问题错综复杂,必须抓住重点问题加以规范。能源立法,重在法律制度的创制与完善。能源法中基本制度的确立,取决于该法要重点解决的问题,这些问题主要是:(1)明确能源法的立法目标和宗旨;(2)确立能源战略方针;(3)明确能源行业适应和应对气候变化及保护环境的基本原则;(4)确定能源发展基本政策;(5)建立完善能源战略与规划制度;(6)加强能源开发与加工转换活动监督管理;(7)规范能源供应与使用行为;(8)培育规范能源市场;(9)确保能源生产供应安全;(10)推动能源科技进步;(11)扩大能源国际合作;(12)构建政府监督管理体系;(13)加大违法责任追究力度。因此,能源法立法要围绕上述重点问题,构建相关的法律制度。

(一)能源战略与规划

这项制度包括国家能源战略方针,能源战略的地位与内容,能源战略的编制、评估和修订,能源规划体系,全国能源总体规划、全国能源专项规划、区域能源规划、地方能源规划的编制和内容,编制能源规划与公众参与、能源规划的公布、监督检查、评估和修订等。

(二)能源开发与加工转换

这是对能源开发与加工转换活动进行法律规制的重要制度,其内容多且丰富:(1)能源开发和加工转换的原则、优化能源结构、依法开发和加工转换、安全生产和环境保护、化石能源生态补偿、税费制度、进出口管理等内容;(2)化石能源勘查、煤炭开发、油气开发、火电开发等内容;(3)加快发展非化石能源、水电站建设、风电开发、太阳能开发利用、生物质能开发、地热能与海洋能开发、核电管理、核电技术和企业保障义务等。

(三)能源供应与服务

能源供应与服务是满足广大人民群众和社会组织能源需求的关键环节,也是能源法律制度中不可或缺的内容。这项制度涵盖了能源供应、能源使用的法律规制,将能源消费革命的重大举措纳入其中,主要包括市场调控、供应业务准入、能源基础设施建设、农村能源建设、能源管网管理、企业服务规范、企业供应要求、能源公共服务企业信息公开、用户义务、普遍服务、高耗能企业信息强制公开、需求侧管理、节能减排义务、能源政府采购、消费管理政策等。

(四)能源市场及监管

坚持市场化改革,使市场在资源配置中起决定作用,是能源领域的一项重大改革。在制度设计上,主要确立市场化改革方向,将负面清单入法,推动和规范能源市场建设,明确能源价格机制、政府定价依据和价格联动，实施价格激励与约束政策，明确市场规划与规则，构建市场平台与交易规则，加强市场监管，规范能源市场秩序等。

（五）能源安全保障

这项制度涵盖了能源生产安全、能源产品供应安全、能源产品和能源资源战略储备、能源预测预警、能源突发事件处置等内容，包括能源安全保障的总体要求、能源设施、场所安全保护、安全生产、能源供给保障、能源储备、战略储备动用、预测预警、能源应急等。

（六）能源科技进步

依靠科技进步是基本国策，能源发展也要依靠科技创新。这项制度的主要内容包括：能源科技创新及奖励、能源科技重点领域、能源科技投入、能源科技发展机制、能源教育人才培养、能源科普、农村能源技术推广等。

（七）能源国际合作

全面开展能源国际合作是“走出去”和“一带一路”建设的重要组成部分。这项制度重点调整涉外能源法律关系，主要内容包括国际合作方式、能源安全合作、境外能源合作、境内能源合作、能源贸易、能源国际运输、能源进出口管制、能源科技与教育合作、国际合作信息服务等。

（八）能源监督管理

这项制度的核心是依法建立政府能源监管体系并进行有效管控，主要体现在理顺能源行政管理体制及实施日常监督检查。理顺能源行政管理体制，关键是合理划分各级人民政府及各有关部门的能源监管事权，即明确县级以上地方各级人民政府能源主管部门的职责及县级以上地方各级人民政府有关部门的能源管理职责。这项制度重在理顺三对关系：(1)实现能源综合管理与专业管理的协调统一；(2)实现能源综合监管部门与能源专项监管部门之间的协调统一；(3)实现国务院能源管理机构和地方能源管理机构之间的协调统一。

对各种能源活动实施监督管理，主要包括行政许可或者验收、供应监督、公平开放监管、能源储备监督检查、应急监督检查、企业现场检查、行政强制措施、企业配合义务、执法要求、执法行为约束、联合检查、社会监督、违法信息通报、能源统计与计量等内容。当然，广义上的监督管理也可以涵盖行政执法，但为了凸显并强化对能源违法行为的法律制裁，故将法律责任制度予以单列。

（九）法律责任

对能源违法行为及责任者没有严格、严肃、严厉的法律制裁措施，能源主体的法定义务将难以履行，政府监管措施将难以落实，能源法的立法目的将难以实现，能源法的实体规范将难以施行。能源法专设法律责任一章，必将增强能源法的权威性和效力性。法律责任制度的主要内容包括：政府监管、管网开放、普遍服务、报告披露、配合执法、开发利用、横向协作、单位节能、强制公开和社会主体等方面的违法责任追究，以及与其他相关法律、行政法规设定的法律责任的衔接条款。

第四节 能源法的立法难点及对策

一、能源法的定位问题

关于能源法的定位问题一直存有争议。尽管各种观点不乏有其一定的合理性，但就总体而论，应当将能源法定位为我国能源领域的“基本法律”或“基础性法律”，这是因为：

1. 能源法的基本法定位符合能源领域“母法”到位的要求。法律体系的形成必须有不同位阶的法律规范。能源法只有是能源领域的基本法并且居于“母法”地位，才能与其他能源单行法律规范形成一个有层级、有位阶的法律体系。能源法律体系的内外部协调是通过能源基本法实现的，能源单行法不能离开能源基本法而独立存在，它因能源基本法的内容、适用方式和功能而体系化。

2. 能源法的基本法定位能源法律规范“龙头”统领的要求。我国现有《煤炭法》《电力法》《节约能源法》《可再生能源法》《石油天然气管道保护法》《核安全法》等六部能源单行法律。从调整范围上看，这类单行法律即使再多，也只是调整某一方面特殊问题的特别法，不能解决能源领域各行业、各方面普遍存在的共性问题、基本问题。能源单行法及其法律制度不能涵盖并替代能源基本法律制度。要健全完善能源法律体系及法律制度建设，必须通过制定能源法且以能源基本法的位阶来确立涵盖能源各领域的基本法律制度，以统领、统筹能源单行法的制定和能源单行法律制度的构建，并对现有的单一的、分散的能源单行法律制度实行基本法律规制，实现能源基本法律制度与能源单行法律制度的有机结合，以利于增强能源法律体系与子体系之间的内在联系和协调性、衔接性、科学性。

3. 能源法的基本法定位符合能源管理依法“合规”的要求。现行的经济体制与政治体制是能源法制度设计的根本性依据。能源法的主要内容应当符合经济与政治体制的双重要求。经济体制在能源法制度设计中表现为产权制度，包括能源资源所有权和开发权、能源市场准入制度等。政治体制在能源法制度设计中表现为能源战略与规划、能源管理体制、能源监管制度等。能源法与能源法律制度架构分别确定了政府能源管理的目标、方向和过程，以及管理主体、管理方式与管理程序等。能源法要担起建设中国能源法律制度架构的重任，必须是能源法基本法。

4. 能源法作为我国能源领域的基础性、综合性法律的地位毋庸置疑，关键是要处理好内外部法律关系的衔接问题，避免出现新法取代旧法、此法取代彼法的法律冲突。能源法侧重调整能源领域的宏观、中观能源法律关系，重点解决能源领域存在的根本性问题、共性问题，不排除、不排斥能源单行法和相关法的适用。《煤炭法》《电力法》《可再生能源法》《节约能源法》侧重调整中观、微观能源法律关系，重点解决一次能源、二次能源开发利用和节约能源领域存在的特殊性问题、具体问题。另外，原环保部、原国土部等有关部门也提出能源法应对其与相关法律的适用问题作出界定。其实，能源单行法和相关部门法的调整范围及其与能源法之间的边界大体是清楚的，只需要做好衔接，不必人为地制造或者陷入立法纷争。

在能源法与能源单行法和相关法的调整对象和相互关系问题上,按照普通法与特别法相结合的原则,坚持调整范围涵盖不覆盖、衔接不缺位、结合不越位,综合性法律规范与单行法律规范相互补充,相关法律条文之间详略有别、相互补充、留有空间、整体和谐的思路,修改稿作出了适当的安排处理。如《能源法(送审稿)》修改稿第二条第二款规定:“有关法律、行政法规对能源开发利用和监督管理另有规定的,适用其规定。”这就实现了能源法与能源单行法和相关法的结合。有学者认为这样规定不利于突出能源法的基础性地位。事实上,无论能源法是否作出这样衔接性的规定,都不影响相关能源单行法和国土、环境、安全生产等部门法所具有特别法优先、独立适用的地位,即使能源法不作规定也不影响上述特别法的效力。所以,该款规定有利于化解纷争和法律衔接。又如,第七条规定:“从事能源规划、勘查、设计、建设、生产、加工转换、储存、输送、交易、供应、使用等活动的,应当遵守本法和有关法律、法规,改善能源开发利用条件,安全高效生产能源,科学合理使用能源,提高能源效率。”再如,第三十四条第二、三款规定:“法律、行政法规或者国务院规定从事能源开发和加工转换活动需要取得行政许可的,依照其规定。从事能源开发和加工转换活动的企业,应当具备国家规定的资质条件。”最后在第十章“法律责任”第一百二十八条规定了法律责任衔接条款,即“……法律、行政法规对行政处罚的种类、幅度,决定机关另有规定的,依照其规定”。这一规定不仅不影响、不剥夺其他行政机关行使各自的行政处罚权,反而有利于其他相关部门对能源违法行为的协同防范和惩处。

此外,对于国家正在组织起草石油天然气法、原子能法等暂缺的能源单行法律,能源法可以作出导向性的、衔接性的规定,不宜另作具体规定。

二、能源法的主体问题

从事能源开发利用和监管活动的社会组织和自然人很多,这些能源主体依法享有权利、履行义务、承担责任。法律关系主体不明确,权利义务则无载体。能源法所规范的法律关系主体,主要包括行政主体(各级人民政府及其负有能源监督管理职责的部门、机构和能源监督检查工作人员)、企业主体(能源建设生产企业、能源供应企业及其从业人员)、消费主体(使用能源的社会组织和自然人)和涉外主体(外国企业、公民)等四类。《能源法(送审稿)》修改稿对上述主体各自的基本权利、义务和责任作出了规定,旨在确定能源主体的行为规则,调整能源法律关系,维护能源开发利用和消费交易市场秩序,有助于增强能源法的确定性和可操作性。

三、能源政策“入法”问题

在能源法立法中,涉及能源政策问题时,应按以下原则加以处理:(1)能源法应当符合现行的能源基本政策导向。改革开放以来,我国的社会制度变迁采取的是一种“摸着石头过河”的独特模式。这就要求,首先要进行试验,再把被实践证明是行之有效的经验上升为国家意志,再推行到更大的范围。因此,能源法应当符合这一政策导向,并且还应当有充分的体现,以促进这一目标的实现。(2)能源法应当将成熟的产业政策上升为法律。产业政策法是对于能源法律与能源政策关系“内化”的处理模式。政策是其内容,法律是其形式。在这里,政策和法律融为一体。产业政策获得了法律的表现形式,进而具有法律属性,如规范性和约束力,或者可以直接说政策本身就具有法律性质。将产业政策直接写入法律,可以通过产业结构政策法律制度、产业组织政策法律制度、产业技术政策法律制度、产业布局政策法律制度等立法技术实现。(3)财税等专项政策应当予以原则性的体现,不宜过于具体。对于一些专项能源政策,典型的如财政税收政策、价格政策、金融政策等,由于这些政策本身就属于一种政策工具,具有杠杆功能,需要随着经济形势的变化作出调整,所以不宜作出具体的规定。但是,应当作出原则性规定,如可以规定采取何种财政工具。(4)运用授权性条款,为配套性政策留下合理空间。一些临时性、试验性的政策,不适宜在法中体现,或者说现阶段还不成熟的,可以采取授权立法的形式延后制定,如能源行业准入问题。

四、能源管理体制问题

这也是一个争论较多、难以处理的问题。能源管理体制是国家能源管理体制的重要组成部分。国家能源管理的权责配置体系,包括中央与地方、政府相关职能部门、政府与企业、企业与用户、社会之间的诸多层级行政管理关系,它直接关系国家对能源开发利用实施监督管理活动的控制力、执行力。能否确立适合当前和未来一个时期需要的能源管理体制,是制定能源法所面对且必须解决的难点问题。体制问题不解决、不明确,能源法难以出台和实施。

在研究国务院关于负有能源监督管理职责的部门的“三定”方案,并对照分析了能源法2008年送审稿和原国务院法制办修改稿的有关条文后,我们认为:力图通过立法确立与现行体制不符的、由单一的能源主管部门对能源开发利用工作实施统一监督管理的体制是不现实的、超前的,也不符合国务院关于能源监管事权划分的规定。以2013~2019年国务院批准的各有关部门能源管理职责为例,除了国家发展改革委、国家能源局之外,经国务院授权对一些行业、领域负有能源监督管理职责的部门、机构包括:外交部、科技部、工业和信息化部、安全部、财政部、自然资源部、生态环境部、住房城乡建设部、交通部、水利部、农业农村部、商务部、应急部、人民银行、税务总局、银保监会、中央军委后勤保障部等多个部、委、局。[3] 由此可见,国家现行能源监管体制并不是由某个部门统一管理。

鉴于当前国家能源管理体制改革尚在探索进行中,涉及能源领域的重大体制改革方案和措施尚未成熟和出台,仍有一些未知的、不确定的因素,故而通过立法改变现行体制尚不可行。在这种情况下,能源法应当以现行的国家能源管理体制为基础并将其法律化,循序渐进,不宜纠结于某些还不确定的体制问题而影响该法的出台。为此,《能源法(送审稿)》修改稿第十五条确立了国家实行能源综合管理与专项管理相结合的能源管理体制,即“国务院能源主管部门依照本法和国务院规定的职责,对全国能源开发利用工作实施综合监督管理;县级以上地方各级人民政府能源主管部门依照本法和本级人民政府规定的职责,对本行政区域内能源开发利用工作实施综合监督管理。国务院有关部门依照

---

〔3〕 2018年3月13日,国务院机构改革方案公布,根据该方案,改革后,国务院正部级机构减少8个,副部级机构减少7个,除国务院办公厅外,国务院设置组成部门26个。但本书涉及相关规范性文件及发文机关年度跨度较大,且各部门职能有较大变化,因此涉及相关内容仍按原发文机关,本书不另做修改。——编者注

本法和其他有关法律、行政法规和国务院规定的职责,在各自的职责范围内对有关行业、领域的能源开发利用工作实施监督管理;县级以上地方各级人民政府有关部门依照本法和其他有关法律、法规及本级人民政府规定的职责,在各自的职责范围内对有关行业、领域的能源开发利用工作实施监督管理。能源主管部门和对有关行业、领域的能源开发利用工作实施监督管理的有关部门,统称负有能源监督管理职责的部门。负有能源监督管理职责的部门及其派出机构依照法律、法规和本级人民政府的规定履行能源监督管理职责。"

上述规定明确了三个问题:(1)在现行监管体制下,能源综合监管部门代表本级人民政府,对其他负有某些行业、领域能源监管职责的有关部门的履职情况进行协调、指导和监督。这不影响能源综合监管部门的牵头地位和管理职能,反而可以更超脱一些。(2)其他负有某些行业、领域或事项能源监管职责的有关部门按照职责分工履行能源监管职责,既有利于发挥他们的作用,又可以减轻能源综合监管部门的压力。(3)能源综合监管部门与专项监管部门应当各负其责、各司其职、密切配合、联合执法,齐抓共管。

五、立法模式与章节设计问题

这个问题的实质是如何进行我国能源法的顶层设计和法律框架构建。

(一)立法模式

"他山之石,可以攻玉。"各国能源法的立法模式可以分为三类。(1)"政策式"立法模式,即能源法只规定能源战略和规划的指导思想、目标、措施、基本的政策手段与程序等,用来作为国家能源战略和管理的法律基础。采用这种模式最为典型的是《日本能源政策基本法》。该法的突出特点是法条本身呈现出的宏观和原则性,具体表现在该法共计14条,涉及能源立法目的、能源监管指导思想、能源管理具体措施,以及国家、地方团体和国民的能源义务。这种模式的优势在于其具体条款较少涉及实质性的利益冲突,因此出台难度大幅减小。弊端在于该法的政策性条文使其可操作性减弱,时常被其他具体的规定、政策或法律架空,成为徒有其表的基本法。(2)"法律兼政策式"立法模式,即立法中既包含能源战略和规划的指导思想、目标、措施、基本的政策手段和程序等,又涵盖能源法律基本原则、制度和法律责任等内容。如《美国能源政策法》,其内容极其广泛,包括可再生能源、石油与天然气、煤炭、核能、水电等,都在该法有所涉及。(3)"基本法式"立法模式,即能源法规定能源基本制度,如市场准入制度、竞争与反垄断制度、能源使用和节约制度等。如《韩国能源基本法》,该法分别设置立法目的、定义、原则、国家任务、适用范围,以及基本法律制度和法律责任,是典型的大陆法系基本法立法模式。

鉴于中国特色社会主义立法传统,我国采用"基本法式"的立法模式为宜。这是因为:(1)我国能源法律体系尚无基础性法律。前文已述及,我国现有的能源法律都是单行法律,如规制煤炭的《煤炭法》,规制电力的《电力法》,规制清洁能源的《可再生能源法》,规制能源利用的《节约能源法》。然而,各法律之间缺乏协调,形同散沙,尚缺乏一部能够体现不同能源形态的综合性法律,对能源基本原则、基本制度和法律责任作出明确规定。只有作为基本法的能源法能够担此重任。(2)我国能源政策已经相对成熟,而能源基本的管理制度、市场体系等不同能源形态的共通性的、原则性的规定付之阙如。从现有能源政策来看，我国在能源法律体系发展的第三阶段，已经相继出台《中国能源状况与政策》和《能源发展重点专项规划》等政策文件，已经具体阐明我国的能源战略、发展目标、改革方向等内容。因此，制定能源基本法已经具备了政策依据和基础。

（二）章节设计

关于章节设计问题，按照能源产业链的自然顺序与特殊问题专题设章相结合的思路，《能源法（送审稿）》修改稿对能源法2008年送审稿和原国务院法制办修改稿的章节设计进行了重新设计和排列整合。

1. 将国家有关能源开发利用的大政方针、原则、战略、体制以及统领相关章节的概括性、原则性的基本规定写入了总则，集中体现了党和国家关于能源开发利用的战略方针、基本能源政策、重大决策；同时也是后续和对应相关章节及基本法律制度的概括性规定。

2. 将能源战略与规划、能源开发和加工转换、能源供应与使用、能源市场、安全保障等章节（第二章至第六章）按照产业链的主要环节进行先后排序，凸显了习近平总书记提出的推动能源消费和生产革命、能源安全、能源法治的要求，体现了能源发展战略的基本要求和能源产业链的内在规律，增强了相关章节之间的逻辑联系。

3. 对科技进步、国际合作、监督管理、法律责任等重大特殊问题作出了特别规定（第七章至第十章），凸显了习近平总书记关于推动能源技术和能源体制革命、全方位开展国际合作的要求，建立了科技进步、国际合作、监督管理、法律责任等方面的基本法律制度，使这些重大问题有法可依。

4. 附则对相关法律用语含义、授权制定地方性法规和本法施行日期等问题作出了规定。

六、法条的原则性与可操作性问题

能源法的调整范围很广，如果其具体的法律规范和法律条文过于宽泛、原则，那么势必降低其可操作性，难免成为一部宣示性的法律，执行力将会较差。在立法座谈会上，专家、企业代表都强烈建议，一定要解决《能源法（送审稿）》存在的宣示性过强的问题，不要搞成一部不能执行的宣示性法律。

为了避免宣示性过强这个问题，《能源法（送审稿）》修改稿除了保留一定数量的宣示性、原则性的法律条文外，还补充增加了大量可操性较强的实体规范和法条，以求解决法条的原则性与可操作性的不平衡问题，实现法条内容的虚实结合和详略结合。如增加了关于行政主体、能源主体、消费主体的权利义务的法条，“监督管理”一章充实了20余条实体性法条，“法律责任”一章的条文都是明确、具体的法律规范，具有很强的可操作性和执行力。

第五节　能源基本法与能源单行法的关系

一、能源法与《煤炭法》的关系

在处理与《煤炭法》的关系时，能源法的立法思路应当包括：体现全局性、战略性和协调性；从可持续发展出发，推动资源的节约和保护；全面考虑改革和健全国家能源体制。

在能源法涉及《煤炭法》的内容中应当包括：(1)一些具有协调性、综合性、平衡性和长远性的能源问题，应当或者必须在作为基本法的能源法中加以规定，不宜在作为能源单行法律的《煤炭法》及配套立法中规定。如在我国能源供给体系中，煤炭作为主体能源的地位、煤炭能源转化、体制、规划以及煤炭与相关产业协调发展等问题。(2)与能源领域其他行业相比，煤炭行业完全市场化所带来的矛盾和问题较为突出，需要通过能源法特别强调和引起国家以及其他各有关方面高度重视的问题，如煤矿安全、煤矿转型、煤矿教育和煤炭城市多元发展等难点问题。(3)在对能源领域共性问题进行调整规范时，能源法也可以涵盖煤炭行业的内容，如安全生产、共伴生矿物开采、产业结构调整等问题。

二、能源法与石油天然气法的关系

由于我国目前尚未出台石油天然气法，因此在能源法立法过程中要注意为石油天然气行业的单行法留有立法空间。石油天然气行业的特殊问题应由专门的石油天然气法来规制。而对于石油天然气与其他能源的共性问题和石油天然气行业的一些基本问题应由能源法来规制。

能源法中关于石油天然气的规范可以包括：(1)完善我国石油天然气行业的管理体制、机制，明确政府监管执法主体及职责。石油天然气主管部门的主要任务是统筹规划油气资源的开发利用，拓展海外油气开发，确保石油天然气的稳定供给和安全。从国外的经验来看，许多国家，如美国、加拿大在能源领域都实行执监分离的管理模式，能源部是行政主体，代表国家行使管理职能，单设独立的监管委员会，则代表社会利益对石油天然气的价格、竞争、战略石油储备以及能源信息的发布实行监管，以维护整个行业的稳定和有序。鉴于中国的石油天然气企业基本都是国有企业，政府必须加强监管，才有可能维护社会利益。(2)规范石油天然气(页岩气)与其他能源的关系，明确多种能源之间的可替代性。如在石油供给不足或价格过高的情况下，可以规定加大煤炭、电力、核能的生产消费比重，以实现能源之间的替代，确保能源安全。(3)推进石油国际合作。石油国际合作是中国能源国际合作的重要方式。中国目前开展石油国际合作的主要是国有石油公司，在国际化经营中由于缺乏政府的有效支持，跨国经营的难度很大；而国有企业身份的特殊性，又往往会遭到某些国家的抵制。因此，在国际合作中政府和企业各自的角色定位和分工应当在能源法加以明确。(4)加快战略石油储备。战略石油储备是防范石油风险的有效途径。中国的战略石油储备工作已经启动，在能源法中应对战略石油储备予以规定。

(5)加强石油行业环境保护。石油行业对环境有重要影响,从国际上看,三个与石油有关的国际条约都与环境保护有关。我国的重化工发展与油气加工利用密切相关,其污染具有很强的隐蔽性和专业性。而且如前所述,有些油气的开采,在经济上是可行的,但从环境生态的角度看是不可行的。因此,能源法中应对容易造成环境损害的石油天然气等化石能源开采的环境要求作出规定。(6)对油气开采中的安全生产、共伴生矿物开采、产业结构调整等问题,能源法应作规定。

三、能源法与《电力法》的关系

我国《电力法》的修订已历时多年。在能源法立法时,既要深入研究现有《电力法》的法律制度,又要充分考虑《电力法》未来的修订方向。

鉴于《电力法》是调整电力关系的单行法,所以能源法不宜对其特有的个性问题作出具体规定,只能对涉及电力与其他能源之间存在的共性问题、相互关系和《电力法》未作规定的问题进行法律调整。因此,能源法中涉及电力行业的内容可以包括:(1)对能源管理机构、体制和运行机制的制度设计和安排,明确界定包括电力行业在内的能源行政管理机构与监管机构的职能分工,明确行政执法主体及其权责。对政府、企业、消费者等市场主体在能源开发利用活动中的行为进行统一规范和管理。(2)强化包括电力的能源发展规划的法律地位,明确违反能源发展规划的法律责任。(3)建立电力普遍服务制度,明确政府为电力普遍服务的责任主体,负有对电力普遍服务工作的主导、组织和推动职责,对相关单位和电力企业的协调职责,建立普遍服务资金的筹措机制和补偿机制的职责等。明确电网企业为电力普遍服务的实施主体,负有加强电网建设、提高供电质量、为边远和贫困地区提供供电等普遍服务责任。(4)建立和完善包括电力的能源市场准入制度。积极推行投资主体多元化,建立新型投融资体制,为各类企业创造公平竞争的投资环境。保障经核准合格的经济实体投资电源项目,保护电力投资者的合法权益,保护各类电力经营企业的自主经营权和合法权益,保障经核准合格的经济实体作为电力交易主体平等地参与能源市场竞争。(5)明确一次能源与二次能源的地位、结构、规划、布局及相互关系,统筹电力与化石能源的协调发展。

四、能源法与《可再生能源法》的关系

可再生能源是重要的能源分类,可再生能源的发展也是当今国际社会能源行业发展的大趋势。我国先行出台《可再生能源法》,仅在5年的时间内,又对其进行了修订,足见对可再生能源的重视。

《可再生能源法》对能源法立法的影响包括以下五个方面:(1)《可再生能源法》中值得能源法借鉴的立法原则,包括:政府参与的原则或称宏观调控与市场机制相统一的原则,可持续发展的原则,平衡协调的原则,构建、完善能源市场机制的原则,社会整体利益优先原则。(2)能源法中明确能源结构调整。尽管伴随《可再生能源法》的出台,中国可再生能源取得了很大的发展,但是可再生能源到底在中国的能源发展和能源布局中占有怎样的位置,这是和中国能源结构的调整关系很密切的一个问题。“大力发展可再生能源”的理念如何落实,需要在能源法中明确规定与调整能源结构相关的内容。(3)能源法

立法目的应体现可再生能源的重要性。可再生能源的重要性和其可以保障能源的可持续发展密切相关，因此可以考虑将“能源的可持续发展”作为立法目的之一进行规定。(4)能源法可以规定与可再生能源有关的财政措施。这一点要求与《节约能源法》的要求是一致的，那就是政府必须采取具体的措施，因此在立法中体现为对政府具体职权的授予。可以考虑绿色电力制度，能源效率标识制度等非经济手段的设计。(5)《可再生能源法》对农村能源的规定的启示。《可再生能源法》中虽然有关于农村能源问题的规定，但是对农村能源问题的关注是不够的。因此需要在能源法中规定有关农村能源问题，可考虑设专章对农村能源问题进行规定。

五、能源法与《节约能源法》的关系

1997 年 11 月 1 日第八届全国人民代表大会常务委员会第二十八次会议通过了《节约能源法》，自 1998 年 1 月 1 日起实施，后于 2007 年 10 月 28 日又修订了《节约能源法》。节能是能源生产与消费中的一个重大问题，能源法应将节能纳入其中：(1)在立法理念上，能源法中要明确节能的地位。因为节能优先是实现可持续发展、缓解资源制约、改善环境状况的重要国策，能源法对于其地位必须予以明确。(2)在制度设计上，能源法要表述节能优先、提高能源效率的路径和原则，国家和地区能源规划中能源开发与能源节约的关系要体现节能优先，明确政府和公民在推进全社会节能的责任和义务，建立节能市场机制的外部条件，如价格政策、财税政策，统一国家财政性能源基金的来源和用途。可将节能制度融入能源战略规划制度、能源管理与监管制度、能源财税与科技制度、能源市场制度、能源法律责任制度等多项制度之中。(3)在结构安排上，节能在能源法中体现的是能源效率的大概念，范围涵盖能源开发、利用的全过程。要妥善处理与《节约能源法》之间的关系，避免不必要的重复。

思考练习题

1. 简述能源法的立法宗旨。
2. 简析能源法的调整对象。
3. 论述能源法的基本原则。
4. 简述能源法的基本法律制度。
5. 论述能源法的能源领域基本法属性。
6. 简述能源法与主要能源单行法之间的关系。

第二章　能源法学总论与分论

导读

我国现已形成了煤炭为主体，电力为中心，石油天然气、核能和可再生能源全面发展的能源产业结构和能源供应体系，建立了《煤炭法》、《电力法》、石油天然气法、核能法、《可再生能源法》、《节约能源法》、能源环境法为主干的单行法律体系，为能源发展提供了法律依据。但也存在能源法这一能源领域基本法缺位、部分能源法律法规内容滞后、相关法律法规之间不够协调等问题。要大力推动我国能源革命，实现能源产业持续发展，最强手段是加快能源立法，尽早出台能源法、石油天然气法和原子能法。建立健全能源法律体系建设的重大意义在于：一方面，为构建能源单行法的各分支法学即能源法学分论提供立法基础，进而促进能源法学总论的理论体系建设；另一方面，能源法学总论与分论的理论研究成果，能够促进能源法律体系的建设和完善。本章阐述了能源法学总论与分论的基本理论，包括能源法学与能源产业的关系、能源法学与能源革命的关系、能源法学与能源法律体系的关系、能源法学发展与学科建设的关系等。本章重点是理解能源法学总论与分论的关系及其各自理论内涵、能源法学与相邻法学的关系；本章难点是能源法学与相邻法学的关系。

能源法学包括总论和分论两部分，总论的框架是由整体能源产业战略属性及其发展规律和趋势决定的；分论的内涵是煤、油、电、核及新能源产业各自特色发展的客观反映。能源法学在总论中以能源基本法为主线构建共性化的法学理论体系，在分论中以能源单行法为主线构建特色化的法学理论体系，是能源法和煤、油、电、核等能源单行法律法规的理论提炼和升华，是能源领域立法、执法、司法和守法的法理基础。能源法学是新兴的综合性交叉学科，其总论与分论分别是宪法学、经济法学、行政法学、民商法学、资源法学、环境法学与能源科学、能源资源学、能源产业学、能源经济学、能源管理学、能源环境学等社会科学和自然科学的交叉融合形成的综合性学科，具有政治性、经济性、产业性、科技性、社会性、涉外性等属性，表现出政治价值、经济价值、产业价值、社会价值、外交价值等价值内涵。因此，能源法学体系的建立与完善，应以能源产业为背景，既要有反映能源产业整体发展共性的总论，又要有体现不同能源产业特性的分论；应以能源法律体系为基础，既要有提炼能源基本法理论的总论，又要有能够针对能源单行法理论的分论；应有独特系统的研究对象和研究方法，既要研究能源法学内部总论与分论的紧密契合，又要研究能源法学以其独立完整的研究对象而与外部相邻分支法学学科的协调对接。

第一节 能源法学与能源产业

能源法学总论的定位，是法学理论上反映并能够体现能源产业整体的发展规律；能源法学分论是分别反映并体现煤炭、石油天然气、电力、核能、新能源和可再生能源、节约能源、能源环境等产业个体的各自发展规律及趋势。总论以能源产业整体法治为研究对象，分论以能源产业个体法治为研究对象。能源法治既包括产业外部法治体系，也包括能源企业内部法治管理体制机制。要了解能源产业，首先应当理解能源的概念及不同分类。

一、能源的概念及分类

能源可以简单地理解为含有能量的资源。对于能源常常有不同的表述，《能源百科全书》的定义是：能源（Energy），即“可以直接或经转换提供人类所需的光、热、动力等任何一种形式能量的载能体资源”。[1]《大英百科全书》对能源一词的解释为：“能源是一个包括所有燃料、流水、阳光和风的术语，人类采用适当的转换手段，给人类自己提供所需的能量。”在《现代汉语词典》中，对能源的注解是：“能产生能量的物质，如燃料、水力、风力等。”此外在有关能源的书籍中还有其他的表述，如“能量是指提供某种形式能量的物质或物质的运动”，“凡是能直接或者经过转换而获得某种能量的自然资源通称为能源”，“能源是可以从其中获得热、光和动力之类能量的资源”。无论何种表述，其内涵都是基本相同的，即能源就是能量的来源，是提供能量的资源，这些来源或资源，要么来自物质，要么是来自物质的运动，前者如煤炭、石油、天然气等矿物燃料（又称化石燃料），后者如水流、风流、海浪、潮汐等。[2]

按照产生方式划分，能源可以分为一次能源和二次能源。一次能源是指从自然界开采、能够直接被使用的能源，即自然资源中所蕴含的未经人为转化或转换的能源，如煤炭、原油、天然气、煤层气、页岩气、水能、核能、风能、太阳能、地热能、生物质能等；二次能源是指由一次能源经过加工转换以后得到的能源，如电力、热力、成品油等。[3]

按照能源的再生性划分，能源可以分为可再生能源和非可再生能源。可再生能源是指可以连续再生、永续利用的一次能源，包括风能、太阳能、水能、生物质能、地热能、海洋能等非化石能源。[4] 非可再生能源是指开采利用后在可预见的期间内难以再生的能源，一般指化石能源。[5]

按照利用状况划分，能源可以分为常规能源和新能源。常规能源是指在一定的科学

---

〔1〕《能源百科全书》编辑委员会：《能源百科全书》，中国大百科全书出版社 1997 年版，第 1 页。

〔2〕黄素逸、高伟编著：《能源概论》，高等教育出版社 2004 年版，第 11 页。

〔3〕于文轩：《石油天然气法研究——以应对气候变化为背景》，中国政法大学出版社 2014 年版，第 9 页。

〔4〕参见《可再生能源法》第 2 条。

〔5〕肖乾刚、肖国兴编著：《能源法》，法律出版社 1996 年版，第 22 页。

技术水平条件下已被广泛利用的能源,如煤炭、石油、天然气、水能等。[6] 新能源是指在新技术的基础上开发利用的能源,[7]具体包括可再生能源、氢能、热核聚变能、天然气水合物、页岩气等。[8]

此外,按照经济属性划分,能源可以分为商品能源和非商品能源;按照生产和利用对环境影响划分,能源可以分为清洁能源和非清洁能源;[9]按照使用方式划分,能源可以分为燃料性能源和非燃料性能源;按照赋存状态划分,可以分为固体能源、液体能源、气体能源、核燃料和载能体。[10]

知识拓展

我国能源发展概况

能源法学总论的首要任务,就是要对“能源”及其他相关基本概念在立法上进行深入研究,并进行准确界定。能源法作为能源领域基本法,应对“能源”作出明确界定,即“能源,是指煤炭、煤层气、石油、天然气、页岩气、核能、氢能、风能、太阳能、水能、生物质能、地热能、海洋能和电力、热力以及其他直接或者通过加工、转换而取得有用能的各种资源”。

二、能源产业的界定及分类

从中华人民共和国成立之初开始,我国能源产业于艰难曲折之中逐渐发展壮大,取得了巨大成就,形成了基本完备的能源产业体系。尤其是20世纪七八十年代以来,我国能源产业迅速发展,能源供给能力提高,能源节约效果显著,能源消费结构优化,能源科技水平提高,能源污染防治取得进展,能源市场环境逐步改善,[11]为保障国民经济持续快速发展作出了重要贡献。

(一)能源产业的界定

20世纪20年代,国际劳工局最早对产业作了比较系统的划分,即把一个国家的所有产业分为初级生产部门、次级生产部门和服务部门。后来,许多国家在划分产业时都参照了国际劳工局的分类方法。第二次世界大战以后,西方国家大多采用了三次产业分类法。在我国,产业的划分是:第一产业为农业,包括农、林、牧、渔各业;第二产业为工业,包括采掘、制造、自来水、电力、蒸汽、热水、煤气和建筑各业;第三产业分流通和服务两部分。根据我国三大产业划分,能源产业主要表现为第二产业中的能源资源开采业、能源产品制造业、能源商品供应业和能源工程建造业,同时分别延伸至第一产业的农业能源、林业能源和第三产业的能源管道运输服务、能源专业技术服务及能源污染防治服务等。

在现代产业经济学中,一般将产业划分成三个层次:第一层次是以同一商品市场为单位划分的产业;第二层次是以技术和工艺的相似性为根据划分的产业;第三层次是大致以经济活动的阶段为根据,将国民经济划分为若干大部分所形成的产业。因此,根据我国

[6] 肖乾刚、肖国兴编著:《能源法》,法律出版社1996年版,第21~23页。
[7] 陈新华:《能源改变命运——中国应对挑战之路》,新华出版社2008年版,第268页。
[8] 李艳芳等:《新能源与可再生能源法律与政策研究》,经济科学出版社2015年版,第4~6页。
[9] 赵小平主编:《能源管理工作手册》,中国市场出版社2008年版,第2页。
[10] 肖乾刚、肖国兴编著:《能源法》,法律出版社1996年版,第23页。
[11] 国务院新闻办公室:《中国的能源状况与政策》,2007年12月。

《国民经济行业分类》国家标准，能源产业是指能源采矿业、能源产品制造业、能源商品生产与供应业、能源工程建筑业、能源管道运输与仓储业、能源专业技术服务业以及能源污染治理与修复业。

（二）能源产业的分类

根据《国民经济行业分类（GB/T 4754—2017）门类》[12]，能源产业按以下门类分类：

1. 能源采矿业。（1）煤炭开采和洗选业，如烟煤和无烟煤开采洗选、褐煤开采洗选、其他煤炭采选；（2）石油和天然气开采业，如陆地石油开采、海洋石油开采、陆地天然气开采、海洋天然气及可燃冰开采；（3）放射性金属矿（如铀、钍）采选；（4）开采专业及辅助性活动，如煤炭开采和洗选专业及辅助性活动、石油和天然气开采专业及辅助性活动等。

2. 能源制造业。（1）酒精（燃料乙醇）加工业。（2）石油、煤炭及其他燃料加工业，如精炼石油产品制造、原油加工及石油制品制造及其他原油制造。（3）煤炭加工，如炼焦、煤制合成气生产、煤制液体燃料生产、煤制品制造等。（4）核燃料加工。（5）生物质燃料加工，如生物质液体燃料生产、生物质致密成型燃料加工。（6）涉及能源的通用设备制造业，如锅炉及原动设备制造、锅炉及辅助设备制造、内燃机及配件制造、汽轮机及辅机制造、水轮机及辅机制造、风能原动设备制造及其他原动设备制造。（7）能源专用设备制造业，如采矿、冶金、建筑专用设备制造、矿山机械制造、石油钻采专用设备制造、深海石油钻探设备制造、炼油、化工生产专用设备制造等。（8）电气机械和器材制造业，如发电机及发电机组制造、电动机制造、微特电机及组件制造、其他电机制造；输配电及控制设备制造，如变压器、整流器和电感器制造、电容器及其配套设备制造、配电开关控制设备制造、电力电子元器件制造、光伏设备及元器件制造等；电线、电缆、光缆及电工器材制造，如电线、电缆制造、光纤制造、光缆制造、绝缘制品制造等；电池制造如锂离子电池制造、镍氢电池制造、铅蓄电池制造、锌锰电池制造等；非电力家用器具制造，如燃气及类似能源家用器具制造、太阳能器具制造等；照明器具制造，如电光源制造、照明灯具制造、舞台及场地用灯制造、智能照明器具制造、灯用电器附件及其他照明器具制造等。

3. 电力、热力及燃气生产和供应业。（1）电力生产业，包括火力发电、热电联产、水力发电、核力发电、风力发电、太阳能发电、生物质能发电等；（2）电力供应业；（3）热力生产和供应业；（4）燃气生产和供应业，包括天然气生产和供应、液化石油气生产和供应、煤气生产和供应、生物质燃气生产和供应等。

4. 能源建筑业。（1）海洋能源工程建筑，包括海洋油气资源开发利用工程建筑、海洋能源开发利用工程建筑等；（2）节能工程施工；（3）电力工程施工，包括火力发电工程施工、水力发电工程施工、核电工程施工、风能发电工程施工、太阳能发电工程施工、其他电力工程施工；（4）能源建筑安装业，包括电气安装、管道和设备安装；（5）能源矿产品批发，包括煤炭及制品批发、石油及制品批发，能源产品批发，如电气设备批发。

5. 能源管道运输、仓储业。（1）海底管道运输；（2）陆地管道运输；（3）油气仓储。

---

〔12〕《国民经济行业分类》国家标准于 1984 年首次发布，分别于 1994 年、2002 年、2011 年、2017 年进行修订。目前执行标准（GB/T 4754—2017）由国家统计局起草，国家质量监督检验检疫总局、国家标准化管理委员会批准发布，于 2017 年 10 月 1 日实施。

6. 能源专业技术服务业。(1)能源矿产地质勘查;(2)节能技术推广服务;(3)新能源技术推广服务。

7. 能源污染治理与修复业。包括能源开发利用造成的水污染治理、大气污染治理、固体废物治理、危险废物治理、放射性废物治理及土壤污染治理与修复服务。

三、能源法学的概念与研究对象

(一)能源法学的概念

法学,又称法律学、法律科学,是以法律、法律现象以及其规律性为研究内容的科学,它是研究与法相关问题的专门学问,是关于法律问题的知识和理论体系。

能源法学是以能源法律、法律现象及其内在规律为研究内容的科学,它是研究与能源法相关问题的专门学问,是关于能源法律问题的知识和理论体系。中国社会主义能源法学,是以近现代国内外能源法制史和新中国能源立法、能源法治、与能源法相关的问题及其内在规律性为研究内容的科学。能源法学既是我国社会主义法学的重要组成部分,又是建立健全我国能源法治的法理基础,还是创制完善我国能源法学科建设的法学支撑。

(二)能源法学的研究对象

法学的研究对象(object of law)主要包括各种意义的法、法的现象和与法相关的问题。我国能源法学研究的对象十分广泛,主要包括:

1. 与能源法相关的"各种意义的法"。从法的形式、体系、时间、空间和一般分类等不同的角度说,广义的法既包括我国宪法、能源法律、能源法规以及其他各种形式的能源成文法(statute law),又包括不成文法(unwritten law,common law);既包括宪法、行政法、民商法、经济法、诉讼法、社会法、刑法、环境法、国际法,又包括其他各有关部门法;既包括近现代能源法,又包括当代能源法;既包括中国能源法,又包括外国能源法;既包括与能源相关的根本法和普通法、一般法和特别法,又包括能源实体法和程序法。

我国能源法学尚处在初建阶段,其研究对象不宜过多过繁,应当重点研究新中国特别是改革开放以来制定出台的能源法律、法规和规章等能源立法,以及与能源法密切相关的行政法、民法、刑法、经济法、矿产资源法、环境法等相关立法。此外,还要注意研究改革开放,特别是党的十八大以来党和国家出台的一系列有关能源产业发展、能源法治的方针政策及能源重大战略决策。

2. 各种与能源法相关的"法的现象"。除了研究我国能源立法本身之外,还要研究与能源法产生、实施和完善密切相关的法律现象。如我国能源立法、执法、司法、守法和法律监督方面的历史沿革、发展规律特点、存在问题及原因、能源法治观念、能源法律制度、能源法律秩序、能源监管执法等法律现象。

3. 与能源法密切相关的重大问题。能源法和能源法律现象不是孤立的,它的存在和发展同其他事物,特别是经济、政治、文化等社会现象有着密切的联系。研究、把握这些相关问题可以更好地研究能源法学的主要问题。

与能源法密切相关的问题错综复杂,能源法学的研究必须选准、抓住和深入研究那些关系我国能源产业可持续发展和健全能源法治的重大问题、突出问题和紧迫问题,循序渐进,不可以面面俱到、脱离国情、照搬国外。当前和今后一个时期,能源法学应重点研究我国能源产业的现状及制约因素，能源产业、产品结构的调整优化、能源经济与能源法治，能源革命和重大改革措施的法律化，能源市场开放与规制，能源安全与保障供应，能源发展与环境、节能的同步协调，实施“一带一路”倡议与强化能源国际合作的法律风险及对策，能源监管体制改革与完善等问题。既要从相关问题的研究中找到其与能源法、能源法学之间的内在联系，又要通过研究为解决其相关问题提供科学的、可行的法理依据和法律对策。

四、能源法学总论的研究定位

既然能源法学是关于能源法律问题的知识和理论体系，那么其最终研究成果必将形成总体研究成果与个体研究成果两大体系。关于能源法律问题的整体性、综合性的知识理论研究成果，即为总体研究成果，如汇编成书的《能源法学总论》。关于能源法律问题的个体性、特殊性的知识理论研究成果，即为个体研究成果，这涉及诸多能源行业领域，如煤炭、石油天然气、电力、核能、可再生能源、新能源和节约能源等。这些个体研究成果日后汇集成书，与《能源法学总论》相对应，或将是汇编成集的有关分论，如煤炭法学分论、石油天然气法学分论、电力法学分论、核能法学分论、可再生能源法学分论、新能源法学分论和节能法学分论，等等。

（一）研究能源及其分类

总论应就能源基本法涉及的重要用语进行研究论证，这些用语包括：(1)能源，是指煤炭、煤层气、石油、天然气、页岩气、核能、氢能、风能、太阳能、水能、生物质能、地热能、海洋能和电力、热力以及其他直接或者通过加工、转换而取得有用能的各种资源。(2)化石能源，是指碳氢化合物或其衍生物。化石能源所包含的天然资源有煤炭、石油和天然气。(3)非化石能源，是指非煤炭、石油、天然气等经长时间地质变化形成，只供一次性使用的能源类型外的能源。(4)清洁能源，是指环境污染物和二氧化碳等温室气体零排放或者低排放的能源。(5)能源企业，是指以能源的开发生产、加工转换、储存、输送、配售、供应、贸易和服务等为主营业务的企业。(6)能源用户，是指购买、使用、消费能源产品的企事业单位、其他社会组织和公民。(7)能源开发利用，是指能源资源的规划、勘查、设计、建设、生产、加工转换、储存、输送、交易、供应、使用、处置、保护及能源专业服务等活动。(8)能源加工转换，是指经过一定的工艺流程使能源的物理形态或者能量形式发生变化、生产出其他能源产品，不包括以能源为原料生产其他产品的活动。(9)能源基础设施，是指保障能源基础公共服务的设施，包括输配电网络、石油天然气输送管网、能源储备设施、能源专用码头、液化天然气接收站、铁路专用线等能源设施。(10)能源需求侧管理，是指政府或者公用事业单位通过采取激励措施，引导能源用户改变用能方式，提高终端能源利用效率，实现能源服务成本最小化的用能管理活动。(11)能源审计，是指由具备资质的能源审计机构依照法律、法规和有关标准，对用能单位能源利用活动的合理性和有效性进行定量分析和评价。(12)能源突发事件，是指突然发生，造成或者可能造成严重社会危害，需要采取应急处置措施予以应对的能源供应严重短缺、供应中断及其他事件，等等。

（二）研究整个能源产业的法律地位

通过《国民经济行业分类（GB/T 4754—2017）门类》中能源产业分类可以看出，能源产业更多地表现为煤、油、电、核等具体产业。因此，在总论中应重点研究整个能源产业的法律地位，如在能源基本法中拟规定，“能源产业是国民经济和社会发展的战略产业、基础产业、先导产业和支柱产业”。我国是能源生产大国和能源消费大国，能源产业是国民经济和社会发展的战略产业，为保障国民经济和社会持续、稳定、快速、健康发展提供战略性、基础性、先导性和支柱性动力源。

1. 战略产业。战略产业体现了国家的工业化水平，是决定国家整体实力的基础力量。我国通过对影响国民经济发展的能源产业的大规模投资，在短期内迅速建立起能源产业的发展基础，满足国家发展目标的要求，如通过能源互联网、新能源等占领产业制高点，提高能源战略产业的供给能力，改变了我国能源产业的国际地位等。一方面，能源产业在提升国家竞争力中居于战略地位，国家竞争力离不开能源产业的强力支撑。“能源是人类社会生存发展的重要物质基础，攸关国计民生和国家战略竞争力。”〔13〕能源消费与经济增长及社会发展，一般经历三个阶段，即劳动力密集—能源密集—技术密集。这三个阶段的社会经济结构有很大差异，经济对能源的依赖程度也不同。当前，在世界新的技术革命浪潮中，虽然信息产业正以惊人的速度迅猛发展，但能源产业对世界经济的影响仍占第一位。另一方面，能源产业在国家安全体系中也居于战略地位。能源产业的健康发展，事关能源安全。对于能源安全的内涵虽有不同观点，〔14〕但一般认为，其外延包括能源供给安全、能源价格安全、能源运输安全和能源生态安全等四个方面。〔15〕这四方面对于保障国家安全，均具有不可或缺的重要意义。

2. 基础产业。基础产业主要指对国民经济具有支撑作用，在国民经济中占有较大比重的产业。基础产业在某种程度上直接关系一个国家重大产业或产业群的发展方向，并能充分利用和发挥一国的各种能源资源优势，且对其他产业或行业具有推动、制约和引导作用。在现代社会中，任何产品的生产，都必须投入一定数量的能源。任何国家的工业化，实质上是以消费能源的机器代替劳力的过程。现代农业实际上就是用能源来代替人力、畜力和天然肥料的过程。现代战争的特点是广泛的机械化和高度的机动性，对能源特别是石油需要量很大。新能源既是世界新的技术革命的重要内容，也是推动世界新的产业革命的力量。新的能源技术的综合应用，将加速世界新的技术革命进程，新的技术革命为人类享用能源福祉开辟了广阔前景。因此，能源产业现代化是实现工业、农业、国防和科技等产业现代化的基础。

3. 先导产业。先导产业，是指对国民经济发展具有先导作用的产业，即产品收入弹性高，全要素生产率上升幅度大，对其他产业部门带动效应大的产业。能源产业在国民经济规划中属于先行发展并引导其他产业发展的产业。能源产业与其他产业关联系数大、能

---

〔13〕参见《能源发展“十三五”规划》，前言部分。

〔14〕例如，1947 年《美国国家安全法》将能源安全定义为“政府在战时能有效利用自然资源与工业资源，供军需和民用”。欧盟国家认为“能源安全即供应安全，是指欧盟在合理的经济条件下开采本国的资源或将来这些资源作为战略储备；依靠可进入的、稳定的外部来源保障能源消费的能力，在必要的情况下，可动用欧洲的战略加以补充”。参见杨泽伟：《中国能源安全法律保障研究》，中国政法大学出版社 2009 年版，第 2 页。

〔15〕有学者观点认为，能源安全的四方面内容之间存在冲突和矛盾。例如，董溯战认为，能源供给安全与能源生态安全之间存在价值冲突。参见肖国兴、叶荣泗主编：《中国能源法研究报告》，法律出版社 2009 年版，第 322 页。

源技术联带功能强，可以带动其他产业发展。能源产业需求价格弹性和收入弹性高，市场潜力大，产业增长速度超过国内生产总值，并且保持持续增长，处于规模快速扩张的成长期，是财富积聚速度最快的行业。能源产业代表着技术发展和产业结构演进的方向，对于国民经济发展具有全局性和长远性作用，对国民经济未来发展起方向性的引导作用。能源历来是人类文明的先决条件，人类社会的一切活动都离不开能源，从衣食住行，到文化娱乐，都要直接或间接地消耗一定数量的能源。能源与生活质量具有密切关系，所谓生活质量，可以理解为使人民生活舒适和满足的一系列物质和精神因素的综合。生活贫困首先表现的是能源贫困，人们物质与文化生活所消耗的一切物品，体现了能源的最终消费。我们发展能源的最终目的，正是满足人民群众对美好生活向往的需要。

4. 支柱产业。支柱产业首先侧重的是产值和利润水平，是国家和地方财政的最重要的收入来源，但它的社会效益和环境效益，对其他产业的引导作用不高，属于不得不发展或维持的产业。人们把能源、材料和信息看作现代经济社会发展的三大支柱，其中能源可以说是最基本的物质基础和经济支柱。一般来说，在工业化初期，能源消费对经济增长的敏感性大，能源消费弹性系数大于1；在实现工业化后，工业在产值中所占比重下降，而耗能少的服务业的比重上升。同时，能源利用效率提高，能源消费增长加速，这些因素使能源弹性系数降到1以下。一方面，能源产业在国民经济转型中起到引领变革的作用；另一方面，能源产业发展状况反映着经济发展态势。能源产业不仅其规模在国民经济中占有较大份额并起着支撑作用，而且具有较强的连锁效应，如诱导新产业崛起；对为其提供生产资料的各部门、所处地区的经济结构和发展变化，有深刻而广泛的影响。我国现阶段的支柱产业包括石油化工、能源机械电子、能源建筑等，国家经济稳定增长依赖于能源产业的综合支撑。

五、能源法学分论的研究定位

（一）研究煤、油、电、核等具体能源的法律定义

能源法学分论要对我国能源单行法中的特定的“能源”及能源品种定义进行研究，即煤炭、煤层气、石油、天然气、页岩气、核能、氢能、风能、太阳能、水能、生物质能、地热能、海洋能和电力、热力以及其他直接或者通过加工、转换而取得有用能的各种资源。如煤炭法学应对煤炭、煤层气的法律定义进行研究；石油天然气法学应对石油天然气及其制品的法律定义进行研究，如石油、汽油、柴油、天然气、煤层气、人工煤气、页岩气、液化石油气等；电力法学应对电力、核电、电力设施、电网调度、发电、输电、配电、售电等法律定义进行研究；可再生能源法学要对“风能、太阳能、水能、生物质能、地热能、海洋能等连续、可再生的非化石能源”等法律定义进行研究；节约能源法学应对我国《节约能源法》关于“能源是指煤炭、石油、天然气、生物质能和电力、热力以及其他直接或者通过加工、转换而取得有用能的各种资源”的规定进行研究；等等。

（二）研究煤、油、电、核等具体产业的法律规制

1. 根据《国民经济行业分类（GB/T 4754—2017）门类》中能源产业的具体分类，煤炭法学研究的产业范围包括：（1）煤炭开采和洗选业，如烟煤和无烟煤开采洗选、褐煤开采洗选、其他煤炭采选；煤炭开采和洗选专业及辅助性活动。（2）煤炭加工，如炼焦、煤制合

成气生产、煤制液体燃料生产、煤制品制造等;(3)煤炭专用设备制造业,如采矿、冶金、建筑专用设备制造、矿山机械制造;(4)煤炭及制品批发、煤气生产和供应;(5)煤炭矿产地质勘查;(6)煤炭污染治理与修复业,包括煤炭开发利用造成的水污染治理、大气污染治理、固体废物治理及土壤污染治理与修复服务。

2. 石油天然气法学研究的产业范围包括:(1)石油和天然气开采业,如陆地石油开采、海洋石油开采、陆地天然气开采、海洋天然气及可燃冰开采;(2)石油和天然气开采专业及辅助性活动等,如精炼石油产品制造、原油加工及石油制品制造及其他原油制造,酒精(燃料乙醇)加工业;(3)石油钻采专用设备制造、深海石油钻探设备制造、炼油、化工生产专用设备制造等;(4)海洋油气资源开发利用工程建筑、海洋能源开发利用工程建筑等;(5)燃气生产和供应业,包括天然气生产和供应、液化石油气生产和供应等;(6)石油及制品批发;(7)油气管道运输、仓储业,包括海底油气管道运输、陆地油气管道运输及油气仓储;(8)油气污染治理与修复业,包括油气开发利用造成的水污染治理、大气污染治理、固体废物治理、危险废物治理及土壤污染治理与修复服务。

3. 电力法学研究的产业范围包括:(1)涉及电力的通用设备制造业,如锅炉及原动设备制造、锅炉及辅助设备制造、内燃机及配件制造、汽轮机及辅机制造、水轮机及辅机制造及其他原动设备制造。(2)电气机械和器材制造业,如发电机及发电机组制造、电动机制造、微特电机及组件制造、其他电机制造;输配电及控制设备制造,如变压器、整流器和电感器制造、电容器及其配套设备制造、配电开关控制设备制造、电力电子元器件制造、光伏设备及元器件制造等;电线、电缆、光缆及电工器材制造,如电线、电缆制造、光纤制造、光缆制造、绝缘制品制造等;电池制造如锂离子电池制造、镍氢电池制造、铅蓄电池制造、锌锰电池制造等。(3)电力工程施工,包括火力发电工程施工、水力发电工程施工、核电工程施工、风能发电工程施工、太阳能发电工程施工、其他电力工程施工。(4)电力生产业和电力供应业,电力生产业包括火力发电、热电联产、水力发电、核力发电、风力发电、太阳能发电、生物质能发电等。(5)电力建筑安装业,包括电气安装、管道和设备安装。(6)电力产品批发、电气设备批发。(7)电力污染治理与修复业,如电力开发利用造成的水污染治理、大气污染治理、固体废物治理、危险废物治理及土壤污染治理与修复服务。

4. 可再生能源法学研究的产业范围包括:(1)风能原动设备制造;(2)生物质燃气生产和供应;(3)生物质燃料加工,如生物质液体燃料生产、生物质致密成型燃料加工;(4)水能工程施工、风能工程施工、太阳能工程施工等;(5)水能、风能、太阳能、生物质能等生产;(6)可再生能源安装业;(7)可再生能源技术推广服务。

5. 核能法学研究的产业范围包括:(1)放射性金属矿(如铀、钍)采选;(2)核能工程施工,核燃料加工;(3)核能建筑安装;(4)核能开发利用造成的水污染治理、大气污染治理、固体废物治理、危险废物治理、放射性废物治理及土壤污染治理与修复服务等。

此外,节约能源法学研究的产业主要是节能工程施工、安装及节能技术推广服务等;热力法学研究的产业主要是热力生产和供应业、热力工程建筑及安装业等。

第二节　能源法学与能源革命

2014年6月13日，习近平总书记亲自主持召开中央财经领导小组第六次会议并明确提出了我国能源安全发展的“四个革命、一个合作”战略思想，即推动能源消费革命，抑制不合理能源消费；推动能源供给革命，建立多元供应体系；推动能源技术革命，带动产业升级；推动能源体制革命，打通能源发展快车道；全方位加强国际合作，实现开放条件下能源安全。这是新中国成立以来党中央首次专门召开会议研究能源安全问题，标志着我国进入了能源生产和消费革命的新时代。

一、能源革命的基本要求

《能源发展“十三五”规划》在能源发展基本原则部分将能源革命置于首位，作为能源发展的核心任务。《能源发展战略行动计划》就推动能源革命，促进我国能源产业长远发展作出了具体规定。

（一）能源供给革命

要求推动能源供给侧结构性改革，优化存量，把推动煤炭等化石能源清洁高效开发利用作为能源转型发展的首要任务，同时大力拓展增量，积极发展非化石能源，加强能源输配网络和储备应急设施建设，加快形成多轮驱动的能源供应体系，着力提高能源供应体系的质量和效率。具体措施包括化解和防范产能过剩、推进非化石能源可持续发展、夯实油气资源供应基础、补齐能源基础设施“短板”。[16]

（二）能源消费革命

要求转变能源消费理念，强化节能和需求侧管理，重视生活节能，不断提高能源使用效率。具体措施包括：(1)按照差别化原则，结合区域和行业用能特点，严格控制能源消费过快增长，转变能源开发和利用方式。(2)实施能效提升计划。坚持节能优先，以工业、建筑和交通领域为重点，创新发展方式，形成节能型生产和消费模式。(3)推动城乡用能方式变革。按照城乡发展一体化和新型城镇化的总体要求，坚持集中与分散供能相结合，因地制宜建设城乡供能设施，推进城乡用能方式转变，提高城乡用能水平和效率。[17]

（三）能源机制体制

要求坚持市场化改革方向，理顺价格体系，还原能源商品属性，充分发挥市场配置资源的决定性作用和更好发挥政府作用，深入推进能源重点领域和关键环节改革，着力破除体制机制障碍，构建公平竞争的能源市场体系，为提高能源效率、推进能源健康可持续发展营造良好制度环境。具体措施包括：(1)加快形成统一开放、竞争有序的现代能源市场

---

〔16〕　参见《能源发展“十三五”规划》，第三章“三、多元发展，推动能源供给革命”。

〔17〕　参见《能源发展战略行动计划(2014—2020年)》，第二部分“主要任务”。

体系；(2)推进能源价格改革，建立合理反映能源资源稀缺程度、市场供求关系、生态环境价值和代际补偿成本的能源价格机制，妥善处理和逐步减少交叉补贴，充分发挥价格杠杆调节作用；(3)深化电力体制改革，合理制定输配电价，加快独立、规范运行的电力交易机构，积极引导与规范电力市场建设；(4)出台油气体制改革方案，逐步扩大改革试点范围，推进油气勘探开发制度改革；(5)进一步转变政府职能，深入推进简政放权、放管结合、优化服务改革，加强规划政策引导，健全行业监管体系。[18]

(四)能源技术

要求深入实施创新驱动发展战略，加快推进能源重大技术研发、重大装备制造与重大示范工程建设，超前部署重点领域核心技术集中攻关，加快推进能源技术革命，实现我国从能源生产消费大国向能源科技装备强国转变。具体措施包括加强科技创新能力建设，推进重点技术与装备研发，实施科技创新示范工程。[19]

二、能源法学总论的研究定位

(一)推动能源消费革命，抑制不合理能源消费

总论应当重点研究通过能源法总则和能源使用法律制度所要解决的问题：(1)要坚决控制能源消费的总量，从提高能效、集约高效利用能源入手，切实提高能源消费的质量，从而严格控制能源消耗总量；(2)要坚定调整产业结构，包括调整产能过剩和发展低能耗的先进制造业、高新技术产业和服务业；(3)要高度重视城镇化节能，措施包括促进城市合理布局，发展紧凑型生态城市，提高建筑和汽车节能标准和优先发展公共交通；(4)要树立勤俭节约的消费观。

(二)推动能源供给革命，建立多元供应体系

总论应当重点研究通过能源法总则和能源供应法律制度所要解决的问题：要立足国内多元供应保安全，大力推进煤炭清洁高效利用，着力发展非煤能源，形成煤、油、气、核、新能源、可再生能源多轮驱动的能源供应体系，同步配套建设能源输配网络和储备设施。

(三)推动能源技术革命，带动产业升级

总论应当重点研究通过能源法总则和能源科技创新法律制度所要解决的问题：要立足于我国国情，紧跟国际能源技术革命新趋势，以绿色低碳为方向，分类推动技术创新、产业创新、商业模式创新，并同其他领域高新技术紧密结合，把能源技术及其关联产业培育成带动我国产业优化升级的新增长点。

(四)推动能源体制革命，打通能源发展“快车道”

总论应当重点研究通过能源法总则和能源市场、能源监管法律制度所要解决的问题：要按照坚定不移推进改革，还原能源商品属性，构建有效竞争的市场结构和市场体系，形成主要由市场决定能源价格的机制，转变政府对能源的监管方式，建立健全能源法治体系。

---

[18] 参见《能源发展战略行动计划(2014—2020年)》，“三、保障措施”。

[19] 参见《能源发展“十三五”规划》，“四、创新驱动，推动能源技术革命”。

（五）全方位加强国际合作，实现开放条件下能源安全

总论应当重点研究通过能源法总则和能源国际合作法律制度所要解决的问题：要在立足国内的前提条件下，通过开展对外经济及外交合作获得更多资源供应，保障资源安全运输；在能源供给方面通过相互投资获得更多先进技术，通过各种措施提高我国参与国际能源事务的能力和水平，全面增强我国在国际能源领域的影响力等。

三、能源法学分论的研究定位

为推动能源消费、能源供给、能源技术和能源体制四方面的革命，能源革命的目标应该由确保能源供给、治理环境污染、调整经济结构、应对价格冲击、保障能源安全五个维度构成。[20] 在既定条件下，通过能源法学分论中煤、油、电、核等能源单行法学研究，具体体现四个能源革命的基本要求，同时实现既有能源用，没有污染，又价格相对便宜这三个目标。我国能源革命的先后顺序依次为确保能源供给、治理环境污染、调整经济结构、应对价格冲击、保障能源安全。现阶段我国能源产业中的煤炭、油气、电力、核能、可再生能源这五大类居于核心地位，能源产业作为能源革命的主要对象，只有对这五类产业的现状进行深入分析才能确定煤、油、电、核等能源单行法学各自的主研方向。

（一）煤炭法学的主研方向

就煤炭而言，由于我国的煤炭储存量较为丰富，因此能够满足能源供给、价格低廉以及能源安全的目标。同时，我国煤炭产业链的相关技术和安全设施等方面技术创新不足，使用的煤炭品质不高，燃烧效率偏低，也会造成大量的资源浪费。在此条件下，煤炭的大量使用无疑会增加环境污染物的排放，并且不利于经济结构的调整。但是如果能够通过煤炭立法研究助推煤炭清洁利用，将会有效克服上述问题。

（二）石油法学的主研方向

就石油而言，我国尽管通过增加石油进口满足了目前的能源需求，但进口依存度过高会导致能源安全问题不断升级。一方面，我国的石油进口来源地较为集中，对政治、外交等相关因素的依赖性较强；另一方面，石油运输航线和管道等各方面的安全管控也有较大的压力。另外，我国石油价格相对较低，对企业和居民的冲击较小，但价格低廉导致的资源过度使用，使环境污染治理和经济结构调整的目标难以实现。所以，要通过石油立法研究助推这些问题的解决。

（三）天然气法学的主研方向

就天然气而言，我国能够同时实现保证能源部分供给、降低污染治理成本、优化经济结构以及保障企业和居民应对价格的能力的目标。但是，由于我国自身的能源禀赋限制，天然气无法满足“能源安全”的目标，也不能完全保障能源供给。天然气对管道储存和运输等要求较高，形成的管道网络一旦出现问题，就会对供给和安全同时造成负面影响。因此，如何在能源革命中合理开发利用天然气，使其效用最大化，应为天然气法学的主研方向。

---

〔20〕 郑新业、黄少中、郭琎、傅佳莎、张蕾、吴施美、虞义华、刘崇明、宋枫、魏楚：《中国能源革命的缘起、目标与实现路径》课题报告。

（四）电力法学的主研方向

就电力而言，电力法学要重点研究的问题包括：完善电力规划的制定、实施、评估、监督、调整，强化电站合理规划与布局，完善电力建设的核准和监督机制，建立电源结构优化发展的法律制度；完善电力行政管理体制，规范电力市场模式和运作机制，形成有序竞争、有利于提高能效和促进清洁能源的机制；建立市场化的电价形成机制，鼓励高效、清洁的电力供应，促进节约能源和环保；建立煤电价格协调机制，建立电网与电源发展匹配制度，强化电网收购清洁能源和可再生能源强制上网政策；建立电力普遍服务制度，规定政府和电力企业承担推进电力科技进步的责任和义务；强化环保设备与电站同时建设、同时投产制度，严格环保奖惩制度；强化电网的安全制度规范以及应急处理规定；制定电力国际合作的规范和制度，建立引进先进技术和设备、大电网技术研发以及电力进出口以保障电力供应安全方面的合作机制；等等。

（五）可再生能源法学的主研方向

在水能方面，我国的水能供应体系能够同时满足治理环境污染、调整经济结构、应对价格冲击以及保障能源安全的目标。但值得注意的是，我国的人均水能资源有限，并且水能资源在过去几十年已经得到了比较充分的开发，进一步发展的潜力有限，在实现能源供给方面存在很大的不确定性。

从其他可再生能源来看，其推广利用不仅有利于环境保护，而且有助于经济结构调整，因此受到人们的推崇。但是，从可再生能源发电量和全社会新增用电量的历年趋势来看，可再生能源发电量在满足电力需求方面的作用十分有限，不足以担当起支撑全社会用能的重任。此外，可再生能源的开发利用需要极高成本，导致其价格较高。为发展可再生能源，使其价格与化石能源具有竞争性，政府从多个方面对相关产业进行支持，耗费了大量的能源财政补贴。如果短期内依靠可再生能源进行革命，这一财政负担随着可再生能源比重的增加还会继续增大。上述问题都需要可再生能源法学予以重点研究。

第三节 能源法学与能源法律体系

能源法律体系，是指一国调整能源社会关系的全部法律规范依据一定的标准、原则、功能和层次所组成的相互配合、相互补充、相互协调和相互制约的规则系统。健全而完善的能源法律体系，是能源开发利用及其规制合理化和规范化的前提，有利于能源法律机制和制度的规范与协调，有利于最大限度地发挥制度功能。中国特色能源法律体系，是以能源基本法为主体，以国家颁布的其他能源法律、法规和行政规章所形成的不同层级、内容完备、界限明确、结构合理、系统严密、相互协调的能源法律、法规、规章的有机整体。

构建能源法律体系的必要性，主要体现在三个方面：(1)建立和完善能源法律体系，是保障社会能源需求，促进能源又好又快发展的前提；(2)建立和完善能源法律体系，是完善政府调控能力，全面提升依法治国的重要内容；(3)建立和完善能源法律体系，是保障国家能源安全，实现能源可持续发展的必然选择。

一、能源领域立法回顾

改革开放初期，我国百废待兴，经济体制仍然是计划经济体制，作为国民经济命脉的能源产业严格遵循计划经济体制，实行高度集中的统一管理，当时的能源产业政企不分、统收统支。这一阶段的能源问题主要表现在：(1)能源基础设施建设严重不足，供给能力弱；(2)能源投资依赖中央政府，能源企业效率低下；(3)煤炭、石油、天然气、电力等基础能源供应严重短缺，日益成为阻碍我国经济发展的"瓶颈"。起步阶段的能源法治不得已采取了"头痛医头，脚痛医脚"立法策略，着手解决能够激发能源资源开发、增加基础设施投资、缓解供需矛盾的法律规制。总的来说，这一时期的能源法治主要从两个方面着手：一是能源开源；二是能源节流。前者是指国家出台法律法规和政策，激发能源开发潜力，解决能源供给不足的问题。比较典型的立法有1985年国务院制定的《关于集资办电和实行多种电价的暂行规定》，放开民间资本投资办电的限制，从而激发能源投资热情，缓解能源基础设施投资不足的窘境。同时，为了吸引外资合作开发海洋石油资源，国务院于1982年颁布了《对外开采海洋石油资源条例》，1983年颁布了《海洋石油勘探开发环境保护管理条例》。后者是指国家出台法律法规和政策，减少能源利用过程中的浪费情况，通过节流实现能源供给安全。如国务院于1983年制定了《节约能源管理暂行条例》及多个节能指令，同时，煤炭工业部、交通部等与能源利用直接相关的部门也出台了具有行业特色的节能指令。这一阶段的能源法律制度多是由国务院及其能源主管部门发布的规范性文件组成，真正意义上的法律、行政法规极少。就条文内容而言，仍带有计划经济体制色彩，以强化中央政府及其主管部门对能源开发、利用和管理的行政主导。

1987年党的十三大提出，社会主义计划商品经济应该是计划和市场内在统一的体制。1992年党的十四大进一步指出，我国经济体制改革的最终目标，是建立社会主义市场经济体制，我国转向社会主义市场经济体制的改革就发端于此。1997年党的十五大提出了依法治国，建设社会主义法治国家的基本方略。这一时期，能源作为经济建设的血液，能源立法成为经济立法的重要方面，开始全面起步。我国最重要的能源法律多半出台于这一时期，如1995年的《电力法》，1996年的《煤炭法》和1997年的《节约能源法》。具体而言，煤炭方面，国务院制定了《乡镇煤矿管理条例》和《煤炭生产许可证管理办法》；电力方面，出台的行政法规有《电力设施保护条例》《大中型水利水电工程建设征地补偿和移民安置条例》《水库大坝安全管理条例》《电网调度管理条例》《电力供应与使用条例》；核能方面，我国第一座核电站——秦山核电站始建于1985年，由此拉开了我国核电站建设运营的序幕。为了保证核电站依法安全运营，国家出台了《民用核设施安全监督管理条例》《核材料管制条例》《核电厂核事故应急管理条例》《核出口管制条例》；为了让核电走出国门，我国还专门制定了核电出口的行政法规《核两用品及相关技术出口管制条例》。这一时期全国人大常委会还出台了一些涉及能源的相关法律，如《矿产资源法》《水法》等。另外，随着地方立法权的赋予和规范，各地也出台了诸多本辖区的能源法规或政府规章。

21世纪以来，我国进入全面建设社会主义市场经济的新时期，加入世界贸易组织(World Trade Organization，WTO)也大大加快了我国经济融入全球化的进程。能源安全成为制约经济、社会进一步发展的核心因素。为此，党和国家提出以科学发展观为统筹，建立健全能源法治体系。在这一阶段,为适应可持续发展和能源市场化改革,全国人大常委会先后审议通过了《安全生产法》(2002 年通过,2014 年修订)、《可再生能源法》(2005 年)、《石油天然气管道保护法》(2010 年)和《核安全法》(2017 年),修订了《节约能源法》(2007 年)。同时,国务院制定了《长江三峡工程建设移民条例》(2001 年)和《电力监管条例》(2005 年)等行政法规。总体而言,这一阶段我国已初步建立了能源法律体系。从内容上来看,不同时期制定的能源法律法规仍不免带有某些计划经济体制的痕迹,但从基本趋势来看,我国能源产业逐步市场化改革势在必行,作为基本法的能源法出台只是时间问题。至此,我国初步实现了能源产业各领域、各环节有法可依,实现了从政策治理向法律治理的历史性转变。

二、能源法律体系现状

我国能源法律体系,由能源基本法和能源单行法子体系组成,能源单行法子体系包括煤炭法、石油天然气法、电力法、核能法、可再生能源法、节约能源法、能源污染防治法等。

(一)我国能源法律体系概述

从法律渊源角度讲,我国能源法律体系,由《宪法》中的能源相关条款、能源法律、能源行政法规、地方性能源法规和能源行政规章、能源相关司法解释以及我国缔结或者参加的能源国际条约等构成。

我国《宪法》第九条规定,“矿藏、水流、森林、山岭、草原、荒地、滩涂等自然资源,都属于国家所有,即全民所有;由法律规定属于集体所有的森林和山岭、草原、荒地、滩涂除外。国家保障自然资源的合理利用,保护珍贵的动物和植物。禁止任何组织或者个人用任何手段侵占或者破坏自然资源”。《宪法》中关于倡导节约、保护环境等规定,也为能源法提供了宪法依据。

目前我国能源法正在抓紧制定中,现已颁布的能源单行法律主要包括《煤炭法》(1996 年制定,2016 年修订)、《电力法》(1995 年制定,2015 年修订)、《石油天然气管道保护法》(2010 年制定)、《核安全法》(2017 年)、《节约能源法》(1997 年通过,2016 年修订)和《可再生能源法》(2005 年制定, 2009 年修订)。相关法律包括《矿产资源法》《环境保护法》《循环经济促进法》《清洁生产法》《土地法》等。

能源行政法规,即国务院依法制定的在全国实施的有关能源的规范性文件。如国务院陆续颁布的《乡镇煤矿管理条例》(1994 年)、《煤炭生产许可证管理办法》(1994 年);《石油及天然气勘查、开采登记管理暂行办法》(1987 年经国务院批准、石油部发布)、《对外合作开采海洋石油资源条例》(1982 年);《电力设施保护条例》(1987 年)、《水库大坝安全管理条例》(1991 年)、《电网调度管理条例》(1993 年)、《电力供应与使用条例》(1996 年);《民用核设施安全监督管理条例》(1986 年)、《核材料管制条例》(1987 年)、《核电厂核事故应急管理条例》(1993 年)和《核出口管制条例》(1997 年)等。

地方性能源法规,是指省、自治区、直辖市的人民代表大会及其常务委员会以及设区的市的人民代表大会及其常务委员会根据本辖区的具体情况和实际需要,在不同上位法律法规相抵触的前提下所制定的本行政区有关能源的规范性文件,如《山东省农村可再生能源条例》(2007 年)、《山西省煤炭管理条例》(2001 年)和《黑龙江省电力设施建设与保护条例》(2009 年)等。

能源行政规章,分为部门规章和地方政府规章两种。能源部门规章,是指国务院各部、委员会和其他具有行政管理职能的国务院直属机构,根据法律和国务院的行政法规、决定、命令,依照本部门职权所制定的有关能源的规范性文件。能源部门规章的数量很多,在此不逐一列举。能源地方政府规章,是指省、自治区、直辖市和设区的市、自治州的人民政府,根据能源法律、行政法规和本省、自治区、直辖市的地方性法规所制定的有关能源的规范性文件,如《深圳市电力设施和电能保护办法》《郑州市煤炭管理办法》等。

近年来,最高人民法院、最高人民检察院发布了一系列与能源相关的司法解释,如最高人民法院《关于审理破坏电力设备刑事案件具体应用法律若干问题的解释》(2007 年)和最高人民法院、最高人民检察院《关于办理危害生产安全刑事案件适用法律若干问题的解释》(2015 年)等。

(二)煤炭法律体系

我国现已建立了以《煤炭法》为主体、煤炭法规规章为支撑的煤炭行业法律体系。《煤炭法》作为煤炭主体法律,确立了煤炭开发规划制度、办矿准入制度、生产许可制度、安全管理制度、加工利用制度、煤炭经营管理制度、矿区保护制度、矿工特殊保护制度和监督管理制度。

除了《煤炭法》之外,许多煤炭法律规范散见于其他法律。如涉及生命安全、人体健康的规范,在《劳动法》《安全生产法》《矿山安全法》《职业病防治法》等法律中;与资源开发利用相关的规范,在《矿产资源法》中有所涉及;涉及环境保护的规范在《环境保护法》和《固体废物污染环境防治法》等法律中。

在行政法规和行政规章层面,煤炭法律规范大致可分为煤炭资源管理、煤炭生产开发管理、煤炭经营和市场管理、煤矿安全监察监管、煤矿职工权益保护、矿区保护和环境保护等六类。这些立法主要包括《矿产资源法实施细则》(1994 年制定)、《矿山安全法实施条例》(1996 年制定)、《乡镇煤矿管理条例》(1994 年制定,2013 年修订)、《安全生产许可证条例》(2004 年制定,2014 年修订)、《煤矿安全监察条例》(2000 年制定,2013 年修订)、《探矿权、采矿权转让管理办法》(1998 年制定,2014 年修订)、《矿产资源开采登记管理办法》(1998 年制定,2014 年修订)、《矿产资源监督管理暂行办法》(1987 年制定)、《乡镇煤矿管理条例实施办法》(1995 年制定,2012 年修订)、《煤炭行政处罚办法》(1997 年制定)、《煤炭行政执法证管理办法》(1997 年制定)和《开办煤矿企业审批办法》(1997 年制定)等。这些立法是对现有煤炭法律的补充、完善和细化。

(三)石油天然气法律体系

石油天然气法律体系主要由宪法性规定、综合性矿产资源法、专门立法和产业保障法构成,石油天然气主体法律暂时缺位。

根据《宪法》第九条规定,自然资源属于国家所有,即全民所有;国家保障自然资源的合理利用;禁止任何组织或者个人用任何手段侵占或者破坏自然资源。这些规定是石油天然气法的宪法基础。

在综合性矿产资源法中包括有关石油天然气资源管理的法律规范,如《矿产资源法》、《矿产资源法实施细则》和《石油及天然气勘查、开采登记管理暂行办法》等。在目前尚未制定综合性石油天然气法的情况下，这些立法在事实上起统领石油天然气开发利用的上、中、下游管理及产业保障等方面立法的作用。如《矿产资源法》中有关矿产资源权属[21]、探矿权和采矿权[22]等方面的规定，均适用于石油天然气行业。[23]

单行油气立法，包括石油天然气上游产业和中下游产业的立法。上游产业立法包括资源所有权管理、矿业权管理、对外合作管理等方面。资源所有权管理方面的立法主要包括《矿产资源法》(1986 年制定，2009 年修订)、《矿产资源法实施细则》(1994 年制定)、《地质资料管理条例》(2002 年制定，2016 年修订)等；矿业权管理方面的立法主要包括《矿产资源勘查区块登记管理办法》(1998 年制定，2014 年修订)、《矿产资源开采登记管理办法》(1998 年制定，2014 年修订)、《探矿权采矿权转让管理办法》(1998 年制定，2014 年修订)、《石油地震勘探损害补偿规定》(1989 年制定)、《矿业权出让转让管理暂行规定》(2000 年制定，2014 年修订)等。对外合作管理方面的立法主要包括《对外合作开采陆上石油资源条例》(1993 年制定，2013 年修订)、《对外合作开采海洋石油资源条例》(1982 年制定，2013 年修订)和《地质资料管理条例》(2002 年制定，2016 年修订)及国土资源部《关于明确对外合作开采石油资源用地政策的复函》(1999 年)等。

石油天然气中下游产业立法包括输送管理、市场管理、贸易管理等方面。其中，输送管理方面的立法包括《石油天然气管道保护法》(2010 年制定)、《铺设海底电缆管道管理规定》(1989 年制定)、《液化气体铁路罐车(罐体)运输许可证发证规则》(1990 年制定)、《铺设海底电缆管道管理规定实施办法》(1992 年制定)和《石油天然气管道安全监督与管理暂行规定》(2000 年制定)等。市场管理方面最重要的立法是《成品油市场管理办法》(2006 年制定，2016 年修订)。贸易管理方面的立法包括《原油、成品油进口组织实施办法》(1999 年制定)和《成品油国营贸易进口自动许可程序》(2003 年制定)等。

石油天然气产业保障方面的立法包括安全生产、财税调控、劳动保护、环境保护等内容。其中，安全生产方面的立法包括《危险化学品安全管理条例》(2002 年制定，2013 年最新修订)、《非煤矿矿山企业安全生产许可证实施办法》(2004 年制定，2015 年修订)、《海洋石油建设项目生产设施设计审查与安全竣工验收实施细则》(2009 年制定)、《海洋石油安全管理细则》(2009 年制定，2015 年修订)、《危险化学品建设项目安全监督管理办法》(2012 年制定，2015 年修订)、《海洋石油安全生产规定》(2006 年制定，2015 年修订)、《海上石油天然气生产设施检验规定》(1990 年制定)和《石油企业申报国家级企业安全考核规定(试行)》(1990 年制定)等。

财税调控方面的立法包括《资源税暂行条例》(1993 年制定，2011 年修订)、《企业所得税法实施条例》(2007 年制定)、《油气田企业增值税管理办法》(2009 年制定)、《矿产资源补偿费使用管理办法》(2001 年制定)、《储量有偿使用费管理暂行办法》(1998 年制定)、《成品油零售加油站增值税征收管理办法》(2002 年制定)、《新疆原油天然气资源税改革若干问题的规定》(2010 年制定)和《关于在我国陆上特定地区开采石油(天然气)进

---

[21] 参见《矿产资源法》第三条。

[22] 参见《矿产资源法》第五条至第六条。

[23] 2010 年《深海海底区域资源勘探开发法》规范的是"中华人民共和国和其他国家管辖范围以外的海床、洋底及其底土"的勘探开发行为，在此不予讨论。

口物资免征进口税收的规定》(2006 年制定)等。

劳动保护方面的立法包括《职业病危害项目申报办法》(2012 年制定)、《深海石油作业职业卫生管理办法》(2005 年制定)、《工作场所职业卫生监督管理规定》(2012 年制定)和《生产经营单位安全培训规定》(2006 年制定,2015 年修订)等。

环境保护方面的立法包括《清洁生产促进法》(2002 年制定,2012 年修订)、《海洋环境保护法》(1982 年制定,2013 年修订)、《海洋石油勘探开发环境保护管理条例》(1983 年)、《海洋石油勘探开发环境保护管理条例实施办法》(1990 年制定,2016 年修订)、《防治陆源污染物污染损害海洋环境管理条例》(1990 年制定)、《防治海岸工程建设项目污染损害海洋环境管理条例》(1990 年制定,2007 年修订)、《防治船舶污染海洋环境管理条例》(2009 年制定,2016 年修订)、《海洋倾废管理条例》(1985 年制定,2011 年修订)、《海洋倾废管理条例实施办法》(1990 年制定,2016 年修订)、《海洋石油开发工程环境影响后评价管理暂行规定》(2003 年制定)、《海洋石油平台弃置管理暂行办法》(2002 年制定)、《防治船舶污染内河水域环境管理规定》(2005 年制定,2015 年修订)和《关于废润滑油回收再生的暂行规定》(1981 年 4 月制定,1981 年 12 月修订)等。

(四)电力法律体系

我国目前形成了以《电力法》为核心、以配套行政法规和行政规章为重点、以相关规范性文件和电力行业标准为补充的电力法律体系,内容主要涵盖电力建设、电力生产与电网管理、电力供应与使用、电价与电费、农村电力建设和农业用电、发电与电力设施保护、电力监管、标准化管理、反窃电及其相关法律责任和电力争议处理等方面。

《电力法》对电力建设、电力生产与电网管理、电力供应与使用、电价与电费、农村电力建设和农业用电、电力设施保护、监督检查、法律责任等基本问题作出了规定。同时,还有一些关于电力方面的法律规范规定于其他法律之中。《合同法》专章规定了供用电合同制度,对供、用电人的权利义务作出了规定。《刑法》关于"破坏电力设备罪"的规定,为发电机组、电网等电力的设施的正常运行提供了刑法保障。《可再生能源法》中关于鼓励和支持可再生能源发电、用电的规定,为绿色电力的发展提供了重要的法律保障。此外,与节约用电相关的立法包括《节约能源法》,与环境保护相关的立法包括《环境保护法》、《环境影响评价法》和《清洁生产促进法》等。[24]

同时,国务院陆续出台了一些行政法规,相关部门也制定了一系列电力监管方面的行政规章。电力供应与使用方面,包括《进网作业电工管理办法》(1992 年制定)、《用电检查管理办法》(1996 年制定)、《居民用户家用电器损坏处理办法》(1996 年制定)、《供电营业规则》(1996 年制定)、《供用电监督管理办法》(1996 年制定,2011 年修订)、《电力供应与使用条例》(1996 年制定,2016 年修订)、《供电营业区划分及管理办法》(1996 年制定)、《电力市场运营基本规则》(2005 年制定)、《电力供需及电煤供应监测预警管理办法》(2008 年制定)和《供电监管办法》(2009 年制定)。电网运行与调度方面,包括《电网调度管理条例》(1993 年制定,2011 年修订)、《电网调度管理条例实施办法》(1994 年制定)和《电网运行规则(试行)》(2006 年制定)。电力设施保护方面,包括《电力设施保护

〔24〕 黄振中等:《中国能源法学》,法律出版社 2009 年版,第 272 页。

条例》(1987 年制定,2011 年修订)和《电力设施保护条例实施细则》(1999 年制定,2011 年修订)。市场准入方面,包括《承装(修、试)电力设施许可证管理办法》(2004 年制定,2015 年修订)、《电力业务许可证管理规定》(2005 年制定,2015 年修订)和《电力市场技术支持系统功能规范》(2003 年制定,试行)。电价规制与电力监管方面,包括《电力监管条例》(2005 年制定)、《上网电价管理暂行办法》(2005 年制定)、《输配电价管理暂行办法》(2005 年制定)、《销售电价管理暂行办法》(2005 年制定)、《电力市场监管办法》(2005 年制定)、《电力监管信息公开办法》(2005 年制定)、《电力监管机构行政处罚程序规定》(2006 年制定)、《电力监管执法证管理办法》(2006 年制定)、《电力监管机构举报处理规定》(2006 年制定)、《电力监管机构投诉处理规定》(2006 年制定)、《电力监管机构现场检查规定》(2006 年制定)、《电力可靠性监督管理办法》(2007 年制定)、《电力监管报告编制发布规定》(2007 年制定)、《跨区域输电价格审核暂行规定》(2007 年制定)。电力事故处理方面,包括《电力生产事故调查暂行规定》(2004 年制定)和《电力安全事故应急处置和调查处理条例》(2011 年制定)。电力争议解决方面,包括《电力并网互联争议处理规定》(2006 年制定)和《电力争议纠纷调解规定》(2011 年制定)。

国务院及其能源主管部门也出台了大量的关于电力监管的规范性文件,内容涉及电力体制改革、电力市场建设、电价管理、电力监管、煤电关系等方面。这些规范性文件在推进电力体制改革方面起到了积极作用。此外,我国还制定了诸多电力行业标准。

(五)核能法律体系

目前作为核能主体法律的原子能法尚在制定中,现行的涉核法律,主要是核安全和核污染等方面的立法。如《核安全法》(2017 年制定)和《放射性污染防治法》(2003 年制定)。《核安全法》以"安全利用核能,保护公众和从业人员的安全健康、保护生态环境"为宗旨,[25]对核设施安全、核材料与放射性废物安全、核事故的应急以及信息公开和公众参与等方面重大问题作出了专门规定。《放射性污染防治法》以"保护环境,保障人体健康,促进核能、核技术的开发与和平利用"为目的,[26]明确了放射性污染的防治和管理范围,规定国家对放射性污染防治工作依法实施统一监督管理,[27]特别是强调和规定了核设施退役后各项工作的监管内容,[28]引入了环境影响评价制度[29]和"三同时"制度。[30]

在其他相关法律中,也有关于放射性物质的规定。如《矿产资源法》对含有放射性元素的矿产资源的勘探和开采作出了规定。[31]《突发事件应对法》规定,生产、经营、储运、使用放射性物品的单位,应采取措施消除隐患,制定应急预案,预防突发事件。[32]《防震减灾法》规定,核电站和核设施建设工程,受地震破坏后可能引发放射性污染的严重次生

[25] 参见《核安全法》第一条。
[26] 参见《放射性污染防治法》第一条。
[27] 参见《放射性污染防治法》第八条。
[28] 参见《放射性污染防治法》第二十七条。
[29] 参见《放射性污染防治法》第二十九条、第四十一条、第四十四条。
[30] 参见《放射性污染防治法》第二十一条。
[31] 参见《矿产资源法》第十六条、第二十六条。
[32] 参见《突发事件应对法》第二十三条。

灾害的，必须进行地震安全性评价，并依法进行严格的抗震设防。[33]

行政法规层面的核能立法，主要包括《民用核设施安全监督管理条例》（1986 年制定），该条例对国家核安全局、核设施主管部门及核设施营运单位进行了职责分工，对安全许可制度的范围、程序及条件作出了规定；《核材料管制条例》（1987 年制定），该条例对民用核材料的监督管理体系及职责、核材料管制办法等方面作出了规定；《核电厂核事故应急管理条例》（1993 年制定，2011 年修订），该条例规定了核电厂核事故的应急机构及其职责、应急准备、应急对策、应急防护措施、资金物资保障等；《放射性同位素与射线装置安全和防护条例》（2005 年制定，2014 年修订），该条例对放射性同位素和射线装置的许可和备案、安全和防护、辐射事故应急处理、监督检查等方面作出了较为系统的规定；《核出口管制条例》（1997 年制定，2006 年修订），该条例的规制对象是《核出口管制清单》所列的核材料、核设备和反应堆用非核材料等物项及其相关技术，并规定国家对核出口实行严格管制的原则；《核两用品及相关技术出口管制条例》（1998 年制定，2007 年修订），该条例的规制对象是《核两用品及相关技术出口管制清单》所列的设备、材料、软件和相关技术，对核两用品及相关技术出口实行许可证管理制度；《民用核安全设备监督管理条例》（2007 年制定，2016 年修订），该条例对民用核安全设备的许可、设计制造、进出口等方面作出了规定；《放射性物品运输安全管理条例》（2009 年制定），对放射性物品运输容器的设计、制造与使用，放射性物品的运输等方面作出了规定；《放射性废物安全管理条例》（2011 年制定），该条例对放射性废物的管理体系、管理方式等作出了较为详细的规定。

在部门规章层面，国务院有关部委制定了大量的涉及核能管理的部门规章，内容涵盖核进出口、核事故应急、放射性物质废物管理等方面。如原国家环境保护局 1987 年发布的《城市放射性废物管理办法》、国防科学技术工业委员会 2002 年发布的《核事故辐射影响越境应急管理规定》、国家核安全局 2004 年发布的《核动力厂设计安全规定》和《核动力厂运行安全规定》、原卫生部 2007 年发布的《放射工作人员职业健康管理办法》等。

（六）可再生能源法律体系

可再生能源法律体系以《可再生能源法》为核心，以与可再生能源相关的行政规章、技术标准为配套。

《可再生能源法》（2005 年制定，2009 年修订）对可再生资源的调查与发展规划、产业指导与技术支持、推广与应用、价格管理与费用补偿、经济激励与监督措施、法律责任等方面作出了规定。与可再生能源相关的其他法律，包括《循环经济促进法》（2008 年制定）、《节约能源法》（1997 年制定，2018 年修订）、《农业法》（1993 年制定，2012 年修订）、《水法》（1988 年制定，2009 年修订）、《大气污染防治法》（1987 年制定，2015 年修订）和《电力法》（1995 年制定，2015 年修订）等。

《可再生能源法》实施以来，国务院及其各有关部委陆续发布了与之配套的政策规定，如《可再生能源发电有关管理规定》（2006 年制定）、《可再生能源发电价格和费用分摊管理试行办法》（2006 年制定）、《可再生能源电价附加收入调配暂行办法》（2007 年制

---

〔33〕 参见《防震减灾法》第三十五条。

定)、《可再生能源发展专项资金管理暂行办法》(2006 年制定)、《可再生能源产业发展指导目录》(2005 年制定)、《电网企业全额收购可再生能源电量监管办法》(2007 年制定)和《可再生能源发展专项资金管理暂行办法》(2015 年制定)等。

(七)节约能源法律体系〔34〕

改革开放初期,节能工作往往通过行政指令组织和实施,如国务院于 20 世纪 80 年代初先后发布了压缩烧油、节电、节油、节煤等五项节能指令。1986 年国务院发布《节约能源管理暂行条例》,第一次以行政法规的形式对节能工作进行全面规范。1997 年《节约能源法》的制定,标志着我国第一次将节能上升到法律高度。国家经贸委 1999 年 3 月发布的《重点用能单位节能管理办法》是该法最早的配套部门规章。其后,有关部委陆续制定了节电、节水、能源标准管理、节能产品认证管理、资源综合利用认定管理、民用建筑节能管理等规章以及铁路、交通行业实施《节约能源法》的细则。国家发展改革委和国家质量监督检验检疫总局 2004 年 8 月发布《能源效率标识管理办法》。2005 年首部《公共建筑节能设计标准》发布实施。全国人大常委会分别于 2007 年、2016 年、2018 年修订了《节约能源法》。〔35〕 现行《节约能源法》共七章、87 条。第一章"总则"、第二章"节能管理"、第三章"合理使用与节约能源"(第一节"一般规定"、第二节"工业节能"、第三节"建筑节能"、第四节"交通运输节能"、第五节"公共机构节能"、第六节"重点用能单位节能")、第四章"节能技术进步"、第五章"激励措施"、第六章"法律责任"、第七章"附则"。

目前,我国初步形成了以《节约能源法》为核心,以《清洁生产促进法》《循环经济促进法》《环境影响评价法》等相关法律以及《民用建筑节能条例》《公共机构节能条例》等行政法规和部门规章、地方性法规和地方政府规章为支撑的节约能源法律体系。

(八)能源污染防治法律体系

当代环境法形成了以宪法关于环境保护的规定为基础,以综合性环境保护法为核心,以污染防治、自然保护、自然资源保护等领域的单行环境法律为主体,以其他相关部门法关于环境保护的规定为补充的完备体系。这一法律体系的诸多内容与能源开发利用相关。如环境保护的宪法条款是《宪法》第二十六条。2014 年《环境保护法》更多地涉及了与能源开发利用相关的环境保护问题。单行环境立法包括《大气污染防治法》(1987 年制定,2015 年修订)、《水污染防治法》(1984 年制定,2008 年修订)、《海洋环境保护法》(1982 年制定,2013 年修订)、《环境噪声污染防治法》(1996 年制定)、《固体废物污染环境防治法》(1995 年制定,2015 年修订)、《放射性污染防治法》(2003 年制定)和《环境影响评价法》(2002 年制定)等。

一些能源立法也就环境保护作出了规定。如《矿产资源法》规定,开采矿产资源必须遵守有关环境保护的法律规定,防止污染环境;〔36〕《煤炭法》规定,开发利用煤炭资源,应当遵守有关环境保护的法律、法规,防治污染和其他公害,保护生态环境;〔37〕《石油天然

---

〔34〕 节约能源法律法规体系,主要摘自胡德胜关于节约能源法的阐述。

〔35〕 关于 2007 年修订《节约能源法》的主要内容,参见胡德胜主编:《能源法学》,北京大学出版社 2017 年版,第 280 ~ 281 页。

〔36〕 参见《矿产资源法》第三十二条第一款。

〔37〕 参见《煤炭法》第十一条。

气管道保护法》规定，全国管道发展规划应当符合国家能源规划，并与土地利用总体规划、环境保护等规划相协调。[38] 这些法律规范是我国现有的能源环保规范体系中不可或缺的部分。

（九）我国缔结或参加的能源条约

中国缔结或参加的多边国际条约包括《联合国海洋法公约》（中国于 1982 年签署）、《联合国气候变化框架公约》（中国于 1992 年签署）、《及早通报核事故公约》（中国于 1986 年签署）、《核材料实物保护公约》（1989 年对中国生效）、《核事故或辐射紧急情况援助公约》（中国于 1986 年签署）、《核安全公约》（中国于 1994 年签署）、《不扩散核武器条约》（中国于 1992 年加入）、《乏燃料管理安全和放射性废物管理安全联合公约》（中国于 2006 年加入）等；中国缔结的双边条约、双边协议、协定或议定书包括中国国家发展和改革委与巴基斯坦伊斯兰共和国石油和自然资源部《关于能源领域合作框架协议》（2006 年）、中国与土耳其共和国《能源领域经济和技术合作框架协议》（2000 年）、中国国家发展改革委与纳米比亚共和国矿产与能源部《关于在矿产和能源领域开展合作的协议》（2007 年）、中国政府和南非共和国政府《关于在矿产和能源领域开展合作的协议》（2007 年）、中国和巴西联邦共和国《关于电力（包括水电）科技合作协定》（1988 年）、中国和俄罗斯联邦《关于共同开展能源领域合作的协定》（1996 年）和中国国家统计局和美利坚合众国能源部《关于能源信息交流合作议定书》（2000 年）等。

此外，中国正在完善涉外能源法律制度。如颁布《外商投资法》，努力营造公平、开放的外商投资能源的法律环境；通过实施《指导外商投资方向规定》《外商投资产业指导目录》《中西部地区外商投资优势产业目录》，鼓励外商投资能源领域，尤其是中西部地区能源产业；通过实施《对外合作开采海洋石油资源条例》《对外合作开采陆上石油资源条例》，发布《关于进一步鼓励外商投资勘查开采非油气矿产资源的若干意见》等，依法保护参与我国境内能源合作开采的外商合法权益，鼓励外商投资勘探开发非常规能源资源等。

三、现行能源法律体系评价

（一）我国能源法律体系建设成效

1. 我国能源法律体系框架初步形成。目前，我国已经有三十余部能源相关法律、三十余部国务院颁布的行政法规以及二百余部部门规章、一千余部地方法规和规章、十余个已参加的与能源相关的国际条约和数量巨大的能源标准、能源规范性文件，初步形成了涵盖法律、法规和政策、制度，涉及能源行业各个方面的体系框架。当前我国能源法、石油天然气法、原子能法正在抓紧制定或者研究起草，《煤炭法》《电力法》正在抓紧修订，海洋石油天然气管道保护条例、核电管理条例、国家石油储备管理条例等配套行政法规已形成初稿并广泛征求了意见。随着能源法规建设的不断加强，我国能源法律体系正在不断健全完善。

2. 能源立法理念逐步转变和更新。过去我国能源立法的理念更多是侧重于强调推动经济、社会的快速发展，提高经济社会发展的速度和效率。但随着经济快速增长，工业

---

〔38〕 参见《石油天然气管道保护法》第十一条第二款。

化、城镇化进程明显加快,我国面临的能源安全、环境保护以及气候变化问题越来越突出,促使能源立法的理念逐步转变为推动能源革命、实现低碳绿色发展和可持续发展等理念上。如《可再生能源法》的制定就是为了促进可再生能源快速、健康发展,推进节能降耗和应对气候变暖的挑战。在能源法制定过程中,也始终贯穿“保障能源安全、提高能源效率、注重能源环保”的核心理念。

3. 为能源发展提供了基本法律支撑。尽管当前我国的能源法律体系还很不健全、不完善,但不可否认我国已经制定的能源法律法规基本做到了与我国能源行业发展的不同阶段相适应,在我国能源领域各个时期的开发、利用和保护中发挥了重要的作用,推动了我国能源事业不断前进,促进和保障了国民经济和社会的快速、健康发展。如《电力法》对促进电力事业持续、健康地发展,保障电网安全稳定运营,保护电力投资者、经营者的合法权益,以及鼓励电力科技和保护环境方面均发挥了积极作用。《煤炭法》对我国合理开发、利用和保护煤炭资源,规范煤炭生产、经营活动,促进和保障煤炭行业的发展,起到了非常重要的作用。

(二)现行能源法律体系存在的主要问题

我国能源法律体系建设虽然取得了积极进展,但还存在立法整体滞后、主要法律缺位、已有法律亟待修订、法律配套尚不完善等问题。

1. 能源立法整体滞后。(1)能源立法滞后于我国法律体系建设的整体进程。2010年中国特色社会主义法律体系已基本形成,但能源领域的法律体系尚未形成。(2)能源立法滞后于能源管理的现实需要。能源管理实践中一些行之有效的成熟政策不能及时上升为法律和行政法规,不利于规范和保障能源行业持续协调发展。(3)已有法律亟待修订。如《煤炭法》及许多已经颁布实施的能源配套法规、规章等早已落后于管理体制和行业实际的发展变化,甚至在某些方面限制、阻碍了行业发展,亟待修订。如在煤炭法律体系中,根据应对气候变化的低碳经济的内在要求,洁净煤炭的发展和使用在煤炭开发和使用中应占据重要的位置,但现行煤炭法律体系中有关法律规定并不多见。

2. 体系结构不够完整。(1)我国能源基础性法律能源法尚未制定颁布。导致我国能源安全、能源效率、能源环境、能源结构、能源市场等综合性、全局性、战略性问题缺乏法律的有效调整。国家的重大能源政策也因缺少法律依据而不能得到有效地贯彻和执行。(2)能源法子体系不够完整。油气、核电在我国国民经济发展中,占有越来越重要的地位和作用,但目前尚未制定相应的能源单行法,油气和核电发展的法律规制主要依赖于行政法规和一些综合性法律中的相关规定。如目前石油天然气上游产业法律体系相对较为健全,但中下游产业一些领域的立法存在空白,远远不能适应油气和核能发展的需要。(3)缺少能源公用事业法。目前的能源立法主要是对能源的开发、利用、管理等行为进行调整,能源法律体系中很少涉及对能源产品的销售和服务方面的立法,对能源公用事业法的制定没有得到足够重视。此外,在新能源方面,生物质能、太阳能等也都缺少专门立法。

3. 法律内容不够全面。(1)对一些应当规定的内容,存在立法空白。如现行煤炭法规体系中,对煤炭矿区生态环境的保护和重建问题都缺少相应的具体规定;核能法律体系中,对燃料管理、放射性废物管理、运输等方面也均没有完整和明确的法律法规;石油天然气方面,有关油气储运、销售、加工炼制、石油储备、油气田保护和监管等方面,主要是大量的政策性文件,相关立法也基本上还是空白。(2)不少能源法律法规与我国经济体制改革方向不适应,如目前我国已颁布实施的几部能源单行法中,对于能源革命没有相应的立法体现,并且规定行政措施较多,市场经济手段比较少。(3)不少能源法律法规不能适用能源国际合作的需要,没有对“一带一路”倡议进行立法跟进,缺少关于涉外能源投资、涉外能源建设、涉外能源管网、涉外能源设施等的法律制度设计。(4)有的法律中权利义务关系缺少明确规定,一些条文表述非常模糊。如《电力法》第五十八条规定:“……电力企业和用户对执行监督检查任务的电力监督检查人员应当提供方便。……”《煤炭法》第五十七条第二款规定:“煤矿企业、煤炭经营企业和用户对依法执行监督检查任务的煤炭管理部门和有关部门的监督检查人员应当提供方便。”然而在这些法律条文中,并未对“提供方便”的含义作出更进一步的规定。

4. 法规配套不够及时。我国现行能源法律的规定普遍比较原则,需要大量行政法规和部门规章相配套,才能有效实施。而大量行政法规又需要相应的部门去组织起草,一些法律明确规定要制定的行政法规,或是因为无人组织起草、或是因为跨部门协调比较困难、或是因为主要负责的部门机构被撤并等原因,长期空缺或不能出台,不仅导致市场主体和有关部门、机构无所适从,甚至出现利益冲突,还导致我国能源法律法规可操作性比较差,执法和司法困难,降低了法律效力和执法效率。如《电力法》要求制定的电价管理办法、农业和农村用电管理办法、《可再生能源法》还有一些重要的配套立法尚未出台,如水电领域如何具体适用《可再生能源法》,可再生能源投资补贴和税收优惠方面的具体规定还未出台等,《石油天然气管道保护法》要求制定的海上油气管道保护特别规定,目前也没有配套出台。

5. 法律之间不够协调。目前,我国不同领域的能源单行法规的发展并不均衡,而且多以单个能源种类为调整对象,忽视了各能源品种之间的关联性,人为地割裂了能源的整体性。由于能源单行法规分属不同的领域并缺少统领法,容易异化出部门分割、条块分割的痼疾。另外,我国能源法律法规体系中,新颁布实施的法律法规与原有的法律法规之间、能源法律和其他相关法律之间、能源法律与能源政策之间都还有许多不协调的地方,存在诸多的矛盾和冲突,如《可再生能源法》第十三条第一款规定:“国家鼓励和支持可再生能源并网发电。”但与之相关的《电力法》却未能配套;《可再生能源法》第二十六条规定:“对列入可再生能源产业发展指导目录的项目给予税收优惠。……”但相关的税收制度却并未与之接轨;《可再生能源法》第十七条第三款要求房地产开发企业应当在建筑物的设计和施工中为太阳能利用提供必备条件,但《建筑法》却并无此等要求。制度配合与协调的不到位,制约和影响了《可再生能源法》的实施及其效果。〔39〕

(三)存在问题的原因分析

1. 我国能源管理部门变动频繁。据统计,中华人民共和国成立以来能源管理部门经历了大小20次左右的调整。能源管理部门的频繁调整使每一个部门都没有充足的时间和精力对能源法律法规体系进行系统、科学的顶层设计和规划,也无法有效推动相关能源法律的制定和修订。

---

〔39〕　杨解君:《我国新能源与可再生能源立法之新思维》,载《法商研究》2008年第1期。

2. 能源管理职能分散。现阶段我国能源管理的各项职能分散在国家发展改革委、国家能源局、自然资源部、生态环境部、商务部、住房城乡建设部、交通部、水利部、农业农村部等多个部门。在能源法起草和审查修改工作中,直接涉及能源管理的部门就有十几个。管理职能的分散加大了跨部门立法协调难度,影响了能源立法进程。

3. 能源市场化改革滞后。多数能源法律法规都注重市场的作用,强调充分发挥市场配置资源的作用。而当前我国能源市场化改革比较滞后,一些能源行业由少数企业垄断经营,这些企业是计划经济体制下的既得利益集团,制定市场性质的法律法规必然要触动他们的利益,因而会招致他们的抵触,这也是导致一些能源法律法规难以出台的重要原因。

四、能源法律体系的完善

完善我国能源法律体系,应当尽早制定能源基本法,并逐步完善煤炭法律体系、石油天然气法律体系、电力法律体系、核能法律体系、可再生能源法律体系、能源污染防治法律体系。

(一)尽快出台能源法

为了保障能源安全,促进能源产业的健康发展,我国急需制定一部能源领域基本法。我国能源基本法拟解决以下重大问题:(1)明确能源法的立法目标和宗旨;(2)确立能源战略方针;(3)明确能源行业适应和应对气候变化及保护环境的基本原则;(4)确定能源发展基本政策;(5)建立完善能源战略与规划制度;(6)加强能源开发与加工转换活动监督管理;(7)规范能源供应与使用行为;(8)培育规范能源市场;(9)确保国家能源安全;(10)推动能源科技进步;(11)扩大能源国际合作;(12)构建政府监督管理体系;(13)加大违法责任追究力度。

因此,能源基本法应当包括的内容有:(1)总则,包括立法目的、适用范围、立法原则等内容;(2)能源基本法律制度,包括能源战略与规划制度、能源开发与加工转换制度、能源供应与使用制度、能源市场制度、安全保障制度、科技进步制度、国际合作制度、监督管理制度、法律责任制度等;(3)附则,包括对重要名词术语含义作出明确的法律解释,对地方立法进行授权,确定本法的生效时间等。

(二)加快完善煤炭法律体系

完善煤炭法律体系,应调整立法宗旨,更新和完善法律内容,加强配套立法。在立法宗旨上,应当引入促进煤炭资源的可持续利用与促进煤炭产业低碳化的理念。在全球应对气候变化背景下,煤炭资源开发利用低碳化是必然选择。煤炭立法的宗旨不仅应包括保障煤炭资源的供给安全和生产安全,亦应包括生态安全、资源的合理开发利用、产业低碳化和资源的可持续利用,以实现煤炭产业与生态环境和社会经济协调发展。

在法律内容方面,应完善煤炭规划制度,包括勘查规划和开采生产规划,将现有关于规划的内容具体化,明确煤炭规划制定部门的职责,厘清国家与地方煤炭管理部门的职责和分工,以及在煤炭勘查和生产规划之间的衔接。同时,健全煤炭储备制度,包括煤炭资源储备、煤炭产能储备和煤炭现货储备。对现有煤炭现货应急储备管理机制进行细化,就煤炭现货储备的收储和轮换、安全、储备资金、监督检查等方面作出详细规定。同时,还应建立煤炭资源储备以及煤炭产能储备制度，使煤炭产业储备制度进一步完善。另外，加强与环境保护相关的规定，应强化煤炭产业调控制度与现有环境保护法律制度之间的衔接，细化生态恢复与补偿制度，明确法律责任。

配套立法应当包括煤炭法实施条例、煤炭生产开发条例、特殊和稀缺煤种资源勘查开发管理条例、煤矿建设条例、瓦斯治理与利用条例、煤矸石利用管理条例、洁净煤技术开发与推广条例、煤矿区保护条例、煤矿关闭和矿井报废管理条例等。其中，特殊和稀缺煤种资源勘查开发管理条例应当对特殊和稀缺煤种实行保护性开采，合理确定开发规模、范围和顺序，对稀缺煤种应当控制开发速度；煤矸石利用管理条例可对煤矸石的堆放、保存、交易、开发利用作出明确规定。[40]

(三)加快完善石油天然气法律体系

在综合性立法层面，应当制定石油天然气法及其实施细则。其中，石油天然气法应对石油天然气产业发展作出框架性规定，其基本内容应当包括：总则；石油天然气规划；油气资源的勘探和开采；石油天然气炼制、储存和运输；石油天然气供应；石油天然气市场；石油天然气储备；石油天然气产业激励；法律责任；附则等。实施细则应在此基础上从资源勘探、开采、运输、储存、贸易、消费等方面作出进一步的具体规定。在应对气候变化背景下，综合性石油天然气法及其实施细则还应作出与适应和减缓气候变化相衔接的相关规定。

在上游领域应保留的现有立法包括《地质资料管理条例》《对外合作开采海洋石油资源条例》《对外合作开采陆上石油资源条例》，需要修改的立法是《石油地震勘探损害补偿规定》，需要立法的领域包括石油天然气勘探开发、海上油气田弃置管理、石油天然气对外投资等。其中，石油天然气勘探开发方面的立法可以制定为行政法规，针对调整和规范石油天然气勘探开采活动的需要，对油气资源所有权、探矿权和采矿权的取得、流转和交易，勘探开发投入和资金保障，开发效率，环境保护，资料保密等方面的内容作出规定。对外投资方面的立法也可以制定为行政法规，对投资战略规划、投资主体、外汇管理财政和金融支持等方面作出规定。关于海上油气田弃置管理方面的立法可以制定为行政规章，就海上油气田废弃的拆除要求、财税处理、环境保护等方面的内容作出规定。[41] 此外，有关煤层气矿权管理、加强上游领域市场竞争的立法亦应适时制定。

中下游产业管理领域主要需要补充制定管网经营准入、加油站管理、定价机制等方面的立法。这些立法可制定为行政规章。管网经营准入立法应致力于打破管网经营的垄断状态。石油管网经营准入立法应关注管道建设投资的要求和准入制度的具体安排。天然气管网经营准入机制应着重推动第三方准入，逐步实现管道中立，并可适当采取差别性政策。关于加油站管理的立法内容可包括管理机构、经营资质、管理程序、监督、知识产权和商业秘密等方面。完善成品油和天然气定价立法，应着重规定定价机制，充分发挥市场机

---

〔40〕 叶荣泗、吴钟瑚主编：《中国能源法律体系研究——能源立法：战略　安全　可持续发展》，中国电力出版社2006年版，第47～49页。

〔41〕 叶荣泗、吴钟瑚主编：《中国能源法律体系研究——能源立法：战略　安全　可持续发展》，中国电力出版社2006年版，第183～186页。

制的作用，明确市场定价与政府定价、政府指导价之间的关系，探索建立石油期货贸易机制。

在产业保障方面，应当对《防治海岸工程建设项目污染损害海洋环境管理条例》进行修改，制定石油储备管理、油气田矿区设施保护、石油天然气勘探开发和利用环境保护等方面的专门立法。这些立法可制定为行政法规。其中，石油储备管理条例可就石油储备的组成和用途、石油储备管理体制、政府石油储备管理、企业石油储备管理、财税支持、法律责任等作出规定。油气田矿区设施保护条例可对油气田矿区设施所有权、设施安全的监督管理、处罚措施等内容作出规定。石油天然气勘探开发和利用环境保护方面的立法应与现有环境保护法律制度相衔接，重视公众参与和激励机制，注重可操作性。

（四）加快完善电力法律体系

完善电力法律体系，最重要的是配合电力体制改革的进程，及时修改《电力法》的有关内容。为更多凝聚共识，加快修订工作进程，《电力法》修订应本着"高效务实、分歧较小、立法与改革同步、现实迫切需要"的原则，确定以下修订重点：(1)与电力行业发展现状严重不符的条文；(2)与近几年出台的法律法规不衔接的条文；(3)与中央确定的电力市场化改革方向和主要任务明显背离的条文。

现行《电力法》共十章75条，修订时拟增加"电力市场和电力交易"一章并重点修订以下内容：(1)拟取消供电专营制度，为新能源、分布式能源和大用户直购电扫除障碍。即删除原第二十五条有关"一个供电营业区内只设立一个供电营业机构"。同时在第九条增加"电力企业应当依法实施电力普遍服务，政府提供必要支持"的条款，以便解决保底供电责任归属问题。(2)要重点修改第六章电价部分，将单一的"政府定价"模式修改为"政府定价与市场竞争形成价格相结合"的电价形成机制。第三十九条、第四十一条规定："上网电价、销售电价由供需双方通过协商、交易平台竞价等方式自主确定，输电电价和配电电价由政府制定"，拟将原第三十五条修改为："本法所称电价，是指上网电价、输电电价、配电电价和销售电价。电价实行政府定价与市场形成价格相结合的原则，实行政府定价的由政府价格主管部门统一管理、分级负责。"同时，删除与实际现状不符且与电价改革方向不一致的条款(原第三十九条、第四十条、第四十二条)。(3)拟新增"电力市场和电力交易"专章，充分发挥市场配置资源的决定性作用。通过该章明确电力市场建设的基本原则、建设方向，确定市场主体类型和市场监督管理的职能。由于电力市场改革还不到位，电力市场涉及的交易类型、市场规则、交易平台等内容，还不能在《电力法》中具体规定，建议采取授权办法另行制定，为下一步市场建设和改革留出空间。同时在总则中增加一款作为第四条："按照市场配置资源的原则，建立开放、竞争有序的电力市场，规范电力交易行为，完善电力市场监督管理。"(4)鼓励和引导电力投资由"电源业务"扩展到"电力业务。"拟将第三条第一款修改为："电力事业应当适应国民经济和社会发展的需要，适当超前发展。国家鼓励、引导国内外的经济组织和个人依法投资、经营电力业务"。原条文对各类主体投资的鼓励仅限于"电源业务"，根据十八届三中全会发展混合所有制改革精神和2010年国务院《关于鼓励和引导民间投资健康发展的若干意见》(新36条)的规定，将各类主体投资从电源业务扩大到电网等其他业务。(5)拟在总则中增加一款，体现国家调整能源结构、促进节能减排、支持清洁能源发展的有关精神。拟将第六条第二款修改为:“国家鼓励优化电源结构,提高清洁能源发电比例,大力发展可再生能源,坚持安全高效发展核电,支持清洁能源分布式发电。”与《节约能源法》《可再生能源法》《环境保护法》等有关规定相适应,同时也明确国家发展核电的原则,为制定核电管理条例提供上位法依据。为解决可再生能源上网难的问题,并与《可再生能源法》有关全额保障性收购义务的条款相衔接,增加一条作为第二十二条:“电网经营企业应当依法履行对可再生能源等发电项目上网电量的全额保障性收购义务,及时提供上网服务。”(6)拟与行政审批制度改革、简政放权相衔接。国务院《关于取消和下放50项行政审批项目等事项的决定》(国发〔2013〕27号)规定,将电力业务许可证和供电营业许可证合二为一。为解决合并后的法律调整问题,拟删除原第二十五条有关《供电营业许可证》的内容和第六十三条的法律责任条款。(7)拟修改与《物权法》《安全生产法》《刑法》等法律相冲突的条款。依据《物权法》有关补偿规定,拟将第五十三条第三款修改为:“对在依法划定电力设施保护区前已经种植的植物或已经存在的建筑物、构筑物,需要修剪、砍伐或者拆除的,应当与种植物、建筑物、构筑物产权人协商,并依法给予补偿。”以保障公民的合法权益,明确了电力企业的补偿义务。参照《安全生产法》对生产安全事故处理的原则,拟在第十九条中增加“综合治理”的方针和“强化和落实生产经营单位的安全生产主体责任”。依据《刑法》删除第七十四条关于盗窃电能和电力企业职工职务犯罪的规定,出现上述情形可直接适用《刑法》有关规定。(8)拟修改与电力行业发展现状严重不符的内容。拟对“电力短缺”时期特点明显的条款进行修改,删除原第十二条鼓励集资办电和原第三十四条计划用电内容。删除原第四十九条、第六十七条中的“用电指标”内容。由于政企分开后供电企业不再是政府电力管理部门,明确电力设施保护区标志由产权人设定,应由电力设施产权人进行保护,修改原第五十三条、第五十四条相关内容。

在完善电力行政法规和部门规章方面,要通过完善《电力监管条例》《电力供应与使用条例》《电网调度管理条例》《电力设施保护条例》,加快制订电力规划、输配分离、电源接入、安全生产、节能减排、环境保护、需求侧管理、电力定价与监管、普遍服务、预警应急、产业进入与退出等方面的法规和规章,构建电力领域的行政法规和部门规章体系。

(五)加快完善核能法律体系

2017年《核安全法》是核安全保障的单行法律,不是我国民用核能领域的基本法。在现阶段,最重要的任务是制定原子能法或民用核能法。民用核能开发和利用活动涉及很多方面,包括采矿、运输、土地规划、项目建设审批、环境保护、安全生产等,但核能基本法不能也没有必要将这些方面均作出规定。核能基本法应针对核能开发利用领域最需解决而且最突出的问题作出原则性规定,具体规范可由其他专门法律予以明确或在相关法律中予以体现。如核材料物质的监管,核设施准入和管制制度,包括核电站建设、运行与管理,核进出口管制制度,应急管理制度,核污染损害赔偿责任制度等应在核能基本法中作出规定,而对于核原料的勘探、开采、冶炼等则不能在核能基本法中规定,只需在矿产资源相关法律中予以明确即可。

1. 建立核能法律体系的当务之急,是健全核安全法。我国核能安全立法存在的主要问题是:(1)法律渊源体系结构不合理。以大量的部门规章为主,《放射性污染防治法》本身也是多从管理层面对核能利用进行调整,这对核能领域新技术的运用是不利的。

(2)多头监督管理。环保、卫生、公安等部门职责不清,如对核设施安全的许可由隶属于环保部门的核安全局审管;对放射工作的许可证则仍按照《放射性同位素与射线装置放射防护条例》的规定由卫生、公安部门审管;对贮存、处置放射性固体废物的许可由环境部门审管。因而同是有关放射性的许可登记却涉及多个部门的管理,这样不利于对整个放射环境的统一监督管理。(3)对奖励制度不够重视。法律只作原则性规定,没有具体配套立法。

2. 加快制定原子能法。我国原子能法立法起步于 20 世纪 80 年代,但由于管理体制的频繁变化等原因,致使原子能法的立法工作进展缓慢,亟须加强。原子能法应当作出规范的内容包括:立法宗旨、适用范围、发展原则、对外基本原则、管理方式、紧急情况处置、核安全保障与核保安、管理部门及其职责等内容;包括铀矿产资源的保障与勘查、采冶管理;核材料管制;核设施管理;核技术应用管理;放射性废物管理;放射性物质的运输;核安全;核事故应急准备与响应;核进出口;法律责任等。

3. 加强核安全监管。(1)加强核与辐射安全监管,完善核与辐射安全审评方法。加强运行核设施安全监管,强化对在建、拟建核设施的安全分析和评估,完善核安全许可证制度。完善早期核设施的安全管理。加强对核材料、放射性物品生产、运输、存储等环节的安全监管。加强核技术利用安全监管,完善核技术利用辐射安全管理信息系统。加强辐射环境质量监测和核设施流出物监督性监测。完善核与辐射安全监管国际合作机制,加强核安全宣传和科普教育。(2)加强放射性污染防治,推进核设施退役管理和放射性污染治理。开展民用辐射照射装置退役和废源回收工作。加快放射性废物贮存、处理和处置能力建设,基本消除历史遗留中低放废液的安全风险。加快铀矿、伴生放射性矿污染治理,关停不符合安全要求的铀矿冶设施,建立铀矿冶退役治理工程长期监护机制。

(六)加快完善可再生能源法律体系

健全可再生能源法律体系,应着重完善现行《可再生能源法》,健全专项立法,完善配套规章。

在《可再生能源法》的实施过程中,国家发展改革委负责有关可再生能源规划、项目审批、能源调配、价格和产业发展的职能;财政部负责有关预算和专项资金安排;科技部负责有关重大科技项目和示范。然而,没有一个部门能够对可再生能源的资源普查规划、重大科技研究、技术示范和推广及可再生能源产业发展、项目审批、价格制定等事项进行有效的统筹、监管和协调。[42] 今后立法应当注重对监管机制、评估机制、考核机制的完善,实现管理部门间的分工、协作及监管。在法律制度层面,完善可再生能源配额、绿色电价、绿色采购等法律制度,并作出更具可操作性的规定。此外,《可再生能源法》还应加强对热力、燃料的规划,并就可再生能源利用过程中可能带来的环境生态问题作出相应的规定。[43]

国务院有关部门出台的涉及风能、太阳能、生物质能等开发利用的规定较为分散,一些制度设计也无法满足可再生能源产业发展的内在要求。针对不同的可再生能源类别、

---

〔42〕 王利军:《〈可再生能源法〉监管机制存在的问题及对策》,载《法学理论》2009 年第 29 期。

〔43〕 陈兴华:《〈可再生能源法〉的立法再审视》,载《学术交流》2012 年第 11 期。

开发利用技术特点以及地域禀赋等特性，制定可再生能源专门领域的分类立法，成为迫切之需。[44] 今后立法应着重规定投资补贴制度，完善可再生能源配额制度，明确价格和财税激励措施，同时就鼓励可再生能源技术发展作出规定。专项立法还应特别重视配套措施，如加强技术创新和自主知识产权保护、保障融资渠道畅通等。

法律规范的有效性是一个根植于法律过程之中的问题，[45] 这一过程需要及时出台相应的配套法规予以保障。虽然我国目前已有几十部与可再生能源相关的配套立法，但在可再生能源财政补贴和税收信贷优惠、资源调查、并网技术标准的制定等重要领域的立法却迟迟未能出台，导致很多关键制度和措施无法在法律层面落实。同时，亦应尽快制定可再生能源法实施细则。

(七)加快完善能源污染防治法律体系

《环境保护法》第四十条第二款规定："国务院有关部门和地方各级人民政府应当采取措施，推广清洁能源的生产和使用。"第三款还规定："企业应当优先使用清洁能源，采用资源利用率高、污染物排放量少的工艺、设备以及废弃物综合利用技术和污染物无害化处理技术，减少污染物的产生。"这体现出国家对能源环境保护的重视。进一步的环境保护立法还应规定能源环境保护方面的特有制度和措施，并可适时制定单行的能源环境保护立法。

综上此外，在制定和修改各能源单行法时，亦应对能源环境保护问题作出规定。如在修改《电力法》时，可增加有关电力项目建设及运行中的生态保护、污染物排放防控、二氧化碳减排、可再生能源发电促进等方面的内容。制定能源基本法时，亦应对能源环境保护制度作出规定。

五、能源法学与能源法律体系的关系

我国既然已初步建立了能源法律体系，那么必定为建立、完善我国能源法学提供了丰富的研究对象。相对能源法学而言，我国能源法律体系的创建、发展较为超前，能源法学的研究、建立相对滞后。能源法学与能源法律体系之间具有相辅相成的依存关系，二者不可或缺。

(一)能源法律体系是能源法学的研究对象和实践基础

现行能源法律体系为能源法学积累、提供了大量的能源成文法和不成文法、能源法律现象和能源法律问题。

没有能源法律体系，则不能对我国现行能源法律、法规和行政规章进行深入研究、分析、概括、提炼；则难以了解认知我国能源立法的历史沿革、法律渊源和规律特点；则难以把握国家有关能源产业发展的大政方针、法律法规的核心要义；则难以找到制约我国能源立法、执法、司法、守法的问题及其内在联系和外部因素；则难以建立有中国特色能源法学的知识理论体系即能源法学，最终不能为健全能源法律体系提供专门专业的法学支撑。在

---

〔44〕 肖国兴、叶荣泗主编：《中国能源法研究报告(2009)》，法律出版社2010年版，第66页。

〔45〕 [美]埃德加·博登海默：《法理学——法律哲学与法律方法》，邓正来译，中国政法大学出版社1999年版，第347页。

这个意义上说，能源法律体系犹如“素材”，没有能源法律体系，能源法学则是“无源之水”。

（二）能源法学是能源法律体系的专门知识和理论体系的提升深化

虽然我国能源法学的知识体系尚不完善，但是自20世纪80年代以来，国内一批能源法学者、专家捷足先登，开展了长期的、艰苦的研究工作，逐步提出并初步形成了符合中国国情的能源法学的认知和理论，使能源法学在国内一批高等院校成为法学必修课程。对此，广大能源法学者、专家必须锲而不舍、潜心钻研、集思广益，终有所成。

没有能源法学，则不能对我国能源法律体系中诸多能源法律规范、法律现象和相关法律问题的深入研究和知识理论的集成升华；则难以搞清我国能源法律体系固有的缺陷、弊端、问题及其深层次原因；则难以理清我国能源产业发展中重大的法律问题、法律关系；则难以找到适合能源产业可持续发展的法律规制方法；则难以对进一步完善能源法律体系提出科学的、客观的法律思路和理论指引，最终不能对全面加强我国能源法治建设提出切实可行的顶层设计和法学导引。从这个意义上说，能源法学犹如“作品”，没有能源法学，能源法律体系则是“无本之木”。

（三）能源法学研究的主要任务

不同时期能源法学的研究任务有所不同。当今世界，能源产业面临着前所未有的严峻形势，我国社会主义现代化建设进入了新时代，机遇与挑战并存。新时代的能源法学，需要夯实基础、循序渐进、明确任务。当前，我国能源法学研究的主要任务包括：(1)研究新中国，特别是改革开放以来能源产业的发展历程及经验问题、能源开发的战略方针和基本政策、制约能源产业发展的“瓶颈”及出路、能源产业与相关产业的关系；(2)研究我国能源法律体系的现状和主要问题及原因，能源法律制度体系的构建与完善，能源法及其他重要能源立法的制定与修订，健全能源法律体系的对策措施；(3)研究能源法律体系与相关法律体系、能源法学与相关法学的关系，探索解决相关法律体系、相关法学之间的融合、衔接和冲突、脱节的法学机制、路径和方法；(4)研究能源法学与能源法律体系、能源法学科之间的有机联系，探索推进“三位一体”建设的思路和措施；(5)研究与能源法密切相关的法律问题，寻求破解这些问题的途径、办法；(6)研究能源法制定中存在的深层次矛盾，提出加快其出台的法学、法理方面的意见、建议；(7)研究国外能源法律体系、能源法学的发展规律和经验特点，结合我国国情进行比对、借鉴。

第四节 能源法学与相邻法学

不同法学之间存在研究对象和知识理论体系上的差异和联系。能源法学与一些相邻法学分属于不同的法律知识和理论体系，需要科学、准确地界定彼此之间的关系并有机衔接。鉴于能源法是新兴的、具有交叉复合性特点的法律科学，所以能源法学与传统法学之间既有分界又有融合，关键是要实现与民法学、刑法学、行政法学、经济法学、环境资源法学和国际法学等相邻法学之间的有机衔接，最终实现各相关法学的协调发展。

一、能源法学与民法学、刑法学、行政法学的关系

(一)能源法学与民法学、刑法学、行政法学的界分

能源法学的主要目的是保障能源安全,促进能源产业的健康、可持续发展,主要规制能源产业发展和管理等问题。而传统法学不是以产业领域调整为目标,而是强调对特定类别的主体或者特定类别的法律关系的调整,侧重对人身权、财产权、行政管理秩序和国家利益的保护。如民法旨在保障平等民事主体的合法权益,行政法旨在调整行政主体在行使行政职权和接受行政法制监督过程中与行政相对人、行政法制监督主体之间产生的社会关系以及行政主体内部关系;刑法旨在惩罚犯罪和预防犯罪。由此可见,能源法学与民法学、刑法学、行政法学存在研究对象及知识理论体系上的差异,虽然彼此之间存在某些联系和交叉,但是它们毕竟分属于不同的法学领域,故而不宜混为一谈或以此代彼。

(二)能源法学与民法学、刑法学、行政法学的衔接

能源法与民法之间的衔接,主要体现在对能源领域经济活动的调整上。民法为能源领域的基本经济活动提供规范依据,能源法对民法难以解决的市场失灵与经济活动的外部性作出回应。在相当长的时期里,民法对能源法律规制起着重要作用。[46] 在能源产业链的上游领域,《民法总则》《民法通则》《物权法》《合同法》中的有关规定,对能源资源的勘探开采、合同等法律关系起着重要的调整作用;在能源产业的中游环节,能源资源的加工、运输等合同依照《合同法》签订和实施;在产业下游领域,能源产品进入市场,市场中的交易主体地位更为平等,供应合同、节能协议等私法领域的法律规则被更为广泛地应用。而对于上游产业的矿山安全生产、上下游产业联动等司法领域无法有效发挥作用的方面,能源法规范起着更为重要的调整作用。

能源法与刑法之间的衔接,主要体现在对能源领域中犯罪行为的制裁方面。在形式上,已有的主要能源法律中大多规定了专门的“法律责任”一章,从而为能源领域的违法犯罪行为设定了行为模式,法律后果一般参照适用《刑法》的相关条文。如《电力法》规定的“盗窃电力设施或者以其他方法破坏电力设施,危害公共安全的,依照《刑法》有关规定追究刑事责任”,应当参照《刑法》分则第二章危害公共安全罪的相关规定确定刑罚。在内容上,刑法在能源领域中作用主要在于实现作为价值秩序内容的“安全性”侧面。[47] 违反国家能源规划进行破坏性开采、能源设施的破坏、能源行业从业人员玩忽职守等,往往造成重大损失,或者使正常的社会经济生活受到重大干扰。对此,刑法规范起着重要的预防、威慑和惩治作用。又如《刑法》设定了非法采矿罪,对于未取得采矿许可证擅自采矿,擅自进入国家规划矿区、对国民经济具有重要价值的矿区和他人矿区范围采矿,或者擅自开采国家规定实行保护性开采的特定矿种等情形,规定了相应的刑罚。[48]

能源法与行政法之间的衔接,主要体现在三个方面:(1)行政许可与行政审批是国家配置能源资源的重要手段,也成为设定能源产业准入门槛的最主要手段。在能源法发展

---

〔46〕 胡德胜主编:《能源法学》,北京大学出版社 2017 年版,第 56 页。

〔47〕 于文轩:《面向低碳经济的能源法制研究》,中国社会科学出版社 2018 年版,第 23 页。

〔48〕 参见《刑法》第三百四十三条。

早期，我国主要以审批许可的方式实现对能源产业各个环节的调控，从而确保能源安全。如国家发展改革委取消跨省发电、供电计划和备案核准，将具体规划纳入国民经济发展宏观规划，同时加强事中与事后监管。[49] (2)行政强制是确保能源供应安全、防范能源生产活动风险的重要手段。行政强制是基于某一行政目的涉及对公民、法人财产权的处分，属于典型的损益行政行为。[50] 一些能源立法采用了行政强制措施的方式。如对于非法占用电力设施用地的由当地政府责令改正，逾期不改正的强制清除障碍。[51] (3)行政处罚是能源领域活动违规行为的主要责任承担方式。如《电力法》在"法律责任"一章中规定了对于使用国家明令淘汰的电力设备、未经许可从事供变电营业、扰乱危害电力活动秩序等行为，电力管理机关有权给予警告或者处于罚款等。[52]

二、能源法学与经济法学的关系

(一)能源法与经济法的界分

经济法调整现代国家宏观调控和市场规制过程中发生的社会关系。能源法也调整这两类社会关系，但还涉及自身特有的能源安全保障等问题。因此，二者之间的界分在于宏观调控和市场规制这两个领域之外的属于能源法特有的调整范围。

(二)能源法与经济法的衔接

能源法与经济法之间的衔接，主要体现为三个方面：(1)能源法的主体与经济法的主体存在诸多重合，其行为也受到这两类法律的规制，无论在宏观调控还是在市场规制领域均为如此；(2)能源法在反垄断、反不正当竞争、税收等方面的法律规制，均为经济法的内容；(3)在调整手段意义上的宏观调控和市场规制，也是能源法和经济法均常规性运用的调整方法。可见，无论是法律主体、调整内容，还是调整方法方面，能源法与经济法均有诸多衔接之处。

三、能源法学与环境资源法学的关系

(一)能源法与环境资源法的界分

能源法与环境资源法在目标层面存在显著区别。能源法侧重于实现能源资源的社会经济价值，旨在实现能源开发利用过程中能源资源价值的最大化利用和能源安全的保障；自然资源法则侧重于实现自然资源(部分属于能源资源，如化石能源)价值的最大化；狭义的环境法，即污染防治法，旨在实现对环境要素和生态系统的保护。三者之间在价值层面的区别在于：能源法侧重于经济价值的实现与安全价值的保障，在此意义上具有二元价值追求；自然资源法更多地关注资源经济价值的实现；环境法则专注于生态价值的保护。

(二)能源法与环境资源法的衔接

能源法与环境资源法之间的衔接，主要源于能源开发利用与生态环境保护之间的关

---

〔49〕 参见《国务院关于取消一批行政许可事项的决定》，附件一。

〔50〕 袁曙宏：《我国〈行政强制法〉的法律地位、价值取向和制度逻辑》，载《中国法学》2011 年第 4 期。

〔51〕 参见《电力法》第六十一条。

〔52〕 参见《电力法》第六十二条至第六十八条。

系。一方面,由于"一次能源"大多属于自然资源,能源的开采直接涉及自然资源法的相关规定。如《矿产资源法》中的"合理使用"原则同样体现在《煤炭法》中,[53]在开发煤炭、石油、天然气时需要遵守矿产资源法有关探矿权、采矿权的相关规定。另一方面,能源开发利用过程中产生的环境负外部性,是环境法规制的对象。如能源上游产业活动中,开采煤矿伴随着对地表生态的破坏,因此需要环境保护法规定回填复垦。而在能源运输储存等产业中游活动中,也存在相当程度的环境风险。二者在法制层面相融合的例子也较多。又如《石油天然气管道保护法》关于"管道的规划、建设应当符合管道保护的要求,遵循安全、环保、节约用地和经济合理的原则"[54]的规定。

四、能源法学与国际法学的关系

(一)能源法与国际法的界分

能源法与国际法之间的界分,主要体现为调整领域的差异。能源法主要调整国内能源开发利用法律关系以及能源国际合作中的涉外法律关系,大多通过国内法机制实现对能源产业发展的调控。而国际法则基于国际社会公认的准则,对国际法主体的行为进行调整,在法律主体、调整内容、纠纷解决机制等方面,均具有国际性,这也是其与能源法的主要区别。

(二)能源法与国际法的衔接

1. 能源法与国际法的衔接关系首先体现在国际能源法领域。[55] 在现代社会,能源资源的开发利用已突破一国管辖领域,往往需要跨国进行,甚至要在公海、深海海底、极地区域以及月球、小行星等天体或外层空间进行。[56] 国际能源法正是基于能源活动的国际化而发展起来的。能源贸易、能源运输等活动往往跨越一国甚至多国的国界,一些能源纠纷的解决也要借助国际组织和国际法律机制。应当注意,能源法与国际法的价值取向存在差异。在我国,能源法旨在规范能源开发利用和管理行为,构建稳定、经济、清洁、可持续的能源供应及服务体系,提高能源效率,保障能源安全,推动资源节约型和环境友好型社会建设,促进能源与经济社会的协调发展。国际能源法则更重视促进国家之间的能源合作,建立一个非歧视性的国际能源交易市场,为所有缔约方之间的能源合作创造一个良好的环境。[57]

2. 能源法也为解决全球性能源法律问题提供了新路径。如《能源宪章之能源效率及相关环境问题议定书》(The Protocal on Energy Efficiency and Related Environmental Aspects, PEEREA)与《能源宪章条约》(Energy Charter Tready, ECT)同时签订,将环境问题纳入了多边投资条约,这种立法模式标志着国际社会第一次在国际能源法的角度上思

---

〔53〕 参见《煤炭法》第一条,《矿产资源法》第六条。

〔54〕 参见《石油天然气管道保护法》第十条。

〔55〕 1984年,国际律师协会能源与自然资源法分会主编了名为《国际能源法》的论文集,第一次使用了"国际能源法"这个概念。参见杨泽伟:《国际能源法——国际法的新分支》,载《武大国际法评论》2009年第2期。

〔56〕 黄振中:《论国际能源法之性与属》,载《北京师范大学学报》(社会科学版)2014年第1期。

〔57〕 参见《能源宪章条约》(Energy Charter Tready, ECT)第三部分"投资促进与保护"部分,第3.10~3.17条。

考和处理全球性环境问题。[58] 在我国提出的“一带一路”倡议中,也对能源合作提出了“积极推动水电、核电、风电、太阳能等清洁、可再生能源合作”的要求,提倡通过促进我国及“一带一路”周边国家的能源结构调整,实现发展低碳经济的目标。[59]

第五节 能源法学与学科建设

一、能源法学科建设的重要性

学科是相对独立的知识体系,指一定科学领域或一门科学的分支。学科是承载教学、科研和社会服务的基本单元,是对高校人才培养、教师教学、科研业务隶属范围的相对界定。学科建设是能源法研究的基础工程和永恒主题。目前我国能源法学科建设取得了长足进展,但也必须看到,能源法学科建设的水平远远不能满足国家经济社会发展对能源法学科研究和人才培养的需要。

1. 我国能源革命对能源法学科建设提出了紧迫的要求。能源法治是能源革命的保障,而能源法治的实现需要能源法学科建设保障人才的有效与持续供给。能源学科建设对于我国能源法治建设,应对能源挑战,起到至关重要的作用。根据以习近平同志为核心的党中央作出的关于能源革命、能源安全和能源法治的重大决策,《能源发展“十三五”规划》指出,能源发展需要健全能源法律体系的保障。通过建立健全完整配套的能源法律法规体系,推动相关法律制定和修订,完善配套法规体系,发挥法律、法规、规章对能源行业发展和改革的引导和约束作用,实现能源发展有法可依。《能源生产和消费革命战略(2016—2030)》要求通过完善能源法律法规,构建激励创新的体制机制,打通能源发展“快车道”。要求建立科学完备、先进适用的能源法律体系。

2. 我国能源法学科建设尚有明显不足,与国家能源革命和能源政策法律发展和人才需求不相适应。能源法学科主体地位尚未完全确立,目前仍然作为经济法或环境资源法之下的法学三级学科存在;由于能源基本法的缺位,因此对于能源法学的总论体系缺乏统一认识,能源法学的教材或专著体例不一,无法形成能源法学的知识体系;对能源法的基本学理和范畴研究不够深入,没有形成稳定的学科范式,因此难以避免低水平重复,阻碍了学科对话和团队协作;能源法学科历史积淀不够丰厚,从纵向回顾,在诸多先导者的开创性努力下,能源法学科从无到有,取得了历史性的跨越成就;但是从横向看,比起法学内部其他二级学科和三级学科的快速增长和规模扩张,能源法学的学科建设整体水平仍较为滞后,有待提升;能源法学的普及范围较小,只进入少量法学院的课程体系,没有在较大范围内形成学科影响;能源法学研究队伍规模较小,梯队建设和团队建设亟须加强;能源

[58] Thomas W. Walde, *The Energy Charter Treaty: An East-West Gateway for Investment and Ttrade*, Kluwer Law International, 1996, pp. 520 – 536.

[59] 参见国家发展改革委、外交部、商务部:《推动共建丝绸之路经济带和21世纪海上丝绸之路的愿景与行动》第四部分“合作重点”。

法学的国际交流合作较少，没有形成全方位、多渠道的、常态化的交流机制。

二、能源法学科的发展

（一）我国的能源法学科

在我国，能源法学科与经济法学科紧密相关。1980 年年初教育部批准北京大学法律系作为全国第一个试点单位设置"经济法专业"，在新的教学计划的专业课开设上有"自然资源与能源法"课程，这是我国高等法学教育中首次提出创建能源法学科的设想和实践。1980 年 9 月司法部教育司会同教育部召开"经济法学教材编写会议"，我国出版了第一本法学专业本科教材《经济法学》，这本教材包括了"能源法律制度"一章。[60] 1985 年，国家教委决定在高等学校正式增设经济法专业，把"能源法"定为经济法专业的专业课，1988 年出版了《能源法教程》，这是正式出版的第一本高校能源法教材[61]，标志着我国能源法学进入了一个新学科建设的初始阶段。

在国家学科体系中，能源法学科一般被置于二级学科的"环境与资源保护法学"之下，在符合相关条件的情况下，也可以设置为二级学科。根据国务院学位委员会第六届学科评议组编写的《学位授予和人才培养一级学科简介》，关于一级法学简介篇中，其将"资源能源法"纳入二级学科的"环境与资源保护法学"之下。从上述法政策文件来看，能源法可置于二级学科环境与资源保护法学之下。这也是我国当前大部分高校的实际做法。有关学者也在环境与资源保护法学科之下讨论能源法学科及其建设问题。[62] 国家相关规范性文件允许学位授予单位可在本单位具有博士学位授权的一级学科下，自主设置与调整授予博士学位的二级学科；在具有硕士学位授权的一级学科下，自主设置与调整授予硕士学位的二级学科。换言之，我国能源法在满足相关政策规定条件时，可设置为独立二级学科，如清华大学设立了"环境与能源法"二级学科。

（二）国外能源法学科的形成与发展

早在 18 世纪和 19 世纪初期，国外就已存在管理煤炭和石油等能源产业部门的法律，20 世纪 70 年代的石油危机促使或导致大多数国家加快了能源政策法律的制定工作，但从科学学科的角度讨论能源法是在 20 世纪末才出现。[63] 国外最早讨论能源法学科的阿德里安·布拉德布鲁克（Adrian Bradbrook）分析了普通法国家的法学院课程设置变化及实践发展需求，其认为"能源法学应成为一门学术学科"，并希望所有法学院应将"能源法"纳入课程中，可以设置为必修课或者选修课。[64] 唐纳德·N. 齐尔曼（Donald N.

---

〔60〕 法学教材编辑部《经济法学》编写组：《经济法学》，群众出版社 1983 年版。

〔61〕 肖乾刚、魏宗琪编著：《能源法教程》，法律出版社 1988 年版，该书较为系统地探讨了能源法学科的基础理论问题与基本法律制度，以及构建能源法学科内容的基本框架。

〔62〕 王灿发、于文轩：《论我国环境法学的课程设置与教材建设》，载《当代法学》2008 年第 6 期。蔡守秋、王欢欢：《改革开放 30 年：中国环境资源法、环境资源法学与环境资源法学教育的发展》，载《甘肃政法学院学报》2009 年第 3 期。

〔63〕 R. Stichweh, "Scientific History of Disciplines," in James D. Wright, *International Encyclopedia of the Social & Behavioral Sciences*, Elsevier Ltd., 2001, pp. 13727 – 13731.

〔64〕 Adrian Bradbrook, *Energy Law as an Academic Discipline*, Energy & Nat. Resources L, 1996, (14): pp. 193, 217.

Zillman)讨论了过去10年中在美国和世界范围内发生的、成为能源法律和政策的重大事件。[65]谢尔比·斯科特·加耶(Shelby Scott Gaille)分析美国法学院在培养市场所需律师等专业人才时,提出法学院的学生不仅要学习法律知识,更要掌握能源经济、地理科学、工程等,以适应能源法交叉学科的特点,并结合自身经验分析了在法学院做能源法兼职教师应采取的授课模式、注意事项等。[66]美国能源律师协会(US Energy Bar Association, EBA)的唐纳·阿塔纳西奥(Donna Attanasio)(2015)以报告的形式,从能源法的含义、能源法课程的目标、能源法领域的教学、师资等对美国的能源法学教育进行了详细的综述与介绍。[67]拉斐尔·J. 赫夫龙(Raphael J. Heffron),彼得·罗伯茨(Peter Roberts),彼得·卡梅伦(Peter Cameron),安格斯·约翰斯顿(Angus Johnston)(2016)以2016年为节点,对英国能源法学教育进行回顾与综述,认为能源法学教育在英国应占有一席之地。[68]

三、能源法学科建设的内涵

学科建设包括大学科学研究、人才培养以及师资团队的价值取向,体现一个学校学科整体的水平和学术研究。[69]我国能源法学科建设的基本内涵是通过规范能源法的功能、立法、基本概念、性质、研究方法等理论问题,使能源法形成严谨、科学的理论体系;相关高校与科研院所等优化能源法学科布局及结构,根据能源法新兴、交叉学科特点,围绕能源法学科研究方向、能源师资、研究机构、国际合作交流、人才培养、社会服务等方面展开的各项工作。

(一)具有强大的能源法师资队伍

加强能源法学科建设,师资是高校的战略、稀缺性资源,核心是建设一流师资队伍。[70] 能源法一流师资队伍,应当是理论功底深厚、实务经验丰富的双师型师资队伍。师资的质量直接影响了能源法学生的质量,以及能源法学科发展的持续性。英美经验对我国能源法师资建设的启示是:重视师资团队的多元化、梯次性,即除了重视能源法全职教师外,可以引入有丰富实践经验的能源法从业人员在高校做兼职教师,这些师资长期从事实践,能将能源法的理论与实践相结合。兼职教师的能源法课程设计更灵活,所开设的课程更具适应性。同时,我国应当构建有梯次的能源法师资团队。

在我国能源法学科的师资队伍建设中,培养学术带头人、学术精英等是学科建设关

---

〔65〕［美］唐纳德·N. 齐尔曼:《现代能源法的演进:个人回忆录》,张小平译,载《能源与自然资源法杂志》2012年第30卷。转引自中国能源法研究会编:《中国能源法研究报告2018》,上海立信会计出版社2018年版。［Donald N. Zillman, "Evolution of Modern Energy Law: A Personal Retrospective", 30 J. Energy & Nat. Resources L. 485 (2012).］

〔66〕 Shelby Scott Gaille, The ABA Task Force Report on the Future of Legal Education: The Role of Adjunct Professors and Practical Teaching in the Energy Sector. *Energy L. J.* 2014,(35):pp. 199, 214.

〔67〕 US Energy Bar Association, "Energy Law Education in the U. S.: An Overview and Recommendations", *Energy Law Journal*, 2015,(36):pp. 217 - 260.

〔68〕 Raphael J. Heffron, Peter Roberts, Peter Cameron, Angus Johnston, "A review of energy law education in the UK", *Journal of World Energy Law and Business*, 2016, 9, pp. 346 - 356.

〔69〕钟秉林、李志河:《试析本科院校学科建设与专业建设》,载《中国高等教育》2015年第22期。

〔70〕谈哲敏:《师资队伍是"双一流"建设的核心》,载《中国高等教育》2017年第1期。

键，但要实现我国能源法学科建设的持续健康发展，就需要有高水平的学术团队作为后盾，这在新一轮高度综合、高度复杂的能源革命背景下显得尤为关键。根据能源法交叉学科的特点，培育跨学科、跨领域的创新团队，其成员的学术职称、年龄结构应有梯次安排，保证不同职称层次和年龄层次成员知识多元化、多样化，发挥最佳整体效应，保证能源法学术事业的可持续性。加快培养和引进一批领先的能源法带头人和创新团队，积极开展国际学术研究前沿工作，满足国家的重大战略需要。遵循教师成长发展规律，培养能钻研、有学术潜质的中青年骨干，发挥集体攻关的协同创新优势和规模效应。

（二）培养能源法拔尖创新人才

人才培养质量是高校的生存命脉，培养一流的能源法人才则需要强有力的能源法学科作为支撑。[71] 推进“双一流”建设和高等教育内涵式发展过程中，在高水平大学建设中起着主导作用的是学科建设。推进一流学科建设中，必须将培养拔尖创新人才作为根本任务。[72] 学科融合能更有效处理“重要且复杂”的问题。因此，能源法要培育创新、应用、复合型的优秀人才，包括四方面：(1)培养各个层次的能源法人才；(2)设置有利于人才培养的课程；(3)构建能源法人才需要的教材体系；(4)推进能源法学科的国际合作交流。

1. 培养各个层次的能源法学人才

我国高校应培养各个层次的能源法人才，包括本科、双学士、法学硕士、法律硕士和博士研究生等。在实施“双一流”建设和内涵式发展过程中，必须把本科教育和研究生教育均纳入评价体系，而不仅仅是培养高层次的博士研究生和硕士研究生。通过构建有梯次的能源法人才体系，培养能源法方向的博士、硕士研究生、本科生，为我国经济社会发展持续输送能源法方向的专业、高端人才。我国要重视能源法方向的博士培养，能源法方向的博士培养水平体现了整个能源法学科的高端性，能为高校和科研院所输送能源法方向后备师资力量和研究人员，这是我国能源法学科建设持续发展的保障。高校、科研院所积极与企事业单位等开展有效合作，推进在更多院校设置符合社会所需的能源法方向法律硕士、法学硕士，培养更多能源法应用、复合型人才，满足我国当前对能源法人才的需求。在现有学科设置框架下，鼓励并推动更多院校在与能源法相关的一级或二级学科下培养能源法方向的硕博研究生；契合条件院校，可按照法律规定，自主申请将能源法设置为独立的二级学科，培育能源法方向博士、硕士研究生。

2. 设置有利于人才培养的能源法课程

能源法课程是高校人才培养的核心，前述英美两国高校有关能源法课程设置具有多元化、深入化、细致化、国际化、交叉性以及实践性强等特点，给我国能源法学科建设提供了有益的启示。

为适应新一轮能源革命要求，我国高校应能构建完整的、与能源产业链匹配、与主要能源类型衔接的能源法课程体系。按照能源法课程的基本要求，应当根据理论与实践、现实与前瞻、普遍与特殊性相结合的原则，科学地确定不同教学对象的教学内容。具体的课程种类设置可以借鉴英美高校的成熟经验，根据我国能源法律实践和能源法学研究的需

---

〔71〕 孙玉清：《大学的学科与专业》，载《中国高等教育》2016 年第 7 期。

〔72〕 蒋洪新：《强化育人导向　推进一流学科建设》，载《中国大学教学》2016 年第 11 期。

要予以确定，从宏观层面看我国能源法课程体系，至少应涵盖能源法、比较能源法、国际能源法、能源法诊所、能源法专题研究等。

围绕高等教育内涵式发展及“双一流”学科建设的要求，为促进能源法创新拔尖人才的培养，我国能源法课程设置应根据课程设置的原则和课程具体内容，区分法学本科生、法学双学位、法学硕士、法律硕士、博士研究生等授课对象、目标等，开设具有不同特点、内容和不同深度的课程。

3. 为能源法人才培养构建教材体系

在高等教育内涵式发展中，教材是能源法优秀人才培养最基本的教学资源。[73] 经过体制创新，充分激励科研工作者、高校、图书出版社等多方主体参与，促进教材编写、推广和使用。[74] 能源法教材是本科生和硕士研究生阶段最基本的授课材料，教材质量在一定程度上决定着能源法教学的质量。为提升能源法学科教学质量，可积极开展能源法教材教法的研讨，特别是能源法中跨学科知识体系的教学、案例研习课程的教学、能源法专业实习基地及配套机制建设等相关问题的研讨，总结经验，交流心得，提高能源法学科教学质量。

我国能源法教材建设要汇集国内外能源法理论与实务两方面的权威专家，在总结现有研究成果的基础上，组织系列教材的编写出版。通过教材编写，形成能源法知识体系，突出能源法学科的主体地位，重点加强对能源法研究的基本方法和基本范畴的研究，总结能源法的基本概念体系、原理体系和理论构建，厘清能源法与其他学科的关系，为高校、科研院所等能源法教学提供范本。

4. 推进能源法学科建设的国际交流合作

在高等教育内涵式发展、“双一流”建设背景下，为适应新一轮能源革命的要求，我国应积极开展国际能源政策的对话交流，[75] 加强能源法学科建设的国际合作交流。一方面，我国重视引进国外能源法专家，创造条件支持国内专家学者或学生参与国际能源法交流会议。通过能源法国际交流合作，搭建能源法国内和国际交流平台，推进我国能源法国际化。另一方面，我国可联合海外大学开设暑期课程。暑期国际合作办学是促进能源法创新教育模式的重要途径，能源法人才培育要鼓励、促进“开放办学、资源共享、国际协作”。通过拓展能源法学科建设的对外交流渠道，与能源法人才培养水平较高的国家建立协作关系，定期开展互访交流，吸收借鉴先进的人才培养模式和教材教法，并探索合作办学、联合培养人才、联合授予学位的路径。

5. 提升能源法的学术研究水平

我国能源法学术研究中，要对能源法学科体系进行重构，考虑中国语境、问题导向与综合研究，加强对能源法理论进行学术反思，使能源法学科学理基础有综合包容性，促进学术研究视域纵横延展性；重视专业期刊、校报、研讨会等为学术研究提供保障机制。

对能源法学进行学术层面的反思，以保证学科的学术独立性、理论自主性和逻辑自洽

---

〔73〕 李辉：《高等教育内涵式发展视界下的教材建设路径——基于美国大学教育教学改革的思考》，载《高教探索》2014 年第 6 期。

〔74〕 习近平：《在哲学社会科学工作座谈会上的讲话》，载 http://news. xinhuanet. com/politics/2016 - 05/18/c_1118891128. htm，2018 年 8 月 10 日最后访问。

〔75〕 江泽民：《对中国能源问题的思考》，载《上海交通大学学报》2008 年第 3 期。

性。能源法学术研究应当具有包容性和学术视域的纵横延展性。能源法理论的全面包容性是由其研究对象的广泛性决定的,它是满足能源法学科的系统化、理论化内在需要。能源法学在学术视野中的纵横延伸是以能源法学科的学术预见为基础的。能源法学科作为新兴学科、交叉学科,需要适应中国法学研究格局的特殊性。经过能源法系统的学术研究促进能源行业的立法工作和能源法学科建设,推进中国特色新型现代能源法学研究体系的构建。

学科建设是能源法学术研究重要保障和载体。高校应该依托学报、专业期刊,运用学报在高校师资队伍、人才培育、学科建设、学术交流、国际协作等方面的重要作用。根据英美经验,能源法学术研究的重要保障和载体,包括能源法创新研究中心、能源法系列研讨会、能源法专业期刊创新发展。我国高校应重视发挥能源法研究中心的作用,开展系列能源法专题研讨会以及推进院校级专业期刊创新发展。通过专业的研究机构,持续性的研讨会为能源法学术研究提供交流的平台,利用专业期刊、学报为能源法学术研究成果提供传播途径,通过专业的视角,形成能源法学术的百家争鸣,促进我国能源法学术研究。

四、能源法研究会在能源法学科建设中的作用

党的十八届四中全会作出了全面推进依法治国的重大决策,习近平总书记提出了要加强能源法律法规"立改废"和能源法治建设的总体目标,为能源法研究会的未来发展指明了方向,提供了机遇,提出了新课题和新挑战。学科建设也是法学社团的一项重要使命。根据《全国性法学社会团体规则》第四条规定,全国性法学社团的任务和业务范围包括建设法学理论队伍、推动学术观点创新、学科体系创新和研究方法创新,加强法学研究与法学教育联系,促进法学教育事业的发展。

能源法学是能源法学科建设的基础,两者必须有机结合、协同发展。能源法研究会具有"产、学、研、政、律"五位一体的特色和优势。根据能源法研究会的自身定位和工作规划,能源法学科建设要面向国家立法和能源产业部门发展需要,突出能源法学科主体地位,发挥能源法研究会"产、学、研、政、律"融合的优势,科学规划、缜密部署、狠抓落实,开门办学、广纳资源、协同合作,力争在较短时间内,实现学科建设整体水平的提升,取得一批有影响力和显示度的学科建设成果,发挥潜力优势,实现后发式跨越发展,实现资源投入、政策支持、人才培养、学科建设的良性循环。

能源法研究会将推进能源法学科建设作为一项重要使命,设立能源法学科建设委员会,推动对能源法学科问题的关注和研究,并在对国内外能源法学科研究的基础上,制定了《中国法学会能源法研究会能源法学科建设工作纲要》[76],为推动我国能源法学科建设发挥积极作用。

思考练习题

1. 论述能源法学体系及其理论内涵。

---

〔76〕《中国法学会能源法研究会能源法学科建设工作纲要》,载 http://www.energylaw.org.cn/newsitem/278142415,2018 年 9 月 2 日最后访问。

2. 简述能源的概念和分类。
3. 简述能源法学与能源产业的关系。
4. 试述能源法学与能源革命的关系。
5. 如何完善我国能源法律体系?
6. 简述能源法与相关部门法的关系。
7. 能源法学科建设的内涵有哪些?

第三章　能源综合管理与规制

导 读

能源管理主要是指国家对能源事务的管理,除了能源行业管理之外,还包括能源发展战略、能源安全、节能减排、科技创新、国际合作等综合性问题。国家发展改革委管理的国家能源局是我国能源行业主管部门。能源管理职权还分散在自然资源部、工业和信息化部等众多相关部门。国家能源委员会作为议事协调机构,则起到加强能源战略决策和统筹协调的作用。能源行业协会则是作为行业自律组织,起到企业与政府间的桥梁和纽带作用。能源规制是能源管理的一个重要方面,能源行业中存在自然垄断环节,因此,市场准入和价格监管是政府规制的重要工具;对于非自然垄断环节,放开竞争则是改革的发展趋势。推行普遍服务政策,确保公民获得价格可承受的基本能源服务,则是能源监管的重要内容。能源财政和能源金融也是能源管理的重要政策工具。能源统计为我国能源管理部门实施科学管理,为社会公众参与经济社会活动提供数据支撑。本章重点是能源管理体制、能源行业经济性规制、能源普遍服务、能源财政与金融政策;本章难点是能源行业自然垄断环节、能源金融政策。

从国际经验来看,通过能源立法构建能源管理与规制的法治政府是普遍做法,对能源管理机构的法律定位和规制体系的建设具有纲领性作用。在我国能源法律法规体系的建设和完善中,需要对国家的能源管理体制、能源监管机构、能源管理部门及其职责、能源规制机构及其职责、能源市场等有一个明确的定位,也就需要一部既有综合性又突出重点、既有政策指导性又有法律规范性的、具有中国特色的能源基本法。

因此,能源基本法中应作出以下规定:国务院能源主管部门依照能源法和国务院规定的职责对全国能源开发利用工作实施综合监督管理;县级以上地方各级人民政府能源主管部门依照能源基本法和本级人民政府规定的职责,对本行政区域内能源开发利用工作实施综合监督管理。国务院有关部门依照能源法和其他有关法律、行政法规和国务院规定的职责,在各自的职责范围内对有关行业、领域的能源开发利用工作实施监督管理;县级以上地方各级人民政府有关部门依照能源基本法和其他有关法律、法规及本级人民政府规定的职责,在各自的职责范围内对有关行业、领域的能源开发利用工作实施监督管理。能源主管部门和对有关行业、领域的能源开发利用工作实施监督管理的有关部门,统称负有能源监督管理职责的部门。负有能源监督管理职责的部门及其派出机构依照法律、法规和本级人民政府的规定履行能源监督管理职责。这样规定能够处理好以下三对关系:第一,实现能源综合管理与专业管理的协调统一;第二,实现能源主管部门与能源协管部门之间协调统一，即都是“负有能源监督管理职责的部门”；第三，实现国务院能源管理机构和地方能源管理机构之间的协调统一。

此外，以上述规定为依据，根据能源领域的自然垄断环节发展改革进程，针对电网输配电环节、石油天然气管道环节、供热供暖环节，分别在电力法、石油天然气法和供热供暖法中，配套设立有关规制机构、规制权责、规制程序的法律制度，从而构建统一规范的能源管理与规制法律体系。

第一节 概 述

一、能源管理概述

所谓管理，即管辖处理某事务。根据管理领域和主体不同，大致可以区分为公共管理和私人管理。其中政府行政部门从事的管理，即行政管理（administration），就是公共管理的典型表现形式。政府承担的行政管理职能又可以进一步细分。有的学者认为，政府管理职能包括四种基本类型：提供公共服务；通过税收、补贴政策引导企业行为；通过监管规范企业行为；资源管理。[1] 与公共管理相对，私人管理（management）的领域和研究对象是围绕着营利性较强的私人部门展开的，其管理活动以获取利润为宗旨，具有较强的竞争性。自 20 世纪 80 年代开始，各国公共管理领域也在积极向私人部门学习管理的成功方法、技术和模式，特别是注重效率的理念。这场运动被称为“新公共管理运动”（new public management）。因此，两者之间也存在融合的趋势。

同样，“能源管理”一词也存在两种理解：一种是指用能单位对能源的利用活动进行的管理（energy management），也被称为“节能管理”。[2] 如《节约能源法》（1997 年制定，2007 年、2016 年修订）第二十四条规定：“用能单位应当按照合理用能的原则，加强节能管理，制定并实施节能计划和节能技术措施，降低能源消耗。”该法第五十五条第一款还规定：“重点用能单位应当设立能源管理岗位，在具有节能专业知识、实际经验以及中级以上技术职称的人员中聘任能源管理负责人，并报管理节能工作的部门和有关部门备案。”另一种更常见的理解则是国家对能源事务的管理（energy administration），它主要体现在国家对能源行业的管理。目前，国家能源局承担了能源行业管理有关职责，具体包括：拟订能源发展战略、规划和政策，提出相关体制改革建议；实施对石油、天然气、煤炭、电力等能源的管理；管理国家石油储备；提出发展新能源和能源行业节能的政策措施；开展能源国际合作。[3] 除了能源行业管理之外，能源管理还会涉及能源发展战略、能源安全、节能减排、科技创新、国际合作等综合性问题，相关职能则分散在外交部、国家发展改

---

〔1〕 林卫斌、方敏：《能源管理体制比较与研究》，商务印书馆 2013 年版，第 3～4 页。

〔2〕 参见《能源管理体系要求》（GB/T 23331—2012）、《能源管理体系实施指南》（GB/T 29456—2012）。另可参见赵旭东：《能源管理体系》，中国质检出版社、中国标准出版社 2014 年版。

〔3〕 参见国务院办公厅《关于印发国家能源局主要职责内设机构和人员编制规定的通知》（国办发〔2013〕51 号，2013 年 6 月 9 日）。

革委、科技部、工业和信息化部等众多行政部门。

二、能源监管与规制

我国的行政实践中,监管也常被表述为“监督管理”。如 1992 年成立的中国证券监督管理委员会(China Securities Regulatory Commission)、2018 年成立的国家市场监督管理总局(State Administration for Market Regulation),从其中文名称的官方英文就可以发现监督管理与 regulation 存在对应关系。2002 年成立的国家电力监管委员会,是“监管”一词首次出现在监管机构的正式名称之中。2002 年党的十六大报告也将市场监管作为与经济调节、社会管理和公共服务并列的一项政府职能。[4] 此后,“监管”又写入《电力监管条例》(2005 年制定)、《刑法修正案(七)》(2009 年制定)、《行政强制法》(2011 年制定)和《刑法修正案(九)》(2015 年制定)等法律之中。

“规制”源自英文 regulation,也有译为“管制”“规管”。该词的动词形式为“regulate”,最初含义为“使变得规律,规范化”(make regular)。如《美国联邦宪法》规定国会有权“监管同外国的、各州之间的和同印第安部落的商业”。[5]

法学、经济学、政治科学等学科都对监管进行了广泛的研究,但是不同学者对监管概念的理解则是见仁见智。[6] 如美国学者丹尼尔·F. 史普博(Daniel F. Spulber)就将政府监管定义为“行政机关制定并执行的直接干预市场配置机制或间接改变企业和消费者的供需决策的一般规则或者特殊行为”,[7] 如果监管主体限于行政机关,监管便属于行政管理的下位概念,偏重于微观。[8] 同样,能源监管也属于能源管理的下位概念。大致而言,能源管理除了微观经济领域的监管职能之外,还包括宏观的政策规划职能。在能源管理体制上,根据政策规划与行业监管职能是否相互分离,大致分为“政监合一”或者“政监分离”两种模式。

第二节　能源管理体制

一、能源管理体制的概念

行政管理体制(administrative system),是指一个国家行政机构设置、行政职权划分及为保证行政管理顺利进行而建立的一切规章制度的总称。能源管理体制,是指国家能源

---

〔4〕 江泽民:《全面建设小康社会,开创中国特色社会主义事业新局面:在中国共产党第十六次全国代表大会上的报告》(2002 年 11 月 8 日)。

〔5〕 United States Constitution, Article Ⅰ, Section 8, Clause 3.

〔6〕 马英娟:《监管的语义辨析》,载《法学杂志》2005 年第 5 期;马英娟:《监管的概念:国际视野与中国话语》,载《浙江学刊》2018 年第 4 期。

〔7〕 [美]丹尼尔·F. 史普博:《管制与市场》,余晖等译,格致出版社、上海三联书店、上海人民出版社 2017 年版,第 32 页。

〔8〕 在经济学领域,监管研究也被划入微观经济学的范畴。参见[日]植草益:《微观规制经济学》,朱绍文等译,中国发展出版社 1992 年版。

行政管理体制。

能源是经济增长和社会发展的重要物质基础。能源工业(也被称为能源行业)是行政管理的众多领域之一,能源工业管理体制(也可以称为能源行业管理体制,简称能源管理体制)是我国行政管理体制的重要缩影。与行政管理体制改革的历史一样,我国的能源管理体制演变进程也可以大致以1978年实行改革开放为时间界限分为两个阶段:第一阶段是改革开放之前,能源部门多次分合,但保持了政企合一、高度集中的基本特质;到了第二阶段即改革开放后,政企逐步分开,能源管理职能经市场调整,期间伴随利益博弈。[9]

二、能源管理体制的现状

以2018年3月成立的新一届国务院为例,能源管理的各项职能分散在国家发展改革委、国家能源局、商务部、自然资源部、水利部、农业农村部、生态环境部、国有资产监督管理委员会等众多部门和机构。

(一)能源议事协调机构

为加强能源战略决策和统筹协调,2010年1月,国务院决定成立国家能源委员会。其前身是2005年5月成立的国家能源领导小组。国家能源委员会的性质是国家能源工作的议事协调机构,主要职责是:负责研究拟订国家能源发展战略;审议能源安全和能源发展中的重大问题;统筹协调国内能源开发和能源国际合作的重大事项。国家能源委员会办公室主任由发展改革委主任兼任,副主任由能源局局长兼任,办公室具体工作由能源局承担。[10]

自2010年成立以来,国家能源委员会主任均由国务院总理兼任,副主任由国务院副总理兼任。2018年8月,国务院根据机构、人员变动情况和工作需要,对国家能源委员会的组成单位和人员进行调整。组成单位涉及国家发展改革委、中央财经委员会办公室、国务院办公厅、外交部、科技部、工业和信息化部、国家安全部、财政部、自然资源部、生态环境部、住房城乡建设部、交通运输部、商务部、应急管理部、中国人民银行、国资委、国家税务总局、中国银行保险监督管理委员会、中央军委后勤保障部和国家能源局。[11]

(二)能源主管部门

1. 国家能源局的主要职责

2008年,国家能源局组建时承接了国家发展改革委的能源行业管理有关职责[12]、原国防科学技术工业委员会的核电管理职责和原国家能源领导小组的职责。根据其"三定规定",[13]国家能源局的主要职责包括:

(1)负责起草能源发展和有关监督管理的法律法规送审稿和规章,拟订并组织实施

---

〔9〕 胡德胜:《能源法学》,北京大学出版社2017年版,第92页。

〔10〕 参见国务院办公厅《关于成立国家能源委员会的通知》(国办发〔2010〕12号,2010年1月22日)。

〔11〕 参见国务院办公厅《关于调整国家能源委员会组成人员的通知》(国办发〔2018〕70号,2018年7月21日)。

〔12〕 具体包括:拟订能源发展战略、规划和政策,提出相关体制改革建议;实施对石油、天然气、煤炭、电力等能源的管理;管理国家石油储备;提出发展新能源和能源行业节能的政策措施;开展能源国际合作。

〔13〕 参见国务院办公厅《关于印发国家能源局主要职责内设机构和人员编制规定的通知》(国办发〔2013〕51号,2013年6月9日)。

能源发展战略、规划和政策，推进能源体制改革，拟订有关改革方案，协调能源发展和改革中的重大问题。

(2)组织制定煤炭、石油、天然气、电力、新能源和可再生能源等能源，以及炼油、煤制燃料和燃料乙醇的产业政策及相关标准。按国务院规定权限，审批、核准、审核能源固定资产投资项目。指导协调农村能源发展工作。

(3)组织推进能源重大设备研发及其相关重大科研项目，指导能源科技进步、成套设备的引进消化创新，组织协调相关重大示范工程和推广应用新产品、新技术、新设备。

(4)负责核电管理，拟订核电发展规划、准入条件、技术标准并组织实施，提出核电布局和重大项目审核意见，组织协调和指导核电科研工作，组织核电厂的核事故应急管理工作。

(5)负责能源行业节能和资源综合利用，参与研究能源消费总量控制目标建议，指导、监督能源消费总量控制有关工作，衔接能源生产建设和供需平衡。

(6)负责能源预测预警，发布能源信息，参与能源运行调节和应急保障，拟订国家石油、天然气储备规划、政策，监测国内外市场供求变化，提出国家石油、天然气储备订货、轮换和动用建议，按规定权限审批或审核石油、天然气储备设施项目，监督管理商业石油、天然气储备。[14]

(7)监管电力市场运行，规范电力市场秩序，监督检查有关电价，拟订各项电力辅助服务价格，研究提出电力普遍服务政策的建议并监督实施，负责电力行政执法。监管油气管网设施的公平开放。

(8)负责电力安全生产监督管理、可靠性管理和电力应急工作，制定除核安全外的电力运行安全、电力建设工程施工安全、工程质量安全监督管理办法并组织监督实施，组织实施依法设定的行政许可。依法组织或参与电力生产安全事故调查处理。

(9)组织推进能源国际合作，按分工同外国能源主管部门和国际能源组织谈判并签订协议，协调境外能源开发利用工作。按规定权限核准或审核能源(煤炭、石油、天然气、电力等)境外重大投资项目。

(10) 参与制定与能源相关的资源、财税、环保及应对气候变化等政策，提出能源价格调整和进出口总量建议。

(11) 承担国家能源委员会具体工作。负责国家能源发展战略决策的综合协调和服务保障，推动建立健全协调联动机制。

(12) 承办国务院、国家能源委员会以及国家发展改革委交办的其他事项。

2. 国家能源局与国家发展改革委职责分工明确

国家能源局是由国家发展改革委管理的国家局。国家能源局是负责国家能源行政管理的机关，具有相对的独立性。国家发展改革委则主要通过主任或者主任召开会议的形式，对国家能源局工作中的重大方针政策、工作部署等事项实施管理，由国家发展改革委主任对国务院负责。[15] 作为部委管理的国家局，国家能源局也无权制定和发布部门

---

〔14〕 中共中央办公厅、国务院办公厅《关于调整国家能源局职责机构编制的通知》(2018 年 9 月 13 日)规定：国家能源局原油、天然气等物资收储、轮换和日常管理职责，划入国家粮食和物资储备局。

〔15〕 参见《国务院行政机构设置和编制管理条例》(1997 年)第六条第六款；参见国务院《关于部委管理的国家局与主管部委关系问题的通知》(国发〔1998〕12 号)。

规章。[16] 因此,能源相关的规章也需要由国家发展改革委制定。

国家发展改革委除了对国家能源局进行管理之外,还是综合研究拟订经济和社会发展政策,进行总量平衡,指导总体经济体制改革的宏观调控部门。它还履行着经济运行、节能减排、固定资产节能评估与审查、招投标等众多领域的政策制定和实施的职能,掌握着投资管理、价格制定等微观监管的重要工具。国家能源局作为国家能源主管部门,其职能的充分发挥,离不开与国家发展改革委之间的密切配合。国家能源局的"三定规定"中对国家能源局与国家发展改革委之间的职责分工作了明确规定:

(1)国家能源局负责拟订并组织实施能源发展战略、规划和政策,研究提出能源体制改革建议,负责能源监督管理等;国家发展改革委主要是做好国民经济和社会发展规划与能源规划的协调衔接。

(2)国家能源局拟订的能源发展战略、重大规划、产业政策和提出的能源体制改革建议,由国家发展改革委审定或审核后报国务院。

(3)国家能源局按规定权限核准、审核能源投资项目,其中重大项目报国家发展改革委核准,或经国家发展改革委审核后报国务院核准。能源的中央财政性建设资金投资,由国家能源局汇总提出安排建议,报国家发展改革委审定后下达。

(4)国家能源局拟订的石油、天然气战略储备规划和石油、天然气战略储备设施项目,提出的国家石油、天然气战略储备收储、动用建议,经国家发展改革委审核后,报国务院审批。

(5)国家能源局提出调整能源产品价格的建议,报国家发展改革委审批或审核后报国务院审批;国家发展改革委调整涉及能源产品的价格,应征求国家能源局意见。

(6)核电自主化工作,在国家发展改革委指导下,由国家能源局组织实施。

(7)输配电价格成本审核办法由国家发展改革委会同国家能源局制定,共同颁布实施。电力辅助服务价格由国家能源局拟订,经国家发展改革委同意后颁布实施。跨区域电网输配电价由国家能源局审核,报国家发展改革委核准。大用户用电直供的输配电价格,由国家能源局提出初步意见,报国家发展改革委核批。区域电力市场发电容量电价,由国家能源局研究提出初步意见,报国家发展改革委核批。

(8)国家发展改革委、国家能源局共同部署开展全国电力价格检查。委托国家能源局对电力企业之间的价格行为(上网电价、输配电价)进行监督检查;在容量电价、输配电价方面,国家能源局会同国家发展改革委进行监督检查;在终端销售电价方面,国家发展改革委会同国家能源局进行监督检查。

(9)国家发展改革委、国家能源局按照各自的职责对价格违法行为进行处理。国家发展改革委对电价违法行为实施行政处罚,国家能源局对查出的电价违法违规行为,应及时向国家发展改革委提出价格行政处罚建议。[17]

---

〔16〕 参见国务院法制办秘书行政司《对文化部办公厅〈关于报请解释国家文物局有无规章制定发布权的函〉的复函》(2001年3月5日)。

〔17〕 参见国务院办公厅《关于印发国家能源局主要职责内设机构和人员编制规定的通知》(国办发〔2013〕51号,2013年6月9日)。

(三)能源相关部门

能源相关管理职责涉及多部门。能源产业链的部分职能分散于自然资源部、水利部、生态环境部、应急管理部(国家煤监局)、商务部、国资委和财政部等十余个部门。

1. 自然资源部

自然资源部的主要职责是,对自然资源开发利用和保护进行监管,建立空间规划体系并监督实施,履行全民所有各类自然资源资产所有者职责,统一调查和确权登记,建立自然资源有偿使用制度,负责测绘和地质勘查行业管理等。其中与能源相关的主要有:(1)矿业权管理司负责管理石油、天然气等重要能源矿产矿泉的出让及审批登记;(2)海洋战略规划与经济司负责的推动海洋可再生能源等海洋新兴产业工作。

2. 工业和信息化部

工业和信息化部承担工业行业管理和信息化有关职责,其内设的节能与综合利用司就负责拟订并组织实施工业、通信业的能源节约和资源综合利用、清洁生产促进政策,参与拟订能源节约和资源综合利用、清洁生产促进规划和污染控制政策。此外,在能源工业中,炼油、煤制燃料和燃料乙醇的行业管理由国家能源局负责,其他石油化工和煤化工的行业管理由工业和信息化部负责。而在固定资产投资项目节能评估和审查工作方面,工业和信息化部与国家发展改革委也存在分工合作的关系。[18]

3. 财政部

财政部是负责财务的国务院组成部门。在推动能源产业结构调整、促进节能减排等领域,财政工具可以发挥重要作用。财政部内设的经济建设司具体负责实施国家能源安全的财政政策的具体职责。[19]

4. 生态环境部

生态环境部的主要职责是,拟订并组织实施生态环境政策、规划和标准,统一负责生态环境监测和执法工作,监督管理污染防治、核与辐射安全,组织开展中央环境保护督察等。

能源开发和利用是造成环境污染和气候变化问题的重要源头。该部内设的海洋生态环境司负责全国海洋生态环境监管工作,监督陆源污染物排海,负责防治海岸和海洋工程建设项目、海洋油气勘探开发和废弃物海洋倾倒对海洋污染损害的生态环境保护工作;大气环境司负责全国大气、噪声、光、化石能源等污染防治的监督管理;应对气候变化司负责综合分析气候变化对经济社会发展的影响,牵头承担国家履行联合国气候变化框架公约(United Nations Framework Convention on Climate Change,UNFCCC)相关工作,组织实施清洁发展机制工作,承担国家应对气候变化及节能减排工作领导小组有关具体工作。

生态环境部还对外保留国家核安全局的牌子,负责核与辐射安全的监督管理。拟订有关政策、规划、标准,牵头负责核安全工作协调机制有关工作,参与核事故应急处理,负责辐射环境事故应急处理工作。监督管理核设施和放射源安全,监督管理核设施、核技术

〔18〕 参见国务院办公厅《关于印发工业和信息化部主要职责内设机构和人员编制规定的通知》(国办发〔2008〕72号,2008年7月11日)。

〔19〕 参见国务院办公厅《关于印发财政部主要职责内设机构和人员编制规定的通知》(国办发〔2008〕65号,2008年7月10日)。

应用、电磁辐射、伴有放射性矿产资源开发利用中的污染防治。对核材料管制和民用核安全设备设计、制造、安装及无损检验活动实施监督管理。具体工作是由生态环境部内设的核设施安全监管司、核电安全监管司、辐射源安全监管司承担。[20]

5. 住房和城乡建设部

住房和城乡建设部是负责建设领域行政管理的国务院组成部门。承担推进建筑节能、城镇减排的责任。会同有关部门拟订建筑节能的政策、规划并监督实施，组织实施重大建筑节能项目，推进城镇减排。例如，城市建设司负责拟订城市建设和市政公用事业的发展战略、中长期规划、改革措施、规章；指导城市供水、节水、燃气、热力、市政设施、园林、市容环境治理、城建监察等工作；建筑节能与科技司负责拟订建筑节能的政策和发展规划并监督实施；组织实施重大建筑节能项目。[21]

6. 水利部

水利部是主管水行政的国务院组成部门。其内设机构中多个涉及水电开发管理职能：运行管理司，负责指导水利设施的管理、保护和综合利用，指导水电站大坝等水利工程的运行管理与划界；农村水利水电司，负责组织拟订农村水能资源开发规划，指导水电农村电气化、农村水电增效扩容改造以及小水电代燃料等农村水能资源开发工作；三峡工程管理司，负责组织提出三峡工程运行的有关政策建议，组织指导三峡工程运行调度规程规范编制并监督实施，指导监督三峡工程运行安全，组织三峡工程验收有关工作，承担三峡后续工作规划的组织实施、综合协调和监督管理。[22]

7. 商务部

商务部是主管国内外贸易和国际经济合作的国务院组成部门。无论是外国能源企业的"走进来"，还是国内能源企业的"走出去"，或者原油成品油的流通，都需要接受商务部，特别是外国投资管理司、对外投资和经济合作司和市场运行调节司的管理。[23]

8. 应急管理部

应急管理部的主要职责是组织编制国家应急总体预案和规划，指导各地区、各部门应对突发事件工作，推动应急预案体系建设和预案演练。其中，安全生产基础司（海洋石油安全生产监督管理办公室），负责非煤矿山（含地质勘探）、石油（炼化、成品油管道除外）等工矿商贸行业安全生产基础工作；而安全生产执法局，则承担非煤矿山（含地质勘探）、石油（炼化、成品油管道除外）等工矿商贸行业安全生产执法工作。该部管理的国家煤矿安全监察局则专门从事行使国家煤矿安全监察职能。[24]

9. 国家统计局

国家统计局为了加强能源统计方面的职责，在2008年设置了能源统计司，负责组织

---

〔20〕参见《生态环境部职能配置、内设机构和人员编制规定》（厅字〔2018〕70号）。

〔21〕参见国务院办公厅《关于印发住房和城乡建设部主要职责内设机构和人员编制规定的通知》（国办发〔2008〕74号，2008年7月10日）。

〔22〕参见中共中央办公厅、国务院办公厅《关于印发〈水利部职能配置、内设机构和人员编制规定〉的通知》（厅字〔2018〕57号，2018年7月30日印发）。

〔23〕参见国务院办公厅《关于印发商务部主要职责内设机构和人员编制规定的通知》（国办发〔2008〕77号）。

〔24〕参见《应急管理部职能配置、内设机构和人员编制规定》（中共中央办公厅秘书局2018年7月30日印发）。

实施能源统计调查,收集、整理和提供有关调查的统计数据;综合整理和提供资源统计数据;组织实施对全国及各地区、主要耗能行业节能和重点耗能企业能源使用、节约以及资源循环利用状况的统计监测;配合节能主管部门开展节能目标考核等。[25]

知识拓展

能源统计

10. 国家机关事务管理局

国家机关事务管理局(国管局)是国务院管理国家机关事务工作的直属机构。2010年,国管局增加了推进、指导、协调、监督全国公共机构节能工作的职责。2012年6月,《机关事务管理条例》公布,明确了国管局负责拟定有关机关事务管理的规章制度,指导下级政府公务用车、公务接待、公共机构节约能源资源等工作,主管中央国家机关的机关事务工作等职责。国家机关事务管理局设有机构节能管理司专司此职。[26]

11. 国家粮食和物资储备局

为加强国家储备的统筹规划,构建统一的国家物资储备体系,2018年深化党和国家机构改革时在整合国家粮食局和国家发展改革委(物资储备局)、商务部等部门相关职责的基础上,组建国家粮食和物资储备局。对于石油、天然气战略储备问题,国家能源局拟订石油、天然气战略储备规划,提出国家石油、天然气战略储备收储、动用建议,经国家发展改革委审核后,报国务院审批。国家粮食和物资储备局负责收储、轮换,按照国家发展改革委的动用指令,按程序组织实施。

12. 国家国防科技工业局

国防科技工业局是中国政府负责管理国防科技工业的行政管理机关,是工业和信息化部管理的国家局,其前身是国防科技工业委员会。该局负责组织核电建设,承办国家核事故应急协调委员会的日常工作,以中国国家原子能机构的名义组织协调政府和国际组织间原子能方面的交流与合作,具体工作由系统工程二司承担。

知识拓展

我国能源管理体制的发展

第三节　能源行业的经济性规制

政府监管一般被分为经济性监管和社会性监管两大类。[27]就能源行业而言,对能源行业自然垄断环节的监管是经济性监管的重点。而安全生产、环境保护、应对气候变化、

[25] 参见国务院办公厅《关于印发国家统计局主要职责内设机构和人员编制规定的通知》(国办发〔2008〕92号,2008年7月10日)。

[26] 参见国务院办公厅《关于印发国务院机关事务管理局主要职责内设机构和人员编制规定的通知》(国办发〔2008〕56号,2008年7月9日)。

[27] [英]安东尼·奥格斯:《规制:法律形式与经济学理论》,骆梅英译,中国人民大学出版社2008年版,第123、269页。

能源普遍服务等则属于社会性监管的范畴。考虑到后者在本书其他章节已有详细论述，在此不再赘述。需要指出的是，经济性监管和社会性监管之间的界限并非泾渭分明。实践中，能源监管部门作为行业监管部门，主要承担经济性监管职能，但也会在其实施的监管政策中引入节能减排、安全生产等社会性监管的职能。

一、自然垄断与规制概述

自然垄断最显著的特征是成本函数的弱增性（subadditivity）。如果某一产业中的企业只提供单一的产品，则这一产业具有自然垄断性的基本条件是，在一定的产出范围内，由一家企业提供产品比由多家企业共同提供产品具有更高的效率。

如果仔细考察能源行业的产业链，我们可以发现内部可以区分为自然垄断环节和非自然垄断环节。自然垄断环节一般具有网络经济的性质，符合成本函数的弱增性的特征。输配电网、石油天然气管道等属于自然垄断环节；而除此以外的环节，如电力生产和供应，石油天然气的勘查、开采、进口、加工和销售等业务则属于非自然垄断环节。

自然垄断具有规模经济的优势，由一家企业来提供所需要的成本最小。因此，对于能源行业而言，为了充分发挥自然垄断的规模经济优势，就需要对涉及自然垄断的市场准入进行限制。当然，另外还需要价格监管的配合，才能保证消费者能够享受到准入监管的收益。自然垄断环节属于政府监管的当然对象。但是，即便如此，自然垄断环节也可以实行一定程度的间接竞争。特许经营权竞争理论和标杆竞争理论可以为此提供一定的借鉴。

对于非自然垄断环节，政府则可以放松准入监管，让其实行直接的市场竞争。中共中央、国务院《关于进一步深化电力体制改革的若干意见》（中发〔2015〕9号）就按照“管住中间，放开两头”的体制架构设计，主要内容可以概括为“三放开、一独立、三加强”，即有序放开输配以外的竞争性环节，有序向社会资本放开配售电业务，有序放开公益性和调节性以外的发用电计划；推进交易机构相对独立，规范运行；强化政府监管，强化电力统筹规划，强化电力安全高效运行和可靠供应。同样，2017年发布的中共中央、国务院《关于进一步深化石油天然气体制改革的若干意见》，同样遵循了“管住中间，放开两头”的指导思路，具体体现在上游有序放开油气开采体制，中游分步推进国有大型油气企业干线管道独立，实现管输和销售分开，下游深化竞争性环节改革，促进天然气配售环节公平竞争等。

二、能源行业的市场准入

对于自然垄断环节的政府监管，通常集中在市场准入、价格制定这两个方面。

我国对能源行业的市场准入采用了业务许可证制度。如根据《电力监管条例》的规定，电力监管机构依照有关法律和国务院有关规定，颁发和管理电力业务许可证。电力业务许可证具体可以分为发电、输电、供电（配电、售电）业务三个类别。

1995年制定《电力法》时，电力行业只实现了厂网分开，而配电、售电尚未分开，因此该法中规定了供电营业区制度，“一个供电营业区内只设立一个供电营业机构”。[28]而在2015年中共中央、国务院发布《关于进一步深化电力体制改革的若干意见》之后，售电侧

---

〔28〕 参见《电力法》第二十五条。

也允许放开竞争。按照国家发展改革委、国家能源局制定的《售电公司准入与退出管理办法》,“同一配电区域内可以有多个售电公司。同一售电公司可在省内多个配电区域内售电”。[29] 此外,从事承装、承修、承试电力设施业务,也需要获得相应的业务许可证。

而属于自然垄断环节的输电业务,则实行更严格的业务准入制度。可以获得输电类业务许可证的企业仅限于四类:跨区域经营的电网企业;跨省、自治区、直辖市经营的电网企业;省、自治区、直辖市电网企业;国家能源局规定的其他企业。对于同为自然垄断环节的配电业务,也同样实行严格的业务准入制度,需要获得相应的供电许可证,并且营业区域仅限于特定的配电区域。“在一个配电区域内,只能有一家售电公司拥有该配电网运营权,按照有关规定履行电力社会普遍服务、保底供电服务和无歧视提供配电服务义务,退出配电业务时履行配电网运营权移交义务”。[30]

三、能源行业的价格监管

价格是引导资源合理配置的重要信号。具有垄断地位的企业,尤其是其产品不可缺少而消费者别无选择时,往往可以通过提高价格来获取超额利润,或者大幅增加不合理的成本造成浪费,增加消费者的负担。因此,对于存在自然垄断环节的能源产业,政府对其实施监管时也以价格监管作为重要的工具。

《价格法》(1997 年)第十八条规定:“下列商品和服务价格,政府在必要时可以实行政府指导价或者政府定价:(一)与国民经济发展和人民生活关系重大的极少数商品价格;(二)资源稀缺的少数商品价格;(三)自然垄断经营的商品价格;(四)重要的公用事业价格;(五)重要的公益性服务价格。”至于政府指导价、政府定价的定价权限和具体适用范围,则是以中央的和地方的定价目录为依据。[31]

2013 年,中共中央文件提出要完善主要由市场决定价格的机制,并且指出了两项原则,即“凡是能由市场形成价格的都交给市场,政府不进行不当干预”和“政府定价范围主要限定在重要公用事业、公益性服务、网络型自然垄断环节”的原则。[32] 2015 年,国家发展改革委在修订《中央定价目录》(发改委令第 29 号)时,遵循上述两项原则,对定价种类和具体定价项目进行了大幅删减。根据这一新修订的《中央定价目录》,能源领域只保留两项中央政府定价项目,它们分别是:(1)各省(自治区、直辖市)天然气门站价格,由国务院价格主管部门制定,定价范围为国产陆上天然气和 2014 年年底前投产的进口管道天然气,直供用户(不含化肥企业)用气除外。(2)省及省以上电网输配电价,由国务院价格主管部门制定。

而从各省、自治区和直辖市制定的地方定价目录来看,属于地方价格主管部门负责监管的能源价格则一般涉及省级天然气管网天然气销售价格、辖区内管道燃气配气价格和

[29] 参见《售电公司准入与退出管理办法》(发改经体〔2016〕2120 号,2016 年 10 月 8 日)第十五条第二项。
[30] 参见《增量配电业务配电区域划分实施办法(试行)》第三条。
[31] 参见《价格法》(1997 年)第十九条。
[32] 参见《中共中央关于全面深化改革若干重大问题的决定》(2013 年 11 月 12 日中国共产党第十八届中央委员会第三次全体会议通过)。

销售价格、省级以下电网调度的发电企业上网电价、电网输配电价、销售电价。[33]

(一)自然垄断环节能源价格

中共中央、国务院《关于推进价格机制改革的若干意见》提出,按照"准许成本加合理收益"原则,合理制定电网、天然气管网输配价格。

2016年,国家发展改革委制定了《省级电网输配电价定价办法(试行)》,明确省级电网输配电价的核电方法是先核定电网企业输配电业务的准许收入,再以准许收入为基础核定输配电价。省级电网平均输配电价的计算公式为:省级电网平均输配电价(含增值税)=通过输配电价回收的准许收入(含增值税)÷省级电网共用网络输配电量。而分用户类别输配电价,应以分电压等级输配电价为基础,综合考虑政策性交叉补贴、用户负荷特性、与现行销售电价水平基本衔接等因素统筹核定。[34]

我国天然气实行分级管理,门站价格由国家管理,门站以下销售价格由地方管理。门站价格是国产陆上或进口管道天然气供应商与下游购买方在天然气所有权交接点的价格,某种意义上可理解为天然气批发价格。国家发展改革委过去对天然气门站价格是区分居民用户和非居民用户分别制定价格。但是,2018年国家发展改革委发布的《关于理顺居民用气门站价格的通知》,已经决定取消居民和非居民价格双轨制。[35]

天然气门站价格是由国家发展改革委根据天然气管道定价成本监审结果调整天然气基准门站价格。[36]供需双方可以基准门站价格为基础,在上浮20%、下浮不限的范围内协商确定具体门站价格。同时,国家发展改革委推行季节性差价政策,利用价格杠杆促进削峰填谷,以鼓励引导供气企业增加储气和淡旺季调节能力。[37]

(二)竞争性环节能源价格

以电力行业为例,发电和售电环节属于竞争性环节。因此,对上网定价和销售电价放松监管,由市场竞争形成是电力体制改革确定的一项重要目标。《电力体制改革方案》(国发〔2002〕5号)提出"上网电价由国家制定的容量电价和市场竞价产生的电量电价组成"。《电价改革方案》(国办发〔2003〕62号)进一步规定,发电和售电价格由市场竞争决定,上网电价则全面引入市场机制价格由供需各方竞争形成。由此可见,通过市场竞价方式形成上网定价,是我国电力体制改革的一项重要目标。在建立区域竞争性电力市场并实行竞价上网后,参与竞争的发电机组主要实行两部制上网电价。其中,容量电价由政府价格主管部门制定,电量电价由市场竞争形成。容量电价逐步过渡到由市场竞争确定。[38]

但是,在电力市场交易机制形成前,省及省以上电网统一调度的未通过市场交易形成价格的上网电量,由国务院价格主管部门制定上网电价。按照规定,独立发电企业的上网电价,由政府价格主管部门根据发电项目经济寿命周期,按照合理补偿成本、合理确定收益和依法计入税金的原则核定。其中,发电成本为社会平均成本;合理收益以资本金内部

---

〔33〕 参见《浙江省定价目录》(2015年版)(浙江省物价局通告2015年第1号)。

〔34〕 参见《省级电网输配电价定价办法(试行)》(发改价格〔2016〕2711号)第三条、第十二条、第十五条等。

〔35〕 参见《关于理顺居民用气门站价格的通知》(发改价格规〔2018〕794号)。

〔36〕 参见国家发展改革委《关于降低非居民用天然气基准门站价格的通知》(发改价格规〔2017〕1582号)。

〔37〕 参见国家发展改革委《关于理顺居民用气门站价格的通知》(发改价格规〔2018〕794号)。

〔38〕 参见《上网电价管理暂行办法》(发改价格〔2005〕514号,附件一)第十二条。

收益率为指标，按长期国债利率加一定百分点核定。通过政府招标确定上网电价的，按招标确定的电价执行。[39]

同样，省及省以上电网未通过市场交易形成价格的销售电量，由国务院价格主管部门制定定价原则和总体水平，省级价格主管部门制定各类电力用户具体价格水平。[40] 销售电价由购电成本（上网电价）、输配电价（包括输配电的损耗）、政府性基金及附加三部分构成。目前，电价里附加的政府性基金及附加资金主要包括：国家重大水利工程建设基金、中央水库移民后期扶持基金、地方水库移民扶持基金、可再生能源电价附加、城市基础设施配套费、农网还贷基金。此外，各省可能还有各种地方性基金。[41]

在石油行业，原油和成品油的销售均属于竞争性环节。但是，我国的价格主管部门对于两者采取了不同的管理方式。原油价格实行市场调节价。成品油区别情况，分别实行政府指导价和政府定价：（1）汽、柴油零售价格和批发价格，向社会批发企业和铁路、交通等专项用户供应汽、柴油供应价格，实行政府指导价；（2）向国家储备和新疆生产建设兵团供应汽、柴油供应价格，实行政府定价。其中，汽、柴油最高零售价格以国际市场原油价格为基础，考虑国内平均加工成本、税金、合理流通环节费用和适当利润确定。而成品油生产经营企业对具备国家规定资质的社会批发企业的汽、柴油最高供应价格，按最高零售价格每吨扣减 400 元确定。成品油生产经营企业对铁路、交通等专项用户的汽、柴油最高供应价格，按全国平均最高零售价格每吨扣减 400 元确定。[42]

第四节　能源普遍服务

一、能源普遍服务的概念

“普遍服务”（Universal Service）一词最早出现在 20 世纪初美国电信领域。美国电话电报公司（American Telephone and Telegraph Company, AT&T）总裁西奥多·威尔（Theodore Vail）在 1907 年的年度报告中首次提出“普遍服务”，并在翌年以“一套网络，一种政策，普遍服务”（One Network, One Policy, Universal Service）广告词形式出现于公众媒体。后来，该词又逐渐被应用于邮政、交通、能源等领域。我国《行政许可法》中也引入了“普遍服务义务”的概念。[43]

能源普遍服务，是指国家制定政策，采取措施，确保所有用户都能以合理的价格，获得

---

〔39〕 参见《上网电价管理暂行办法》（发改价格〔2005〕514 号，附件一）第七条。

〔40〕 参见《中央定价目录》（2015 年发改委令第 29 号）。

〔41〕 《全国政府性基金目录清单》，载财政部税政司 http://szs.mof.gov.cn/mlqd_8464/，2018 年 11 月 18 日最后访问。

〔42〕 参见国家发展改革委《关于进一步完善成品油价格形成机制有关问题的通知》（发改价格〔2016〕64 号），附件：《石油价格管理办法》，第四条、第五条、第十条、第十一条。

〔43〕 《行政许可法》第六十七条第一款规定：“取得直接关系公共利益的特定行业的市场准入行政许可的被许可人，应当按照国家规定的服务标准、资费标准和行政机关依法规定的条件，向用户提供安全、方便、稳定和价格合理的服务，并履行普遍服务的义务；未经作出行政许可决定的行政机关批准，不得擅自停业、歇业。”

可靠的、持续的基本能源服务。目前，世界各国大多将能源普遍服务的总体目标基本定义为：提供价格合理的可靠能源，满足那些用不上能源或用不起能源的公民的用能需求。简言之，就是可用和用得起的能源供应。在各国能源产业实行市场化改革之前，通常是由国有垄断企业提供电力、天然气等服务。为了促进经济效益，降低成本，引入竞争的能源产业市场化改革之后，过去的制度安排也需要做出相应的调整。一个突出的变化就是确保能源普遍服务目标，开始被纳入能源监管的范畴。

二、能源普遍服务的现状

目前我国真正需要提供能源普遍服务的仅限于电力、燃气和热力三个领域。

（一）电力普遍服务

电力普遍服务在中国是近年来新出现的理念，却不能称为新实践。早在2002年，国务院在《关于印发电力体制改革方案的通知》（国发〔2002〕5号）中就明确提出“监督社会普遍服务政策的实施”，《电力法》第八条也明确规定，“国家帮助和扶持少数民族地区、边远地区和贫困地区发展电力事业”。而且《电力供应和使用条例》《供电服务监管办法（试行）》《电力业务许可证管理规定》等也对电力普遍服务作了明确规定。此外，国家还颁发文件，确定了对少数民族地区、边远地区和贫困地区的农村电力建设采取重点扶持，以及对农村用电价格按保本保利原则确定、城乡同网同价等政策。

在实践中，国家先后实施了农电“三为”服务、[44]“村村通电”工程、“两改一同价”工程、[45]“电力扶贫共富工程”、“送电到乡”、无电地区电力建设[46]等。截至2015年年底，我国全面解决了“无电人口”用电问题。[47]

（二）供气普遍服务

我国虽未出台天然气法，但在2003年制定的《行政许可法》第六十七条规定，取得直接关系公共利益的特定行业的市场准入行政许可的被许可人，应当按照规定，向用户提供安全、方便、稳定和价格合理的服务，并履行普遍服务的义务。建设部制定的《市政公用事业特许经营管理办法》、《城镇供热特许经营协议示范文本》、江苏和安徽等省出台的《燃气管理条例》等法规、规章，相继明确了供气普遍服务制度。

（三）供热普遍服务

在供热领域，为了保证供热普遍服务，我国多数地区实行的仍然是计划经济体制遗留下来的职工用热、单位缴费的福利供热制度。该制度的缺点是缺乏透明，以福利补贴掩盖了热力的商品属性，不利于用户节能。2005年以来，部分地区开始“暗补”转“明补”的供热体制改革，改由单位发放专项补贴，职工自行缴纳费用解决居民供暖费用问题。改革之后，尽管实现了政策的公开透明，但是仍然存在供热费个人承担比例过低，无法使节能成

---

〔44〕 1991年原能源部下达《开展电力“为农业、为农民、为农村经济发展服务”达标竞赛的通知》，提出县级供电企业电力建设与发展要为农村、为农民、为农村经济服务，即“三为”服务。

〔45〕 参见国务院办公厅转发国家计委《关于改造农村电网改革农电管理体制实现城乡同网同价请示的通知》（国办发〔1998〕134号），简称“两改一同价”。

〔46〕 参见国家发展改革委办公厅《关于无电地区电力建设有关问题的通知》（发改办能源〔2005〕1367号）。

〔47〕 王旭辉：《“无电人口”已成历史名词》，载《中国能源报》2017年6月26日。

为个人的自觉行动。另外,针对低收入困难群体,北方多数城市建立了“城市供热保障金制度”,对低收入群体按不同比例给予采暖补贴。

总体而言,我国能源普遍服务制度虽已建立但远未完善,公民的获得能源服务权还无法得到切实的保障。目前能源普遍服务的实施模式,是以国有垄断性能源供应企业作为实施主体。以能源价格包含着本属于政府社会职能的补贴和交叉补贴,作为能源普遍服务补偿机制,如电力的城乡同价、工业电价高于居民电价、石油的成品油价格倒挂。

这种通过将企业行为和政府职能“捆”在一起的价格机制进行能源普遍服务的模式,具有其内在的缺陷:(1)政府无法清楚企业的效率,无法实施有效监管,能源行业无法实现政企有效分离。能源供应企业一般属于自然垄断性企业,必须按企业制度运行,接受政府监管。然而,有效政府监管的前提是明确行业的真实成本,“捆”在一起的价格机制使政府无法弄清行业的真实成本。(2)该模式也成为民营资本和外资进入能源行业的一个重要阻碍因素。现行模式下要求民营和外资企业同样承担政府的社会职能是不合理的,必然会给其经营带来不确定性,从而影响投资积极性。

三、能源普遍服务的监管制度

(一)能源普遍服务的监管主体

电力普遍服务政策的监管机构为国家能源局。国家能源局已在积极做好电力普遍服务的基础工作,完成全国范围内电力普遍服务基础数据的收集整理工作,研究电力普遍服务资金筹集办法。

民用燃气、热力的供应服务由城市公用事业主管部门作为监管机构。相应地,民用燃气、热力的普遍服务政策监管,也应该由城市公用事业主管部门在其职责范围内负责实施。

(二)能源普遍服务的政策推进

我国目前能源普遍服务所采用的政策工具主要以价格补贴作为成本补偿方法,容易导致能源价格信号的失真,也不利于能源企业成为独立的市场主体。能源普遍服务推进政策的设计,应当与市场化的能源价格形成机制的建立等相结合。(1)能源普遍服务的政策应当将补贴和交叉补贴从能源价格中剥离。作为能源价格改革的第一步,是建立一个合理透明的价格机制:将补贴和交叉补贴从价格中剥离出来,从能源企业的“暗补”转变为政府的“明补”,这可以在不动某一能源整体价格水平的前提下做到,只要理顺价格结构,按成本定价,按需要补贴,把供应成本和补贴核清楚。(2)能源行业政企分开,能源企业作为能源普遍服务的实施主体;政府建立能源普遍服务基金或者财政补贴、税收减免等激励政策补偿能源普遍服务的成本,促进能源资源的开发与基础设施的建设和改造。

第五节　能源财政与金融

一、能源财政政策

财政,即“理财之政”,它是“庶政之母”,政府任何活动的开展都离不开财政的保障。

财政由政府收入和支出两个方面构成。政府收入按来源不同可以分为税收收入和非税收入,后者主要包括行政事业性收费收入、政府性基金收入、罚没收入、国有资源(资产)有偿使用收入、国有资本收益、彩票公益金收入、特许经营收入、中央银行收入、以政府名义接受的捐赠收入、主管部门集中收入等。〔48〕财政支出可以按支出有无补偿为标准,分为购买支出和转移支付;也可以按政府职能或者财政职能为标准将财政支出分为诸多类别。〔49〕税收是国家财政收入的重要组成部分,以至于人们经常将财政与税收并称,即财政税收或者简称财税。〔50〕

价格政策常常成为微观监管的工具,而财税和货币政策则是宏观调控的两大重要手段。财税政策工具包括出口退税、税收减免。货币政策工具则包括调节贷款基准利率、存款准备金等。利率调节总量,税收调节结构。相对货币政策而言,财税的调控力度更深、见效更快,对于结构性问题的调整比较灵活。

与其他众多行政管理领域一样,财政工具在能源管理中也发挥着重要的作用。本书选择从税收和非税收入两个方面对此加以介绍。

(一)税收

我国并无名为能源税的单一税种,但是与能源开发利用相关的税收不少,主要包括资源税、增值税、消费税、车辆购置税、车船税、城市维护建设税等。

1. 资源税

资源税是对在我国境内开采应税矿产品和生产盐的单位和个人,就其应税数量征收的一种税。1984 年,我国开始征收资源税。鉴于当时的一些客观原因,资源税税目只有煤炭、石油和天然气三种,后来又扩大到对铁矿石征税。对于石油和天然气适用的资源税税率分别是:原油,销售额的 5%~10%;天然气,销售额的 5%~10%。〔51〕

在 2014 年之前,与原油、天然气不同,我国对煤炭资源税实行从量计征的制度,即焦煤,每吨 8~20 元;其他煤炭,每吨 0.3~5 元。〔52〕但是,这种计征方式造成了乱采乱挖、浪费等严重问题。为了促进资源节约集约利用和环境保护,推动转变经济发展方式,规范资源税费制度,我国自 2014 年 12 月 1 日起在全国范围内对煤炭资源税由从量计征改为从价计征。煤炭应税产品(以下简称应税煤炭)包括原煤和以未税原煤加工的洗选煤(以下简称洗选煤)。应纳税额的计算公式如下:应纳税额 = 应税煤炭销售额 × 适用税率。煤炭资源税税率幅度为 2%~10%,具体适用税率由省级财税部门在上述幅度内,根据本地

---

〔48〕 参见《政府非税收入管理办法》(财税〔2016〕33 号)第三条。

〔49〕 《2017 年全国一般公共预算支出决算表》将财政支出分为一般公共服务支出、外交支出、国防支出、公共安全支出、教育支出、科学技术支出、文化体育与传媒支出、社会保障和就业支出、医疗卫生与计划生育支出、节能环保支出、城乡社区支出、农林水支出、交通运输支出、资源勘探信息等支出、商业服务业等支出、金融支出、援助其他地区支出、国土海洋气象等支出、住房保障支出、粮油物资储备支出、其他支出、债务付息支出、债务发行费用支出、预备费等。载 http://yss.mof.gov.cn/qgczjs/201807/t20180712_2959592.html,2018 年 11 月 18 日最后访问。

〔50〕 例如,《清洁生产促进法》第七条第一款规定:"国务院应当制定有利于实施清洁生产的财政税收政策"。《节约能源法》第六十六条第二款规定:"国家运用财税、价格等政策,支持推广电力需求侧管理、合同能源管理、节能自愿协议等节能办法。"

〔51〕 参见《资源税暂行条例》(2011 年修订)所附资源税的税目税额幅度表。

〔52〕 参见《资源税暂行条例》(2011 年修订)所附资源税的税目税额幅度表。

区清理收费基金、企业承受能力、煤炭资源条件等因素提出建议,报省级人民政府拟定。省级人民政府需将拟定的适用税率在公布前报财政部、国家税务总局审批。

2. 增值税

增值税是对我国境内销售货物或者加工、修理修配劳务、销售服务、无形资产、不动产以及进口货物的单位和个人征收的一种税。增值税税率为17%,但是销售或者进口石油液化气、天然气、二甲醚、沼气、居民用煤炭制品的,增值税税率为11%。[53]

3. 消费税

消费税是国家为体现消费政策,对生产、委托加工、销售和进口的应税消费品征收的一种税。成品油中含铅汽油的税率为0.28元/升,无铅汽油、石脑油、溶剂油、润滑油的税率为0.20元/升,柴油、航空煤油、燃料油的税率为0.10元/升。此外,对于销售不同气缸容量的摩托车、小汽车,以及中轻型商用客车、游艇等用能产品,也需要缴纳相应的消费税。[54]

4. 车辆购置税

车辆购置税是对在境内购置规定车辆的单位和个人征收的一种税。车辆购置税的纳税人为购置(包括购买、进口、自产、受赠、获奖或以其他方式取得并自用)应税车辆的单位和个人,征税范围为汽车、摩托车、电车、挂车、农用运输车。车辆购置税实行从价定率的办法计算应纳税额,应纳税额 = 计税价格 × 税率。车辆购置税的税率为10%。[55]

5. 车船税

车船税,是指对在我国境内应依法到公安、交通、农业、渔业、军事等管理部门办理登记的车辆、船舶,根据其种类,按照规定的计税依据和年税额标准计算征收的一种财产税。车船税实行按年征收,一次缴纳。从2007年7月1日开始,有车族需要在投保交强险时缴纳车船税。[56]

为了促进节能减排等政策目标的实现,财政部、税务总局等部门也经常通过税收减免等工具鼓励购买使用采用新能源或者节能技术更先进的产品。例如,2018年8月1日,财政部、税务总局、工业和信息化部、交通运输部下发《关于节能新能源车船享受车船税优惠政策的通知》(财税〔2018〕74号),要求对符合标准的新能源车船免征车船税,对符合标准的节能汽车减半征收车船税。

6. 城市维护建设税

城市维护建设税是以纳税人实际缴纳的增值税、消费税的税额为计税依据,依法计征的一种税。它具有附加税的性质,附加于增值税、消费税税额,本身不具有独立的征税税率。其实际效果相当于提高了这两个税种的税率。城市维护建设税的税率实行分区域的差别比例税率,纳税人所在地在市区的,税率为7%;纳税人所在地在县城、镇的,税率为5%;纳税人所在地不在市区、县城或镇的,税率为1%。它的征收目的是筹集资金专门用

〔53〕 参见《增值税暂行条例》第二条。

〔54〕 参见《消费税暂行条例》所附消费税税目税率表。

〔55〕 参见《车辆购置税暂行条例》第三条至第五条。

〔56〕 参见车船税的具体税目和税率,参见《车船税法实施条例》第三条至第五条。

于城市的公用事业和公共设施的维护建设。[57] 因此,城市供气供热等行业可以从该税中获得必要的资金。

(二)非税收入

除税收外,国家还对能源的开发利用活动征收有关行政事业性收费、政府性基金或者取得国有资源有偿使用收入。需要指出的是,以下论述内容主要依据中央政府层面的相关规定。

1. 行政事业性收费

行政事业性收费,是指按照法律法规等有关规定,按照国务院规定程序批准,在实施社会公共管理,以及在向公民、法人或者其他组织提供特定公共服务过程中,向特定对象收取并纳入财政管理的费用。[58] 行政事业性收费的特征是各级政府部门或单位向特定服务对象提供特定服务并按成本补偿原则收取。

行政事业性收费是1982年辽宁省物价局为概括当时出现的各行政和事业单位为弥补财政拨款不足而开始创收的情况,为了区别于商品价格而提出的概念,本身并无理论依据,只是约定俗成逐步为大家所接受。《价格管理条例》(1987年)正式引入行政性、事业性收费的概念。

行政事业性收费按收费对象分为涉企收费、涉农收费、其他收费等三类。如果按收费性质,可以分为:行政性收费,指根据法律、法规等有关规定,在履行政府行政管理职能时,向公民、法人和其他组织收取的费用;事业性收费,指根据法律、法规等有关规定,在向公民、法人和其他组织提供特定服务时收取的费用。

根据财政部网站上公布的《全国性及中央部门和单位行政事业性收费目录清单》,[59] 涉及能源行业的行政事业性收费主要是土地复垦费[60]、耕地开垦费[61]、水资源费[62]、水土保持补偿费[63]。

2. 政府性基金

政府性基金,是指企业依照法律、行政法规等有关规定,代政府收取的具有专项用途的财政资金。[64] 政府性基金的特点是:征收主体与征收对象之间不存在直接的服务与被服务关系;收益者与征收对象也没有必然的联系;实行专款专用。与能源行业存在密切联系的政府性基金主要是:

(1)铁路建设基金,是指从铁路货物运输费用中按照一定比例提取部分资金专款专

---

〔57〕 参见《城市维护建设税暂行条例》第三条、第四条、第六条。

〔58〕 参见《企业所得税法实施条例》第二十六条第二款。

〔59〕 《全国性及中央部门和单位行政事业性收费目录清单》,载 http://szs.mof.gov.cn/mlqd_8464/mlqd/zyzfxjjmlqd/201706/t20170620_2626928.html,2018年12月1日最后访问。

〔60〕 参见《土地复垦条例》第十八条。

〔61〕 参见《土地管理法实施条例》第十六条。

〔62〕 《取水许可和水资源费征收管理条例》第三十二条第二款规定,"水力发电用水和火力发电贯流式冷却用水可以根据取水口所在地水资源费征收标准和实际发电量确定缴纳数额"。

〔63〕 参见国家发展改革委、财政部《关于降低电信网码号资源占用费等部分行政事业性收费标准的通知》(发改价格〔2017〕1186号)。

〔64〕 参见《企业所得税法实施条例》第二十六条第三款。

用，保证铁路建设不断发展的政府性资金。1991 年，由于铁路建设资金存在巨大缺口，国务院批准通过调高铁路运价提取铁路建设基金的建议。该基金现今的征收标准确立于 1998 年，目前征收的铁路建设基金中 40% 以上是从煤炭产业征收的。[65]

（2）港口建设费，是指对经对外开放口岸港口辖区范围内所有码头、浮筒、锚地、水域装卸（含过驳）的货物征收的政府性基金。[66] 为了加快港口建设，适应经济发展的需要，经国务院批准，自 1986 年 1 月 1 日起对进出大连等 26 个港口的货物开征港口建设费。[67] 1993 年，经国务院批准，将港口建设费的征收范围扩大到全部对外开放口岸的港口。[68] 煤炭、石油天然气等在港口装卸时需要缴纳港口建设费。征收标准是国内出口货物每重量吨（或换算吨）4 元；国外进出口货物每重量吨（或换算吨）5.6 元。[69]

（3）国家重大水利工程建设基金，是指国家为支持南水北调工程建设、解决三峡工程后续问题以及加强中西部地区重大水利工程建设而设立的政府性基金。2009 年 12 月 31 日，财政部印发《国家重大水利工程建设基金征收使用管理暂行办法》。该办法规定，2010 年 1 月 1 日起，三峡工程建设基金停止征收，但为其筹资的电价附加不取消，继续以新设立的国家重大水利工程建设基金的名义征收。

（4）水利建设基金，是指用于水利建设的专项资金，由中央水利建设基金和地方水利建设基金组成。中央水利建设基金主要用于关系国民经济和社会发展全局的大江大河重点工程的维护和建设。地方水利建设基金主要用于城市防洪及中小河流、湖泊的治理、维护和建设。跨流域、跨省（自治区、直辖市）的重大水利建设工程和跨国河流、国界河流我方重点防护工程的治理费用由中央和地方共同负担。水利建设基金是从中央或者地方收取的政府性基金中按一定比例提取。[70]“十三五”期间，省、自治区、直辖市人民政府可以结合当地经济发展水平、相关公共事业和设施保障状况、社会承受能力等因素，自主决定免征、停征或减征地方水利建设基金、地方水库移民扶持基金。各省、自治区、直辖市财政部门应当将本地区出台的减免政策报财政部备案。[71]

（5）城市基础设施配套费，是指按城市总体规划要求，为筹集城市市政公用基础设施建设资金所收取的费用，它按建设项目的建筑面积计征，其专项用于城市基础设施和城市公用设施建设，包括城市道路、桥梁、公共交通、供水、燃气、污水处理、集中供热、园林、绿化、路灯、环境卫生等设施的建设。它是在对各省、自治区、直辖市财政、价格主管部门对各类（市政建设）专项配套费进行整顿，统一归并而成的。[72] 能源类城市公用事业设施，如燃气、集中供热设施的建设可以从城市基础设施配套费中获得建设资金的支持。

---

〔65〕 周铸：《全国政协委员、中国矿业大学（北京）副校长姜耀东建议停止征收铁路建设基金》，载《中国矿业报》2018 年 3 月 13 日。

〔66〕 参见财政部、交通运输部关于印发《港口建设费征收使用管理办法》的通知（财综〔2011〕29 号）。

〔67〕 参见《港口建设费征收办法》（1985 年 10 月 22 日国务院公布）。

〔68〕 参见交通部、国家计委、财政部、国家物价局联合发布《关于扩大港口建设费征收范围、提高征收标准及开征水运客货运附加费的通知》（交财发〔1993〕456 号）。

〔69〕 参见财政部、交通运输部关于印发《港口建设费征收使用管理办法》的通知（财综〔2011〕29 号）第八条。

〔70〕 参见国务院关于印发《水利建设基金筹集和使用管理暂行办法》的通知（国发〔1997〕7 号）第二条至第四条。

〔71〕 参见财政部《关于取消、调整部分政府性基金有关政策的通知》（财税〔2017〕18 号）。

〔72〕 参见财政部《关于城市基础设施配套费性质的批复》（财综函〔2002〕3 号）。

(6)农网还贷资金,是指对农网改造贷款"一省多贷"的省、自治区、直辖市(指该省市区的农网改造工程贷款由多个电力企业承贷)电力用户征收的政府性基金,专项用于农村电网改造贷款还本付息。农网还贷资金按社会用电量每度电2分钱标准,并入电价收取。[73]

(7)水库移民扶持基金,主要用于支持库区和移民安置区基础设施建设和经济发展、解决水库移民生产生活困难问题。该基金按照设立主体不同,可以区分为中央和地方。前者可以再细分为大中型水库移民后期扶持基金、跨省大中型水库库区基金、三峡水库库区基金;后者可以细分为省级大中型水库库区基金和小型水库库区基金。这些基金一般采取销售电量的电价加价方式筹集。[74]

(8)森林植被恢复费,森林植被被破坏后,需要人工治理、恢复的费用。凡勘查、开采矿藏和修建道路、水利、电力、通信等各项建设工程需要占用、征用或者临时占用林地,经县级以上林业主管部门审核同意或批准的,用地单位应当按照规定向县级以上林业主管部门预缴森林植被恢复费。森林植被恢复费征收标准应当按照恢复不少于被占用征收林地面积的森林植被所需要的调查规划设计、造林培育、保护管理等费用进行核定。[75]

(9)可再生能源发展基金,包括国家财政公共预算安排的专项资金(以下简称可再生能源发展专项资金)和依法向电力用户征收的可再生能源电价附加收入等。可再生能源发展专项资金由中央财政从年度公共预算中予以安排(不含国务院投资主管部门安排的中央预算内基本建设专项资金)。可再生能源电价附加在除西藏自治区以外的全国范围内,对各省、自治区、直辖市扣除农业生产用电(含农业排灌用电)后的销售电量征收。

(10)船舶油污损害赔偿基金,是指对在我国管辖水域内接收从海上运输持久性油类物质(包括原油、燃料油、重柴油、润滑油等持久性烃类矿物油)的货物所有人或其代理人征收的一种政府性基金。船舶油污损害赔偿基金征收标准为每吨持久性油类物质0.3元。船舶油污损害赔偿基金由交通运输部所属海事管理机构向货物所有人或其代理人征收。[76]

(11)核电站乏燃料处理处置基金,是指针对拥有已投入商业运行5年以上压水堆核电机组的核电厂征收的一种政府性基金。乏燃料处理处置基金按照核电厂已投入商业运行5年以上压水堆核电机组的实际上网销售电量征收,征收标准为0.026元/千瓦时。[77]

需要指出的是,我国各地政府曾对能源资源开采企业征收名目繁多的各种行政事业性收费和政府性基金。为促进资源节约集约利用和环境保护,推动转变经济发展方式,规

---

〔73〕 参见财政部关于印发《农网还贷资金征收使用管理办法》的通知(财企〔2001〕820号)。

〔74〕 参见国务院《关于完善大中型水库移民后期扶持政策的意见》(国发〔2006〕17号)。

〔75〕 参见财政部、国家林业局《关于印发〈森林植被恢复费征收使用管理暂行办法〉的通知》(财综〔2002〕73号);财政部、国家林业局《关于调整森林植被恢复费征收标准引导节约集约利用林地的通知》(财税〔2015〕122号)。

〔76〕 参见财政部、交通运输部《关于印发〈船舶油污损害赔偿基金征收使用管理办法〉的通知》(财综〔2012〕33号)第五条至第七条。

〔77〕 参见财政部、国家发展改革委、工业和信息化部《关于印发〈核电站乏燃料处理处置基金征收使用管理暂行办法〉的通知》(财综〔2010〕58号)。

范资源税费制度，我国于 2014 年在全国范围内对煤炭资源税由从量计征改为从价计征。[78] 为了避免因为资源税改革而增加资源开采企业的负担，国家决定同时清理相关收费基金。为此，财政部和国家发展改革委决定“自 2014 年 12 月 1 日起，在全国范围统一将煤炭、原油、天然气矿产资源补偿费费率降为零，停止征收煤炭、原油、天然气价格调节基金，取消煤炭可持续发展基金（山西省）、原生矿产品生态补偿费（青海省）、煤炭资源地方经济发展费（新疆维吾尔自治区）”。[79]

3. 国有资源有偿使用收入

国有资源有偿使用收入，是指执收单位依法有偿出让土地、矿产、水资源、森林、无线电频率以及城市市政公共设施和公共空间等国有有形、无形资源的使用权、开发权、勘察权、开采权、特许经营权、广告权等取得的收入。[80] 就能源行业而言，国有资源有偿使用收入主要涉及石油天然气、煤炭等矿产资源，具体包括：

（1）探矿权、采矿权使用费。其具体包括：探矿权使用费，即国家将矿产资源探矿权出让给探矿权人，按规定向探矿权人收取的使用费。采矿权使用费，即国家将矿产资源采矿权出让给采矿权人，按规定向采矿权人收取的使用费。[81]

探矿权、采矿权使用费采取了按面积计算收取标准的方法，有助于避免探矿权人或者采矿权人过多地占用土地。此外，探矿权、采矿权使用费和价款收入可以用于矿产资源勘查、保护和管理支出。具体标准分别如下：第一，探矿权使用费以勘查年度计算，按区块面积逐年缴纳，第一个勘查年度至第三个勘查年度，每平方公里每年缴纳 100 元，从第四个勘查年度起每平方公里每年增加 100 元，最高不超过每平方公里每年 500 元。第二，采矿权使用费按矿区范围面积逐年缴纳，每平方公里每年 1000 元。

（2）矿业权出让收益。国务院《关于印发矿产资源权益金制度改革方案的通知》（国发〔2017〕29 号）中明确规定，“在矿业权出让环节，将探矿权采矿权价款调整为矿业权出让收益。将现行只对国家出资探明矿产地收取、反映国家投资收益的探矿权采矿权价款，调整为适用于所有国家出让矿业权、体现国家所有者权益的矿业权出让收益”。

矿业权出让收益是从探矿权采矿权价款发展而来的。《矿产资源勘查区块登记管理办法》（国务院 240 号令，1998 年制定）第十三条第一款对探矿权价格作了规定：“申请国家出资勘查并已知探明矿产地的区块的探矿权的，探矿权申请人除依照本办法第十二条的规定缴纳探矿权使用费外，还应当缴纳经评估确认的国家出资勘查形成的探矿权价款；探矿权价款按照国家有关规定，可以一次缴纳，也可以分期缴纳。”而《矿产资源开采登记管理办法》（国务院 241 号令，1998 年制定）第十条第一款对采矿权价款作了规定：“申请

---

〔78〕 参见财政部、国家税务总局《关于实施煤炭资源税改革的通知》（财税〔2014〕72 号）。

〔79〕 参见财政部、国家发展改革委《关于全面清理涉及煤炭原油天然气收费基金有关问题的通知》（财税〔2014〕74 号）。

〔80〕 参见陕西省财政厅《关于印发〈国有资源（资产）有偿使用收入管理办法〉的通知》（陕财办综〔2017〕79 号）第七条第一款。《山东省国有资产资源有偿使用收入管理办法》第八条作了类似定义，“国有资源有偿使用收入，是指执收单位利用各种形态的自然资源、公共资源、政府信誉、信息和技术资源向社会提供公共服务、准公共服务、经营服务以及出租、出让、转让国有资源使用权取得的收入”。

〔81〕 参见财政部、国土资源部《关于印发〈探矿权采矿权使用费和价款管理办法〉的通知》（1999 年 6 月 7 日，财综字 74 号）第三条至第四条。

国家出资勘查并已经探明矿产地的采矿权的，采矿权申请人除依照本办法第九条的规定缴纳采矿权使用费外，还应当缴纳国家出资勘查形成的采矿权价款，采矿权价款按照国家有关规定，可以一次缴纳，也可以分期缴纳。”〔82〕

由此可见，只有申请人申请的矿业权是国家出资勘查并已探明矿产地，才缴纳国家出资勘查形成的矿业权价款，矿业权价款的实质是矿业权人对国家出资找矿有效投资的回报。

而在转为矿业权出让收益之后，确定出让收益的方式也进行了相应调整，改为由矿业权出让方式决定。

第一，以拍卖、挂牌方式出让的，竞得人报价金额为矿业权出让收益；以招标方式出让的，依据招标条件，综合择优确定竞得人，并将其报价金额确定为矿业权出让收益；以协议方式出让的，矿业权出让收益按照评估价值、类似条件的市场基准价就高确定。

第二，采用招标、拍卖、挂牌等竞争性形式出让矿业权的，以出让金额为标的，矿业权出让收益底价不得低于矿业权市场基准价；以出让收益率为标的的，出让收益底价由矿业权出让收益基准率确定。矿业权市场基准价由地方矿产资源主管部门参照类似市场条件定期制定，经省级人民政府同意后公布执行。矿业权出让基准率，由省级矿产资源主管部门、财政部门确定，并根据矿产品价格变化和经济发展需要，进行适时调整，报经省级人民政府同意后公布执行。

第三，矿业权出让收益原则上通过出让金额的形式征收，特殊情况下可以通过矿业权出让收益率的形式征收。〔83〕

（3）矿区使用费。其是指矿产资源的所有人凭借其对资源的拥有权，对开采资源收取的特许费用。原油和天然气的矿区使用费，均用实物缴纳，由税务机关负责征收管理。中外合作油、气田的矿区使用费，由油、气田的作业者代扣，交由中国海洋石油总公司负责代缴。矿区使用费按照每个油、气田日历年度原油或者天然气总产量计征。〔84〕

（4）矿产资源补偿费。《矿产资源法》第五条第二款规定，开采矿产资源必须按照国家有关规定缴纳资源税和资源补偿费。矿产资源补偿费，指采矿权人为补偿国家矿产资源的消耗而向国家缴纳的一定费用，它是矿产资源国家所有权在经济上的实现形式。矿产资源补偿费按照矿产品销售收入的一定比例计征。〔85〕

（5）石油特别收益金。石油特别收益金是国家对石油开采企业销售国产原油因价格超过一定水平所获得的超额收入按比例征收的收益金。凡在我国陆地领域和所辖海域独立开采并销售原油的企业，以及在上述领域以合资、合作等方式开采并销售原油的其他企业，均应依照相关规定缴纳石油特别收益金。石油特别收益金制度是在国际油价高企的2006年3月开始实施的，希望避免石油企业获得超额利润，因此也被称为“暴利税”。按

---

〔82〕 参见财政部、国土资源部《关于印发〈探矿权采矿权使用费和价款管理办法〉的通知》（1999年6月7日，财综字74号）第三条至第四条。

〔83〕 参见财政部、国土资源部《关于印发〈矿业权出让收益征收管理暂行办法〉的通知》（财综〔2017〕35号）第八条至第十四条。

〔84〕 参见《开采海洋石油资源缴纳矿区使用费的规定》（1988年12月5日国务院批准，1989年1月1日财政部令第1号公布）第二条至第六条。

〔85〕 参见《矿产资源补偿费征收管理规定》第三条。

照现有规定，石油特别收益金起征点为65美元/桶，实行5级超额累进从价定率计征。[86]

（三）财政补贴

财政补贴是现代社会的“润滑剂”，其效果与税费等恰好相反，它是给个人或者组织带来金钱利益。但是，从经济学上讲，它们能够产生与税费一样的效果：如果支付的数额反映了消除外部性的边际成本时，就能够保证有效率的配置。[87]

《生态文明体制改革总体方案》提出，“加强对可再生能源发展的扶持，逐步取消对化石能源的普遍性补贴”。为了鼓励新能源、可再生能源或者节能产品的发展，我国中央政府和各地政府都出台了众多财政补贴政策。如2017年2月16日北京市科委、市发改委、市经信委、市财政局、市交通委发布《关于调整北京市示范应用新能源小客车相关政策的通知》。通知确定2017年北京市示范应用新能源小客车财政补助标准，纯电动小客车及燃料电池小客车可以获得北京市地方财政补助，其中续航里程在300公里以上的燃料电池小客车可获得10万元补贴。

（四）政府采购

政府机构是货物和服务的主要消费者。这就使政府机构成为一个重要的市场主体，可以对市场寻求施加重要的影响。通过将合理的环境标准纳入采购程序之中，政府机构可以刺激生态市场的发展，推动产业创新。政府机构的购买力可以对于诸如能源产业的环境绩效施加直接的影响。我国《政府采购法》就为政府采购节能产品或者新能源产品等提供了法律依据。[88]财政部、国家发展改革委在2004年制定的《节能产品政府采购实施意见》中规定了政府采购应当“优先采购节能产品”，并且确立了“节能产品政府采购清单”制度。[89]

（五）投资补助和贴息

投资主管部门可以通过投资补助或者贷款贴息的方式促进能源产业的发展。投资补助，是指对符合条件的地方政府投资项目和企业投资项目给予的投资资金补助。贴息，是指对符合条件，使用了中长期贷款的投资项目给予的贷款利息补贴。投资补助和贴息资金均为无偿投入。[90]投资补助和贴息资金重点用于市场不能有效配置资源，需要政府支持的经济和社会领域。例如，公共基础设施、重大科技进步等领域。[91]近年来投资补助和贷款贴息的其中一个主要去向便是节能和新能源项目。

二、能源金融政策

金融是实体经济的血脉。资本市场可以在优化资源配置、服务实体经济方面发挥重

---

〔86〕 参见财政部《关于提高石油特别收益金起征点的通知》（财税〔2014〕115号）。

〔87〕 A. Kneese and K. Maler, “Brides and Charges in Pollution Control: An Aspect of the Coase Controversy”, 13 *Natural Resources Journal* 705(1973).

〔88〕 《政府采购法》第九条规定：“政府采购应当有助于实现国家的经济和社会发展政策目标，包括保护环境，扶持不发达地区和少数民族地区，促进中小企业发展等。”

〔89〕 参见《节能产品政府采购实施意见》（财政部、国家发展改革委2004年9月12日发布，财库〔2004〕185号）第二条至第三条。

〔90〕 参见《中央预算内投资补助和贴息项目管理办法》（2016年制定）第三条。

〔91〕 参见《中央预算内投资补助和贴息项目管理办法》（2016年制定）第四条。

要作用。能源产业可持续发展，特别是促进新能源和可再生能源的发展、推进节能减排工作，都离不开金融政策的支持。需要指出的是，金融政策也需要区分宏观和微观两个层面。宏观金融政策可以分为货币政策、利率政策和汇率政策三大方面，其中货币政策通常采用的工具包括法定准备金、贴现率、公开市场业务等。但是这些宏观金融政策主要目的是调节货币供应量，稳定货币价值，而无法对应特定行业或者政策目的。对应能源等具体行业或者节能减排、发展新能源等政策目标，则需要采用微观金融政策工具，如能效信贷、绿色债券、用能权和碳排放权交易等。

（一）能效信贷

能效信贷，是指银行业金融机构为支持用能单位提高能源利用效率，降低能源消耗而提供的信贷融资，包括用能单位能效项目信贷和节能服务公司合同能源管理信贷两种方式。中国银保监会依法对银行业金融机构开展能效信贷业务实施监督和管理。国家发展改革委依法负责对重点用能单位、节能服务公司、第三方节能量审核机构开展的节能工作实施监督和管理。[92]

（二）绿色债券

根据中共中央、国务院《关于加快推进生态文明建设的意见》和《关于构建绿色金融体系的指导意见》（银发〔2016〕228 号）的规定，中国证监会也发布指导意见鼓励证券交易所发行绿色公司债券。绿色债券募集资金投向的绿色产业项目，主要是节能、清洁交通、清洁能源和适应气候变化等绿色产业。中国人民银行发布了中国金融学会绿色金融专业委员会编制的《绿色债券支持项目目录（2015 年版）》，其中收录了煤炭清洁利用、清洁燃油、新能源汽车、风力发电、水力发电等项目。[93] 为了鼓励绿色债券的发展，中国证监会对绿色公司债券准入管理实施“绿色通道”安排，以提升企业发行绿色债券的便利性。[94]

（三）用能权和碳排放权交易

“十三五”规划建议提出，要建立健全用能权、用水权、排污权、碳排放权初始分配制度，创新有偿使用、预算管理、投融资机制，培育和发展交易市场。中共中央、国务院发布的《生态文明体制改革总体方案》（2015 年 9 月 21 日），提出了推行用能权和碳排放权交易制度、推行排污权交易制度、推行水权交易制度以及建立绿色金融体系和建立统一的绿色产品体系的方案。

用能权，是指用能单位在一年内经确认可消费各类能源量（包括电力、原煤、蒸汽、天然气等）的权利，也就是一年内按规定可以消费的能源总量。交易主体一般为用能单位，也可以选择其他能源消耗总量和强度“双控”目标责任主体作为交易主体。交易主体可以将所持有的用能权指标在交易市场中进行交易。通过用能权有偿使用和交易制度，可以实现节能减排的“收益变现”。

---

〔92〕 参见中国银监会、国家发展改革委《关于印发〈能效信贷指引〉的通知》（银监发〔2015〕2 号）第三条至第四条、第八条。

〔93〕 参见中国人民银行公告〔2015〕第 39 号《关于绿色金融债券发行管理》，附件：绿色债券支持项目目录。

〔94〕 参见《中国证监会关于支持绿色债券发展的指导意见》（证监会公告〔2017〕6 号）。

碳排放交易是为促进全球温室气体减排,减少全球二氧化碳排放所采用的市场机制。自 2011 年 11 月,国家发展改革委批准北京、上海、天津、重庆、湖北、广东和深圳市开展碳排放权交易试点。[95] 2017 年 12 月,国家发展改革委宣布以发电行业(含热电联产)为突破口率先启动全国碳排放交易体系,待条件成熟后再扩大到其他高耗能、高污染和资源性行业。初期交易产品为配额现货,条件成熟后增加符合交易规则的国家核证自愿减排量及其他交易产品。[96]

知识拓展

能源行业协会

思考练习题

1. 能源管理和能源监管之间存在什么区别?
2. 能源行业准入制度应该有哪些内容,为什么?
3. 能源价格监管制度应该有哪些内容,为什么?
4. 能源财政政策具体包含哪些内容?

〔95〕 国家发展改革委办公厅《关于开展碳排放权交易试点工作的通知》(发改办气候〔2011〕2601 号),我国现已建成 7 家交易所,它们分别是广州碳排放权交易所、深圳排放权交易所、北京环境交易所、上海环境能源交易所、湖北碳排放权交易所、天津排放权交易所和重庆碳排放权交易所。

〔96〕 参见国家发展改革委《关于印发〈全国碳排放权交易市场建设方案(发电行业)〉的通知》(发改气候规〔2017〕2191 号)。

第四章　国家能源战略与规划

导读

能源战略规划法律制度在能源基本法中居于“龙头”地位。能源战略是对能源发展规律的认识、总结和提升，是筹划和指导国家能源可持续发展、保障能源发展的总体方略，是制定能源规划和能源政策的基本依据。能源规划是实施国家能源战略的阶段性行动方案，是能源发展项目立项的基本依据。能源战略与能源规划的程序性规定应当通过能源立法予以体现，以保证其制定和实施的科学性和规范性；能源战略与能源规划的实体性规定，有些比较稳定、成熟的内容，可以提升到法律层级。我国的能源规划可分为国家、区域和地方三个层级，每个层级又包括综合规划和专项规划两种。能源规划的程序性规定一般为立项、起草、衔接和论证、报批、备案和公布、实施等内容。我国目前的能源战略总体上是坚持“节约、清洁、安全”的战略方针，加快构建清洁、高效、安全、可持续的现代能源体系，重点实施四大战略，即节约优先战略、立足国内战略、绿色低碳战略和创新驱动战略。本章重点是能源战略与规划的法律地位、基本内容，以及制定、评估、修改程序；本章难点是能源战略的理解、能源规划体系及其相互关系。

国家能源战略，是指筹划和指导国家能源可持续发展、保障能源安全的总体方略，它是制定能源政策和能源规划的基本依据。因此，能源基本法应当作出以下规定：国家能源战略应当规定国家能源发展的战略思想、战略目标、战略布局、战略重点、战略措施等内容。国家能源战略根据基本国情、经济和社会发展需要及国内外能源发展趋势等制定。国家能源战略由国务院制定并颁布。国务院组织有关机构对国家能源战略进行评估。国家能源战略的战略期为20年至30年，每5年评估、修订一次，必要时可以适时修订。

能源规划包括能源总体规划、能源专项规划和区域能源规划等。能源基本法应当作出以下规定：国家根据能源战略制定并实施能源规划，保障国家能源发展战略的实现。能源专项规划和区域能源规划应当符合能源总体规划并相衔接。能源专项规划、区域规划与能源总体规划发生冲突或者重叠的，以能源总体规划为准；专项规划与区域规划发生冲突或者重叠的，由其规划制定部门报请能源总体规划制定部门决定。国务院和县级以上地方各级人民政府应当将能源发展纳入国民经济和社会发展规划、年度计划。

关于能源规划的编制，应根据不同的规划层级和种类作出法律安排，能源基本法中应当对此分别规作出定，如对于全国能源总体规划的编制和内容，国务院应当根据国民经济和社会发展规划制定并组织实施全国能源总体规划，并与土地利用总体规划、城乡建设规划、矿产资源规划、水资源规划、海洋及海岛开发规划、安全生产规划、环境保护规划、综合交通运输规划等相衔接。全国能源总体规划应当包括发展的目标指标(包括指导性指标和约束性指标)、主要任务、产业布局、重点项目、实施进度、配套保障措施等内容,并对不同区域之间、不同能源品种的发展作出统筹安排。全国能源总体规划由国务院能源主管部门会同国务院有关部门编制,报国务院批准后实施。对于全国能源专项规划的编制,规定全国能源专项规划由国务院能源主管部门或者会同有关部门依据全国能源总体规划和有关法律、行政法规规定的程序编制。相关能源专项规划之间应当相互协调。对于区域能源规划编制,规定由国务院能源主管部门会同其他有关部门以及有关省、自治区、直辖市人民政府,根据区域经济社会发展需要以及能源资源禀赋情况、能源生产消费特点,可以制定相应的区域能源规划。区域能源规划应当符合全国能源总体规划,并与全国能源专项规划相衔接。涉及全国布局、总量控制及跨省输送的区域能源规划应当报国务院能源主管部门审批。对于地方能源规划的制定,拟由省、自治区、直辖市人民政府能源主管部门,根据本行政区域的经济和社会发展需要,依据全国能源总体规划制定省级能源规划。省级能源规划应与全国能源专项规划和区域能源规划相衔接,并报国务院能源主管部门审批。设区的市、县人民政府能源主管部门,根据本行政区域的经济和社会发展需要,依据上级政府能源规划制定本行政区域的能源规划,并报上级能源主管部门备案。下级人民政府制定的能源规划不得违反上级人民政府的能源规划;两者不一致的,以上级人民政府的能源规划为准。

此外,能源法还应规定:(1)编制能源规划应当征求有关单位、专家和公众的意见,进行科学论证;(2)能源规划应当公布,但国家规定需要保密的内容除外;(3)国务院能源主管部门、国务院有关部门以及省、自治区、直辖市人民政府应当加强对能源规划实施情况的监督检查;(4)能源的开发利用活动应当符合能源战略和能源规划;(5)能源规划编制部门应当组织第三方机构对能源规划进行定期评估,并根据需要或者评估结果对能源规划适时修订;等等。

第一节 概 述

在能源立法及管理实践中,能源规划的作用举足轻重。能源规划的"升级版"——能源战略,地位更是特殊。从世界范围来看,能源战略往往都肩负着引领一国能源开发利用,甚至能源军事、能源外交等的重要功能。

一、能源战略与能源规划的概念

"战略"(strategy)一词源于希腊语(strategos),意为军事将领或行政长官等。后逐渐演变为一种军事用语,指军队作战的谋略。从中国古代语源分析,"战"指战争、战役等,"略"则指"谋略"。春秋时期,《孙子兵法》中即有对于战争进行全局谋略、筹划的军事思想。可见,中西方对于战略的解释都和军事行为有关。

能源战略历来都是各国必须要予以确定的重要领域。中国的能源战略引起广泛关注应该是从2006年国家能源领导小组办公室的机构设置开始。[1] 2014年6月，国务院办公厅印发《能源发展战略行动计划(2014—2020年)》，是我国第一次出现“战略”字样的能源领域文件，提出了节约优先、立足国内、绿色低碳和创新驱动四大能源战略。2015年6月13日，国家主席习近平主持召开中央财经领导小组第六次会议，研究我国能源安全战略。通过上述政府部门设置、政策文件、国家领导人系列讲话等，中国的能源战略逐步成型。

一般来说，规划，是指个人或组织制定的有一定期限的发展计划，是个人或组织未来一段期限内开展行动的依据方案。一方面，规划是融合多要素、各方面看法的某一特定领域的发展愿景；另一方面，规划也是一种具体行动方案，需要包括办法、措施等操作层面的内容。综上所述，能源战略是指相对较长的一段时期内一国能源发展的总体方略及长远愿景；能源规划是指相对较短的一段时间时期内为实现一国能源战略的阶段性行动方案。

二、能源战略与能源规划的演进

不同发展阶段的国家和同一国家的不同发展时期，其能源发展战略有不同的重点。目前，世界各国的能源战略先后有：能源安全战略、能源效率战略、能源环保战略、新能源战略和能源科技战略。从时间顺序上看，五种战略有其产生的历史背景。需要说明的是，五种战略之间不是一个更替的关系，而是并存的关系。从性质上看，能源安全战略和环保战略，可以被看作目标型战略；能源效率战略、新能源战略和能源科技战略可以被看作方法型或手段型战略。

（一）能源安全战略

世界各国的能源战略中，安全战略是最早出现、在当前仍被放在第一位的战略。美国的能源安全战略可以说是一个典型代表。1975年12月，以福特总统签发《能源政策与储备法》为标志，美国宣布将正式建立“战略石油储备”。自此，很多国家纷纷建立本国的石油储备，谋求石油安全。以石油安全为核心的能源安全战略也逐渐为世界各国所确立。2017年，特朗普政府发布“美国第一能源计划”，核心要点包括：能源尽量自给自足、取消“气候行动计划”、开发本土页岩油气、支持并振兴清洁煤炭工业、能源发展以保护环境为优先等内容。由此可见，能源安全始终都是美国关注的首要问题。

（二）能源效率战略

能源效率战略是能源供给相对既定而能源消费与日俱增情况下的必然选择。当今世界各国几乎都非常重视能源效率，最具代表性的国家应首推日本。在石油危机之后，日本将“节能”提高到“新型能源”的高度。2010年，欧盟委员会公布名为“能源2020”的能源战略，核心内容是未来10年欧盟国家能源领域的五大优先目标，其中第一个就是建设“节能欧洲”，提出特别是要在交通以及建筑领域进行节能革新，促进能源行业的竞争，提高能源供应的效能。即便是能源消费大国的美国，在当前的国家能源战略中，能源效率也仍然占有重要地位。我国历来都非常重视提高能源效率，厉行能源节约。我国《节约能源

[1] 根据《国家能源领导小组办公室主要职责内设机构和人员编制规定》(国办发〔2005〕28号)，办公室内设“战略规划组”。

法》第四条明确规定:“节约资源是我国的基本国策。国家实施节约与开发并举、把节约放在首位的能源发展战略。”

(三)新能源战略

目前,世界各国都通过专门立法、优惠政策的形式来推进可再生能源产业的发展。如我国《可再生能源法》的立法目的即为促进可再生能源的开发利用,增加能源供应,改善能源结构,保障能源安全,保护环境,实现经济社会的可持续发展。美国,德国、英国、法国等欧洲国家,以及日、韩亚洲发达国家对于可再生能源推进的力度都非常大。2018 年伊始,德国在能源转型过程中跨越了象征性的里程碑,可再生能源首次短暂覆盖了全部用电量。根据我国《可再生能源法》,可再生能源是指风能、太阳能、水能、生物质能、地热能、海洋能等非化石能源。近年来,随着互联网以及一些新技术的出现,可再生能源的概念逐渐被新能源替代。因此,更确切地说,当前世界各国推行的应当是新能源战略。

(四)能源环保战略

能源是经济社会发展的重要物质基础,没有能源的世界将不可想象。然而,能源的开发利用却给环境带来了诸多负面影响。以煤炭和石油为代表的化石能源在资源开发阶段就容易引起地面塌陷、沉降等生态问题,在利用阶段会带来二氧化硫等大气污染以及二氧化碳导致的气候变暖问题。近年来,世界各国都在大力发展可再生能源、新能源或清洁能源,但实际上这些能源在开发利用的过程中产生的环境问题也不容忽视。如风电、光伏等需要的风机和光伏板,在制造和回收过程中都需要消耗资源,且容易产生污染。1972 年全球人类环境会议在斯德哥尔摩召开,标志着环境问题成为世界性议题。作为对环境问题影响巨大的能源领域,能源环保战略的提出亦是可持续发展模式下的题中应有之义。需要指出的是,能源环保战略与新能源战略是互相交融的关系。在有些国家的能源战略表述中并未直接出现“环境”或“环保”字样,但是无一例外都会出现的“新能源”发展策略,实际上也都有着环境保护的作用和效果。

(五)能源科技战略

在能源发展各项因素中,科技地位极其重要。没有科技支撑,能源发展就会延滞。尤其是近现代以来,新能源的发展都需要依靠高精尖科技水平,能源技术跟不上,就意味着这个国家新能源的发展很难取得突破。世界主要国家都把能源科技作为能源发展的第一要务。2014 年奥巴马政府的“全方位能源战略”将发展低碳技术,为清洁能源未来发展奠基作为能源战略支点,在展望未来清洁发展目标时,特别强调美国要在可再生能源技术上取得领先。特朗普政府的“美国第一能源计划”提出了拥抱页岩油气革命,发展清洁煤技术并重振美国煤炭工业。随后,特朗普政府在实际行动中增加了对发展核能和风能技术的支持。2008 年,欧盟推出《欧洲战略性能源技术规划》,是欧盟指导能源技术发展的战略性文件,体现了当时欧盟对能源技术发展的新认识和新判断。近年来,欧盟的关注点主要围绕可再生能源、智能能源系统、能效和可持续交通四个核心优先领域以及碳捕集与封存和核能两个特定领域,开展一系列研究与创新优先行动。[2]我国也高度重视能源科技,

---

〔2〕 杨永明:《欧美积极制定能源技术战略抢占发展制高点》,载《中国电力报》2017 年 9 月 30 日,http://www.cec.org.cn/guojidianli/2017-09-30/173734.html,2018 年 12 月 4 日最后访问。

在《能源发展战略行动计划(2014—2020年)》中首次提出创新驱动,将能源科技的考量放在国家能源战略中,提出要抓住能源绿色、低碳、智能发展的战略方向,围绕保障安全、优化结构和节能减排等长期目标,确立非常规油气及深海油气勘探开发、煤炭清洁高效利用、分布式能源、智能电网、新一代核电、先进可再生能源、节能节水、储能、基础材料等九个重点创新领域。

三、能源战略与能源规划、能源法的关系

能源战略着眼于更为长远的目标,更具宏观性和指导性,代表着能源在相当长一段时间内的发展方向。《能源法(送审稿)》修改稿第二十一条规定:"国家能源战略是筹划和指导国家能源可持续发展、保障能源安全的总体方略,是制定能源规划和能源政策的基本依据。国家能源战略应当规定国家能源发展的战略思想、战略目标、战略布局、战略重点、战略措施等内容。国家能源战略根据基本国情、经济和社会发展需要及国内外能源发展趋势等制定。"因此,能源战略往往是各国对其本国和世界能源问题与态势进行全面认识并客观分析的基础上,总结、提炼的一国能源发展的指导思想及长期性和根本性规划。

能源规划则着眼于相对近期的目标,且更多侧重可操作性。能源规划是实施国家能源战略的阶段性行动方案。能源规划应当规定规划期内能源发展的指导思想、基本原则、发展目标和指标、阶段性任务、产业布局、重点项目、政策措施及其他重要事项。能源规划是根据国家或地区的能源状况和社会经济发展需求,对一定时期和一定范围能源的开发、利用、节约、保护和管理工作所作的总体安排。[3] 此外,能源规划作为一项重要的行政制度,还是能源发展项目立项的基本依据。

能源战略与能源规划各自有明确的定位,各自有鲜明的特征。但在我国实际操作中,战略与规划的关系其实并非泾渭分明。我国能源战略并没有一个成型的文件,即便有带有"战略"称谓的《能源发展战略行动计划(2014—2020年)》,但从该文件的时间期限以及内容定位来看,似乎是兼容了战略与规划两者特性。因此,本书认为,鉴于我国立法和行政的谨慎保守性,发布正式能源战略的可能性不明朗,更多地会通过领导人讲话、规划性政策文件等形式涵括和反映能源战略思想。

肖国兴教授提出了能源战略和能源规划与能源法关系的界定,他认为能源战略与能源规划在能源法中的理性构建成为一国能源对策体系科学稳定的基础。无论是能源战略还是能源规划,必须有能源法的制度规则,能源法也会因能源战略和能源规划的理性构建提升制度绩效。[4] 这是一个重要命题。能源战略与能源规划的目标和效力到底该如何实现?能源法提供的保障不可或缺。将能源战略写入能源法中,这样才能使能源战略具有法律地位,从而可以更好地发挥其功能,但从可行性上来看这个结论还需要商榷。考虑我国的立法实际,能源战略不一定要以法律的形式呈现,但能源规划作为能源战略的具体体现,其程序性规定应当写入立法中。

---

〔3〕《能源法征求意见稿面向社会征集意见(全文)》,载 http://www.gov.cn/gzdt/2007-12/04/content_824569.htm,2018年12月4日最后访问。

〔4〕肖国兴:《论能源战略与能源规划的法律界定》,载《郑州大学学报》(哲学社会科学版)2009年第3期。

第二节　能源战略与规划的程序性规定

“程序法”一词最初由英国法学家杰里米·边沁(Jeremy Bentham)提出,用来表示不同于实体法的法律原则和规范体系。人们往往关注能源战略与规划的实体内容,而对于其程序性规定重视不够。由于能源形势持续变化,战略与规划的实体内容需要进行相应调整,并且,这些实体内容事实上往往以政策文件形式而非法律形式出现。对于能源法研究者来说,更应当将当前行政法规、部门规章中有关能源规划的程序性规定作为研究的重点。

一、我国能源规划管理立法概况

制定和实施规划是中国特色社会主义发展模式中的成功经验,甚至有人认为,中国之所以没有出现资本主义国家发展过程中必然经历的周期性经济危机,有部分原因就是得益于中国执行多年的五年规划。规划在中国国民经济发展中的重要地位毋庸置疑。然而,我国对规划的相关程序性立法却数量不多,层级也不高。

初步统计,我国关于规划管理的法律层级立法只有《城乡规划法》(2007 年 10 月全国人大常委会颁布,2015 年修正)。部门规章层级立法方面,综合性的有《国家级专项规划管理暂行办法》(2007 年 5 月国家发展改革委颁布)、《国家级区域规划管理暂行办法》(2015 年 7 月国家发改委颁布)等;专业性的有《省级能源发展规划管理办法》(2016 年 2 月国家能源局颁布)、《矿产资源规划实施管理办法》(2002 年 12 月国土资源部颁布)、《旅游发展规划管理办法》(2000 年 10 月国家旅游局颁布)、《村镇规划编制办法(试行)》(建设部 2000 年 2 月颁布)和《中央企业发展战略和规划管理办法(试行)》(国有资产监督管理委员会 2004 年 11 月颁布)等。此外,还有一些政策性文件,也是在实践中规划管理的重要依据,包括国务院《关于加强国民经济和社会发展规划编制工作的若干意见》(国发〔2005〕33 号)和国务院《关于加强城乡规划监督管理的通知》(国发〔2002〕13 号)等。

二、能源专项规划的程序性规定

(一)概述

为推进国家级专项规划编制工作的规范化、制度化,依据国务院《关于加强国民经济和社会发展规划编制工作的若干意见》(国发〔2005〕33 号),2007 年 4 月,国家发展改革委制定颁布了《国家级专项规划管理暂行办法》。它是我国制定国家级能源专项规划的法律依据。

2015 年 7 月国家发展改革委制定颁布《国家级区域规划管理暂行办法》。该办法所称国家级区域规划是指以特定区域经济社会发展为对象编制的规划,是国家总体规划、重大国家战略在特定区域的细化落实,是国家指导特定区域发展、制定相关政策以及编制区域内省(自治区、直辖市)总体规划、专项规划的重要依据。

上述两个文件是针对所有规划的普适性规定,能源规划的制定和实施当然也适用。目前,能源规划方面的专门规定是《省级能源发展规划管理办法》(以下简称省级能源规划办法)。该办法系为规范省级能源规划工作,加强国家和省级能源规划衔接,发挥省级能源规划落实国家能源战略规划、引导本地区能源发展的统筹协调作用,由国家能源局依据国务院《关于取消非行政许可审批事项的决定》(国发〔2015〕27号)和国务院《关于发布政府核准的投资项目目录(2014年本)的通知》(国发〔2014〕53号)等有关规定制定。

《省级能源规划办法》适用于省级能源发展规划编制、报批、发布和实施等工作。省级能源发展规划由省级能源主管部门负责编制、上报和组织实施,由国家能源局负责审批。根据该办法,省级能源发展规划,是指对一省(区、市)各类能源的发展思路、发展目标、建设布局、重点任务、重大项目、政策措施等进行统筹安排的综合性、总体性能源规划。省级能源发展规划与国民经济和社会发展规划配套编制实施,规划期原则上为5年。省级能源主管部门可以根据实际需要组织编制省级能源专项规划。省级能源专项规划是指对一省(区、市)煤炭、电力、油气、可再生能源、能源科技等能源发展特定领域进行具体安排的规划,其主要内容应当与省级能源发展规划衔接一致并纳入省级能源发展规划。省级能源发展规划的编制和实施等工作应当遵循依法行政、责权对等、分级负责的原则。省级能源发展规划应当符合国家能源规划的总体要求和基本方向,主要指标应当衔接一致,并与本省(区、市)国民经济和社会发展规划及相关规划衔接。经批准的省级能源发展规划,是指导本省(区、市)能源领域发展、核准(审批)能源项目、安排政府投资和财政支出预算、制定相关政策措施、实施能源行业管理和监管的重要依据。值得指出的是,根据该办法,新疆生产建设兵团能源发展规划,以及涉及全国布局、总量控制和跨省输送的区域性能源综合发展规划的编制及审批参考该办法执行。

(二)具体环节

本部分以《国家级专项规划暂行办法》为例,介绍国家级专项规定的立项、起草、衔接和论证、报批、备案和公布以及实施等环节的规定。

1. 立项

国家级专项规划由国务院有关部门依据相关法律、行政法规和国务院规定的职责负责编制。编制国家级专项规划均需制订工作方案。工作方案包括规划编制必要性、规划期、衔接单位、论证方式、进度安排和报国务院审批的依据或理由等。工作方案是国家级专项规划立项的依据,由发展改革部门统筹协调后予以立项确认。

2. 起草

编制国家级专项规划,相关部门必须认真做好基础调查、信息收集、课题研究以及纳入规划重大项目的论证,采取多种形式广泛听取各方面意见。国家级专项规划文本一般包括现状、趋势、方针、目标、任务、布局、项目、实施保障措施以及法律、行政法规规定的其他内容。内容要达到以下要求:符合国家总体规划,发展目标尽可能量化,发展任务具体明确、重点突出,政策措施具有可操作性。对需要国家安排投资的规划,要充分论证并事先征求发展改革部门及相关部门的意见。

3. 衔接和论证

国家级专项规划的发展方针、目标、重点任务要与国家总体规划保持一致,相关规划之间对发展趋势的判断、需求预测、主要指标和政策措施要相互衔接。国家级专项规划草案,应送发展改革部门与国家总体规划进行衔接,涉及其他领域的,还应送相关部门进行衔接。有关部门自收到规划草案之日起30个工作日内反馈衔接意见。国家级专项规划草案,由发展改革部门与有关部门共同组织论证。国家级专项规划应委托规划专家委员会、有资质的中介机构或组织专家组进行论证。参加论证的其他相关领域专家不少于专家总数的1/3。论证后应出具论证报告。论证报告应全面、客观、公正,由专家组组长签字,并附每位专家的论证意见。

4. 报批

专项规划需由国务院批准的,要拟订年度计划。编制部门应在已确认立项的基础上,于每年10月向发展改革部门提出下一年度国家级专项规划报批建议。发展改革部门商有关部门在此基础上拟订国家级专项规划年度审批计划,于每年12月前报国务院,经国务院批准后执行。基础工作不深入,不能保证在1年内完成上报程序的规划,不应列入年度审批计划。各部门应按照审批计划有序报批。未列入审批计划的,原则上不予受理。

国家级专项规划报批时,除规划文本外还应附下列材料:编制说明,包括编制依据、编制程序、未予采纳的相关部门和专家意见及其理由等;论证报告;法律、行政法规规定需要报送的其他有关材料。报国务院审批的国家级专项规划,编制部门须会签发展改革部门后上报,也可与发展改革部门联合上报。国务院授权由有关部门批准的国家级专项规划,编制部门应会签发展改革部门。

5. 备案和公布

国务院授权有关部门印发或批准的专项规划应在印发同时报国务院备案,并抄送发展改革部门。除法律、行政法规另有规定以及涉及国家秘密的内容外,国家级专项规划应在批准后1个月内向社会公布。国家级专项规划报批时,应明确公布事项,即全文公布、删去涉密内容后公布或不公布,以及公布机关。发展改革部门建立规划信息库。有关部门在规划印发的同时,应将电子文档和纸质文件送发展改革部门入库。

6. 实施

国家级专项规划经批准后,编制部门要及时对规划的主要目标和任务进行分解,明确责任,保障规划的实施落到实处。国家级专项规划实施过程中,编制部门要加强跟踪监测,应适时对实施情况进行评估,并向审批机关提交评估报告。国家级专项规划经评估或者因其他原因需要进行修订的,编制部门应将修订后的规划报原审批机关批准。规划期10年及以上的,应进行定期滚动修订。

三、规划的环境影响评价

相较于建设项目,规划对生态和环境的影响虽然不是直接的,但却是前提性和根本性的。基于此,我国《环境影响评价法》规定了规划也应当进行环境影响评价,并制定了《规划环境影响评价》,以进一步加强对规划的环境影响评价工作,提高规划的科学性,从源头预防环境污染和生态破坏,促进经济、社会和环境的全面协调可持续发展。根据《规划环境影响评价》,国务院有关部门、设区的市级以上地方政府及其有关部门,对其组织编制的土地利用的有关规划和区域、流域、海域的建设、开发利用规划(以下简称综合性规划),以及工业、农业、畜牧业、林业、能源、水利、交通、城市建设、旅游、自然资源开发的有关专项规划(以下简称专项规划),应当进行环境影响评价。对规划进行环境影响评价,应当遵循客观、公开、公正的原则。国家建立规划环境影响评价信息共享制度。县级以上政府及其有关部门应当对规划环境影响评价所需资料实行信息共享。规划环境影响评价所需的费用应当按照预算管理的规定纳入财政预算,严格支出管理,接受审计监督。任何单位和个人对违反该条例规定的行为或者对规划实施过程中产生的重大不良环境影响,有权向规划审批机关、规划编制机关或者环境保护主管部门举报。有关部门接到举报后,应当依法调查处理。

第三节　能源战略与规划的实体性规定

我国能源战略与能源规划的实体性内容,主要见于《能源发展战略行动计划(2014—2020年)》和《能源生产和消费革命战略(2016—2030)》。能源规划的实体性规定主要依据国家层面的综合性能源规划,如《"十三五"能源规划》(国家发展改革委、国家能源局于2016年12月26日印发并实施);区域性能源规划,主要是国家能源局于2017年2月批复同意《丝绸之路经济带核心区(新疆)能源规划》;能源专项规划,如《煤炭工业发展"十三五"规划》;地方层面的能源规划,如《山西省"十三五"综合能源发展规划》和《浙江省能源发展"十三五"规划》,等等。

一、我国能源战略的实体性内容

(一)《能源生产和消费革命战略(2016—2030)》

国家发展改革委、国家能源局2016年12月29日印发的《能源生产和消费革命战略(2016—2030)》,是针对我国能源生产和消费状况,为贯彻落实中央财经领导小组第六次会议和国家能源委员会第二次会议精神而制定的一个重要文件。从出台机关和文件内容来看,该文件比《能源发展战略行动计划(2014—2020年)》更能称为我国的能源战略文件。但该文件侧重突出能源生产和能源消费革命,不及《能源发展战略行动计划(2014—2020年)》的内容全面。《能源生产和消费革命战略(2016—2030)》分为能源发展形势分析、明确能源革命战略目标、推动能源消费革命、推动能源供给革命、推动能源技术革命、推动能源体制改革、加强全方位国际合作、提升综合保障能力、实施重大战略行动和加强组织领导等十个方面。

(1)能源革命战略目标的基本原则:树立底线思维,增强危机意识,坚持总体国家安全观,将能源安全理念体现在经济社会、生产生活等各个方面,落实在法律法规、规划政策、技术标准等各个层面;着眼未来设立积极的能源革命目标,以能源消费和供给革命为核心任务,深入实施创新驱动发展战略,全面释放发展活力;发挥市场在资源配置中的决定性作用,还原能源商品属性,遵循市场经济规律、能源行业发展规律,突出市场主体推进能源革命的主力军作用;更好发挥政府作用,打造服务型政府,加强基础制度建设,健全法律法规,维护市场秩序,精准科学调控,推进能源治理现代化;坚持全国一盘棋,充分利用两个市场、两种资源。战略取向是,以保障安全为出发点、以节约优先为方针、以绿色低碳为方向以及以主动创新为动力。

(2)能源革命战略目标:到2020年,全面启动能源革命体系布局,推动化石能源清洁化,根本扭转能源消费粗放增长方式,实施政策导向与约束并重。2021~2030年,可再生能源、天然气和核能利用持续增长,高碳化石能源利用大幅减少。展望2050年,能源消费总量基本稳定,非化石能源占比超过一半,建成能源文明消费型社会;能效水平、能源科技、能源装备达到世界先进水平;成为全球能源治理重要参与者;建成现代能源体系,保障实现现代化。

(3)推动能源消费革命的具体做法:强化约束性指标管理,同步推进产业结构和能源消费结构调整,有效落实节能优先方针,全面提升城乡优质用能水平,从根本上抑制不合理消费,大幅度提高能源利用效率,加快形成能源节约型社会。坚决控制能源消费总量,打造中高级能源消费结构,深入推进节能减排,推动城乡电气化发展,树立勤俭节约消费观。

(4)推动能源供给革命的具体做法:立足资源国情,实施能源供给侧结构性改革,推进煤炭转型发展,提高非常规油气规模化开发水平,大力发展非化石能源,完善输配网络和储备系统,优化能源供应结构,形成多轮驱动、安全可持续的能源供应体系。推动煤炭清洁高效开发利用,实现增量需求主要依靠清洁能源,推进能源供给侧管理,优化能源生产布局,全面建设“互联网+”智慧能源。

(5)推动能源技术革命的具体做法:立足自主创新,准确把握世界能源技术演进趋势,以绿色低碳为主攻方向,选择重大科技领域,按照“应用推广一批、示范试验一批、集中攻关一批”路径要求,分类推进技术创新、商业模式创新和产业创新,将技术优势转化为经济优势,培育能源技术及关联产业升级的新增长点。

(6)推动能源体制改革的具体做法:还原能源商品属性,加快形成统一开放、竞争有序的市场体系,充分发挥市场配置资源的决定性作用和更好发挥政府作用。以节约、多元、高效为目标,创新能源宏观调控机制,健全科学监管体系,完善能源法律法规,构建激励创新的体制机制,打通能源发展“快车道”。包括构建有效竞争的能源市场体系,建立主要由市场决定价格机制,创新能源科学管理模式,建立健全能源法治体系等。

(7)加强全方位国际合作的具体做法:按照立足长远、总体谋划、多元合作、互利共赢的方针,加强能源宽领域、多层次、全产业链合作,构筑连接我国与世界的能源合作网,打造能源合作的利益共同体和命运共同体。实现海外油气资源来源多元稳定,畅通“一带一路”能源大通道,深化国际产能和装备制造合作,引技引智并举,拓宽合作领域,加大国际能源技术合作力度,推动能源产业对外深度融合,提升我国能源国际竞争力,增强国际能源事务话语权。

(8)提升综合保障能力的具体做法:始终保持忧患意识、危机意识,立足国内,着眼全球,构建涵盖能源供给利用、储备应急、监督管理等各方面的综合保障体系,把能源安全的主动权牢牢掌握在自己手中。包括形成多元安全保障体系,增强战略储备和应急能力,提升生产运行安全水平等。

（9）实施重大战略行动的具体做法：围绕能源革命战略目标，选择重点突破领域，通过示范建设和实施重大工程，推动落实各项战略任务，包括全民节能行动、能源消费总量和强度控制行动、近零碳排放示范行动、电力需求侧管理行动、煤炭清洁利用行动、天然气推广利用行动、非化石能源跨越发展行动、农村新能源行动、能源互联网推广行动、能源关键核心技术及装备突破行动、能源供给侧结构性改革行动、能源标准完善和升级行动及“一带一路”能源合作行动等。

（10）加强组织领导的具体做法：推进能源革命，必须统一思想，加强组织领导，健全领导体制和工作机制，完善规划体系，协调重大关系，研究解决重大问题，动员全社会力量，积极稳妥推进，保障能源革命阶段性任务和整体战略目标的顺利实现。包括明确实施责任主体、强化规划指导作用、完善政策措施保障、健全监督管理体系及加强宣传教育引导等。

（二）《能源发展战略行动计划（2014—2020年）》

国务院2014年6月通过《能源发展战略行动计划（2014—2020年）》。虽然从时间来看这个文件仅涉及了7年的规划期，从内容来看这个文件有大量篇幅都涉及了实施细节，因此，似乎更像是规划而不是战略。但是，由于该文件标题中明确标示了“战略”，且是国务院通过的层级较高的文件，因此，可以将其看作是我国的现行能源战略文件。《能源发展战略行动计划（2014—2020年）》分为总体战略、主要任务和保障措施三个部分。

1.《能源发展战略行动计划（2014—2020年）》总体战略：以开源、节流、减排为重点，确保能源安全供应，转变能源发展方式，调整优化能源结构，创新能源体制机制，着力提高能源效率，严格控制能源消费过快增长，着力发展清洁能源，推进能源绿色发展，着力推动科技进步，切实提高能源产业核心竞争力，打造中国能源升级版，为实现中华民族伟大复兴的中国梦提供安全可靠的能源保障；坚持“节约、清洁、安全”的战略方针，加快构建清洁、高效、安全、可持续的现代能源体系；重点实施节约优先、立足国内、绿色低碳、创新驱动四大战略。

2.《能源发展战略行动计划（2014—2020年）》主要任务：增强能源自主保障能力，推进能源消费革命，优化能源结构，拓展能源国际合作，推进能源科技创新。增强能源自主保障能力，是指立足国内，加强能源供应能力建设，不断提高自主控制能源对外依存度的能力，具体为推进煤炭清洁高效开发利用、稳步提高国内石油产量、大力发展天然气、积极发展能源替代、加强储备应急能力建设。推进能源消费革命，是指调整优化经济结构，转变能源消费理念，强化工业、交通、建筑节能和需求侧管理，重视生活节能，严格控制能源消费总量过快增长，切实扭转粗放用能方式，不断提高能源使用效率，具体为严格控制能源消费过快增长、着力实施能效提升计划、推动城乡用能方式变革。优化能源结构，是指积极发展天然气、核电、可再生能源等清洁能源，降低煤炭消费比重，推动能源结构持续优化，具体为降低煤炭消费比重、提高天然气消费比重、安全发展核电、大力发展可再生能源。拓展能源国际合作，是指统筹利用国内国际两种资源、两个市场，坚持投资与贸易并举、陆海通道并举，加强俄罗斯中亚等五大重点能源合作区域建设，积极参与全球能源治理。推进能源科技创新，是指按照创新机制、夯实基础、超前部署、重点跨越的原则，加强科技自主创新，鼓励引进消化吸收再创新，打造能源科技创新升级版，建设能源科技强国。

3.《能源发展战略行动计划（2014—2020年）》保障措施：通过深化体制改革，加强能源立法等安全保障，包括深化能源体制改革、健全和完善能源政策、加强组织领导和组织实施等。

二、国家能源规划的实体内容

（一）综合能源规划

我国目前实施的综合性能源规划是《能源发展“十三五”规划》（以下简称《规划》），根据《国民经济和社会发展第十三个五年规划纲要》（以下简称《纲要》）编制，主要阐明我国能源发展的指导思想、基本原则、发展目标、重点任务和政策措施，是“十三五”时期我国能源发展的总体蓝图和行动纲领，由国家发展改革委、国家能源局于2016年12月26日印发并实施。

《规划》提出要贯彻落实五大发展理念，主动适应、把握和引领新常态，遵循能源发展“四个革命、一个合作”的战略思想，坚持以推进能源供给侧结构性改革为主线，以满足经济社会发展和民生需求为立足点，以提高能源发展质量和效益为中心，着力优化能源系统，着力补上发展“短板”，着力培育新技术新产业新业态新模式，着力提升能源普遍服务水平，全面推进能源生产和消费革命，努力构建清洁低碳、安全高效的现代能源体系。有六个方面的内容值得注意：〔5〕

（1）能源消费总量和强度。实行能源消费总量和强度双控制，是党的十八大提出的大方略，是推进生态文明建设的重点任务。《规划》提出“到2020年把能源消费总量控制在50亿吨标准煤以内”，与国民经济和社会发展规划《纲要》保持一致。从年均增速看，“十三五”能源消费总量年均增长2.5%左右，比“十二五”低1.1个百分点，符合新常态下能源消费变化新趋势。从能源强度看，按照规划目标测算，“十三五”期间单位GDP能耗下降15%以上，可以完成《纲要》提出的约束性要求。为确保能源安全，应对能源需求可能回升较快和局部地区可能出现的供应紧张局面，《规划》考虑了相关对策，给保障能源安全供应留有了一定余地和弹性，主要是通过提高现有发电机组利用率、提升跨区调运和协同互济保供能力等措施，确保能源充足稳定供应。

（2）能源结构调整。优化能源结构，实现清洁低碳发展，是推动能源革命的本质要求，也是我国经济社会转型发展的迫切需要。《规划》提出，“十三五”时期非化石能源消费比重提高到15%以上，天然气消费比重力争达到10%，煤炭消费比重降低到58%以下。按照规划相关指标推算，非化石能源和天然气消费增量是煤炭增量的3倍多，约占能源消费总量增量的68%以上。可以说，清洁低碳能源将是“十三五”期间能源供应增量的主体。实现规划确定的结构调整目标，既有现实基础，又有一定的难度和挑战，要重点从三个方面抓落实：一是继续推进非化石能源规模化发展。做好规模、布局、通道和市场的衔接，规划建设一批水电、核电重大项目，稳步发展风电、太阳能等可再生能源。二是扩大天然气消费市场。创新体制机制，稳步推进天然气接收和储运设施公平开放，鼓励大用户直供，降低天然气利用成本，大力发展天然气分布式能源和天然气调峰电站，在民用、工业和

---

〔5〕　此处实体内容参见《国家能源局在京召开新闻发布会时相关负责人的解读》，载 http://www.gov.cn/xinwen/2017-01/05/content_5156795.htm#1，2018年12月4日最后访问。

交通领域积极推进以气代煤、以气代油，提高天然气消费比重。三是做好化石能源，特别是煤炭清洁高效利用。在今后较长时期内，煤炭仍是我国的主体能源，这是我们最基本的国情。要坚定不移化解过剩产能、淘汰落后产能、发展先进产能，优化煤炭生产结构，要坚定不移地发展煤炭洗选加工和超低排放燃煤发电，推进煤制油气、煤制烯烃升级示范，走符合中国国情的煤炭清洁开发利用道路。同时，加快推进成品油质量升级，推广使用生物质燃料等清洁油品，提高石油消费清洁化水平。

(3)能源发展布局。受资源禀赋等因素制约，我国重要的能源基地大都分布在西北地区，长期以来形成了西电东送、西气东输、北煤南运的能源格局和流向。但经济进入新常态后，主要能源消费地区市场空间萎缩，对接受区外能源的积极性普遍降低，能源送受地区之间利益矛盾加剧。根据新形势的变化，综合考虑资源环境约束、可再生能源消纳、能源流转成本等因素，《规划》对“十三五”时期的重大能源项目、能源通道作出了统筹安排。其中，在能源发展布局上做了一些调整，主要是将风电、光伏布局向东中部转移，新增风电装机中，中东部地区约占58%，新增太阳能装机中，中东部地区约占56%，并以分布式开发、就地消纳为主。同时，输电通道比规划研究初期减少了不少，还主动放缓了煤电建设节奏，严格控制煤电规模。在规划实施过程中，密切跟踪布局及这些调整措施的变动情况和实施效果，动态评估新变化、分析新问题、研究采取新对策。

(4)提高能源系统效率和发展质量。当前，随着能源供应出现阶段性宽松，我国能源发展不平衡、不协调、综合效率不高等问题逐步显现。突出表现在煤炭产能过剩、煤电利用小时数下降、系统调节能力与可再生能源发展不相适应等。解决好这些问题主要途径是优化能源系统，因此，《规划》提出了四个方面的对策措施：一是有效化解过剩产能。坚决把国务院确定的煤炭去产能的部署落实到位。需要强调的是，去产能主要运用市场化、法治化手段，更加注重运用安全、环保、技术、质量等标准，淘汰落后产能。二是加快补上能源发展的短板。增强电力系统调峰能力，加快抽水蓄能电站、天然气调峰电站建设，同时，加大既有的热电联产机组、煤电机组灵活性改造力度。统筹推进油气管网建设，在提升骨干网输送和进口接收能力的同时，加强支线管网建设，打通“最后一公里”。推进城镇配电网建设，既要补欠账又要上水平，在健全网架的同时加快智能化升级。三是深入推进煤电超低排放和节能改造。“十三五”期间要完成煤电机组超低排放改造4.2亿千瓦，节能改造3.4亿千瓦。四是严格控制新投产煤电规模，力争将煤电装机控制在11亿千瓦以内。

(5)提升能源安全战略保障能力。《规划》既强调了要牢固树立底线思维，坚持立足国内，增强能源自主保障能力，又考虑了要抓住当前国际市场供需宽松的机遇，充分利用国际能源资源。在增强国内供应能力方面，《规划》提出要夯实油气供应基础，着力提高两个保障能力。一是加大新疆、鄂尔多斯盆地等地区勘探开发力度，加强非常规和海上油气资源开发，提高资源的接续和保障能力。二是有序推进煤制油、煤制气示范工程建设，推广生物质液体燃料，提升战略替代保障能力。在利用国际资源和市场方面，《规划》提出要抓住“一带一路”建设的重大机遇，推进能源基础设施互联互通，加大技术装备和产能合作，积极参与全球能源治理，实现开放条件下的能源安全。同时，“十三五”期间还要坚持节约优先的方针，着力推进相关领域石油消费减量替代，重点提高汽车燃油经济性标准，大力推广新能源汽车，大力推进港口、机场等交通运输“以电代油”“以气代油”。

(6)着力加强创新引领。创新是引领能源发展的第一动力。《规划》突出强调,要加快技术创新、体制机制创新和产业模式创新,进一步增强能源产业的发展活力。在技术创新方面,《规划》坚持战略导向,按照“应用一批、示范一批、攻关一批”的思路,加快推进关键领域的技术装备研发和示范。在体制机制创新方面,《规划》更加注重发挥市场在资源配置中的决定性作用,提出要完善现代能源市场,推动电网、油气管网等基础设施公平开放接入,有序放开油气勘探开发等竞争性业务,进一步提高资源配置效率。同时,也考虑了更好地发挥政府的作用,科学合理地建设市场、管理市场和调控市场,提高能源行业治理能力。在产业模式创新方面,《规划》提出要积极推广合同能源管理、综合能源服务等先进市场理念和模式,推动信息技术与能源产业深度融合,增强能源供给侧、需求侧交互响应能力,构建能源生产、输送、使用和储能体系协调发展、集成互补的智慧能源体系。

(二)专项能源规划

1. 煤炭

2016 年 12 月 30 日,国家发展改革委、国家能源局制订并印发《煤炭工业发展“十三五”规划》,是指导煤炭工业科学发展的总体蓝图和行动纲领。此规划更加注重优化结构和布局、清洁高效发展、科技创新、提高竞争力。规划明确提出,努力建设集约、安全、高效、绿色的现代煤炭工业体系,实现煤炭工业由大到强的历史跨越。

2. 石油天然气

国家发展改革委、国家能源局组织编制了《石油发展“十三五”规划》和《天然气发展“十三五”规划》,2017 年 1 月 19 日正式发布。规划重点阐明了石油天然气未来发展的指导思想、基本原则、面临的挑战以及机遇等。两个规划中表明,我国“十三五”时期石油需求仍将稳步增长,但增速进一步放缓,石油在一次能源消费中的占比保持基本稳定,持续提高天然气在一次能源中占比,同时处理好石油、天然气发展与生态环境保护的关系,减少环境污染。同时规划提出,“十三五”时期我国油气体制改革将在放宽市场准入、完善管网建设运营机制、落实基础设施公平接入、市场化定价、完善行业管理和监管等方面深入推进,充分发挥市场在资源配置中的决定性作用。

3. 电力

2016 年 11 月 7 日,国家发展改革委、国家能源局召开新闻发布会,对外正式发布《电力发展“十三五”规划》。这是时隔 15 年之后,电力主管部门再次对外公布电力发展 5 年规划。进入“十三五”,电力工业面临供应宽松常态化、电源结构清洁化、电力系统智能化、电力发展国际化、体制机制市场化等一系列新形势、新挑战。面对新形势,党中央、国务院明确提出了新的要求。

4. 风电

2016 年 11 月 28 日,国家能源局正式印发《风电发展“十三五”规划》,明确了“十三五”期间风电发展目标和建设布局。风电技术比较成熟,成本不断下降,是目前应用规模最大的新能源发电方式。发展风电已成为许多国家推进能源转型的核心内容和应对气候变化的重要途径,也是我国深入推进能源生产和消费革命、促进大气污染防治的重要手段。进入“十三五”期间,面临新的形势,国家推动能源结构转型升级,促进风电产业持续健康发展。

5. 可再生能源

为实现2020年非化石能源占一次能源消费比重15%的目标，加快建立清洁低碳、安全高效的现代能源体系，促进可再生能源产业持续健康发展，国家发展改革委2016年12月10日发布了《可再生能源发展“十三五”规划》，包括了水能、风能、太阳能、生物质能、地热能和海洋能，明确了2016年至2020年我国可再生能源发展的指导思想、基本原则、发展目标、主要任务、优化资源配置、创新发展方式、完善产业体系及保障措施，是“十三五”时期我国可再生能源发展的重要指南。

6. 节能

2016年12月22日，国家发展改革委、科技部、工业和信息化部、环境保护部联合发布《节能环保产业“十三五”规划》，是市场主体的行为导向，是政府履行职责的重要依据，是全国人民的共同愿景。《节能环保产业“十三五”规划》明确提出，发展绿色环保产业，需培育服务主体，推广节能环保产品，支持技术装备和服务模式创新，完善政策机制，促进节能环保产业发展壮大。同时，明确产业发展方向和支持政策，大力推进节能环保产业供给侧结构性改革。

除上述规划文件之外，还有《水电发展“十三五”规划》《生物质能源发展“十三五”规划》《煤层气（煤矿瓦斯）开发利用“十三五”规划》《关于编制“十三五”秸秆综合利用实施方案的指导意见》《太阳能发展“十三五”规划》《“十三五”节能减排综合工作方案》《海洋可再生能源发展“十三五”规划》等，也都是重要的专项能源规划。国务院有关部门制定的一些规划，也涉及了能源，需要予以关注，如《能源技术创新“十三五”规划》《“十三五”国家战略性新兴产业发展规划》《智能制造发展规划（2016—2020）》《“十三五”生态环境保护规划》等。

三、区域能源规划的实体内容

国家能源局于2017年2月批复同意《丝绸之路经济带核心区（新疆）能源规划》。这是国家批复的首个区域性能源专项规划，对于推动丝绸之路经济带能源合作迈向更高水平具有重要的意义。国家能源局在批复中指出，新疆地处亚欧大陆中心，连接丝绸之路经济带沿线国家等世界能源资源富集区，是我国向西开放的重要门户和国家重要的能源战略基地。新疆能源建设和对外合作要把握“一带一路”建设机遇，深化能源资源产能、技术装备和贸易合作，加强能源基础设施建设与互联互通。《丝绸之路经济带核心区（新疆）能源规划》指出，将充分利用新疆能源开发后发优势，积极引导国内外大型先进能源装备与制造业到新疆落户，努力将新疆打造成服务西北、面向中亚的区域型能源装备制造产业基地；充分发挥新疆地域优势，加快推进与周边及沿线国家能源基础设施互联互通，提高我国能源安全保障水平和资源优化配置能力。新疆将切实做好与中亚、俄罗斯、蒙古、巴基斯坦的油气、煤炭及可再生能源资源合作，加大与沿线国家贸易合作力度，积极推动一体化能源产业链合作。抓住能源资源、装备合作机遇，加强人力、技术、信息、工程服务、能源环境合作，积极探索能源合作新方向。同时，在能源开发中将逐步建立多元、稳定、高效、清洁的开发利用体系。[6]

为深入贯彻京津冀协同发展战略，京津冀三地发展改革委共同研究制定的《京津冀能源协同发展行动计划(2017—2020年)》于2017年11月印发实施。该计划提出了强化能源战略协同、设施协同、治理协同、绿色发展协同、管理协同、创新协同、市场协同、政策协同“八大协同”重点任务。京津冀是我国最具发展活力的三大经济增长极之一，同时也是我国重要的能源消费重心之一。能源协同发展是京津冀协同发展的重要内容。该行动计划是为贯彻落实《京津冀协同发展规划纲要》和《京津冀能源协同发展规划(2016—2025年)》，对近期目标任务的进一步深化和细化。三地将以能源设施一体化为导向，以市场建设一体化为根本，以体制机制科技创新为动力，发挥三地比较优势，创新区域能源合作，打造一体化的新型能源系统，加快构建绿色低碳、安全高效的现代能源体系，保障京津冀区域能源安全。[7]

四、地方能源规划的实体内容

在实际运行中，地方能源规划是能够切实指导本地区能源发展的直接依据。如前文所述，地方能源规划的制定和实施的主要依据是《省级能源发展规划管理办法》。根据该办法，省级能源主管部门要加强国家和省级能源规划衔接，发挥省级能源规划落实国家能源战略规划、引导本地区能源发展的统筹协调作用。一般来说，在国家级综合能源规划和专项能源规划发布之后，各省份、地区都会随后制定适合本地区情况的地方能源规划。中国地域辽阔，中西部和东部沿海、南方和北方等地域差别极大，各地区面临的能源问题会大相径庭。以山西省和浙江省为例，一个是能源生产输出型地区且面临着经济转型压力，另一个是能源消费输入型地区、面临着能源供给的难题，两者在能源规划的实体内容上就会有具体体现。

知识拓展

能源生产大省能源规划——以山西省、浙江省为例

思考练习题

1. 简述能源战略的法律地位及其内涵。
2. 简述能源规划与能源战略的关系。
3. 概述世界范围内能源战略演进情况。
4. 论述能源基本法与能源战略、能源规划的关系。
5. 简述能源战略法律制度。
6. 简述能源规划法律制度。
7. 简述综合能源规划的法定内容。
8. 简述专项能源规划与综合能源规划的关系。
9. 简述区域性能源规划制定和实施的法律规定。

---

〔6〕《丝绸之路经济带核心区(新疆)能源规划》，国家能源局2017年2月批复同意。

〔7〕《京津冀能源协同发展行动计划(2017—2020年)》，该计划为北京、天津和河北三地发展改革委2017年11月联合印发。

第五章 能源开发与加工转换

导 读

能源开发是整个能源产业的上游，对保障能源安全，促进能源消费结构转型具有决定性的影响。当前我国正在进行油气替代煤炭、非化石能源替代化石能源的能源供应革命。在化石能源和核能开发领域，一方面逐步放开了对于化石能源以及铀矿开发准入的限制，营造更加公平的市场竞争秩序；另一方面也对化石能源和核能开发中的环境保护和安全生态提出了更高的要求，促进化石能源和核能向更“清洁”的方向发展。在可再生能源开发领域，通过设定可再生能源总量目标、可再生能源发电全额收购、可再生能源发电固定电价等制度鼓励可再生能源的开发。本章重点是我国能源供应革命的趋势、能源矿产开发的生态补偿制度、能源矿产的权属制度、化石能源开发的准入制度、可再生能源的上网电价管理与费用分摊制度；本章难点是能源矿产的权属制度、石油天然气立法、核电建设与运营制度。

能源开发既包括化石能源，也包括非化石能源。化石能源，是指碳氢化合物或其衍生物，化石能源所包含的天然资源有煤炭、石油和天然气。非化石能源，是指非煤炭、石油、天然气等经长时间地质变化形成，只供一次性使用的能源类型外的能源，如风能、太阳能、水能、生物质能、地热能、海洋能等连续、可再生的非化石能源。能源的加工转换，是指经过一定的工艺流程使能源的物理形态或者能量形式发生变化、生产出其他能源产品，不包括以能源为原料生产其他产品的活动。由于化石能源与非化石能源在开发与加工转换环节既有共性又有个性，因此，能源基本法应对应共性作出相同规定，对应个性作出不同的规定。

第一节 概 述

一、化石能源与非化石能源共同适用的规定

化石能源与非化石能源共同适用的规定有：(1)开发与加工转换的基本原则，如能源开发与加工转换应当遵循合理布局、优化结构、节约高效和低碳清洁的原则，保护能源资源。(2)投资权益，如国家鼓励单位和个人依法投资能源开发和加工转换项目，保护投资者的合法权益。(3)优化能源结构，如国家鼓励能源综合高效开发利用，因地制宜发展分布式能源；提高清洁能源在能源结构中的比例；鼓励以新能源替代传统能源，以可再生能源替代化石能源，以低碳能源替代高碳能源，优先开发应用替代石油的新型燃料和工业原

料。(4)不同法律适用中的冲突与协调,如县级以上人民政府能源主管部门会同有关部门依法对能源开发和加工转换活动进行监督管理,规范能源开发和加工转换秩序,保护能源资源。法律、行政法规或者国务院规定从事能源开发和加工转换活动需要取得行政许可的,依照其规定。从事能源开发和加工转换活动的企业,应当具备国家规定的资质条件。(5)安全生产和环境保护,如从事能源开发、加工转换活动的企业应当遵守法律法规有关安全生产、职业健康、环境保护的规定,加强安全生产管理,降低资源消耗,控制和防治污染,保护生态环境。能源开发和加工转换的建设项目,应当依法进行环境影响评价和安全评价;建设项目的节能环保设施、安全设施应当与主体工程同时设计、同时施工、同时投产或者使用。(6)化石能源生态补偿,如国务院和地方各级人民政府应当制定能源开发和加工转换重大建设项目的污染治理、生态恢复或者土地复垦规划和措施,建立化石能源生态补偿机制。从事能源开发和加工转换活动的企业必须依法履行污染治理、生态保护或者土地复垦的义务。(7)税费制度,如国务院财政税收主管部门会同国务院能源主管部门建立和完善能源资源税费制度,促进能源资源节约,引导能源资源的合理开发,保障国家作为能源资源所有者的权益。(8)进出口管理,如国务院能源主管部门会同有关部门制定能源进出口政策,鼓励进口清洁、优质能源及引进先进能源技术,加强化石能源和高耗能产品的进出口监督管理。

二、化石能源适用的规定

仅适用于化石能源的规定包括:(1)化石能源勘查,如国家加强煤炭、石油、天然气等化石能源的勘查,对化石能源实行合理开发。(2)煤炭开发原则,如煤炭的开发和加工转换应当遵循安全、绿色、集约、高效的原则,提高煤炭清洁高效开发利用水平。(3)煤炭开发,如煤炭资源以整体开发和规模开发为主,推行煤炭资源的综合利用,鼓励研发煤炭清洁开发利用技术,促进煤炭的清洁生产和高效转换,适当发展煤制燃料。国家对特殊、稀缺煤种实行保护性开发和合理使用,鼓励煤层气的优先开采和煤矿瓦斯的抽采利用。(4)油气开发,如石油、天然气实行陆上开发与海上开发并重,加快开发海上油气田。国务院能源主管部门会同有关部门采取措施,鼓励能源企业依法开发利用非常规和低品位石油、天然气资源,鼓励规模、先进、集约的石油加工转换方式,优化石油加工转换产业的布局和结构,推进致密油气、页岩油气开发。石油、天然气生产企业应当采取先进技术,提高石油、天然气的采收率,稳步提高国内石油、天然气产量。国家鼓励石油、天然气勘探、开发新技术的研发和储备。(5)火电开发,如县级以上人民政府能源主管部门应当采取措施,发展先进高效、清洁火力发电及相关技术,优化火力发电结构,因地制宜发展热电联产、热电冷联产和热电煤气多联供等。

三、非化石能源适用的规定

仅适用于非化石能源的规定包括:(1)加快发展非化石能源,如国务院能源主管部门应当采取措施,促进可再生能源和核能等非化石能源发展,提高非化石能源在能源结构中的比重。开发利用可再生能源,应当遵循大规模集中开发利用和分散开发利用相结合的原则。国务院和地方各级人民政府应当制定相关财政、金融、价格等政策、措施,加大对可再生能源开发利用的扶持力度，提高可再生能源技术开发能力，促进可再生能源产业体系建设，扩大可再生能源的应用领域。（2）水电站建设，如国家鼓励各类投资主体依法开发、利用水能资源，鼓励建设大型水电站，因地制宜开发中小型水电站。建设水电站应当兼顾防洪、供水、灌溉、航运等方面的需要。（3）风电开发，如县级以上人民政府应当加强风电开发规划和建设管理，提高风电在电力结构中的比重，加大本地消纳能力。风电开发应当积极、有序，提高风电的经济性、安全性和技术装备水平。（4）太阳能开发利用，如国务院能源主管部门会同有关部门推广太阳能利用技术，扩大太阳能开发利用规模，开展太阳能热利用新技术的研发和示范，创造有利于普及太阳能热利用的市场环境，鼓励相关企业降低光伏发电成本，开拓多元化光伏发电市场。（5）生物质能开发，如县级以上人民政府应当支持能源主管部门加强生物质能资源评价和规划，统筹协调农业生产、土地利用与生物质能开发利用，加强生物质能技术研发和推广，促进生物质能多元化利用。（6）地热能与海洋能开发，如国家扶持地热能技术的开发利用，加强海洋能开发利用技术的研发、示范和推广工作。（7）企业保障义务，如电网企业应当加强电网建设，优化资源配置，严格履行法律规定的收购可再生能源电力的义务。成品油销售企业应当建立生物液体燃料收购和销售体系，完善配套的收储、调配等基础设施。（8）核电管理，如国务院能源主管部门会同有关部门应当采取措施，支持核电安全发展，依法加强核电厂及其配套设施选址、设计、建造、运行、退役以及乏燃料后处理的管理和监督。（9）核电技术，如国务院能源主管部门会同有关部门应当采取措施，推进核电基础理论研究，鼓励核电技术、装备的研发和自主创新，推广具有自主知识产权、先进成熟的核电技术，加快培养核电专业人才。

第二节　一 般 规 定

不同种类的能源，由于自身的特性或者资源禀赋的不同，在开发过程中往往要适用不同的法律制度。但在能源开发，尤其是化石能源开发中，也涉及一些共通性的重要法律制度，如涉及所有能源开发的环境保护制度、安全生产制度，涉及化石能源开发的资源权属制度、税费制度和矿产资源开发生态补偿制度等。

一、能源开发过程中的环境保护制度

能源开发，尤其是化石能源开发过程中，可能会导致环境污染和生态破坏。核能开发过程中，有可能会导致放射性污染；可再生能源的开发，也可能会导致不利的环境影响，如水电开发可能会破坏河流的生物多样性；风电开发可能会干扰候鸟的迁徙路线；光伏组件在生产和废弃过程中，可能会对环境造成污染和破坏。因此，必须加强对于能源开发过程中的环境保护工作。

能源开发环境保护最重要的制度是环境影响评价制度。要加强能源开发过程中的规划环境影响评价和建设项目环境影响评价，从源头上避免能源的不当开发对生态环境的影响。鉴于能源开发规划和项目中的环境影响可能会逐步加剧，特别需要强调规划环境

影响评价的跟踪评价和建设项目环境影响评价的后评价制度。

在能源开发过程中，需要遵守《水污染防治法》《大气污染防治法》《海洋环境保护法》《固体废物污染环境防治法》《环境噪声污染防治法》《土壤污染防治法》《放射性污染防治法》等环境保护单行法规定的污染防治要求，遵守环保部门颁发的排污许可证规定的排污限制，依法履行《野生动物保护法》《森林法》《草原法》《渔业法》《水法》《海岛保护法》《野生植物保护条例》《自然保护区条例》《风景名胜区条例》《土地复垦条例》等法律法规规定的各项生态保护义务，并依法切实做好突发环境事件的应急工作。

二、能源开发过程中的安全生产制度

能源开发过程中的安全生产非常重要。无论是煤炭开采，还是石油天然气开采，还是核能开发，都曾发生过十分惨痛的生产安全事故，因此必须加强能源开发的安全生产工作。目前我国规制能源开发安全生产的法律主要包括《安全生产法》《矿山安全法》《煤炭法》《核安全法》。

依照《安全生产法》和《矿山安全法》的规定，矿山建设项目，应当按照国家有关规定进行安全评价。矿山建设工程的安全设施必须和主体工程同时设计、同时施工、同时投入生产和使用。矿山建设工程必须按照管理矿山企业的主管部门审查批准的设计文件施工。矿山建设工程安全设施竣工后，由矿山建设单位组织验收并对验收结果负责；不符合矿山安全规程和行业技术规范的，不得验收，不得投入生产。矿长对本企业的安全生产工作负责。矿山应当有注册安全工程师从事安全生产管理工作。

依照《核安全法》的规定，核设施营运单位应当依照法律、行政法规和标准的要求，设置核设施纵深防御体系，有效防范技术原因、人为原因和自然灾害造成的威胁，确保核设施安全。核设施营运单位应当对核设施进行定期安全评价，并接受国务院核安全监督管理部门的审查。

三、化石能源开发的权属制度

（一）概述

煤炭、石油、天然气等化石能源的权属制度包括所有权和矿业权。根据我国《宪法》和《矿产资源法》的规定，矿产资源属于国家所有。矿业权是所有权派生的一种权利，根据《物权法》的规定，矿业权属于用益物权。

严格意义上的、广义的矿业权，包括探矿权、采矿权和开发管理权。探矿权，是指在依法取得的勘查许可证规定的范围内，勘查矿产资源的权利。取得勘查许可证的单位或者个人称为探矿权人。采矿权，是指在依法取得的采矿许可证规定的范围内，开采矿产资源和获得所开采的矿产品的权利。取得采矿许可证的单位或者个人称为采矿权人。开发管理权，是指国家对取得矿产资源的勘查、开采权属的探矿权人、采矿权人依法勘查、开采矿产资源活动实施监督管理的行政权力，开发管理权人即为各级人民政府及其能源监管部门、机构。目前我国化石能源开发管理权主要集中于能源行业主管部门，其相关法律规定散见于能源单行法律法规中，如《煤炭法》《石油天然气管道保护法》《乡镇煤矿管理条例》《石油及天然气勘查、开采登记管理暂行办法》等。鉴于《矿产资源法》不是完全意义上的《矿业法》,所以依照《矿产资源法》取得的只是矿产资源的探矿权和采矿权,不包括完整、完全的开发管理权。依照现行的煤炭、石油天然气法律、行政法规和国务院的规定,能源矿产资源的国家开发管理权主要属于国家发展改革委及其管理的国家能源局。

(二)探矿权的获得方式

根据《矿产资源勘查区块登记管理办法》的规定,国家对矿产资源勘查实行统一的区块登记管理制度。勘查煤炭资源的,由国务院地质矿产主管部门审批登记,颁发勘查许可证。勘查石油、天然气矿产的,经国务院指定的机关审查同意后,由国务院地质矿产主管部门登记,颁发勘查许可证。勘查出资人为探矿权申请人;但是国家出资勘查的,国家委托勘查的单位为探矿权申请人。

勘查许可证有效期最长为3年;但是石油、天然气勘查许可证有效期最长为7年。需要延长勘查工作时间的,探矿权人应当在勘查许可证有效期届满的30日前,到登记管理机关办理延续登记手续,每次延续时间不得超过2年。探矿权人逾期不办理延续登记手续的,勘查许可证自行废止。石油、天然气滚动勘探开发的采矿许可证有效期最长为15年;但是探明储量的区块,应当申请办理采矿许可证。

(三)采矿权的获得方式

根据《矿产资源开采登记管理办法》的规定,开采煤炭资源,由国务院地质矿产主管部门审批登记,颁发采矿许可证;开采石油、天然气矿产的,经国务院指定的机关审查同意后,由国务院地质矿产主管部门登记,颁发采矿许可证。

采矿权申请人在提出采矿权申请前,应当根据经批准的地质勘查储量报告,向登记管理机关申请划定矿区范围。

采矿许可证有效期按照矿山建设规模加以确定:大型以上的,采矿许可证有效期最长为30年;中型的,采矿许可证有效期最长为20年;小型的,采矿许可证有效期最长为10年。采矿许可证有效期满,需要继续采矿的,采矿权人应当在采矿许可证有效期届满的30日前,到登记管理机关办理延续登记手续。

(四)探矿权和采矿权的出让

探矿权和采矿权的出让,是指权利人通过法定途径从国家获得探矿权和采矿权。根据2003年6月国土资源部制定的《探矿权采矿权招标拍卖挂牌管理办法(试行)》的规定,探矿权出让的方式主要包括两种:一种是以申请在先的方式出让,另一种是以招标拍卖挂牌方式出让。采矿权出让的方式也包括两种:一种是以招标拍卖挂牌的方式出让,另一种是以协议方式出让。

2017年6月,中办、国办印发的《矿业权出让制度改革方案》提出:除特殊情形外,矿业权一律以招标拍卖挂牌方式出让,出让收益可按年度分期缴纳。矿业权协议出让严格控制在国务院确定的特定勘查开采主体和批准的重点建设项目,以及大中型矿山已设采矿权深部,并建立协议出让基准价制度。

(五)探矿权、采矿权的转让

探矿权、采矿权的转让,是指矿业权的权利人将自己的矿业权转让给他人。根据《探矿权采矿权转让管理办法》的规定,转让探矿权,应当具备下列条件:(1)自颁发勘查许可证之日起满2年,或者在勘查作业区内发现可供进一步勘查或者开采的矿产资源;(2)完成规定的最低勘查投入;(3)探矿权属无争议;(4)按照国家有关规定已经缴纳探矿权使用费、探矿权价款;(5)国务院地质矿产主管部门规定的其他条件。

转让采矿权应当具备下列条件:(1)矿山企业投入采矿生产满1年;(2)采矿权属无争议;(3)按照国家有关规定已经缴纳采矿权使用费、采矿权价款、矿产资源补偿费和资源税;(4)国务院地质矿产主管部门规定的其他条件。国有矿山企业在申请转让采矿权前,应当征得矿山企业主管部门的同意。

探矿权或者采矿权转让的受让人,应当符合《矿产资源勘查区块登记管理办法》或者《矿产资源开采登记管理办法》规定的有关探矿权申请人或者采矿权申请人的条件。

实务研析

未经矿产主管部门批准的矿业权转让合同的效力

(六)外商勘察、开采矿产资源的特别规定

根据国家发展改革委和商务部发布的《外商投资产业指导目录》和《外商投资准入特别管理措施(负面清单)》(2018年版)的规定,我国鼓励外商投资石油、天然气的勘探、开发和矿井瓦斯利用,但是外商进行石油、天然气(含煤层气,油页岩、油砂、页岩气等除外)的勘探、开发仅限于合资、合作。

四、化石能源开发的税费制度

历史上,我国能源矿产开发的税费制度包括矿产资源补偿费、探矿权采矿权使用费和价款、资源税等。经过多次改革之后,目前的税费制度包括资源税、矿业权出让收益、矿业权占用费等。

资源税是为了调节资源开采中的级差收入、体现国有资源有偿使用、促进资源合理开发利用而对资源产品开征的税种。2011年修正后的《资源税暂行条例》将原油和天然气的资源税由从量计征改为从价计征,原油和天然气的税率均为销售额的5%~10%。煤炭仍然实行从量计征,但税率分为两档:焦煤为每吨8~20元,其他煤炭为每吨0.3~5元。2014年10月,财政部、国家税务总局发布了《关于实施煤炭资源税改革的通知》,自2014年12月1日起在全国范围内实施煤炭资源税从价计征改革,同时清理相关收费基金。煤炭资源税税率幅度为2%~10%,具体适用税率由省级财税部门提出建议,报省级政府拟定。

2017年4月,国务院《矿产资源权益金制度改革方案》提出:(1)在矿业权出让环节,将探矿权采矿权价款调整为矿业权出让收益。将现行只对国家出资探明矿产地收取、反映国家投资收益的探矿权采矿权价款,调整为适用于所有国家出让矿业权、体现国家所有者权益的矿业权出让收益。以拍卖、挂牌方式出让的,竞得人报价金额为矿业权出让收益;以招标方式出让的,依据招标条件,综合择优确定竞得人,并将其报价金额确定为矿业权出让收益。以协议方式出让的,矿业权出让收益按照评估价值、类似条件的市场基准价就高确定。矿业权出让收益中央与地方分享比例确定为4:6。(2)在矿业权占有环节,将探矿权采矿权使用费整合为矿业权占用费。将现行主要依据占地面积、单位面积按年定额征收的探矿权采矿权使用费,整合为根据矿产品价格变动情况和经济发展需要实行动态调整的矿业权占用费,有效防范矿业权市场中的“跑马圈地”“圈而不探”行为,提高矿产资源利用效率。矿业权占用费中央与地方分享比例确定为2:8。

五、矿产资源开发生态补偿制度

矿产资源开发生态补偿制度属于广义上的能源开发中的环境保护制度的一部分，但一方面该制度仅适用于化石能源的开发，另一方面该制度与传统的“生态环境损害赔偿”有很大的不同之处，[1]因此本节单独进行阐述。

矿产资源（如煤炭、石油、天然气等化石能源）的开采过程即便是完全合法的开采，也往往会对生态环境造成较大的破坏。据测算，山西省煤炭开采所造成的环境污染损失量为13.78元/吨煤，生态破坏损失量为47.29元/吨煤，两项合计为61.07元/吨煤。[2] 此外，山西省为全国，尤其是沿海地区经济发展提供了大量优质廉价的煤炭，该省却留下了资源耗竭、生态环境遭到严重污染和破坏、整体生态功能恶化的后果。[3] 生态环境损害是一种公共利益的损害，如果矿山企业或者使用矿产资源的地区获得了矿产资源的利益，而矿产资源开采地的生态环境受到了严重损害却无法获得补偿，显然会导致矿产资源被过度开采并导致生态环境领域的“公地悲剧”。为了体现矿产资源开采的生态环境价值，就有必要建立矿产资源生态补偿制度。

2014年修订的《环境保护法》第三十一条规定：“国家建立、健全生态保护补偿制度。国家加大对生态保护地区的财政转移支付力度。有关地方人民政府应当落实生态保护补偿资金，确保其用于生态保护补偿。国家指导受益地区和生态保护地区人民政府通过协商或者按照市场规则进行生态保护补偿。”法律意义上的“生态补偿”，是指“在综合考虑生态保护成本、发展机会成本和生态服务价值的基础上，采用行政、市场等方式，由生态保护受益者或生态损害加害者通过向生态保护者或因生态损害而受损者以支付金钱、物质或提供其他非物质利益等方式，弥补其成本支出以及其他相关损失的行为”。[4]

从2003年起，我国开始设立矿山地质环境专项资金，支持地方开展历史遗留和矿业权人灭失矿山的地质环境治理。2006年，财政部、国土资源部、国家环境保护总局出台了《关于逐步建立矿山环境治理和生态恢复责任机制的指导意见》，要求按矿产品销售收入的一定比例，提取矿山环境治理和生态恢复保证金。2009年国土资源部制定的《矿山地质环境保护规定》（2015年修订）提出，采矿权人应当依照国家有关规定，缴存矿山地质环境治理恢复保证金。2017年4月国务院出台了《矿产资源权益金制度改革方案》，将矿山环境治理恢复保证金调整为矿山环境治理恢复基金。2017年11月，财政部、国土资源部、环境保护部发布了《关于取消矿山地质环境治理恢复保证金建立矿山地质环境治理

---

〔1〕 矿产资源开发“生态补偿”主要适用于因合法的矿产资源开发活动导致生态环境损害时，由资源开发者向资源所有者（主要是国家）进行补偿或者承担相应的生态环境修复责任，或者由其他工业城市（非矿业城市或受益城市）对矿业城市因矿产资源开发造成的生态环境损害进行补偿。而根据中办、国办制定的《生态环境损害赔偿制度改革方案》，矿产资源开发“生态环境损害赔偿”一般适用于开发者由于违法的开发活动（如超标排放或者其他违反法律强制性规定的行为）导致生态环境损害而向资源所有者（主要是国家）进行赔偿或者承担相应的生态环境修复责任。如因矿产资源开发给单位和个人造成人身权或财产权损害，属于一般的民事侵权，应当通过侵权责任法来解决。

〔2〕 赵亮等：《建立以资源税为基础的矿山生态补偿机制》，载《环境经济》2017年第9期。

〔3〕 王小萍、闫立宏：《我国矿产资源生态补偿法律制度研究——以现行矿产资源税费法律制度为分析视角》，载《中国政法大学学报》2014年第1期。

〔4〕 汪劲：《论生态补偿的概念——以〈生态补偿条例〉草案的立法解释为背景》，载《中国地质大学学报》（社会科学版）2014年第1期。

恢复基金的指导意见》，提出将矿山地质环境恢复治理费用按照企业会计准则相关规定预计弃置费用，计入相关资产的入账成本，在预计开采年限内按照产量比例等方法摊销，并计入生产成本。基金由企业自主使用，专项用于因矿产资源勘查开采活动造成的矿区地面塌陷、地裂缝、崩塌、滑坡、地形地貌景观破坏，地下含水层破坏、地表植被损毁预防和修复治理以及矿山地质环境监测等方面（不含土地复垦）。

但我国的《矿产资源法》《矿产资源法实施细则》《环境保护法》中，均未明确规定矿产资源生态补偿的内容，如谁补偿谁、补偿标准如何确定等。目前我国“矿山环境恢复治理保证金”或“矿山环境治理恢复基金”的标准过低，未能充分反映矿产资源开采的环境成本，未实现生态环境损失外部性内部化的目的，[5]且未建立矿产资源开发区际生态补偿制度。

从学理上说，矿产资源开发生态补偿至少应当包括两方面的内容：一是因矿产资源的开采而给周边生态环境造成污染、破坏的恢复治理，由矿产资源开发者进行补偿；二是因矿产资源的不合理定价而给矿业城市造成生态环境成本投入的损失，由其他工业城市（非矿业城市或受益城市）对矿业城市作出补偿。即应秉承“谁破坏，谁补偿”或者“谁受益，谁补偿”的原则。

由此，可以将矿产资源生态补偿分为两个层面：一个是矿产资源开发者对受损的生态环境进行补偿，另一个是由其他工业城市（非矿业城市或受益城市）对矿业城市作出补偿。基于实践可行性，应当优先建立矿产资源开发者对受损的生态环境进行补偿的制度，逐步建立其他工业城市（非矿业城市或受益城市）对矿业城市进行补偿的制度。

在目前条件下，考虑到企业的经济实力，将矿产资源生态补偿的标准设定为矿产资源开发生态环境损失的修复治理成本较为合理。[6]对于已经废弃，且无法找到责任人或者责任人无力修复的矿山的生态修复，则应当由政府通过财政拨款的方式进行修复。

关于其他工业城市（非矿业城市或受益城市）对矿业城市进行补偿的制度，可以通过搭建协商平台，完善支持政策，引导和鼓励开发地区、受益地区与生态保护地区通过自愿协商建立横向补偿关系，采取资金补助、对口协作、产业转移、人才培训、共建园区等方式实施横向生态补偿。中央政府应该积极引导并鼓励各相关地方政府之间进行横向财政转移支付的矿产资源生态补偿。[7]目前，我国已经成功试点流域上下游地区的横向生态补偿，[8]且在山西也进行过矿产资源开发区际生态补偿试点，[9]可以考虑借鉴上述经验，

理论探讨

矿产资源开发生态补偿的范围

[5] 例如，2006年6月15日，国务院批复同意在山西省开展煤炭工业可持续发展政策措施试点工作。2007年3月，山西省正式启动试点工作，随后出台了《山西省煤炭工业可持续发展政策措施试点总体实施方案》（晋政发〔2007〕9号），特别是针对矿山生态环境恢复与治理工作，专门建立了矿山生态环境治理恢复保证金制度的生态补偿机制，提出各煤炭生产企业应依据矿井设计服务年限或剩余服务年限，按吨煤10元的标准分年按月提取矿山生态环境治理恢复保证金。这个标准与煤炭开采造成的生态损害相比显然较低。

[6] 胡振琪等：《我国矿产资源开发生态补偿机制的构想》，载《环境保护》2006年第19期。

[7] 王干、白明旭：《中国矿区生态补偿资金来源机制和对策探讨》，载《中国人口·资源与环境》2015年第5期。

[8] 例如，安徽和浙江之间的新安江流域生态补偿试点，福建和广东之间的汀江—韩江流域生态补偿试点。

[9] 参见《山西省煤炭工业可持续发展政策措施试点总体实施方案》（晋政发〔2007〕9号）。

建立矿产资源生态补偿区际转移支付制度。

第三节 化石能源的开发

第一次工业革命以来,煤炭、石油、天然气等化石能源一直是世界各国能源开发的主体,支撑着人类文明的进步和经济社会发展。尽管近年来可再生能源的开发力度非常迅猛,但从世界范围看,今后相当长时期内,化石能源仍将是能源生产供应的主体,中国也不例外。

由于化石能源属于不可再生资源,且化石能源在开发和消费过程中可能带来严重的环境和其他不利影响,因此必须合理开发利用化石能源,既要使化石能源的开发数量足以保障一定程度的能源安全,又要将化石能源开发可能带来的环境和其他不利影响限制在可接受的水平。

一、煤炭

煤炭是我国主要的一次能源,但煤炭的大量开采和使用也导致了较为严重的大气污染和温室气体排放问题。当前,我国煤炭开发的总体趋势是减少煤炭产能,实行"绿色"开采,加大煤炭清洁高效利用力度,减少煤炭开发中的生产安全事故。

(一)我国煤炭分布和开采概况

我国的煤炭储量丰富,除上海市外,其他省、直辖市、自治区都有不同数量的煤炭资源,主要分布在华北、西北地区,以山西、内蒙古、山西、新疆、贵州、宁夏等省区的储量最为丰富。

我国煤炭产量2013年达到"准峰值"的39.7亿吨,从2014年开始,煤炭产量持续下降。2016年,全国原煤产量完成34.1亿吨,同比减少9%。2017年,全国原煤产量完成35.2亿吨,同比增加1.1亿吨,增长3.3%。这是自2013年以来煤炭产量首次增长。〔10〕

(二)关于煤炭开发的立法

1.法律

涉及煤炭开发的法律主要包括《矿产资源法》和《煤炭法》。《矿产资源法》1986年制定,1996年和2009年进行了两次修订。该法规定了矿产资源勘查的登记和开采的审批、矿产资源的勘查、矿产资源的开采、集体矿山企业和个体采矿等内容。

《煤炭法》1996年制定,2009年、2011年、2013年和2016年进行了四次修订,但均不是全面修订。该法既是我国化石能源的第一部法律和唯一的单矿种法律,也是促进我国煤炭行业发展走上规范化、法制化轨道的里程碑。〔11〕该法规定了煤炭生产开发规划与煤矿建设、煤炭生产与煤矿安全、煤炭经营、煤矿矿区保护、监督检查和法律责任等的内容。

〔10〕 参见国家统计局发布的2016年和2017年的《国民经济和社会发展统计公报》。

〔11〕 胡德胜主编:《能源法学》,北京大学出版社2017年版,第189页。

此外，煤炭开发过程中，经常涉及安全生产和环境保护的问题，因此也应当适用《矿山安全法》、《安全生产法》和《环境保护法》及有关环境保护单行法的规定。

2. 行政法规和其他规范性文件

涉及煤炭开发的行政法规及其他规范性文件主要包括：《乡镇煤矿管理条例》（2013年修订）、《煤矿安全监察条例》（2013年修订）、《国务院关于预防煤矿生产安全事故的特别规定》（2013年修订）等。此外，国务院还发布了一些涉及煤炭开发的规范性文件，如《国务院关于同意深化煤炭资源有偿使用制度改革试点实施方案的批复》（国函〔2006〕102号）、《国务院办公厅关于进一步加强煤矿安全生产工作的意见》（国办发〔2013〕99号）、《国务院关于煤炭行业化解过剩产能实现脱困发展的意见》（国发〔2016〕7号）等。国务院制定的涉及煤炭开发的行政法规主要包括《矿产资源法实施细则》（1994年制定）、《矿产资源勘查区块登记管理办法》（2014年修订）、《矿产资源开采登记管理办法》（2014年修订）和《探矿权采矿权转让管理办法》（2014年修订）等。

3. 部门规章及其他规范性文件

涉及煤炭开发的部门规章和其他规范性文件主要包括：国家安全生产监督管理总局发布的《煤矿建设项目安全设施监察规定》（2015年修正）、《煤矿重大生产安全事故隐患判定标准》（2015年制定）、《煤矿企业安全生产许可证实施办法》（2016年修订）、《煤矿安全规程》（2016年修订）、《煤矿安全培训规定》（2018年制定）、《煤矿防治水细则》（2018年制定）、《煤矿作业场所职业病危害防治规定》（2015年制定）和《煤矿领导带班下井及安全监督检查规定》（2015年修正）；国土资源部发布的《探矿权采矿权招标拍卖挂牌管理办法（试行）》（2003年制定）、国家发展改革委发布的《特殊和稀缺煤类开发利用管理暂行规定》（2013年修正）和国家发展改革委等10部委联合制定的《煤矸石综合利用管理办法》（2014年修订）等。

4. 地方性法规及地方政府规章

比较具有代表性的煤炭开发地方性法规及地方政府规章包括：《山西省煤炭管理条例》（2016年修订）、《陕西省煤炭石油天然气开发环境保护条例》（2007年修订）、《宁夏回族自治区煤炭资源勘查开发与保护条例》（2008年制定）、《新疆维吾尔自治区煤炭石油天然气开发环境保护条例》（2014年制定）和《河南省煤炭条例》（2016年修订）等。

（三）煤炭勘探开发规划制度

《矿产资源法》第七条规定："国家对矿产资源的勘查、开发实行统一规划、合理布局、综合勘查、合理开采和综合利用的方针。"目前，国务院矿产资源行政主管部门已经相继制定了《全国矿产资源规划（2008—2015年）》和《全国矿产资源规划（2016—2020年）》，包含了矿产资源的勘探开发方面的内容。

根据《煤炭法》第十四条至第十七条的规定，我国的煤炭开发规划包括国家煤炭资源勘察规划、国家煤炭生产开发规划和省级煤炭生产开发规划，要求煤矿建设项目应当符合煤炭生产开发规划和煤炭产业政策。国务院煤炭管理部门根据全国矿产资源规划规定的煤炭资源，组织编制和实施煤炭生产开发规划。省级人民政府煤炭管理部门根据全国矿产资源规划规定的煤炭资源，组织编制和实施本地区煤炭生产开发规划，并报国务院煤炭管理部门备案。

2005年9月国家发展改革委、国土资源部发布了《关于做好煤炭资源开发规划管理工作的通知》，提出煤炭勘查开发规划包括煤炭勘查规划、煤炭生产开发规划、矿区总体规划和矿业权（探矿权、采矿权）设置方案。截至2018年10月，国家尚未制定专门的煤炭勘查规划、开发利用规划、矿区总体规划和矿业权（探矿权、采矿权）设置方案。2016年12月，国家能源局制定了《煤炭工业发展“十三五”规划》，该规划是一种综合性规划。

未来我国应当进一步完善煤炭规划制度，突出规划在煤炭工业发展中的地位，确立煤炭工业发展规划、煤炭资源勘查规划、煤炭生产开发规划和矿区总体规划等四类规划，重点厘清四类规划之间的关系、效力、编制内容和审批程序，明确违反规划的法律责任。[12]

（四）煤炭开发准入制度

在2016年修订之前，《煤炭法》第十八条规定：“开办煤矿企业，应当具备下列条件：（一）有煤矿建设项目可行性研究报告或者开采方案；（二）有计划开采的矿区范围、开采范围和资源综合利用方案；（三）有开采所需的地质、测量、水文资料和其他资料；（四）有符合煤矿安全生产和环境保护要求的矿山设计；（五）有合理的煤矿矿井生产规模和与其相适应的资金、设备和技术人员；（六）法律、行政法规规定的其他条件”。

2016年修订后的《煤炭法》已经删除了第十八条。总体上，《煤炭法》的数次修订使得办矿审批、煤炭生产许可等制度被取消，煤炭行业准入门槛一再降低。这一措施不仅与煤炭行业作为我国安全、环保的重点领域的管理要求不符，而且也与我国当前的产业政策相背离。[13]我国一方面大力推进压缩煤炭产能工作，国务院甚至提出“三年不批新的煤矿”，[14]另一方面又从法律上降低煤矿企业的准入门槛，显然存在相互冲突之处。鉴于煤炭开发利用造成环境污染、生态破坏的不可逆性，以及从业人员面临的职业安全与健康的高风险性，有必要在煤炭矿业权取得、建设项目立项等环节，继续实施最严格的安全、环保准入，因此在《煤炭法》未来修订时应当重新补充煤矿准入的规定。[15]纵观国外，世界主要产煤国对煤矿准入的审查和监督都是非常严格的。

理论探讨

通过暂停审批新建煤矿项目“化解煤炭过剩产能”的合法性问题

（五）煤炭清洁高效利用制度

煤炭在中国能源结构中的地位和作用，决定了要解决中国的能源问题，煤炭的清洁利用乃当务之急。《煤炭法》明确鼓励发展清洁煤炭技术。鉴于煤炭是我国大气污染物的主要来源之一，《大气污染防治法》也对清洁煤炭作了相应的规定。

2014年9月国家发展改革委、环境保护部、商务部、海关总署、国家行政管理总局、国家质量监督检验检疫总局联合发布了《商品煤质量管理暂行办法》，规定了商品煤的一般质量要求和京津冀、长三角、珠三角地区特殊的质量要求。不符合质量要求的商品煤，不

〔12〕罗丽、代海军：《我国〈煤炭法〉修改研究》，载《清华法学》2017年第3期。

〔13〕罗丽、代海军：《我国〈煤炭法〉修改研究》，载《清华法学》2017年第3期。

〔14〕2016年2月，国务院印发《关于煤炭行业化解过剩产能实现脱困发展的意见》（国发〔2016〕7号），提出从2016年起，三年内原则上停止审批新建煤矿项目，并开始按全年作业时间不超过276个工作日重新确定煤矿产能，严控超能力生产。

〔15〕罗丽、代海军：《我国〈煤炭法〉修改研究》，载《清华法学》2017年第3期。

得进口、销售和远距离运输。

2015 年 4 月国家能源局发布的《煤炭清洁高效利用行动计划（2015～2020 年）》提出，新建煤矿均应配套建设高效的选煤厂或群矿选煤厂。

（六）煤层气的开发利用制度

煤层气亦称煤矿瓦斯，是赋存于煤层及煤系地层中的烃类气体，主要成分是甲烷，发热量与常规天然气相当，是宝贵的能源资源。同时，煤矿瓦斯易燃易爆，极易造成群死群伤的煤矿事故，号称煤矿的“头号杀手”。[16]

我国煤层气开发始于 20 世纪 80 年代，目前已有一定规模。关于煤层气的开发，目前主要的规范性文件包括国务院办公厅发布的《关于进一步加快煤层气（煤矿瓦斯）抽采利用的意见》、国家能源局发布的《煤层气产业政策》以及《煤层气（煤矿瓦斯）开发利用“十三五”规划》。主要制度、机制包括：

（1）市场准入制度。从事煤层气勘探开发的企业应具备与项目勘探开发相适应的投资能力，具有良好的财务状况和健全的财务会计制度。煤层气勘探开发企业应配齐地质勘查、钻探排采等专业技术人员，特种作业人员必须取得相应从业资格。从事煤层气建设项目勘查、设计、施工、监理、安全评价等业务，应按照国家规定具备相应资质。

（2）勘查开发约束机制。新设煤层气或煤炭探矿权，必须符合矿产资源、煤层气开发利用等规划，并对煤层气、煤炭资源进行综合勘查、评价和储量评审备案。对长期勘查投入不足、勘查结束不及时开发的企业，核减其矿业权面积；对具备开发条件的区块，限期完成产能建设；对不按合同实施勘查开发的对外合作项目，依法终止合同。

（3）煤层气与煤炭开发协调机制。煤层气与煤炭为共生关系，煤层既是煤层气的生气层，同时又是储气层，二者分布于同一空间内，呈现煤中有气、气中有煤的交互缠绕式赋存关系。根据两种资源的不同特点，科学的开采顺序应该是先采气、后采煤。但事实上，我国目前存在大量煤层气矿业权与煤炭矿业权重叠现象。由于煤层气与煤炭的特殊赋存关系，在二者矿业权重叠背景下，任何一方矿业权人行使权利不可避免对另一方权利造成影响和损害，采气必须动煤、采煤必然动气成为多年来气、煤纠纷不断的重要原因。[17]

为了解决煤层气开发和煤炭开发权利的冲突，国务院办公厅《关于进一步加快煤层气（煤矿瓦斯）抽采利用的意见》规定，对煤炭规划 5 年内开始建井开采的区域，按照煤层气开发服务于煤炭开发的原则，采取合作或调整煤层气矿业权范围等方式，优先保证煤炭资源开发需要，并有效开发利用煤层气资源；对煤炭规划 5 年后开始建井开采的区域，应坚持“先采气、后采煤”，做好采气采煤施工衔接。

实务研析

解决煤炭开发与煤层气开发冲突的山西经验

二、石油天然气

由于经济发展和环境保护的需求，我国石油天然气消费量迅速增长，对外依存度飙

〔16〕《国家能源局煤炭司司长就煤层气（煤矿瓦斯）开发利用“十三五”规划答记者问》，载国家能源局网，http://www.nea.gov.cn/2016-12/02/c_135876500.htm，2018 年 8 月 8 日最后访问。

〔17〕常宇豪：《两权重叠背景下煤层气矿业权的瑕疵与救济》，载《中国煤炭》2017 年第 10 期。

升,一定程度上影响了我国的能源供应安全。为了提升石油天然气的供应能力,我国正在对石油天然气开发领域进行体制改革,以促进石油天然气的开发。

(一)我国石油天然气分布和开采概况

我国石油资源集中分布在渤海湾、松辽、塔里木、鄂尔多斯、准噶尔、珠江口、柴达木和东海陆架八大盆地,其可采资源量172亿吨,占全国的81.13%;天然气资源集中分布在塔里木、四川、鄂尔多斯、东海大陆架、柴达木、松辽、莺歌海、琼东南和渤海湾九大盆地,其可采资源量18.4万亿立方米,占全国的83.64%。[18]

2017年,我国石油勘查新增探明地质储量从2012年的15.22亿吨降至8.77亿吨,天然气从9610亿立方米降至5554亿立方米,煤层气从1274亿立方米降至105亿立方米。[19]

2017年全国石油产量1.92亿吨,同比下降4.1%。全国天然气产量1330.07亿立方米,连续7年超过千亿立方米,同比增长8.0%。[20]

页岩气作为优质、高效、清洁的低碳能源,在一次能源消费中占有越来越重要的地位。截至2018年4月,我国页岩气累计探明地质储量已经超过了万亿立方米。我国已成为继美国之后又一个实现大规模商业化开发页岩气田的国家。[21]

(二)关于石油天然气开发的立法

1.法律

因我国没有综合性石油天然气法,《石油天然气管道保护法》并不涉及石油天然气开发的内容,故关于石油天然气开发的法律,只能适用《矿产资源法》及其配套行政法规。

此外,石油天然气开发过程中,经常涉及安全生产和环境保护的问题,因此也应当适用《矿山安全法》《安全生产法》《环境保护法》及有关环境保护单行法的规定。

2.行政法规及其他规范性文件

国务院制定的涉及石油天然气开发的行政法规主要包括《石油及天然气勘查、开采登记管理暂行办法》(1987年制定)、《海洋石油勘探开发环境保护管理条例》(1983年制定)、《石油地震勘探损害补偿规定》(1989年制定)、《对外合作开采陆上石油资源条例》(2013年修订)、《对外合作开采海洋石油资源条例》(2013年修订)和《矿产资源法实施细则》(1994年制定)、《矿产资源勘查区块登记管理办法》(2014年修订)、《矿产资源开采登记管理办法》(2014年修订)和《探矿权采矿权转让管理办法》(2014年修订)等。此外,国务院还发布了一些涉及石油开发的规范性文件,如2017年5月印发的《关于深化石油

---

〔18〕《2017年中国天然气储量分布情况及生产现状分析》,载前瞻网,https://www.qianzhan.com/analyst/detail/220/171205-e026e925.html,2018年8月28日最后访问。

〔19〕自然资源部《2017年全国矿产资源储量情况新闻发布会》,2018年7月10日,载自然资源部网,http://www.mlr.gov.cn/wszb/2018/2017kczycl/jiabin/index_1205.htm,2018年8月1日最后访问。

〔20〕王少勇:《我国油气资源勘查开采呈现新格局》,载自然资源部网,http://www.mlr.gov.cn/xwdt/jrxw/201807/t20180716_2092527.htm,2018年8月1日最后访问。

〔21〕自然资源部《2017年全国矿产资源储量情况新闻发布会》,2018年7月10日,载自然资源部网,http://www.mlr.gov.cn/wszb/2018/2017kczycl/jiabin/index_1205.htm,2018年8月1日最后访问。

天然气体制改革的若干意见》。

3. 部门规章及其他规范性文件

涉及石油天然气开发的部门规章及其他规范性文件主要包括:原能源部制定的《海上石油天然气生产设施检验规定》(1990 年制定)、国家安监总局制定的《海洋石油安全生产规定》(2015 年修订)、《海洋石油安全管理细则》(2015 年修订)和国家海洋局制定的《海洋石油勘探开发环境保护管理条例实施办法》(2016 年修订)等。

4. 地方性法规及地方政府规章

我国涉及石油天然气开采的地方性立法侧重于石油天然气勘探开发中的环境保护,如《甘肃省石油勘探开发生态环境保护条例》(2017 年修订)、《黑龙江省石油天然气勘探开发环境保护条例》(2015 年修订)、《辽宁省石油勘探开发环境保护条例》(2016 年修订)、《新疆维吾尔自治区煤炭石油天然气开发环境保护条例》(2014 年制定)、《河北省陆上石油勘探开发环境保护管理办法》(2011 年修订)和《陕西省煤炭石油天然气开发环境保护条例》(2007 年修订)等。

(三)石油天然气探矿权采矿权的准入制度

《矿产资源勘查区块登记管理办法》第八条规定,对于探矿权和采矿权的申请,行政机关"按照申请在先的原则作出准予登记或者不予登记的决定"。尽管《矿产资源勘查区块登记管理办法》第十六条第一款规定"探矿权可以通过招标投标的方式有偿取得",在实践中,中国石油、中国石化、中国海油三大油气企业均通过"申请在先"的方式取得了国内大部分油气区块的探矿权和采矿权,延长石油集团拥有少量油气矿权。而且我国油气矿业权持有成本低,〔22〕从而形成了"跑马圈地"后怠于勘探开发的状况,〔23〕制约了国内油气供给能力的提高,未能充分体现国家对资源的所有者权益和企业有偿使用矿权的原则。〔24〕

在油气勘探开发对外合作领域,我国实行三大油企专营权制度。根据《对外合作开采陆上石油资源条例》和《对外合作开采海洋石油资源条例》的规定,陆上石油开采对外合作业务由中国石油、中国石化负责,海洋石油开采对外合作业务由中国海油负责。这三家公司在国务院批准的对外合作开采陆上/海洋石油资源的区域内享有与外国企业合作进行石油勘探、开发、生产的专营权。根据条例的规定,中方石油公司与外国企业合作开采陆上/海洋石油资源必须订立合同,除法律、法规另有规定或者合同另有约定外,应当由签订合同的外国企业单独投资进行勘探,负责勘探作业,并承担勘探风险;发现有商业开采价值的油(气)田后,由外国企业与中方石油公司共同投资合作开发;外国企业并应承担开发作业和生产作业,直至中方石油公司按照合同约定接替生产作业为止。外国企业可以按照石油合同规定,从生产的石油中回收其投资和费用,并取得报酬。

近年来,我国对油气上游市场进行了一系列改革,逐步放宽了油气资源上游市场的准入制度。2011 年 6 月和 2012 年 9 月,国土资源部举办了两轮页岩气探矿权公开招标。

---

〔22〕 参见《矿产资源勘查区块登记管理办法》第十七条的规定。

〔23〕 于文轩:《面向低碳经济的能源法制研究》,中国社会科学出版社 2018 年版,第 115 页。

〔24〕 范必:《中国能源市场化改革》,中信出版集团股份有限公司 2018 年版,第 125 页。

2014 年中央财经领导小组第六次会议提出推动能源消费、供给、技术和体制四项革命，部署油气勘查开采体制改革。为此国务院决定首先在油气资源潜力较大的新疆开展油气勘查开采改革试点工作。2015 年 7 月，国土资源部公开招标出让新疆 6 个区块的油气勘查。满足境内注册、最终绝对控股股东或最终实际控制人为境内主体、净资产 10 亿元人民币的内资公司都可以参与投标，不分国企、民企、石油企业或非石油企业，承诺勘查工作量多的企业中标。[25]

2017 年 5 月，中共中央、国务院印发了《关于深化石油天然气体制改革的若干意见》，要求“完善并有序放开油气勘查开采体制……实行勘查区块竞争出让制度和更加严格的区块退出机制……在保护性开发的前提下，允许符合准入要求并获得资质的市场主体参与常规油气勘查开采，逐步形成以大型国有油气公司为主导、多种经济成分共同参与的勘查开采体系”。[26] 此次改革标志着常规油气勘查开采由试点到正式放开，在油气开采公平竞争的道路上又前进了一大步。

由此，我国油气矿业权改革的方向包括：(1) 放开矿权市场，从“申请在先”方式改为“竞争性出让”方式，通过公开招标有偿出让矿权。允许不同主体（包括作业公司、金融投资者）组成联合体参与投标。[27] (2) 提高持有成本。提高最低勘查投入标准，不能达到投入标准的企业要退出矿权。(3) 允许企业在满足法定条件下转让矿业权或股份，活跃矿权市场。(4) 全面对外开放，取消三大油气企业对外合作专营权，获得矿业权的企业可自主决定对外合作相关事宜。[28]

由于传统油气开发格局的“存量”一时难以改变，目前可以在“增量”上多下功夫。由于页岩气属于比较新的非常规天然气，对于页岩气的开发，可以直接尝试竞争出让页岩气区块，并完善页岩气区块退出机制，充分发挥市场对资源的配置作用。

第四节　非化石能源的开发

20 世纪 70 年代第一次石油危机爆发以来，开发利用核能、风能、太阳能、水能等新能源和可再生能源，实现能源可持续发展，成为国际社会的共识和能源发展的方向。

当前，我国经济发展进入新常态，从高速增长转向中高速增长。与此同时，能源革命加快推进，油气替代煤炭、非化石能源替代化石能源双重更替步伐加快。我国的能源供应由先前的主要依靠化石能源供应转向由非化石能源满足需求增量。

---

〔25〕 国土资源部：《新疆石油天然气勘查区块招标出让项目（2015）公告》，载自然资源部网，http://www.mlr.gov.cn/zwgk/zytz/201507/t20150707_1357971.htm，2018 年 8 月 2 日最后访问。

〔26〕 中共中央国务院印发《关于深化石油天然气体制改革的若干意见》，载中央人民政府网，http://www.gov.cn/zhengce/2017-05/21/content_5195683.htm，2018 年 8 月 5 日最后访问。

〔27〕 张利宾：《我国油气探矿权出让制度改革思考与建议》，载于文轩主编：《环境资源与能源法评论（第 2 辑）：应对气候变化与能源转型的法制保障》，中国政法大学出版社 2017 年版，第 125 页。

〔28〕 范必：《中国能源市场化改革》，中信出版集团股份有限公司 2018 年版，第 130～131 页。

一、核能

与其他清洁能源相比,核电的一个重要优势是可以不受环境影响,稳定提供能源。如太阳能只能白天发电,风能只能在有风的时候发电,水电在枯水季节发电也受影响,但核电可以一直稳定供电。为了保障我国的能源安全,减少大气污染,应对气候变化,我国政府在确保安全的基础上,积极发展核电。

(一)我国核电发展概况

2017 年中国核能发电量 2481 亿千瓦时,比上年增长 16.3%,位居世界第三。尽管中国核电整体规模并不算小,但 2017 年中国的核电发电量仅占全国累计发电量的 4.37%,[29]明显低于世界平均值(约 10%)。

截至 2018 年 3 月 31 日,我国共有 38 台在运核电机组(不含台湾地区),在运行装机容量 3693.3 万千瓦时;共有在建 19 台核电机组,在建装机容量 2174.5 万千瓦时,是目前全世界核电在建规模最大的国家,其中有一半在建机组采用的是三代核电技术。

(二)关于核能开发的立法

1. 法律

铀矿和核能开发过程中涉及的法律主要包括《矿产资源法》、《放射性污染防治法》(2003 年制定)和《核安全法》(2017 年制定)。《环境保护法》《环境影响评价法》《安全生产法》等法律也当然适用于铀矿和核能的开发。目前,我国还缺乏整体上规制核能开发利用的原子能法。[30]

2. 行政法规

国务院制定的涉及核能开发的行政法规主要包括《民用核设施安全监督管理条例》(1986 年制定)、《核材料管制条例》(1987 年制定)、《核电厂核事故应急管理条例》(2011 年修订)、《放射性同位素与射线装置安全和防护条例》(2014 年修订)、《民用核安全设备监督管理条例》(2016 年修订)、《放射性物品运输安全管理条例》(2009 年制定)和《放射性废物安全管理条例》(2011 年制定)等。

3. 部门规章

目前我国涉及核能开发的部门规章主要包括以下两类:一类是国家核安全监督管理部门制定的关于核电厂选址、设计、运营、应急管理等的部门规章,如《核电厂安全许可证件的申请和颁发》(1987 年制定)、《核电厂厂址选择安全规定》(1991 年制定)、《核电厂设计安全规定》(1991 年制定)、《核电厂质量保证安全规定》(1991 年制定)、《核电厂运行安全规定》(1991 年制定)、《核电厂运行报告制度》(1999 年制定)和《核事故辐射影响越境应急管理规定》(2002 年制定)等。另一类是国务院环境保护和交通运输主管部门制定的关于放射性物品使用、运输、贮存和处置的规定,如《放射性固体废物贮存和处置许可管理办法》(2013 年制定)、《放射性物品运输安全监督管理办法》(2016 年制定)、《放

---

〔29〕 以上数据参见国家统计局:《电力生产稳步增长　电源结构调整优化》,载国家统计局网,http://www.stats.gov.cn/tjsj/zxfb/201803/t20180319_1588744.html,2018 年 8 月 24 日最后访问。

〔30〕 2018 年 9 月,司法部公布了《原子能法(征求意见稿)》,专章规定了关于原子能利用的事项。但截至 2018 年 12 月,该法并未生效。

射性同位素与射线装置安全许可管理办法》(2017 年修订)和《放射性物品道路运输管理规定》(2016 年修订)等。

4. 地方性法规及地方政府规章

建有核电厂的省份,制定了一些涉及核能开发的地方性法规和地方政府规章,如深圳市人大常委会制定的《大亚湾核电厂周围限制区安全保障与环境管理条例》(2012 年修订),福建省人民政府制定的《福建省核电厂环境辐射防护办法》(2016 年制定),广东省人民政府制定的《广东省核电厂环境保护管理规定》(2004 年修订)。

(三)我国铀矿的勘查开采专营制度

铀矿是核能产业不可或缺的战略性矿产资源。世界铀矿资源主要分布在澳大利亚、加拿大、哈萨克斯坦、尼日尔、纳米比亚、俄罗斯、南非等国。[31] 目前,中国已成为世界上核电发展最快的国家,与此同时,也将成为铀矿需求最多的国家。中国铀矿资源禀赋不佳,国内产量难以满足需求,从而使中国铀矿资源对外依存度逐渐攀升,从 2007 年的 51% 上升到 2015 年的 85% 左右。[32] 保障铀矿资源安全对中国核电产业的发展至关重要。

新中国成立以来,我国对铀矿一直实行专营体制,中核集团独家享有铀矿的探矿权和采矿权。导致铀矿地质勘查开发工作投资主体单一,资金投入不足。[33] 随着我国核电站数量的不断增加,对铀矿的需求量大大增加,铀矿对外依存度逐渐升高。在这种背景下,改革我国铀矿专营体制的呼声日渐高涨。

2008 年 3 月,国土资源部、国防科工委出台了《关于加强铀矿地质勘查工作的若干意见》,提出支持各类地质勘查队伍积极开展铀矿地质勘查工作,允许社会资本投入铀矿勘查、开发领域,允许在规定范围内实行矿业权的有偿使用和流转等。2010 年年初国土资源部又发布《关于进一步规范探矿权管理有关问题的通知》,就矿业权二级市场(转让市场),特别是对探矿权转让市场作了明确规定。

尽管铀矿探矿权已经可以流转,但由于中核集团仍然拥有独家的铀矿采矿权,获得铀矿探矿权的企业,勘探出来的铀矿无法自己开采,只能通过售卖的方式卖给中核集团。

此外,铀矿往往与其他矿种伴生,但其他能源企业即便在勘查其他矿产时发现了铀矿,也不能直接开采,只能“转让”给中核集团开采。近年来,中核集团开始采取合作的方式与其他能源企业共同开发与其他矿产资源伴生的铀矿资源。当然,在“共同开发”时,必须由中核集团控股或主导。

在成熟市场经济国家里,能源矿产勘查属商业性矿产勘查活动。虽然铀是重要的能源矿产和战略资源,但是所有铀矿业活动是公开的,只要守法、纳税,并能进行环境保护,进入铀矿业便没有门槛。[34]

为了保障我国核燃料的供应,应当适度开放民用铀矿市场资源,鼓励民间资本进行铀

---

〔31〕 刘廷、刘巧峰:《全球铀矿资源现状及核能发展趋势》,载《现代矿业》2017 年第 4 期。
〔32〕 唐超等:《中国铀矿资源安全分析》,载《中国矿业》2017 年第 5 期。
〔33〕 马杰、王玲玲:《我国铀资源勘查开发投融资多元化研究》,载《中国矿业》2010 年第 9 期。
〔34〕 马杰、王玲玲:《我国铀资源勘查开发投融资多元化研究》,载《中国矿业》2010 年第 9 期。

矿勘探业务投资。当然,改革可以分几步走,可以先将铀矿的采矿权向中广核、国家电投等核电国企开放,然后再逐步向其他具有相应资质的国企、民营企业甚至外企开放。

(四)核电建设和运行安全制度

核电建设和运营的首要原则和目标就是“安全第一”。为了实现这个目标,我国的《核安全法》《放射性污染防治法》《民用核设施安全监督管理条例》等法律法规明确规定了核设施选址、建造、运行、退役各个阶段的许可制度,并且通过《核动力厂环境辐射防护规定》(GB 6249—2011)等环境标准规定了核能利用中对于放射性污染的控制要求。

1. 选址阶段

在选址阶段,核设施营运单位应当对地质、地震、气象、水文、环境和人口分布等因素进行科学评估,在满足核安全技术评价要求的前提下,向国务院核安全监督管理部门提交核设施选址安全分析报告,经审查符合核安全要求后,取得核设施场址选择审查意见书。1991 年 7 月,国家核安全局制定了《核电厂厂址选择安全规定》,对核电站的选址作出了具体的规定。

2. 建造阶段

在建造阶段,首先,核设施设计应当符合核安全标准,采用科学合理的构筑物、系统和设备参数与技术要求,提供多样保护和多重屏障,确保核设施运行可靠、稳定和便于操作,满足核安全要求。其次,核设施建造前,核设施营运单位应当向国务院核安全监督管理部门申请建造许可证。取得核设施建造许可证后,应当确保核设施整体性能满足核安全标准的要求。核设施建造完成后应当进行调试,验证其是否满足设计的核安全要求。1991 年,国家核安全局制定了《核电厂设计安全规定》,对核电厂设计过程中如何确保安全作出了详细规定。

3. 运营阶段

在运营阶段,核设施首次装投料前,核设施营运单位应当向国务院核安全监督管理部门申请运行许可证。取得核设施运行许可证后,应当按照许可证的规定运行。核设施运行许可证的有效期为设计寿期。在有效期内,国务院核安全监督管理部门可以根据法律、行政法规和新的核安全标准的要求,对许可证规定的事项作出合理调整。核设施运行许可证有效期届满需要继续运行的,核设施营运单位应当于有效期届满前 5 年,向国务院核安全监督管理部门提出延期申请,并对其是否符合核安全标准进行论证、验证,经审查批准后,方可继续运行。1991 年,国家核安全局制定了《核电厂运行安全规定》和《核电厂质量保证安全规定》,对核电厂运行过程中如何确保安全作出了详细规定。

4. 退役阶段

在退役阶段,核设施退役前,核设施营运单位应当向国务院核安全监督管理部门提出退役申请。核设施退役时,核设施营运单位应当按照合理、可行和尽可能低的原则处理、处置核设施场址的放射性物质,将构筑物、系统和设备的放射性水平降低至满足标准的要求。核设施退役后,核设施所在地省级人民政府环境保护主管部门应当对核设施场址及其周围环境中所含的放射性核素的种类和浓度组织监测。

对于核设施在运行过程中产生的放射性废物,必须按照法律的规定进行处置。低、中水平放射性废物在国家规定的符合核安全要求的场所实行近地表或者中等深度处置。高水平放射性废物实行集中深地质处置,由国务院指定的单位专营。专门从事放射性废物处理、贮存、处置的单位，应当向国务院核安全监督管理部门申请许可。

（五）核事故应急管理制度

虽然发生核事故是极小概率事件，但有备才能无患。我国一直高度重视核事故应急工作。1993年国务院制定了《核电厂核事故应急管理条例》（2011年修订），对核应急工作作出了明确规定。1997年，中国发布第一部《国家核应急计划（预案）》，对核应急准备与响应作出部署，之后，为适应核能发展需要，多次进行修订形成《国家核应急预案》。2017年制定的《核安全法》专章规定了“核事故应急”，明确了各个政府部门和企业在核事故应急中的职责。

二、可再生能源

可再生能源，是指风能、太阳能、水能、生物质能、地热能、海洋能等非化石能源。目前，全球可再生能源开发利用规模不断扩大，应用成本快速下降，发展可再生能源已成为许多国家推进能源转型的核心内容和应对气候变化的重要途径。近年来，我国大力发展可再生能源，已经成为全球可再生能源开发领域的领先国家。

（一）我国可再生能源产业发展概况

2015年11月，习近平主席在气候变化巴黎大会上承诺，中国将在2020年、2030年实现非化石能源占一次能源消费比重分别达到15%和20%的目标。〔35〕2017年我国非化石能源消费占一次能源消费比重达到14.2%。〔36〕非化石能源中，除了核能，其他都属于可再生能源。

截至2017年年底，全国可再生能源发电装机容量6.5亿千瓦，占全部电力装机的36.6%，其中水电装机（含抽水蓄能）3.41亿千瓦，风电装机1.64亿千瓦，光伏发电装机1.30亿千瓦，生物质发电装机1476万千瓦。2017年可再生能源发电量16979亿千瓦时，占全部发电量的26.5%，其中水电发电量11945亿千瓦时，占全部发电量的18.6%，风电发电量3057亿千瓦时，占全部发电量的4.8%，光伏发电量1182亿千瓦时，占全部发电量的1.8%，生物质发电量795亿千瓦时，占全部发电量的1.2%。〔37〕

（二）关于可再生能源开发的立法

1. 法律

我国关于可再生能源开发的主要立法是《可再生能源法》（2005年制定，2009年修订）。2005年《可再生能源法》的主要内容包括资源调查与发展规划、产业指导与技术支持、推广与应用、价格管理与费用补偿、经济激励与监督措施等。2009年《可再生能源法》修订的主要内容是进一步完善了可再生能源的规划制度和可再生能源发电全额保障性收购制度。除了《可再生能源法》之外，其他一些法律也有涉及可再生能源开发的内容。如《水法》也适用于水电开发，《环境保护法》《环境影响评价法》《安全生产法》等法律也适

---

〔35〕《习近平“绿色治理”观：世界认同体现中国担当》，载人民网，http://cpc.people.com.cn/n1/2017/0607/c64387-29322571.html，2018年9月2日最后访问。

〔36〕《可再生能源进入大范围增量替代阶段》，载中央人民政府网，http://www.gov.cn/xinwen/2018-04/04/content_5279688.htm，2018年9月2日最后访问。

〔37〕参见国家能源局：《2017年度全国可再生能源电力发展监测评价报告》（国能发新能〔2018〕43号）。

用于可再生能源的开发。

2. 行政法规和其他规范性文件

国务院尚未制定涉及可再生能源开发的行政法规，但印发过涉及可再生能源开发的规范性文件，如2013年7月国务院制定了《关于促进光伏产业健康发展的若干意见》，提出到2015年总装机容量达到3500万千瓦以上。事实上，截至2015年年底，我国光伏发电累计装机容量4318万千瓦，成为全球光伏发电装机容量最大的国家。[38]

3. 部门规章及其他规范性文件

我国涉及可再生能源开发的部门规章，主要是2007年7月原国家电监会制定的《电网企业全额收购可再生能源电量监管办法》。实践中规制我国可再生能源开发事务的主要是国家发展改革委、国家能源局、财政部等部门发布的规范性文件。如2006年1月国家发展改革委制定的《可再生能源发电价格和费用分摊管理试行办法》，2007年1月国家发展改革委制定的《可再生能源电价附加收入调配暂行办法》，2007年7月国家发展改革委等制定的《节能发电调度办法（试行）》，2011年8月国家能源局制定的《风电开发建设管理暂行办法》，2012年1月财政部、国家发展改革委、国家能源局制定的《可再生能源发展基金征收使用管理暂行办法》，2012年3月财政部、国家发展改革委、国家能源局制定的《可再生能源电价附加补助资金管理暂行办法》，2013年7月国家发展改革委制定的《分布式发电管理暂行办法》，2013年8月国家能源局制定的《光伏电站项目管理暂行办法》，2013年11月国家能源局制定的《光伏发电运营监管暂行办法》，2015年4月财政部制定的《可再生能源发展专项资金管理暂行办法》，2016年12月国家能源局、国家海洋局制定的《海上风电开发建设管理办法》和2018年4月国家能源局制定的《分散式风电项目开发建设暂行管理办法》等。

4. 地方性法规及地方政府规章

一些地方的人大或政府也制定了涉及可再生能源开发的地方性法规或政府规章，主要是关于农村可再生能源开发利用的规定。如黑龙江省人大常委会制定了《黑龙江省农村可再生能源开发利用条例》（2015年修订），湖北省人大常委会制定了《湖北省农村可再生能源条例》（2010年制定），山东省人大常委会制定了《山东省农村可再生能源条例》（2007年制定），湖南省人大常委会制定了《湖南省农村可再生能源条例》（2005年制定），哈尔滨市人民政府制定了《哈尔滨市农村可再生能源开发利用管理办法》（2013年制定）等。

（三）水能

1. 概述

根据《可再生能源法》第二条的规定，“水能”属于可再生能源。作为可再生能源的“水能”，实践中最重要的效用就是用于发电。但《可再生能源法》第二条第二款又规定：“水力发电对本法的适用，由国务院能源主管部门规定，报国务院批准。”也就是说，《可再生能源法》的规定，实际上并不直接适用于“水电”。

---

〔38〕 国家能源局：《2015年光伏发电相关统计数据》，载国家能源局网，http://www.nea.gov.cn/2016-02/05/c_135076636.htm，2018年8月25日最后访问。

水电作为可开发程度最高、技术相对成熟的清洁可再生能源,在今后很长一段时间内,将是中国推动能源生产和利用方式变革,应对气候变化的重要手段。

截至2017年年底,中国水电总装机容量(含抽水蓄能)达3.4亿千瓦,占全球水电装机容量的27%,年发电量约1.2万亿千瓦时,占全球水电发电总量的28%,占中国清洁能源发电量的70%。2017年,中国水电发电量占全国发电量的19%左右。但目前我国水电的开发程度仅39%,与发达国家相比仍有较大差距。[39]

据统计,我国水能资源可开发装机容量约6.6亿千瓦,年发电量约3万亿千瓦时,按利用100年计算,相当于1000亿吨标煤,在常规能源资源剩余可开采总量中仅次于煤炭。[40]

2. 水电开发准入制度

长期以来,我国大江大河的大中型水电开发项目,基本由三峡集团、华电、大唐、国电投、华能等央企主导。2016年8月,由四川能投集团控股开发的金沙水电站取得了国家发展改革委的核准。实现了在大江大河干流上由省属国企控股开发水电站的突破。此前,在大江大河的水电资源开发权几乎被央企垄断。[41]

2014年11月,国务院发布了《关于创新重点领域投融资机制鼓励社会投资的指导意见》,提出:"……鼓励社会资本参与电力建设。在做好生态环境保护、移民安置和确保工程安全的前提下,通过业主招标等方式,鼓励社会资本投资常规水电站和抽水蓄能电站。"2015年1月,国家能源局发布的《关于鼓励社会资本投资水电站的指导意见》提出,鼓励通过市场方式配置水电资源和确定项目开发主体。中小河流上新建的水电站和中小型水电站,未依法依规明确开发主体的,一律通过市场方式选择投资者;对于重要河流,除国家已明确开发主体或前期工作主体,以及特殊的战略性重大工程外,原则上均应通过市场方式选择投资者。未明确开发主体的抽水蓄能电站,可通过市场方式选择投资者。

3. 水电大坝安全制度

水电大坝的安全涉及下游公众的生命和财产安全,必须高度重视。根据国务院制定的《水库大坝安全管理条例》(2018年修订)的规定,大坝施工必须由具有相应资格证书的单位承担。大坝施工单位必须按照施工承包合同规定的设计文件、图纸要求和有关技术标准进行施工。大坝竣工后,建设单位应当申请大坝主管部门组织验收。禁止在大坝管理和保护范围内进行可能危及大坝安全的活动。大坝管理单位必须按照有关技术标准,对大坝进行安全监测和检查。大坝的运行,必须在保证安全的前提下,发挥综合效益。2015年国家发展改革委制定的《水电站大坝运行安全监督管理规定》,进一步明确了水电站大坝的运行安全制度。

4. 水电开发移民制度

水电站蓄水之后,上升的水位会淹没一些土地,因此水电站建设往往会涉及移民安置的问题。为了妥善处理大中小水电工程的移民安置问题,国务院制定了《大中型水利水

[39] 苏南:《我国水电开发程度远低于发达国家》,载《中国能源报》2018年5月28日,第11版。

[40] 参见国家能源局:《水电发展"十三五"规划(2016—2020年)》,2016年11月发布。

[41] 《金沙水电站取得国家发展改革委的核准》,载四川新闻网,http://scnews.newssc.org/system/20160818/000699564.html,2018年8月23日最后访问。

电工程建设征地补偿和移民安置条例》(2006年制定,2013年、2017年修订),明确了“先移民后建设”要求。大中型水电站建设,必须由项目法人或者项目主管部门先编制移民安置规划大纲,按照审批权限报省级人民政府或者国务院移民管理机构审批。移民安置规划大纲获得批准后,项目法人或者项目主管部门应当根据经批准的移民安置规划大纲编制移民安置规划。未编制移民安置规划或者移民安置规划未经审核的大中型水利水电工程建设项目,有关部门不得批准或者核准其建设,不得为其办理用地等有关手续。移民安置,应当确保移民生活达到或者超过原有水平。

（四）其他可再生能源

1. 概述

其他可再生能源主要包括风能、太阳能、生物质能、地热能等。实践中,比重较大的主要是风能和太阳能。近年来,我国可再生能源发展非常迅速,在我国能源结构中的占比不断提升,进入了大范围增量替代和区域性存量替代的发展阶段。

2017年,我国风力发电量2950亿千瓦时,比上年增长24.4%,已成为我国第三大类型电源。2017年,我国太阳能发电量967亿千瓦时,比上年增长57.1%。[42] 2017年,全国共有30个省(区、市)投产了747个生物质发电项目,并网装机容量1476.2万千瓦(不含自备电厂),年发电量794.5亿千瓦时。[43] 2017年,中国地源热泵装机容量达2万兆瓦,位居世界第一,年利用浅层地热能折合1900万吨标准煤,实现供暖(制冷)建筑面积超过5亿平方米。中国地热能发电装机容量为27.28兆瓦,排名世界第18位。[44]

可再生能源的发展是我国推进能源生产和消费革命、推动能源转型的重要措施。为了促进和鼓励可再生能源的开发,《可再生能源法》确立了相关制度。

2. 规划和总量目标制度

《可再生能源法》第七条至第九条规定了可再生能源规划和总量目标制度。2016年,国家发展改革委和国家能源局制定了《能源生产和消费革命战略(2016—2030)》,提出了我国可再生能源开发利用的中长期目标。在《“十三五”规划纲要》提出“非化石能源占一次能源消费比重”的约束性指标后,国家发展改革委和国家能源局制定了《能源发展“十三五”规划》。根据上述规划,国家发展改革委和国家能源局又制定了《可再生能源发展“十三五”规划》《风电发展“十三五”规划》《太阳能发展“十三五”规划》《生物质能发展“十三五”规划》《地热能开发利用“十三五”规划》等专项规划,提出了“十三五”期间我国可再生能源发展的目标:到2020年,全部可再生能源年利用量7.3亿吨标准煤。其中,商品化可再生能源利用量5.8亿吨标准煤。全部可再生能源发电装机6.8亿千瓦,发电量1.9万亿千瓦时,占全部发电量的27%。其中风电开发的总量目标是:累计并网装机容量确保达到2.1亿千瓦以上,其中海上风电并网装机容量达到500万千瓦以上,风电年发电量确保达到4200亿千瓦时,约占全国总发电量的6%。太阳能开发的目标是:装机达到

---

〔42〕《电力生产稳步增长 电源结构调整优化》,载国家统计局网,http://www.stats.gov.cn/tjsj/zxfb/201803/t20180319_1588744.html,2018年9月2日最后访问。

〔43〕参见国家能源局:《2017年度全国可再生能源电力发展监测评价报告》(国能发新能〔2018〕43号)。

〔44〕参见自然资源部中国地质调查局等:《中国地热能发展报告(2018)》,2018年8月发布。

1.1亿千瓦以上，其中，光伏发电装机达到1.05亿千瓦以上，年发电量达到1500亿千瓦时。生物质发电的目标是：装机容量达到500亿千瓦，年发电量达到200千瓦时。

《可再生能源法》确立规划和总量目标制度，本意是促进可再生能源的“有序开发”。但目前我国可再生能源规划和总量目标制度经常存在“计划赶不上变化”“规划的总量目标总是落后于实践”的问题，可再生能源规划确定的“总量目标”几乎都被“层层加码”或“超额完成”，[45]这一方面说明我国可再生能源的发展形势喜人，另一方面也说明“规划”的指导性不够，约束力不强。总量目标“超额完成”可能给电网企业全额收购可再生能源发电量和补贴资金带来极大的压力，引发包括弃光、弃风以及补贴资金难以到位等一系列的问题。未来，应当加强可再生能源规划和总量目标制度的科学性和约束性，明确规划所确定的总量目标制度不能随意更改。

3. 可再生能源发电全额收购制度

为了充分利用可再生能源产生的电力，《可再生能源法》第十四条规定了可再生能源发电全额收购制度，第二十九条还规定了相应的法律责任：“违反本法第十四条规定，电网企业未全额收购可再生能源电量，造成可再生能源发电企业经济损失的，应当承担赔偿责任，并由国家电力监管机构责令限期改正；拒不改正的，处以可再生能源发电企业经济损失额一倍以下的罚款。”

为了落实可再生能源发电全额收购制度，2007年7月原国家电监会制定了《电网企业全额收购可再生能源电量监管办法》。但实践中，可再生能源发电全额收购制度几乎从未完全实现过。

近年来，弃光、弃风、弃水等现象屡见不鲜，甚至已经很严重。2016年国家发展改革委制定了《可再生能源发电全额保障性收购管理办法》和《关于做好风电、光伏发电全额保障性收购管理工作的通知》，规定对于生物质能、地热能、海洋能发电以及分布式光伏发电项目的上网电量，由电网企业全额收购。但对于风电和集中式光伏发电，国家发展改革委将《可再生能源法》规定的“全额收购”变成了“全额保障性收购”。而“全额保障性收购”实际上是指“最低保障收购年利用小时数”。国家发展改革委根据Ⅰ类资源区、Ⅱ类资源区、Ⅲ类资源区、Ⅳ类资源区不同的资源利用条件，核定了风电、光伏发电重点地区最低保障收购年利用小时数核定表。风电、光伏发电发电量在“最低保障收购年利用小时数”以内的，电网企业应当全额收购；超出“最低保障收购年利用小时数”以外的，视为“市场交易电量”，由可再生能源发电企业通过参与市场竞争方式获得发电合同。

理论探讨

可再生能源配额制的特征

客观地看，在可再生能源发展起步阶段，规模较小、对系

[45] 例如，《可再生能源发展“十三五”规划》确定的风电、太阳能发电目标，在《关于可再生能源发展“十三五”规划实施的指导意见》被全面突破。根据该指导意见，2020年我国风电装机将达2.88亿千瓦，远超《风电发展“十三五”规划》中设定的2.1亿千瓦的发展目标；2020年21省光伏并网目标1.28亿千瓦，加上光伏领跑项目、分布式电站，以及其他省份存量，2020年全国并网光伏电站装机或将超过2亿千瓦，几乎相当《太阳能发展“十三五”规划》所确定的目标1.05亿千瓦的两倍。

统安全稳定影响不大情况下，电网应该按政策要求全额收购。可再生能源快速地大规模发展，保证可再生能源发电量全额收购会付出很大代价，确实存在不够经济，也不够安全的问题，需要实事求是地对待。[46] 为了遏制可再生能源盲目“大干快上”，电网企业难以全额消化的现象，2016 年开始，国家能源局实施了“风电投资监测预警机制”，[47] 引导风电企业理性投资，降低电网企业收购风电的压力。

为了尽量提升可再生能源发电的利用率，除了进一步完善可再生能源发电“全额保障性收购”外，还应当进一步完善节能发电调度[48]制度。

实务研析

节能发电调度制度

4. 可再生能源上网电价管理与费用分摊制度

总体来看，由于技术还不够成熟，我国非水可再生能源发电的成本，相对于传统能源发电的成本而言还比较高。如果没有某种程度的补贴或者强制性要求，可再生能源发电在市场竞争中就缺乏经济性，电网企业或者终端用户就不太可能会选择可再生能源发电。

为了提升可再生能源发电的市场竞争力，各国一般采用两种手段：一种是固定电价制度，即政府明确规定可再生能源电力的上网电价，通过补贴使电网公司从可再生能源生产商处购买可再生能源电力，购买价格根据每种可再生能源发电技术的生产成本而定，且上网补贴价格一般呈逐年递减趋势，以鼓励可再生能源发电企业提高技术水平、降低生产成本。另一种是可再生能源配额制，即政府通过法律形式对可再生能源发电在电力供应中所占份额进行强制规定，企业既可以通过自身直接生产可再生能源电力来满足配额，也可以通过在市场上购买代表同等电量的可再生能源证书来代替直接生产可再生能源电力。[49]

我国《可再生能源法》规定的是固定上网电价和相应的补贴制度。由此，我国建立了“可再生能源标杆上网电价制度”和作为补贴来源的“可再生能源电价附加制度”。

随着技术的进步，我国“可再生能源标杆上网电价”不断降低。根据目前最新的文件，2018 年 1 月 1 日之后新核准建设的Ⅰ类、Ⅱ类、Ⅲ类、Ⅳ资源区陆上风电标杆上网电价分别为每千瓦时 0.4 元、0.45 元、0.49 元、0.57 元（含税）。近海风电项目标杆上网电价为每千瓦时 0.85 元，潮间带风电项目标杆上网电价为每千瓦时 0.75 元（含税）。[50] 2018 年 5 月 31 日之后新投运的Ⅰ类、Ⅱ类、Ⅲ类资源区光伏电站标杆上网电价分别为每

---

〔46〕 范必：《中国能源市场化改革》，中信出版集团股份有限公司 2018 年版，第 214 页。

〔47〕 参见《国家能源局关于建立监测预警机制促进风电产业持续健康发展的通知》（国能新能〔2016〕196 号），2016 年 7 月发布。

〔48〕 节能发电调度是指在保障电力可靠供应的前提下，按照节能、经济的原则，优先调度可再生发电资源，按机组能耗和污染物排放水平由低到高排序，依次调用化石类发电资源，最大限度地减少能源、资源消耗和污染物排放。参见《节能发电调度办法》（国办发〔2007〕53 号）。

〔49〕 梁钰等：《可再生能源固定电价政策和可再生能源配额制比较分析及启示》，载《中外能源》2018 年第 5 期。

〔50〕 参见国家发展改革委《关于调整光伏发电陆上风电标杆上网电价的通知》（发改价格〔2016〕2729 号），2016 年 12 月 26 日发布。

千瓦时 0.5 元、0.6 元、0.7 元(含税)。[51] 与此同时,国家鼓励各地通过招标等市场竞争方式确定光伏发电、陆上风电、海上风电等新能源项目业主和上网电价,并规定通过市场竞争方式形成的价格不得高于国家规定的同类资源区光伏发电、陆上风电、海上风电标杆上网电价。

2014 年国务院办公厅发布的《能源发展战略行动计划(2014—2020)》提出,到 2020 年,风电与煤电上网电价相当,光伏发电与电网销售电价相当。据此,风电、光伏发电将在 2020 年实现平价上网的目标,风电、光伏发电的标杆上网电价制度将会逐步取消。

根据《可再生能源发电价格和费用分摊管理试行办法》《可再生能源电价附加收入调配暂行办法》《可再生能源发展基金征收使用管理暂行办法》《可再生能源电价附加补助资金管理暂行办法》等的规定,可再生能源电价附加在除西藏自治区以外的全国范围内,对各省、自治区、直辖市扣除农业生产用电(含农业排灌用电)后的销售电量征收。可再生能源电价附加征收标准,从最初的 0.1 分/千瓦时,逐步提升至 0.2 分/千瓦时、0.4 分/千瓦时、0.8 分/千瓦时、1.5 分/千瓦时、1.9 分/千瓦时。但由于我国风电、光伏发电等可再生能源发展过于迅猛,目前征收的可再生能源电价附加与实际所需的补贴之间出现了巨大的缺口。根据财政部的统计,截至 2017 年年底,可再生能源补贴缺口已达到 1000 亿元。[52]

在可再生能源实现平价上网之前,为了切实解决可再生能源电价附加与实际所需的补贴之间的差距问题,可以考虑根据每年实际征收的可再生能源电价附加来确定可再生能源(主要是风电和光伏发电)的发展规模,规定今后新上风电、太阳能发电项目,应在补贴资金已经明确落实的情况下进行核准,没有落实补贴的项目不能接入电网。[53] 同时,为了提高有限补贴资金的绩效,应当对风能、太阳能发电普遍推行招标定价的方式,考虑在全国范围内对风电、光伏发电的业主进行补贴招标,选择最低补贴的企业中标。[54] 另外,关于补贴的方式,可以考虑从补贴装机容量改为补贴发电量,从补贴发电端改为补贴用户端。补贴发电量可以避免虚报装机,以次充好。补贴用户端相当于直接替代销售电价水平,可以比补贴发电端提高效率数倍。[55]

在可再生能源的成本降至与传统能源相差不大,但并不比传统能源便宜时,就可以考虑取消可再生能源固定电价制度,转而采用可再生能源配额制,通过强制性的配额制,"迫使"各级地方政府和市场主体"优先"消费可再生能源。当技术进步到可再生能源的电力成本低于传统电力成本时,政府部门就无须进行干预,市场的力量就会促使市场主体主动选择可再生能源。

5. 经济激励制度

为了鼓励和促进可再生能源的发展,《可再生能源法》规定了一系列经济激励制度,

---

[51] 参见国家发展改革委、财政部、国家能源局《关于 2018 年光伏发电有关事项的通知》(发改能源〔2018〕823 号),2018 年 5 月 31 日发布。

[52] 《截至 2017 年我国可再生能源补贴缺口已达 1000 亿元》,载电力网,http://www.chinapower.com.cn/guonei/20180201/104338.html,2018 年 9 月 24 日最后访问。

[53] 范必:《中国能源市场化改革》,中信出版集团股份有限公司 2018 年版,第 228 页。

[54] 范必:《中国能源市场化改革》,中信出版集团股份有限公司 2018 年版,第 223 页。还可参见张国宝:《筚路蓝缕——世纪工程决策建设记述》,人民出版社 2018 年版,第 53 页。

[55] 范必:《中国能源市场化改革》,中信出版集团股份有限公司 2018 年版,第 222 页。

包括设立可再生能源发展专项资金、优惠贷款和税收优惠制度。

可再生能源发展专项资金，是指通过中央财政预算安排，用于支持可再生能源和新能源开发利用的专项资金。用于支持以下活动：(1)可再生能源开发利用的科学技术研究、标准制定和示范工程；(2)农村、牧区生活用能的可再生能源利用项目；(3)偏远地区和海岛可再生能源独立电力系统建设；(4)可再生能源的资源勘查、评价和相关信息系统建设；(5)促进可再生能源开发利用设备的本地化生产。

关于优惠贷款，《可再生能源法》第二十五条规定："对列入国家可再生能源产业发展指导目录、符合信贷条件的可再生能源开发利用项目，金融机构可以提供有财政贴息的优惠贷款。"2012 年，银监会已经制定了《绿色信贷指引》，可再生能源属于优先支持的项目。据银监会披露，绿色信贷规模从 2013 年年末的 5.20 万亿元增长至 2017 年 6 月末的 8.22 万亿元。其中，绿色交通、可再生能源及清洁能源、工业节能节水环保项目贷款余额较大并且增幅居前。[56]

关于税收优惠，《可再生能源法》第二十六条规定："国家对列入可再生能源产业发展指导目录的项目给予税收优惠。具体办法由国务院规定。"目前，我国对于可再生能源的税收优惠措施包括对利用风力生产的电力产品实现的增值税，实行即征即退 50% 的优惠政策；企业从事可再生能源项目，符合《公共基础设施项目企业所得税优惠目录》的，对其投资经营所得，给予"三免三减半"征收企业所得税优惠等。

思考练习题

1. 试述探矿权、采矿权出让与探矿权、采矿权转让的异同。
2. 简述煤层气与煤炭开发的协调机制。
3. 简述我国石油天然气探矿权、采矿权的准入制度。
4. 简述我国原油、成品油的进出口制度。
5. 简述我国的铀矿勘查开采专营制度。
6. 简述我国的水电开发移民制度。
7. 简述我国可再生能源发电全额收购制度。
8. 简述我国可再生能源上网电价管理与费用分摊制度。

案例分析

1. 鲁某经营 A 煤矿。2011 年 1 月黑龙江省国土资源厅颁发的黑储证字〔2011〕第 001 号《矿产资源储量登记证》上记载，A 煤矿截至 2010 年 4 月 30 日登记矿产资源储量为 282.77 万吨。2012 年 7 月 20 日，黑龙江省国土资源厅颁发《采矿许可证》，采矿权人和矿山名称为 A 煤矿，生产规模为年产 15 万吨煤，矿区面积为 0.8775 平方公里，有效期限自 2012 年 7 月 27 日起至 2015 年 4 月 28 日止。

---

〔56〕 银监会：《深化信息披露　推进绿色信贷持续健康发展》，载银监会网，http://www.cbrc.gov.cn/chinese/home/docView/DE802BF64F754BBE8168B85ECBF629A3.html，2018 年 9 月 24 日最后访问。

2013年8月15日，鲁某作为出让方与作为受让方的王某签订了《转让合同书》，约定鲁某将其名下的A煤矿的煤炭采矿权和经营权及相应资产转让给王某，双方约定转让价款为6700万元，并约定双方按国家有关规定各自办理相关的企业登记及采矿权、经营权、土地房产等资产的变更手续，对方应予以积极配合。

合同签订后，鲁某即按合同约定将A煤矿的煤炭采矿权、经营权和矿区的地上地下建筑物、设备、库存交付给王某，王某开始按合同约定履行给付转让价款的义务。但王某未按照合同约定向采矿权转让审批部门报批该转让合同。

2014年4月30日，A煤矿与煤田勘察院签订《A煤矿地质勘探施工合同》，A煤矿委托煤田勘察院对A煤矿的矿产资源储量进行勘察，煤田勘察院于2014年9月出具《A煤矿生产补充勘探地质报告》，结论为本次勘探1号煤层保有资源储量为75.90万吨(包括原矿区范围内剩余资源储量)，2号煤层经本次勘探均为不可采煤层。

王某认为A煤矿的实际资源储量与鲁某所称储量相差悬殊，王某已无法实现受让A煤矿的基本目的，请求解除王某与鲁某签订的《转让合同书》，A煤矿、鲁某退还王某已经支付的转让价款。

鲁某认为《转让合同书》已经基本履行，王某不履行约定的采矿权报批系违约行为。

问题：(1)王某能否因为煤田勘察院出具的《A煤矿生产补充勘探地质报告》与黑龙江省国土资源厅颁发的《矿产资源储量登记证》上记载的储量不一致要求解除合同？

(2)王某未按照合同约定向采矿权转让审批部门报批该转让合同，对该转让合同的效力有何影响？

2.《可再生能源法》规定了可再生能源发电全额收购制度。但实践中，“全额收购”并未很好地落实，“弃光”“弃风”现象十分严重，尤其是在西北地区。2017年6月6日，环保组织“自然之友”向甘肃省兰州市中级人民法院提起环境公益诉讼，起诉国家电网甘肃电力公司。“自然之友”认为，国家电网甘肃电力公司没有按照《可再生能源法》的规定对其省内的风能和太阳能光伏发电进行全额收购，未被全额收购的风能、太阳能光伏发电由燃煤发电所替代，导致排放二氧化碳、二氧化硫和氮氧化物等，造成环境影响，严重损害了社会公共利益，应承担环境侵权责任。“自然之友”诉请法院判令国家电网甘肃电力公司停止对环境的侵害，全额收购其电网覆盖范围内风能和太阳能光伏并网发电项目上网电量；判令国家电网甘肃电力公司支付由燃煤发电替代未全额收购的风能、太阳能光伏发电对环境造成的损害17.18亿元；判令国家电网甘肃电力公司在国家级和省级媒体向社会公众公开赔礼道歉并承担全部诉讼费用及律师费用。

2018年8月14日，兰州市中级人民法院裁定：根据《环境保护法》及《最高人民法院关于审理环境民事公益诉讼案件适用法律若干问题的解释》的有关规定，环境民事公益诉讼是指对已经损害社会公共利益的后果或者具有损害社会公共利益重大风险潜在后果的污染环境、破坏生态的行为提起的诉讼。“已经损害社会公共利益或者具有损害社会公共利益重大风险”是诉讼前提；“污染环境、破坏生态的行为”是受案范围限制，此二者共同构成环境民事公益诉讼起诉条件的审查基础。国家电网甘肃电力公司作为电力购销和调配电力供应的电网企业，并非发电企业，其本身并不能具体实施本案所指向的污染环境、破坏生态的行为。因此裁定，自然之友的起诉不符合环境民事公益诉讼起诉的条件，应予以驳回。

问题：(1)你是否赞同兰州市中级人民法院的裁定？为什么？

(2)假如兰州当地的风电企业以甘肃电力公司未能全额收购其所发的电为由要求甘肃电力公司承担赔偿责任，法院应当如何处理？

第六章　能源供应与使用

导读

能源供应,是指能源供应者直接向终端能源消费者供应(包括经由管网供应)能源产品/商品的活动以及能源管网经营者向能源供应者或者消费者提供管网服务的活动,包括下游销售(批发和零售)、能源管网建设、能源管网输送配送服务。我国农村能源问题具有很大的特殊性,因此,本章还讨论农村能源政策法律。本章重点是能源供应市场准入、能源市场改革、能源管网建设和保护、能源管网输送服务、能源管网配送服务。本章难点是能源供应业务准入、能源管网服务。由于目前我国初步形成了以《节约能源法》为核心,以《清洁生产促进法》《循环经济促进法》《环境影响评价法》等相关法律以及《民用建筑节能条例》《公共机构节能条例》等行政法规和部门规章、地方性法规和地方政府规章为支撑,以《煤炭法》《电力法》《环境保护法》《大气污染防治法》《固体废物污染防治法》等法律法规规章中有关节能的法律条款为补充的节能减排法律体系,因此,本章不再赘述。

由于能源供应涉及不同能源品种的能源企业和能源用户之间权利义务的设定,因此,能源基本法应对能源企业和能源用户作出法律界定。如在能源基本法中应当规定:能源企业是指以能源的开发生产、加工转换、储存、输送、配售、供应、贸易和服务等为主营业务的企业;能源用户是指购买、使用、消费能源产品的企事业单位、其他社会组织和公民。在此基础上,应当进一步规定事关能源供应与使用中的重大问题,具体包括以下 11 个方面的内容:

(1)关于能源市场调控,如能源批发、零售、进出口等供应业务应当发挥市场调节作用,保证能源供应市场的公平有序竞争。

(2)关于供应业务准入,如涉及国家安全和公共利益的能源供应业务实行准入制度。

(3)关于能源基础设施建设,如县级以上各级人民政府应当支持、促进能源基础设施和运输体系建设,保护能源基础设施,保障能源输送畅通,协调能源供应工作,提高能源供应能力。国务院能源主管部门会同国务院有关部门统筹规划和协调跨省、自治区、直辖市的电力、石油和天然气输送管网等能源基础设施的建设;有关省、自治区、直辖市人民政府应当按照能源规划,预留能源基础设施建设用地,并将建设用地纳入土地利用规划和城乡建设规划。

(4)关于农村能源建设,如国务院和地方各级人民政府应当制定财政、投资、金融等优惠政策,鼓励和引导社会资金投向农村能源建设。提高农村的能源供应能力,重点对少数民族地区、边远地区和贫困地区的农村能源建设予以支持。农村发生临时性能源供应短缺时，有关地方人民政府应当采取措施，优先保障农民生活用能和农业生产用能。国家鼓励合理利用荒山荒丘、滩涂、盐碱地等土地种植能源作物，禁止占用基本农田发展生物质能源产业。

(5)关于能源管网管理，如能源输送管网设施实行管运分离的原则，并应当依法向符合条件的能源生产、销售企业公平、无歧视地开放。接入能源输送管网的设施、设备、产品应当符合强制性国家标准、行业标准和相关安全技术规范。

(6)关于企业服务规范，如从事能源供应的企业应当依法经营、诚实守信、严格自律、保证服务质量、接受能源用户和社会公众的监督，承担相应的社会责任。

(7)关于企业供应要求，如从事燃气、热力和电力等能源供应业务的企业，应当保障营业区域内的用户获得安全、持续、可靠的能源供应服务，没有法定或者约定理由不得拒绝或者中断提供能源供应服务；因不可抗力或者其他原因暂时无法提供服务的，应当采取补救措施，向政府有关主管部门报告，并及时向社会公告。

(8)关于能源公共服务企业信息公开，如燃气、热力和电力等能源供应企业应当在其营业场所或者通过网站等其他便于公众知晓的方式，公示其服务规范、收费标准、投诉渠道等，并为用户提供公共查询服务。

(9)关于用户义务，如燃气、热力、电力等能源用户应当按照安全使用规范和节能要求使用能源，并按照国家规定或者当事人约定的价格支付费用。

(10)关于能源普遍服务，如从事民用燃气、热力和电力等供应业务的企业应当依法履行能源普遍服务义务，保障公民获得无歧视、价格合理的基本能源供应服务，接受能源主管部门和有关部门及社会公众的监督。国家对能源供应企业因承担普遍服务义务造成的直接亏损给予合理补偿或者政策优惠。能源普遍服务补偿的具体办法，由国务院能源主管部门会同国务院有关部门制定。

(11)关于消费管理政策，如国务院税务管理部门会同能源主管部门合理调整能源产品消费税的适用范围，合理确定税率，引导能源产品的消费，促进能源节约。

第一节　能 源 供 应

一、能源供应概述

从能源供应(energy supply)、能源需求(energy demand)和能源消费(energy consumption)的关联来看，能源供应有广义、中义和狭义之分。换句话说，广义的能源供应，包括将能源产品/商品运送到消费点之前的能源勘查、勘探、生产、转换、存储、输送和配送等活动。[1]

---

〔1〕 例如，史丹等著《中国能源供应体系研究》(第2版)就是在广义的能源供应上展开讨论的，涉及能源供应的生产运输体系、安全保障体系、清洁体系和价格体系。

狭义的能源供应,是指向终端能源消费者[2]供应能源产品/商品的行为。本节讨论中义的能源供应,即能源供应者直接向终端能源消费者供应(包括经由管网供应)能源产品/商品的活动以及能源管网经营者向能源供应者或者消费者提供管网服务的活动,它涉及下游销售、能源管网建设、能源管网输送配送服务。能源供应的总体要求是供应的持续性、稳定性、安全性、有序性。能源供应活动是在很多方面需要受政府监管的经济活动。

在自由市场经济体制下,能源供应活动应该由能源商品供求关系决定的市场力量予以调整。生产哪些种类的能源商品和各生产多少、如何生产这些能源商品以及为哪些终端能源消费者生产这些能源商品,在不考虑生态或者环境负外部性、资源(巨大)浪费以及能源正义的情形下,市场这只"看不见的手"会进行最有效率的资源配置,政府无须进行干预。特别是,丰富多样的能源资源种类决定了可以生产出多种能源商品,而各种不同能源商品之间的可根据热量或者基于热量单位的能量单位进行比较,这就更为能源供应市场的充分自由运行奠定了优越基础。然而,为了解决终端能源消费过程中产生的生态或者环境负外部性、资源(巨大)浪费和能源正义问题,以及处理能源供应自由市场运行中(可能)产生的其他市场失灵情形,几乎所有市场经济国家都对能源供应市场进行范围或大或小、力度或强或弱的不同程度的(包括干预在内的)政府监管。

二、能源供应业务准入

能源供应业务准入,是指一国政府为了实现某一(些)目的或者目标,允许企业、投资者、能源产品/商品进入本国相关能源供应业务领域或者市场(包括但不限于能源产品/商品销售、能源管网建设、能源管网输送配送服务)的期限、限制或者条件。市场经济发达国家基本上不存在对能源商品批发、零售等供应业务的禁止性或者限制性准入规定,其重点是关于能源管网服务的市场准入。然而,处于从计划经济向市场经济转型期的国家,不仅占(绝对)优势地位的能源产品/商品批发、零售等供应业务企业往往同时控制着(相应的)能源管网服务,加上由于改革阻力以及改革具体目标不明确、措施不具体,有关市场准入政策法律显得非常繁杂。关于能源供应业务准入,《能源法(送审稿)》修改稿第五十四条规定:"涉及国家安全和公共利益的能源供应业务实行准入制度。"鉴于电力、成品油、燃气在我国终端能源消费中占据绝大多数份额,本节讨论我国电力、成品油和燃气批发、零售等供应业务以及能源管网服务的市场准入。

理论探讨

市场准入的概念发展和核心问题

(一)电力供应业务的市场准入

电力供应业务市场准入的核心问题是售电公司的准入和退出问题。结合《电力法》(2015 年修订),中共中央、国务院 2015 年《关于进一步深化电力体制改革的若干意见》(中发〔2015〕9 号)规定了我国配电

---

〔2〕 终端能源消费是指单位或个人以能源产品/商品作为生产或生活活动的消费性投入,以求获得预期产出的行为,它不包括将一次能源加工转换成二次能源过程中产生的能源加工转换损失以及输送或配送过程中产生的能量损失。终端能源消费者是指以能源产品/商品作为生产或生活活动的消费性投入的单位或个人。能源供应商是指向终端能源消费者供应能源产品/商品的单位或个人。

网改革的方向，即管住中间、放开两头的体制架构，有序向社会资本放开售电和配电业务，具备条件的拥有配电网运营权的售电公司将配电业务和竞争性售电业务分开核算。国家发展改革委、国家能源局根据这一改革政策文件和有关配套文件精神，结合输配电价改革和电力市场建设，于2016年10月印发《售电公司准入与退出管理办法》和《有序放开配电网业务管理办法》。其中，前者就售电公司的准入和退出问题，作出了规定。

1. 售电公司的市场准入条件

知识拓展

单营售电业务的售电公司的准入条件；拥有配电网运营权的售电公司的准入条件

《售电公司准入与退出管理办法》将售电公司分为售电公司和拥有配电网运营权的售电公司。该办法第五条规定，单营售电业务的售电公司的准入条件包括公司的性质和国籍，资产要求，从业人员，经营场所和设备，信用要求以及法律法规规定的其他条件。关于拥有配电网运营权的售电公司，除了需要满足售电公司的准入条件外，第六条还在注册资本，电力业务许可证，从业人员，生产运行负责人、技术负责人、安全负责人的经历和资格，安全生产组织和制度，人员培训和配备，机具设备和维修人员，监管责任，场地设备和人员以及履行电力社会普遍服务和保底供电服务义务承诺等8个方面规定了更为严格的准入条件。

有关改革涉及的售电公司的准入问题主要包括两个方面：（1）已具有法人资格且符合售电公司准入条件的发电企业、电力建设企业、高新产业园区、经济技术开发区、供水、供气、供热等公共服务行业和节能服务公司的市场准入问题。《售电公司准入与退出管理办法》规定这些企业可以到工商部门申请业务范围增项，并在履行售电公司准入程序后，开展售电业务。（2）除电网企业存量资产外，现有符合售电业务准入条件的并且建设或者运营配电网的高新产业园区、经济技术开发区和其他企业。《售电公司准入与退出管理办法》规定，它们在履行相应的准入程序后，可自愿转为拥有配电业务的售电公司、拥有配电网运营权的售电公司。

2. 售电公司的市场准入和退出程序

为了确保电力供应的稳定和安全，该办法规定售电公司进入和退出市场需要经过一定的程序。主要程序包括：（1）市场准入注册。拟进入电力供应市场的售电公司到电力交易机构提交相关资料，作出承诺，办理注册。（2）市场准入公示。电力交易机构通过"信用中国"（www. creditchina. gov. cn）等政府指定网站，将售电公司满足准入条件的信息、材料和信用承诺书向社会公示；公示期满无异议的售电公司，注册手续自动生效。（3）市场准入备案和公布。电力交易机构按月汇总售电公司注册情况向能源监管机构、省级人民政府有关部门和政府引入的第三方征信机构备案，并通过"信用中国"网站和电力交易平台网站向社会公布。（4）市场退出。售电公司退出电力供应业务市场分为强制退出和申请退出两种类型，需要根据相关条件办理市场退出手续。交易机构应当及时将强制退出和自愿退出且公示期满无异议的售电公司从自主交易市场主体目录中删除，同时注销其市场交易注册，向第三方征信机构备案，并通过"信用中国"网站和电力交易平台网站

知识拓展

售电公司市场准入和退出程序的介绍

向社会公布。

3. 售电公司的权利和义务

《售电公司准入与退出管理办法》规定，售电公司在以下9个方面享有以下权利并承担以下义务：(1)可以采取多种方式通过电力市场购售电。可以自主双边交易，也可以通过交易机构集中交易。参与双边交易的售电公司应当将交易协议报交易机构备案并接受安全校核。售电公司可以自主选择交易机构跨省跨区购电。(2)同一配电区域内可以有多个售电公司。同一售电公司可在省内多个配电区域内售电。(3)可向用户提供包括但不限于合同能源管理、综合节能、合理用能咨询和用电设备运行维护等增值服务，并收取相应费用。(4)承担保密义务，不得泄露用户信息。(5)服从电力调度管理和有序用电管理，执行电力市场交易规则。(6)参照国家颁布的售电合同范本与用户签订合同，提供优质专业的售电服务，履行合同规定的各项义务，并获取合理收益。合同范本由国家能源主管部门另行制定。(7)受委托代理用户与电网企业的涉网事宜。(8)按国家有关规定，在省级政府指定网站和"信用中国"网站上公示公司资产、经营状况等情况和信用承诺，依法对公司重大事项进行公告，并定期公布公司年报。(9)任何单位和个人不得干涉用户自由选择售电公司的权利。

4. 拥有配电网运营权售电公司的权利和义务

《售电公司准入与退出管理办法》规定，拥有配电网运营权的售电公司享有以下权利并履行相关义务：(1)拥有并承担售电公司的全部权利与义务。(2)拥有并承担配电区域内与电网企业相同的权利与义务，按国家有关规定和合同约定承担保底供电服务和普遍服务。(3)承担配电区域内电费收取和结算业务。按政府核定的配电价收取配电费；按合同向各方支付相关费用，并向其供电的用户开具发票；代收政府性基金及附加，交电网企业汇总后上缴财政；代收政策性交叉补贴，按国家有关规定支付给电网企业。(4)承担配电网安全责任，确保承诺的供电质量。(5)按规划、国家技术规范和标准投资建设配电网，负责配电网运营、维护、检修和事故处理，无歧视提供配电服务，不得干预用户自主选择售电公司。(6)同一配电区域内只能有一家公司拥有该配电网运营权。不得跨配电区域从事配电业务。(7)承担代付其配电网内使用的可再生能源电量补贴的责任。

5. 拥有配电网运营权售电公司电力业务许可证(供电类)管理

国家能源局2016年12月发布《关于对拥有配电网运营权的售电公司颁发管理电力业务许可证(供电类)有关事项的通知》，对拥有配电网运营权的售电公司颁发管理电力业务许可证(供电类)有关事项作出了规定。根据该通知，国家能源局负责对全国许可实施情况进行监督管理，其派出机构负责组织实施辖区内电力业务许可证(供电类)的颁发和管理工作。取得电力业务许可证(供电类)的拥有配电网运营权售电公司(以下简称被许可人)，接受国家能源局及其派出机构(以下简称能源监管机构)的监督管理。

知识拓展

电力业务许可证（供电类）：拥有配电网运营权的售电公司需具备的条件

具备条件的拥有配电网运营权的售电公司，可以根据规定申请电力业务许可证(供电类)，由能源监管机构依法根据程序进行审批。

能源监管机构应当对被许可人是否持续符合许可证法定条件的情况实施监督管理。

被许可人的注册资本和资产总额、生产经营场所、供电能力、主要管理人员等发生变化，不符合许可证法定条件的，能源监管机构应当责令其限期整改，并对整改情况予以复查。逾期未整改或者整改后仍然不符合许可证法定条件的，撤销许可。

> **知识拓展**
> 电力业务许可证（供电类）：申请和审批程序

（二）成品油供应业务的市场准入

成品油包括汽油、煤油、柴油及其他符合国家产品质量标准、具有相同用途的乙醇汽油和生物柴油等替代燃料。我国对境内成品油的批发、零售、仓储经营活动，实行许可准入制度。商务部2006年12月《成品油市场管理办法》对成品油批发经营资格企业、零售经营资格企业、仓储经营资格企业分别规定了不同的许可条件；外商投资企业经营成品油业务的，还应当遵守我国有关外商投资政策法律的规定。成品油经营资格许可的申请和审批程序包括申请材料的提供，申请的提出，申请的受理、审查和决定等。成品油经营企业设立经营成品油的分支机构的，应当另行办理申请手续。

> **知识拓展**
> 许可条件：成品油批发、零售、仓储经营资格企业的许可条件

> **知识拓展**
> 成品油经营资格许可的申请和审批程序

（三）燃气供应业务的市场准入

我国对燃气供应业务通过许可制度实行市场准入监管。行政法规有2010年国务院发布的《城镇燃气管理条例》，住房和城乡建设部发布的部门规章主要有2004年《市政公用事业特许经营管理办法》（2015年修订）、2014年《燃气经营许可管理办法》和《燃气经营企业从业人员专业培训考核管理办法》等，对燃气供应业务的市场准入事宜作出了原则性规定。在我国从事燃气经营活动的，应当依法取得燃气经营许可，并在许可事项规定的范围内经营。住房和城乡建设部指导全国燃气经营许可管理工作，县级以上地方燃气管理部门负责本行政区域内的燃气经营许可管理工作。燃气经营许可证由县级以上地方燃气管理部门核发，具体发证部门根据省级地方性法规、省级政府规章或决定确定。《燃气经营许可管理办法》规定了申请燃气经营许可的企业应当具备的条件。燃气经营许可的申请和审批程序主要包括申请材料的提供，申请的审查和决定，变更和重新申请等。发证部门应当对燃气经营企业涉及许可条件的事项以及经营活动是否符合许可进行监督；不符合规定的，应当依法处理。

> **知识拓展**
> 燃气经营企业的许可条件

> **知识拓展**
> 燃气经营许可的申请和审批程序

（四）配电网业务的准入

在我国，配电网业务，是指满足电力配送需要和规划要求的增量配电网投资、建设、运营及以混合所有制方式投资配电网增容扩建。配电网是电网的组成部分（关于电网的较详细介绍，请见本章第二节），在我国，它原则上指110千伏及以下电压等级电网和220（330）千伏及以下电压等级工业园区（经济开发区）等局域电网。为了有序放开配电网业

务，鼓励社会资本有序投资、建设、运营增量配电网，通过竞争创新，促进配电网建设发展，提高配电网运营效率，为用户提供安全、方便、快捷的供电服务，国家发展改革委和国家能源局2016年10月印发《有序放开配电网业务管理办法》。除电网企业存量资产外，其他企业投资、建设和运营的存量配电网，都适用该办法。

我国有序放开配电网业务改革遵循的基本原则包括：(1)规划引领。增量配电网络应当符合省级配电网规划，保证增量配电网业务符合国家电力发展战略、产业政策和市场主体对电能配送的要求。(2)竞争开放。鼓励社会资本积极参与增量配电网业务，通过市场竞争确定投资主体。(3)权责对等。社会资本投资增量配电网业务并负责运营管理，应当遵守国家有关技术规范标准，在获取合理投资收益的同时，履行安全可靠供电、保底供电和社会普遍服务等义务。(4)创新机制。拥有配电网运营权的售电公司应当创新运营机制和服务方式，以市场化、保底供电等多种方式向受托用户售电，并可为用户提供综合能源服务，利用现代信息技术，向用户提供智能用电、科学用电的服务，促进能源消费革命。

1. 增量配电网项目管理

《有序放开配电网业务管理办法》第二章就增量配电网项目管理作出了规定。增量配电网项目管理包括规划编制、项目论证、项目核准及项目建设等。地方政府能源管理部门负责增量配电网项目管理，制定增量配电网项目管理的相关规章制度，做好项目建设过程中的指导和协调，根据需要开展项目验收和后评价。增量配电网项目必须纳入地方政府能源管理部门编制的配电网规划。

电网企业按电网接入管理的有关规定以及电网运行安全的要求，向增量配电网项目业主无歧视开放电网，提供便捷、及时、高效的并网服务。

2. 配电网运营者的权利与义务

《有序放开配电网业务管理办法》第三章就配电网运营者的权利与义务作出了列举式规定。配电网运营者享有以下权利：(1)公平接入电网的权利；(2)配电区域内投资建设、运行和维护配电网络的权利；(3)公平通过市场安全校核、稳定购电的权利；(4)公平获得电网应有的信息服务；(5)为用户提供优质专业的配售电服务，获得配电和相关增值服务收入；(6)参与辅助服务市场；(7)获取政府规定的保底供电补贴。

实务研析

云南峻翔电力公司提供虚假资料被强制退出电力市场

配电网运营者承担以下义务：(1)满足国家相关技术规范和标准；(2)遵守电力交易规则和电力交易机构有关规定，按要求向电力交易机构提供电力交易业务所需的各项信息；(3)执行电网规划，服从并网管理；(4)服从电力调度管理，遵守调度指令，提供电力调度业务所需的各项信息；(5)保证配电网安全、可靠供电；(6)无歧视开放电网，公平提供电源(用户)接入等普遍服务和保底供电服务；(7)代国家收取政府性基金及政策性交叉补贴；(8)接受监管机构监管。

第二节 能 源 管 网

一、能源管网的概念和分类

知识拓展

电网的概念和分类

能源管网，是指电力、原油、成品油、天然气、煤浆等输送管道、线路及其附属设施设备以及相关储存设施、港口接卸设施等组成的基础设施网络。管网运输是现代五大运输方式之一，在现代能源供应体系中发挥着重要的枢纽作用，事关国家能源安全。在我国，能源管网承担着我国绝大部分电力以及大部分原油和天然气的输送，对于保障能源安全、经济发展、促进民生、社会安定和国防建设发挥着重要的保障作用。根据管网所输送的能源种类不同，能源管网可以分为电网、石油（包括原油、成品油）管网、天然气管网、煤浆管网等。根据能源管网的不同作用，还可以作出进一步的分类，如石油管道可以分为干线和支线，天然气管网可以分为干线、支线和城镇。电网，又称电力网，是电力系统中各种电压的变电所及输配电线路组成的整体，包括变电、输电、配电三个单元。电网的任务是输送与配送电能，是输送电能和配送电能的通道，是把发电厂、变电站和用电户联系起来的纽带。电网的分类复杂多样。一个大的电网（联合电网）总是由许多子电网发展、互联而成。电网的分类复杂多样，对其进行了解是确保科学讨论电网政策法律的基础。

二、能源管网建设与保护

（一）能源管网的规划与建设

能源管网建设与城乡建设之间关系密切，从源头上理顺两者之间的关系，避免因不协调而产生危害能源管网和公共安全的隐患，必须从规划开始。管网建设后需要保护，其运行和使用不能危害公共安全，这就要求管网在建设环节就符合管网保护和公共安全的各项要求和标准，并进行严格验收，从而确保经验收合格后，才能将管网交付使用，投入运行。

关于跨省级行政区电力、石油和天然气输送管网，《能源法（送审稿）》修改稿第五十五条规定，由国务院能源主管部门会同有关部门统筹规划和组织建设，所在地人民政府应当按照规划预留能源基础设施建设用地，并纳入土地利用规划。在我国，能源管网规划包括全国管网发展规划和管网建设规划。如《电力法》规定，应当根据国民经济和社会发展的需要制定电力发展规划，并将之纳入国民经济和社会发展计划。电力发展规划，应当体现合理利用能源、电源与电网配套发展、提高经济效益和有利于环境保护的原则。城市电网的建设与改造规划，应当纳入城市总体规划。城市人民政府应当按照规划安排变电设施用地、输电线路走廊和电缆通道。[3]

---

〔3〕 参见《电力法》第十条、第十一条。

2010年《石油天然气管道保护法》规定,石油天然气管道的规划和建设应当符合管道保护的要求,遵循安全、环保、节约用地和经济合理的原则。国务院能源主管部门根据国民经济和社会发展的需要组织编制全国石油天然气管道发展规划,应当征求国务院有关部门以及有关省级人民政府的意见,应当符合国家能源规划,并与土地利用总体规划、城乡规划以及矿产资源、环境保护、水利、铁路、公路、航道、港口、电信等规划相协调。管道企业应当根据全国管道发展规划编制管道建设规划,并将管道建设规划确定的管道建设选线方案报送拟建管道所在地县级以上地方人民政府城乡规划主管部门审核,经审核符合城乡规划的,应当依法纳入当地城乡规划。

严格的验收是保证管道、线路及其附属设施设备合格的关键和最后环节。《石油天然气管道保护法》规定:(1)油气管道建成后应当按国家有关规定进行竣工验收。竣工验收应当审查管道是否符合本法规定的管道保护要求,经验收合格方可正式交付使用。(2)管道企业应当自管道竣工验收合格之日起60日内,将竣工测量图报管道所在地县级以上地方人民政府主管管道保护工作的部门备案;县级以上地方人民政府主管管道保护工作的部门应当将管道企业报送的管道竣工测量图分送本级人民政府规划、建设、国土资源、铁路、交通、水利、公安、安全生产监督管理等部门和有关军事机关。

全国管网发展规划方面,国家发展改革委、国家能源局2016年11月印发《电力发展“十三五”规划(2016—2020年)》,部署了我国“十三五”期间的电网总体发展规划。2017年5月《中长期油气管网规划》的规划期为2016~2025年,并远期展望到2030年,它是我国油气管网中长期空间布局规划,是推进油气管网等基础设施建设的重要依据。

(二)能源管网的保护

能源管网投入运行后,可能因为多种原因(如自然耗损、人为破坏、自然灾害等)而发生损坏,产生危险或者危害,因此必须制定政策法律,加强保护,尽可能地消除危险,避免损害,或者将危险或者损害降到最低限度。否则,能源供应安全就会遭受严重威胁。我国已有的单行能源法律中,《电力法》第四条规定,电力设施受国家保护,禁止任何单位和个人危害包括电网在内的电力设施的安全;第三章“电力生产与电网管理”中就规定了电网运行的管理保护,第七章“电力设施保护”专门就包括电网在内的电力设施的保护作出了规定。《石油天然气管道保护法》第三章“管道运行中的保护”规定了对油气管道的直接保护,第四章“管道建设工程与其他建设工程相遇关系的处理”则从预防的角度涉及了对油气管道的保护。能源管网的保护通常包括日常巡护和维护、设置能源管网设施设备标志、禁止危害和破坏能源管网设施设备的行为等。

1.能源管网的日常巡护和维护

能源管网的正常运行非常重要,否则就会严重威胁能源供应,甚至导致能源供应的中断。特别是电网,其运行应当遵循安全、优质、经济的原则,应当连续、稳定以保证供电的可靠性。[4]我国法律就能源管网的日常巡护和维护作出了规定。[5]一方面,管网企业应当:(1)建立和健全管网巡护制度,配备专门人员对管网路线进行日常巡护,按规定及时

---

〔4〕 参见《电力法》第十八条。

〔5〕 参见《电力法》第十九条,《石油天然气管道保护法》第二十二条至第二十七条。

处理和报告发现的危害管网安全的情形或者隐患;(2)定期对管网进行检修和维修,确保其处于良好状态,特别是应当对安全风险较大的区段和场所进行重点监测;(3)对不符合安全使用条件的管网设备或者设施,及时更新、改造或者停止使用;(4)配备管网保护所必需的人员和技术装备,研究开发和使用先进适用的管网保护技术,保证管网保护所必需的经费投入;(5)及时排除或者报告发现的管网安全隐患。另一方面,管网沿线的有关单位、个人,对于管网企业的巡护、检测、维修等作业,应当给予必要的便利。

2. 能源管网的标志设置和维护

设置管网标志不仅在于告知公众管网设施或者设备的位置、可能的风险或者危险,还在于警示公众不得针对管网设施或者设备或者在有关区域内实施某些行为。如我国法律规定,管网管理部门或者管网企业应当按国家技术规范的强制性要求在管网沿线设置管网标志;管网标志毁损或者安全警示不清的,管网企业应当及时修复或者更新。[6]

知识拓展

危害和破坏能源管网设施设备的直接和间接行为

3. 禁止危害和破坏能源管网设施设备的行为

危害和破坏能源管网设施设备的行为包括直接的和间接的危害能源管网安全的行为;较详细介绍,请阅读“危害和破坏能源管网设施设备的直接和间接行为”。对于这些行为,都应当予以禁止。

(三)能源管网与其他建设工程相遇关系的处理

现实生活中,一种能源管网可能与另外一种或者几种能源管网建设工程相遇,能源管网建设工程难免与其他建设工程相遇。因此,必须处理好不同建设工程之间的关系,否则就会导致能源管网受损或者遭受危害的风险。

知识拓展

石油天然气管道建设工程与其他建设工程相遇关系的处理的规定:《石油天然气管道保护法》

建设工程相遇关系的处理原则是:法律有规定的,依照法律的规定处理;法律没有规定的,由建设工程双方协商处理,并为对方提供必要的便利。法律没有规定时,建设工程双方协商处理时应当遵循的原则包括:(1)后开工的建设工程服从先开工或者已建成的建设工程;(2)同时开工的建设工程,后批准的建设工程服从先批准的建设工程。[7] 换言之,后开工或者后批准的建设工程,应当符合先开工、已建成或者先批准的建设工程的安全防护要求;需要先开工、已建成或者先批准的建设工程改建、搬迁或者增加防护设施的,后开工或者后批准的建设工程一方应当承担由此增加的费用。[8]更好地理解这些原则的应用,请研读关于石油天然气管道建设工程与其他建设工程相遇关系的处理的规定。

---

〔6〕 参见《电力法》第五十三条,《石油天然气管道保护法》第十八条。

〔7〕 参见《石油天然气管道保护法》第四十四条第一款。

〔8〕 参见《石油天然气管道保护法》第四十四条第二款。

三、能源管网服务

（一）能源管网服务概述

能源管网服务是政府特许的自然垄断，需要法治政府的严格监管。市场经济条件下，监管的核心工作应该是确保能源管网的无歧视开放接入以及能源管网服务业务的独立。能源管网开放接入，是指能源管网运营商向其他运营商以及其上游和下游用户开放其能源管网设施，允许接入，从而提供输送、配送、储存、气化、液化或者压缩能源产品/商品等相关服务。市场经济体制下，能源管网运营商应当根据监管条件，对其所运营的能源管网实行无歧视的开放接入，作为服务提供者向包括自己在内的所有管网消费者开放管网，准许消费者根据无歧视的条件接入能源管网，享有能源管网服务。《能源法（送审稿）》修改稿第五十七条规定："能源输送管网实行管运分离的原则，并应当依法向符合条件的能源生产、销售企业公平、无歧视地开放。"第五十八条规定："从事能源供应的企业应当依法经营，诚实守信，严格自律，保证服务质量，接受能源用户和社会公众的监督，承担相应的社会责任。"

为了确保无歧视的开放接入和实现能源普遍服务，能源管网服务业务需要独立。能源管网服务提供者如果同时经营所输送能源的供应业务的，需要根据监管的规定对这两种业务进行拆分。以市场为基础（market-based）的能源管网监管拆分的政策法律比较成功的，应该是欧盟（European Union，UN）。[9]本节后面的讨论，先以践行欧盟能源管网服务监管法律的英国为例，讨论市场经济条件下的能源管网服务，然后介绍我国城镇燃气管网服务。以英国为例的原因：一是英国实施的旨在促进市场化的欧盟能源管网监管法律比较到位；二是英国燃气管网和电网的私有化、市场化时间分别始于1986年和1990年，根据欧盟法律实施所有权——经营权分离类型的拆分，虽然时间不长但却相当成功，对于我国能源管网的市场改革具有较大的借鉴价值。

理论探讨

能源管网服务需要具有政府特许的自然垄断属性

（二）电力和燃气输送管网服务

1. 英国电力和燃气输送管网服务

英国经营电力和燃气输送管网服务的企业有4家，分别是苏格兰水电输电公司（Scottish Hydro Electric Transmission，SHE）、苏格兰输电公司（Scottish Power Transmission，SPT）、国家管网燃气（输送）公司［National Grid Gas（Transmission），NGGT］以及国家管网电力输送公司（National Grid Electricity Transmission，NGET）。苏格兰水电输电公司的业务区域主要是英格兰中部和北部，苏格兰输电公司的业务区域主要是英格兰南部，国家管网燃气（输送）公司和国家管网电力输送公司的业务区域主要是英格兰和威尔士。[10]它们共同形成了能源输送管网使用系统（Transmission Network Use of System，TNUoS）。

---

〔9〕 关于欧盟天然气管网服务拆分监管政策法律的发展，可以参见［英］艾琳·麦克哈格等主编：《能源与自然资源中的财产和法律》，胡德胜等译，北京大学出版社2014年版，伊尼戈·德尔瓜伊等所撰第17章"欧盟能源部门的所有权拆分和所有权"中的有关内容。

〔10〕 UK Office of Gas and Electricity Market，"Map：who operates the gas and electricity transmission network?"，Accessed September 30，2018. https://www.ofgem.gov.uk/key-term-explained/map-who-operates-gas-and-electricity-transmission-network.

此外，作为国家能源管网集团（National Grid Group）一个部门的电力系统运营商（Electricity System Operator），将于2019年4月成为该集团旗下的一家独立公司。

电力的发电商和供应商、燃气的生产商和供应商，都可以根据监管条件和能源输送管网企业规定的条件和程序，提出接入申请。对于符合条件的接入申请，能源输送管网企业根据管网输送能力，基本上按申请的先后顺序决定是否准许接入。准许接入的，双方签订合同，进行接入工程施工。

接入工程竣工验收后，电力的发电商和供应商、燃气的生产商和供应商就可以根据法律和合同利用相应的能源管网输送电力或者天然气，同时交纳输送服务费用。能源管网输送服务费用的标准受天然气与电力市场办公室的监管，按建设和维护在英格兰、威尔士、苏格兰和近海输送系统的成本加合理利润确定。

电力输送管网服务费用分为使用系统平衡服务费（Balancing Services Use of System Charges，BSUoS Charges）、输送管网使用系统费（TNUoS charges）以及接入工程费（Connection Charges）。使用系统平衡服务费，用于回收输送系统运行而提供的平衡服务（如运行国家电网调度中心，购买系统频率响应服务以及其他辅助服务的成本）的日常成本，由发电商和供应商承担，按日打包标准收取。输送管网使用系统费是电网向发电商或者电力用户提供接入系统服务而收取的费用，主要用于回收由电网公司投资的、发电厂或者电力用户接入工程的投资及运维成本。在考虑接入区域的基础上，对于发电商和供应商按不同的计量方法收取能源管网输送服务费；每年1月31日前公布收费标准，于当年4月1日起执行。对于发电商，根据每年确定的输送上网容量（Transmission Entry Capacity，TEC）计量收取；对于供应商，根据其预计需求输送电量计量收取。接入工程费用，用于回收接入工程的安装和维护成本，考虑接入工程的价值、使用年限和维护成本；在苏格兰收取，在英格兰和威尔士一般不收取；每年1月31日前公布对每一用户的收费标准，于当年4月1日起执行。为了扶持电力配送高成本的偏远地区，对这些地区减收费用；每年3月31日前公布收费标准，于当年6月1日起执行。

天然气输送管网服务费用通过全国能源输送管网系统（National Transmission System，NTS）计算，由下列四项费用组成：过网气量费、出网容量费、入网容量费和固定费。过网气量费向经由全国能源输送管网系统输送的燃气量收取，根据出网和入网地点的出入气量计算，计量单位是便士/kWh。出网容量费和入网容量费，均向天然气输送管网服务消费者按其持有的出网容量和入网容量计收，计量单位是便士/kWd。固定费按过网气量收取的用于回收维护成本的费用，计量单位是便士/d。对于暂时存在于输送管网中的天然气，在存储期间内不收取管网服务费。

2. 我国电力输送管网服务

在我国，电力输送管网服务由国家电网公司、南方电网公司这两家央企以及内蒙古电网公司等地方电网公司提供。我国目前电力输送管网服务的政策、法律法规主要有《电力法》《电力供应与使用条例》《电网调度管理条例》《关于进一步深化电力体制改革的若干意见》等。它们对电力生产与电网管理、供电营业区、供电设施、并网调度等问题作出了规定。正在进行的改革过程中，央企电网公司之外还组建了内蒙古电网等地方电网，在“主辅分离”某些方面实现了发电、电网企业与电力施工企业分离。

我国电力输送管网服务现行政策法律存在的主要缺陷在于,《电力法》缺乏无歧视的开放电网的规定。我国的电力体制改革始于1978年,至今已经经历了四个阶段。[11] 从最初为了解决电力供应短缺而鼓励联合办电、集资办电,到实现政企分开,再到厂网分离,2015年开始进入电力市场改革的深化阶段。2002年电力体制改革的主要作用在于规定了"厂网分开"。《关于进一步深化电力体制改革的若干意见》进一步明确了"管住中间、放开两头"的体制架构改革方向,将电网企业逐步改造成为电力输送企业,也就是将传统的电网从发电企业的唯一购电者和广大用户的唯一售电者转变为电力的输送者,由用户同发电企业或者售电主体签订合同,电网只收取电力运输费用(过网费)。

理论上,作为电力输送或者配送主体,市场条件下的电网企业应当公平、无歧视的向所有售电、购电者开放接入。这是市场经济对具有自然垄断属性的电网的客观要求,也是电网作为电力运输企业所应当发挥的真正职能之所在。我国仅以政策性文件为主推动电力体制改革而缺乏《电力法》的保障,发电企业、售电主体和用户自主选择权的落实极为缓慢,把电网企业改造为单纯的电力输送企业更是难以实现。

3. 我国石油天然气输送管网服务

我国现行石油天然气输送管网服务的法律,主要有2010年《石油天然气管道保护法》;行政法规有1989年《铺设海底电缆管道管理规定》;部门规章有2004年《海底电缆管道保护规定》、2014年《天然气基础设施建设与运营管理办法》(国家发展改革委)和2014年《油气管网设施公平开放监管办法(试行)》(国家能源局)等。其中,《天然气基础设施建设与运营管理办法》和《油气管网设施公平开放监管办法(试行)》是关于石油天然气输送管网服务的主要规范性文件。

(1)油气输送管网开放。油气输送管网属于能源基础设施。我国鼓励和支持油气基础设施相互连接、对上下游用户开放接入,要求发展规划在编制过程中考虑天然气基础设施之间的相互连接。[12]

对油气管网设施运营企业的开放要求包括:[13] 第一,在油气管网设施有剩余能力的情况下,应向第三方市场主体平等开放管网设施,提供输送、储存、气化、液化和压缩等服务。第二,在互惠互利、充分利用设施能力并保障现有用户现有服务的前提下,按签订合同的先后次序向新增用户公平、无歧视地开放使用油气管网设施。第三,结合自身管网设施输送(储存、气化、液化和压缩)能力以及实际需求情况,合理向其他油气管网设施运营企业提出开放申请。

(2)油气输送管网接入申请和处理。[14] 油气管网设施运营企业应每季度通过网站或国家能源局指定的信息平台等途径公开油气管网设施的接入标准、输送(储存、气化)价格、申请接入的条件、受理流程等信息。上、下游用户要结合生产实际情况或市场需求与消费量预测情况,以及油气管网设施规划、建设与使用现状,合理向油气管网设施运营企业提出开放申请。

---

〔11〕 陈皓勇:《电力体制改革要跳出"路径依赖"》,载《中国能源报》2018年5月28日,第4版。

〔12〕 参见《天然气基础设施建设与运营管理办法》第十四条、第十五条。

〔13〕 参见《油气管网设施公平开放监管办法(试行)》第五条至第七条。

〔14〕 参见《油气管网设施公平开放监管办法(试行)》第七条、第十条至第十三条、第二十条。

上游用户向油气管网设施运营企业提出接入申请时，应当提供相关材料，包括油气开发（或生产）现状及预测、经有资质的第三方评估的产能报告、油气品质等参数、输送（储存、气化、液化和压缩）量及时间要求等。油气管网设施运营企业综合考虑输送（储存、气化、液化和压缩）能力、安全性以及上游用户接入技术条件、油气质量、供应稳定性等因素，30个工作日内作出是否同意接入的答复意见，不同意接入的，要说明理由并抄报国家能源局或其派出机构。

下游用户向油气管网设施运营企业提出接入申请时，应提供相关材料，包括：用户性质、安全设施设计、消防安全设计、近三年分月分用户类别销售报告、油气资源需求预测、油气质量要求、输送（储存、气化、液化和压缩）量及时间要求等。油气管网设施运营企业综合考虑输送（储存）能力、安全性以及下游用户性质、需求等因素，30个工作日内作出是否同意接入的答复意见，不同意接入的要说明理由并抄报国家能源局或其派出机构。

对存在争议的开放项目，上、下游用户可以在收到答复意见之日起30个工作日内提请国家能源局或其派出机构进行协调，国家能源局及其派出机构根据实际情况出具协调意见。

油气管网设施运营企业之间可以根据实际需求及能力，平等协商相互开放相关事宜。

（3）油气输送管网服务。[15] 油气管网设施运营企业与上、下游用户就油气管网设施开放事宜达成一致的，在正式实施前相关企业应签订购销或输送（储存、气化、液化和压缩）服务合同。合同主要内容应当包括合同主体、购销或服务时段、购销或服务油气量、交接点与交接方式、购销或服务价格、油气质量、计量方式、安全责任、违约责任及免责条款等。油气管网设施运营企业每年向国家能源局或其派出机构报备当年新签订的油气管网设施开放相关的购销或输送（储存、气化、液化和压缩等）服务合同。

通过油气管网设施输送（储存、气化、液化和压缩）的原油、成品油、天然气应当符合国家规定的质量标准。用于油气管网设施输送（储存、气化、液化和压缩）的计量器具应当符合计量法律法规要求。油气管网设施运营企业应向提出申请的上、下游用户披露相关设施运营情况、可接收或分输油气的地点、剩余的输送（储存、气化、液化和压缩）能力、限（停）产检修计划等信息。上、下游用户对以上信息依法履行保密责任和义务，并对因泄密产生的后果承担相应的经济赔偿和法律责任。

油气管网设施开放应当执行价格主管部门按有关管理规定确定的输送（储存、气化等）服务价格。油气管网设施运营企业同时经营油气生产、销售等其他业务的，应当逐步建立健全财务制度，对油气管网设施运营业务实行独立核算。

相关市场主体应严格执行合同，发生争议的，应本着平等、自愿、诚信的原则协商解决。不能达成一致意见的，可以由国家能源局或其派出机构进行协调和调解。

（三）电力配送管网服务

1. 英国电力配送管网服务

为了缩小垄断范围，鼓励并促进电力供应市场的充分竞争，英国法律规定电力配送管网业务同电力供应业务实行严格拆分，同时经营有电力供应和电力配送管网两种业务的

---

〔15〕 参见《油气管网设施公平开放监管办法（试行）》第十四条至第二十条。

企业，必须将这两种业务分业经营。英国电力配送管网划分为多个供电区域，每一供电区域有一家地方配送公司。英国经营电力配送管网服务的配电网营运商（Distribution Network Operator，DNO）有 14 家，它们分属于 6 家不同集团公司所有。[16] 另外，截至 2018 年 1 月还有 14 家独立配电网运营商（Independent Network Operator，INO）。为了促进电力配送系统的稳定和有效率地运行，规范其使用系统配送以及接受电力的行为，受许可的电力配送商、供应商和发电商于 2006 年 11 月签订了《系统配送、接入和使用协议》（Distribution, Connection and Use of System Agreement）。

根据英国关于配电网接入的政策法律规定以及《系统配送、接入和使用协议》的约定，电力生产商、电力零售商和电力消费者都有权根据合理的无歧视条件，公开、公平地接入配电网。关于可再生能源和低碳电力接入（上网），2010 年 4 月 1 日英国可再生能源和低碳电力上网电价计划规定，已经安装或者准备安装装机容量不大于 5MW 或者 2 kW 的可再生能源和低碳发电技术设备的任何人都可以申请接入电网，参加该计划的受许可发电商为发电和出口电力的合格发电装机发电量付款。可再生能源和低碳发电技术设备包括光伏、风能、微型热联产、小水电等。

2. 我国电力配送管网服务

配电业务改革是我国电力体制改革的重要组成部分，目前形成了以 2015 年《关于进一步深化电力体制改革的若干意见》为核心的关于配电业务改革的多个政策性文件。在总结前期配电价格改革试点的基础上，国家发展改革委先后制定了 2015 年《输配电定价成本监审办法（试行）》（发改委价格〔2015〕1347 号）和 2016 年《省级电网输配电价定价办法（试行）》，共同构成了输配电成本价格监督制度框架。为了鼓励社会资本积极有序参与运营增量配电网，国家发展改革委和国家能源局发布 2016 年《有序开放配电网业务管理办法》；为了解决配电区域的划分问题，发布 2018 年《增量配电业务配电区域划分实施办法（试行）》。在输配环节，我国初步核定了大部分省的输配电价，并从 2016 年 11 月至 2018 年 6 月分 3 批共批准了 319 个增量配电业务改革试点。

《关于进一步深化电力体制改革的若干意见》关于配电业务改革的主要内容包括：（1）对输配电价格予以单独核定。单独定价的范围包括重要公用事业、公益性服务和网络自然垄断环节的配电价格，并以此为基础，将配电价格按不同电压等级，以“准许成本加合理收益”为原则进行核定。（2）积极吸引社会资本。鼓励社会资本对配电网进行投资，在分批分步骤的基础上对符合条件的市场主体放开增量配电投资业务，构建混合所有制的配电网络。在配电价格领域，《输配电定价成本监审办法（试行）》主要规定了配电定价成本构成和不得计入配电定价成本的费用；《省级电网输配电价定价办法（试行）》确定了电网企业配电业务准许收入，并分电压等级、分用户类别核定输配电价，明确了输配电价的计算方法以及从成本分享、投资顶级校核、强化投资约束、试行费率上限管控等方面确立了对电网企业的激励约束机制。《有序开放配电网业务管理办法》的主要内容包括：

---

〔16〕 UK Office of Gas and Electricity Market, “Map: who operates the electricity distribution network?”, Accessed September 30, 2018. https://www.ofgem.gov.uk/key-term-explained/map-who-operates-electricity-distribution-network.

(1)规定了包括规划编制、项目论证、项目核准及项目建设在内的增量配电网项目管理;(2)规定了包括在配电区域内从事供电服务和增值服务的配电网运营。

我国增量配电业务改革目前正处于攻坚阶段,以政策或政策性文件为主展开探索。可以预见,随着电力体制改革的不断深入,将会有更多地区成为增量配电业务改革试点。有学者通过调研发现,试点推进过程中存在或者需要关注的问题包括:[17] (1)试点多为存量、存在对增量负荷预测虚高等问题,增加了项目业主投资风险;(2)部分试点突破输电网建设等政策红线,跨营业区甚至跨省建设输电网;(3)增量配电网项目实施缺乏统筹规划,基本建设程序执行不到位;(4)增量配电网价格机制缺位;(5)增量配电网公平竞争仍存在较多较大阻碍;(6)增量配电网项目主体选择机制缺失,存在行政制定主体倾向;(7)一些地区借助配电网放开无序发展地方火力电网。

针对增量配电业务改革试点中存在的这些问题,可以考虑采取的措施有:(1)加强电网规划管理,为增量配电业务改革提供坚实支撑。强化政府规划部门的责任主体意识,形成以政府规划部门为主导,电网企业、科研部门、社会公众等多个相关主体共同参与的规划制定机制,在输电与配电规划、政府与企业规划之间形成良性互动格局。(2)加强增量配电业务监管力度,提高公平竞争程度。增量配电业务涉及电网的规划、项目招投标竞争、增量配电业务论证、许可、审批、业务开展、输电网与配电网的衔接、配电网安全监督,需要从事前、事中和事后全面加强监管,以"互联网 + 政务"为抓手,强化政府和企业中涉及公共利益的信息公开,遏制地方保护主义,防止出现以电力体制改革为借口而形成新的发电、输电和配电一体化垄断。(3)完善价格制度保障,加快增量配电业务发展。针对目前试点中出现的配电网价格机制缺位,建议根据"准许成本 + 合理收益"的原则,尽快出台增量配电网的电价计算方法和核定机制,细化各个要素的比重,形成基于市场运行的、科学的价格形成机制。

(四)燃气配送管网服务

燃气配送管网服务提供活动涉及的双方当事人,一方是管网服务提供者,另一方是管网服务消费者。管网服务提供者既可能是管网的所有权人,也可能是受托或者承租而经营管网服务的单位或者个人。管网服务消费者既可能是向燃气用户供应燃气的燃气供应者,也可能是燃气用户。

1. 英国燃气配送管网服务

为了缩小垄断范围,鼓励并促进燃气供应市场的充分竞争,英国法律规定燃气配送管网业务同燃气供应业务实行严格拆分,同时经营有燃气供应和燃气配送管网两种业务的企业,必须将这两种业务分业经营。英国经营燃气配送管网服务的营运商有 8 家,它们分属于 5 家不同集团公司所有。[18]

燃气配送管网运营商区分终端燃气用户、非终端燃气用户以及第三方燃气(配送)管

---

〔17〕 甄彦:《增量配电业务改革试点需关注的问题分析》,载《中国电力企业管理》2018 年第 7 期;刘刚:《新一轮电力体制改革道路探索》,中国计划出版社 2018 年版,第 183、197 页。

〔18〕 UK Office of Gas and Electricity Market, "Map: who operates the electricity distribution network?", Accessed September 30, 2018. https://www.ofgem.gov.uk/key-term-explained/map-who-operates-gas-distribution-network.

网,并向三者提供管网服务。终端燃气用户又被区分为家庭用户和商业用户。配送管网服务一般包括接入、更改接入、切断接入以及一些附带服务(如移动、更换气表等)。根据所配送燃气容量或者实际数量所收取的配送费用,由托运人承担。一般而言,向终端燃气用户供应燃气的燃气供应商支付燃气配送费用,其他则由合同约定的托运人承担。配送费用的计算公式是:约定的或者最低的入网容量配送费用+燃气表读数入网数量配送费用+约定的或者最低的出网燃气数量配送费用。

(1)向终端燃气用户提供的管网服务。燃气配送管网运营商向终端燃气用户提供的管网服务包括接入服务、更改接入服务、接入增容服务和切断接入服务等四种。

延伸阅读

终端燃气用户管网服务

(2)向非终端燃气用户提供的管网服务。燃气配送管网运营商向燃气供应商和存储商提供管网配送服务。燃气供应商使用服务在于向终端燃气用户供应燃气,存储商使用管网配送服务在于将燃气运送至燃气存储设施。服务范围一般包括接入、更改接入、切断接入以及相应的工程服务。

燃气配送管网运营商向同类非终端燃气用户提供服务的条件应当是无歧视的,向所有非终端燃气用户收取服务费用的标准应当是同一的。一般情况下,优先满足向终端燃气用户供应燃气的燃气供应商的管网服务。

(3)向其他燃气(配送)管网运营商提供的管网服务。保障燃气供应安全的一个重要措施,是所有燃气管网都能连接互通。因此,燃气配送管网之间的相互接入非常重要。英国能源监管机构鼓励能够给消费者带来好处的竞争,允许企业成立和经营小型、地方性的燃气管网并鼓励它们展开对新燃气用户接入的竞争,因为竞争意味着接入用户能够获得更为公平的价格和更优质的服务。

一家燃气(配送)管网运营商可以向另外一家提供接入的申请,从而使已经接入该一家燃气(配送)管网的燃气供应商能够向已经接入该另一家燃气配送管网的终端燃气用户供应燃气,或者使已经接入该一家燃气配送管网的终端燃气用户能够购买已经接入该另一家燃气(配送)管网的燃气供应商的燃气。两者之间的接入工程施工分界和连接事宜,由双方合同约定,各自承担相关施工和设施设备材料费用。

2. 我国燃气配送管网服务

我国《天然气发展“十三五”规划》披露,2015 年年末我国城市燃气消费占我国天然气消费总量的32.5%,全国城镇天然气管网里程长达43 万千米,用气人口达3.3 亿人。该规划提出:我国的气化人口将从2015 年的3.3 亿人增长至2020 年的4.7 亿人;城镇人口天然气气化率将从2015 年的42.8%增长至2020 年的57%。

在燃气行业的上中下游产业链中,城镇燃气供应业务应该与可以法定的自然垄断性城镇燃气管网服务业务分开,因为城镇燃气供应侧应该是竞争程度最高、最能体现市场化程度的一个环节,城镇管网服务则应该是无歧视开放接入、受严格监管的自然垄断。然而,根据现行政策法律,我国城镇燃气管网供应实行的是以地方政府授予特许经营权为模式的城镇燃气管网服务业务与经由城镇管网的燃气供应业务由一家公司垄断经营,不存在竞争。我国与燃气管网供应相关的法律与政策主要包括行政法规2010 年《城镇燃气管理条例》、住房和城乡建设部规章2004年《市政公用事业特许经营管理办法》(2015年修订)以及相关部委据之制定的部门规章,各省级行政区据之制定的地方性法规、地方政府规章或者主管部门文件。

《城镇燃气管理条例》从城镇燃气发展规划与应急保障、燃气经营与服务、燃气使用、燃气设施保护、燃气安全事故预防与处理以及法律责任等方面对城镇燃气管理工作作出了规定,排除了天然气的生产与进口、天然气的管道输送、天然气作为工业原料的使用、沼气和秸秆气的生产和使用。《市政公用事业特许经营管理办法》明确规定我国城镇燃气行业采用特许经营方式。此外,根据《城镇燃气管理条例》的规定,从事燃气经营活动的企业,必须在气源、设施、规划、场所、安全管理、经营方案、人员资质等方面符合法律的规定,同时禁止个人从事燃气管道经营活动。地方法规中的燃气经营许可制度大多以此为基础进行适当的细化和扩充。如《陕西省燃气管理条例》针对环境影响评价、突发事件应对、抢险抢修人员和设备作出了要求;《江苏省城镇燃气管理条例》针对银行资信、财务状况以及偿债能力作出了规定。

实务研析

我国城镇燃气管网供应特许经营模式的重大缺陷与改革思考

目前,我国政策法律规定的城镇燃气管网供应制度是典型的法定垄断领域,而且这一制度还适用于采取管网供应燃气的农村地区。

第三节 农村能源

一、农村能源问题

农村能源问题主要出现在发展中国家。主要背景性原因包括:(1)城乡差距。农业在发达国家已经实现了产业化,城乡之间收入差距小,城乡之间人口自由流动,而且比较频繁。然而,在绝大多数发展中国家的绝大多数地区,农业并没有实现产业化,自给自足的家庭性农业经济占据主导或者主要地位,农民收入低,城乡差距大,政府往往通过包括户籍制度在内的许多措施限制农村人口向城市进行长期居住性的流动。(2)能源来源。由于城市人口的居住区域相对集中,企业或者政府集中式供应能源能够产生经济上的边际效益,具有经济合理性。但是,农村地区人口往往分散,有些地区还十分分散,向农村居民供应能源通常不具有经济合理性。农村居民多数情况下要么是就地获取薪材性能源(如草木、树枝、秸秆、木材),要么购买价格较低的不清洁能源(如煤炭)。(3)支付能力。一方面,在广大发展中国家,城市居民的收入通常远高于农村居民,而且政府为了维护对国家稳定与安全具有重大影响的城市稳定,还不时对城市居民发放远高于农村居民的补贴;另一方面,城市居民具有以较高价格购买清洁、安全能源商品和享受能源供应服务的能力,但是绝大多数农村居民却不具有这种能力。

我国是发展中国家,也是最多人口国。2018年年末,大陆总人口139538万,其中农村户籍人口56401万,占总人口的40.42%;城镇居民人均可支配收入39251元、消费支出

26112元，农村居民人均可支配收入仅14361元、消费支出12124元。[19] 我国农村能源情势总体上呈现出以下5个特点：(1)农村能源资源在地区分布上差异大，而且分散，能量密度低，宜就地开发利用，不宜长途运输。(2)农村能源转换工艺规模小、技术难度较低、投资强度小、建设周期短，但是涉及面广，而且与广大农村居民关系密切，常与农村的社会文化水平、生活风俗习惯有关。(3)商品能源供给程度低，供需矛盾尖锐。除少数地区拥有较丰富的小煤矿或小水电资源外，大部分农村地区缺乏商品能源资源。随着城镇化进程、新农村建设和生态观光休闲农业的发展，农村地区社会经济发展加快，生活水平不断提高，农村居民以及生态观光休闲农业对商品能源的需求迅速增加。(4)农村能源获取与使用同农村生态环境保护关系密切，出现了不符合可持续发展理念的诸多问题。生物质能在农村能源中占有重要地位。薪材能源的使用在许多地方导致了生态环境破坏，而缺乏衔接的政策法律导致了社会不和谐。(5)城乡能源基础设施和用能水平差距大，农村能源建设和服务薄弱，农村电网建设和改造滞后，个别地方还没有用上电，全国仍有大量农户以秸秆和薪柴为生活燃料。[20] 减少能源贫困和推进城乡能源协调发展任重道远。

以发展中国家为主的农村能源问题，主要表现为以下四个方面：(1)薪材能源占据比例较大，从多方面对生态环境造成了不利影响；(2)较清洁的化石能源和电力供应不足，能源贫困问题突出；(3)农村居民支付能力低下，难以承受化石能源和电力的较高价格；(4)农村居民缺乏知识、技术或者资金投入太阳能、风能和生物质能等可再生能源资源的开发。

二、农村能源的政策法律沿革

我国农村能源政策法律的发展，可以划分为从新中国成立到20世纪70年代末，20世纪80年代到20世纪末，21世纪以来的三个阶段。

(一)新中国成立到20世纪70年代末

新中国成立之初，由于国内战争的巨大创伤和朝鲜战争的严重消耗，我国国民经济处于极度困难的状态，广大农村地区既匮乏农业生产用能，也缺少生活用能(甚至很多地区连薪材都匮乏)。20世纪50年代末，毛泽东主席在农村视察时指出沼气既能点灯又能做饭，还能产肥料，指示要大力发展；周恩来总理对发展小煤窑作出指示，要求发展一批小煤窑来就地解决燃料不足问题。但是燃料不足这一农村用能主要问题显得十分突出。1965年8月，中共中央发布了《关于农村烧柴问题的指示》，1975年煤炭部提出了发展地方煤矿的方针，1979年国务院颁布《小煤炭管理试行办法》，1980年国务院批转《当前农村沼气建设中几个问题的报告》，中共中央发布《关于加快农业发展若干问题的决定》。

我国这一时期农村能源政策法律的特点是，形式上几乎都是政策，内容上主要是针对突出问题的临时解决方案，缺乏科学性、统筹性、系统性的考量和安排。

(二)20世纪80年代到20世纪末

20世纪70年代末改革开放政策实施后，我国经济发展迅速，能源需求急剧增加，能

---

〔19〕 数据来源：《2018年国民经济和社会发展统计公报》。

〔20〕 参见国务院2013年1月1日《关于印发能源发展“十二五”规划的通知》(国发〔2013〕2号)。

源短缺问题更加突出，情势更为严峻，特别是严重耗能、破坏生态、污染环境的乡镇企业的“大跃进式”发展，不仅加剧了全国能源短缺，也让农村能源短缺问题更为严重。1981年全国沼气工作会议提出了“因地制宜、多能互补、综合利用、讲求实效”的农村能源建设十六字方针。1982年12月《国民经济和社会发展第六个五年计划》将农村能源事项纳入，第二编“各经济部门发展计划”第十章“能源”第十节“农村能源”专门作出了农村能源计划，确认了农村能源建设“十六字方针”，要求努力搞好农村能源的合理使用和节约。提出的主要措施包括推广省柴、省煤炉灶，整顿已有沼气池，稳步发展新沼气池，新造薪炭林，整顿现有小水电和农村电网，多发展小水电，根据资源条件和经济效益搞好太阳能、风能和地热的利用。针对农村能源存在的“短缺严重，浪费惊人”这一主要问题，国务院办公厅1983年2月转发了国家计划委员会、农牧渔业部《关于加快农村改灶节柴工作的报告》。国家还制定了农村能源建设的一些保障措施，如农业部制定了农村能源贴息贷款使用管理的规定等。

继“六五”计划，后来的国民经济和社会发展五年计划或者规划纲要都有农村能源方面的内容。相应地，一些专业规划中也有了农村能源的内容。例如，1996年《国民经济和社会发展“九五”计划和2010年远景目标纲要》要求：加快农村能源商品化进程，推广省柴、节煤炉灶和民用型煤，形成产业和完善服务体系。因地制宜，大力发展小型水电、风能、太阳能、地热能、生物质能。

20世纪90年代，我国在全国层面制定了一些涉及农业和农村环境、资源与能源方面的法律。虽然它们并非全部、全面直接针对农村能源建设，但是与农村能源建设有很大关系，从而促进了农村能源法制建设。例如，1993年《农业法》〔21〕要求各级政府制定农村能源发展计划，这是我国法律第一次对农村能源作出明确规定。同年制定的《农业技术推广法》〔22〕把农村能源利用技术列为农业技术之一，让农村能源发展也得到了科技法有力的支持。1997年《节约能源法》〔23〕第三十八条要求各级政府按照因地制宜、多能互补、综合利用、讲求效益的方针，加强农村能源建设，开发和利用沼气、太阳能、风能、水能、地热等可再生能源和新能源。此外，1979年制定的《环境保护法(试行)》、1991年制定的《水土保持法》和1989年制定的《环境保护法》都要求加强生态环境保护，防治植被破坏、水土流失，这些规定与农村能源建设强调保护生态环境的要求是一致的。1996年修订后的《矿产资源法》规范了煤矿等能源资源的权属、开发和利用等，为农村能源建设提供了一定的法制基础。

为了解决农村能源问题，从20世纪90年代后期开始，一些省级地方性立法出台。到20世纪末，制定针对农村能源问题的地方性法规有安徽、甘肃、广西；制定地方政府规章的有黑龙江、湖北、山东。其他没有进行地方性立法的多数省级行政区(如江苏、新疆等)也印发了加快农村能源建设的意见、通知等文件，促进了地区性农村能源建设。

我国这一时期农村能源政策法律的特点是，与我国法制和法治建设的发展轨迹一致，

---

〔21〕 现行《农业法》是2012年12月28日全国人大常委会修正后的版本。

〔22〕 现行《农业技术推广法》是2012年8月31日全国人大常委会修正后的版本。

〔23〕 现行《节约能源法》是2016年7月2日全国人大常委会修正后的版本。

形式上逐渐走向法律为主，内容上已经具有一定程度的科学性、统筹性、系统性的考量和安排。

（三）21世纪以来

进入21世纪后，随着可持续发展理念的全球性影响和深入以及气候变化议题重要性日益突出，科学发展观和生态文明建设在我国的提出，我国农村能源问题已经主要不是农村能源的问题。我国事关农村能源问题的政策法律也在不断反映这些变化。

在国家层面，政策性文件《国民经济和社会发展第十二个五年规划纲要》中提出："加强农村能源建设，继续加强水电新农村电气化县和小水电代燃料工程建设，实施新一轮农村电网升级改造工程，大力发展沼气、作物秸秆及林业废弃物利用等生物质能和风能、太阳能，加强省柴节煤炉灶炕改造。"《能源发展"十二五"规划》在第三章"主要任务"中进一步规划了农村能源的发展问题。《国民经济和社会发展第十三个五年规划纲要》提出"促进城乡公共资源均衡配置"，"加快新型城镇化步伐，提高社会主义新农村建设水平，努力缩小城乡发展差距，推进城乡发展一体化"。农村能源方面，如要求"统筹规划城乡基础设施网络，健全农村基础设施投入长效机制，促进水电路气信等基础设施城乡联网、生态环保设施城乡统一布局建设。把社会事业发展重点放在农村和接纳农业转移人口较多的城镇，推动城镇公共服务向农村延伸，逐步实现城乡基本公共服务制度并轨、标准统一"。又如，提出"开展新一轮农网改造升级，农网供电可靠率达到99.8%"。

2005年制定了《可再生能源法》，[24]该法第十八条专门就农村地区可再生能源开发利用作出了规定：(1)国家鼓励和支持农村地区的可再生能源开发利用；(2)县级以上地方人民政府管理能源工作的部门会同有关部门，根据当地经济社会发展、生态保护和卫生综合治理需要等实际情况，制订农村地区可再生能源发展规划，因地制宜地推广应用沼气等生物质资源转化、户用太阳能、小型风能、小型水能等技术；(3)县级以上人民政府应当对农村地区的可再生能源利用项目提供财政支持。第六章"经济激励与监督措施"第二十四条规定，国家财政设立的可再生能源发展专项资金，可用于支持农村、牧区生活用能的可再生能源利用项目。2007年修订了《节约能源法》，而后又于2016年、2018年进行了修正，加强了农村能源方面的规定。2014年修订《环境保护法》，强调了农村生态环境保护、使用清洁能源和提高能源利用效率、减少污染。

地方层面，湖南省人民政府2001年颁布了《湖南省农村能源建设管理办法》并于2002年、2004年进行了两次修订，2002年6月四川省人民政府通过了《四川省农村能源建设管理办法》，湖南省人大常委会于2005年11月制定了《湖南省农村可再生能源条例》，2005年2月浙江省人民政府制定了《浙江省沼气开发利用促进办法》。

三、现行农村能源政策法律存在的问题

目前，我国国家层面和地方层面都制定了不少涉及或者事关农村能源问题的政策法律，从短期的视角看，确实解决了一些问题，特别是一些省级立法机关和政府制定和实施的农村能源地方性法规和政府规章，总结肯定之前一段时间农村能源建设的经验，对之后

〔24〕　现行《可再生能源法》是2009年12月26日全国人大常委会修正后的版本。

农村能源建设发挥了一定的推动和保障作用。但是,我国现行农村能源政策法律也存在不少问题。这些问题主要表现在指导思想不统一和错位、政策与法律规定形神俱散、法律内容可操作性差、缺乏配套法规规章等四个方面。

(一)指导思想不统一和错位

我国现行农村能源政策法律的指导思想不统一和错位主要体现在对于农村能源建设内容的确定上,缺乏立足于长远的指导思想,往往是在解决眼前问题中制造了更多、更大、更严重的问题。在国家层面表现为前后不一致、左右不统一;地方层面则表现为将农村能源建设基本定位于农村可再生能源开发利用和农村能源节约两个方面。如在地方性立法中奉行的"农村能源小立法"指导思想,直接导致地方性农村能源法规和规章所起的作用有限,特别是地方立法不是立足于存在的农村能源问题,而是基于狭隘的"农村能源"概念进行立法设计,缺乏问题意识,同时没有立足于能源革命的思想观、战略观和统筹观,进而制约了农村能源建设的发展,影响了农村地区的可持续发展。

(二)政策与法律规定形神俱散

我国现行农村能源政策与法律规定的形神俱散主要体现在两个方面:(1)缺乏全国性单行法律或者法规;(2)散见于国家和地方层面政策与法律中的内容不具有体系性,不协调、不一致,乃至冲突和矛盾之处较多。

从能源政策法律发展的国际趋势来看,能源问题是一个需要全方位统筹的议题,就农村能源问题制定一部全国性的法律或者行政法规并不科学。尽管如此,农村能源问题具有特殊性,需要在不同的能源单行立法中得到统筹考虑、协调规定。为此,需要一两项长期性而非临时性的全国性政策作为不同能源单行立法中农村能源事项的指南,使全国性的事关或者涉及农村能源的诸多单行立法政策之间具有神的统一,做到形散而神不散,进而也为地方性农村能源立法与全国性农村能源政策与法律之间的统一奠定基础。

《立法法》规定了制定法律的10项保留事项,农村能源立法总体上并非保留事项。而且,根据《立法法》的规定,属于地方性事务需要制定地方性法规的事项,地方性法规可以作出规定;属于本行政区域的具体行政管理事项,地方政府规章可以作出规定。因此,地方人大或其常委会、地方政府可以就农村能源建设事项依法制定法规或者规章。但是,这些地方性农村能源立法需要在与全国性农村能源政策法律保持统一的前提下,体现地方需求和特色。

(三)法律内容可操作性差

《农业法》《农业技术推广法》《可再生能源法》《节约能源法》等法律的制定和实施,在一定程度上促进和保障了农村能源建设。但是,这些法律对农村能源方面的规定或者过于简单,或者缺乏针对性。如《农业法》涉及农村能源的只有两条。第三章"农业生产"中第十七条要求各级人民政府采取措施,加强农业生态环境保护、农村能源和电网等农业和农村基础设施建设,改善农业生产条件,保护和提高农业综合生产能力。第八章"农业资源与农业环境保护"中第五十七条要求发展农业和农村经济必须合理利用和保护土地、水、森林、草原、野生动植物等自然资源,合理开发和利用水能、沼气、太阳能、风能等可再生能源和清洁能源,发展生态农业,保护和改善生态环境。这些规定中的权利义务过于笼统,可操作性不强,实际应用价值不大。《农业技术推广法》第二条第一款第七项将农业资源与农业生态安全和农村能源开发利用技术列入了农业技术,因此有关农村能源开发利用的技术可以根据该法予以推广,但是由于有关的规定缺乏可操作性,实施效果甚微。至于《环境保护法》《水土保持法》的主要内容是环境与资源保护法而非能源法,其中关于植被保护和水土保持也仅是开发农村可再生能源的优势之一。总之,上述法律中的这些规定不能直接而有效地促进和保障农村能源事业的发展,有的甚至阻碍了农村能源的发展。

理论探讨

能源正义与农村能源

(四)缺乏配套法规规章

虽然全国人大常委会先后制定了《农业法》《农业技术推广法》《节约能源法》《可再生能源法》等法律,并对它们进行了修订,但是每部法律至今都没有相应的配套行政法规。尽管国务院有关行政主管部门单独制定了一些具有一定针对性的部门规章或者规章性文件,但是既缺乏一部相对完整的部门规章,也缺乏针对农村能源问题的专项部门规章。总体上看,我国全国性法律中关于农村能源的规定,缺乏全国性的配套行政法规、部门规章予以落实,在多数省级行政区域也缺乏配套的地方性法规和政府规章予以落实,从而导致法律的实施效果很差。

实务研析

我国农村能源政策法律的完善

第四节　能　源　节　约

节约能源法有广义和狭义之分。广义的节约能源法,是指由国家制定或认可的并由国家强制力保证施行的、调整节约能源社会关系的一系列法律规范的总称。狭义的节约能源法,是指一部以“节约能源法”或者类似名称命名的、由最高立法机关制定的法律。在我国,是指全国人大常委会 1997 年 11 月 1 日通过、自 1998 年 1 月 1 日起施行,后经 2007 年 10 月 28 日、2016 年 7 月 2 日和 2018 年 10 月 26 日修订的《节约能源法》。我国节约能源法的渊源包括宪法、法律、行政法规、地方性法规、自治条例和单行条例、规章国际条约和国际惯例等。

一、节约能源的概念和重要性

(一)节约能源的概念

科学辩证地理解节约能源,首先需要理解节约一词的语义。节约的含义最初是指减少金钱、物品或者资源的浪费性使用。后来延伸为在不影响正常消费或者享受而且其他条件不变的情况下,通过减少金钱、物品或者资源的使用(量)而节省。现在已经扩展到了通过提高使用效率的路径,或办同样的事情却使用较少的金钱、物品或者资源,或使用同样的金钱、物品或者资源却办更多的事情。当代,节约往往同时具有上述三种语义,或是它们的混合体。名词节约有“saving”“conservation”这两个相应的近义或同义英文单词。

节约能源(energy conservation,energy saving)(可简称节能)一词产生于20世纪70年代爆发的石油危机,旨在通过节约而相对地增加能源供应量,从而应对能源供应短缺危机,保障能源安全。后来,其内涵和外延不断变化、丰富和发展。从节约石油到节约各种能源,人类对节能的认识经历了从狭义节能到广义节能、从单纯的节约和少用能源到包括提高能源效率在内的节能。世界能源委员会(World Energy Council,WEC)1979年对节能的定义是:“采取技术上可行、经济上合理、环境和社会可接受的一切措施来提高能源资源的利用效率。”我国《节约能源法》借鉴了这一定义,第三条对节约能源的界定是:“本法所称节约能源(以下简称节能),是指加强用能管理,采取技术上可行、经济上合理以及环境和社会可以承受的措施,从能源生产到消费的各个环节,降低消耗、减少损失和污染物排放、制止浪费,有效、合理地利用能源。”技术上可行是指符合现代科学原理和先进工艺制造水平;经济上合理是指经过经济技术方面的可行性研究论证,节能资金的投入与产出效益的比例合理;环境和社会可以承受是指符合环境保护要求,节能措施安全实用、质量可靠、价格合理,不超越社会承受能力;从能源生产到消费各个环节是指包括能源生产、加工、转换、输送、供应、贮存和终端使用的所有过程。

能源效率(energy efficiency),简称能效,是指在一定时期内一个家庭、用能单位、区域、地区或者国家的能源消费总量与经济产出总量之间的比率。在国家层面,通常用能源消费总量与国内生产总值之间的比值予以衡量。提高能源效率不仅是节能的方法、措施或者路径之一,而且是节能的核心和关键。与能效密切相关的术语是能源强度(energy intensity),又称单位国内生产总值能耗,是指能源消费与经济产出之比;在国家和国际统计层面,能源强度一般用能源消费总量与国内生产总值之比来表示,单位是一定单位国内生产总值的能源消费量或者需求量。当能源效率中的经济产出总量用国内生产总值表示时,能源效率就相当于能源强度。节约能源的核心目标,或是在产出保持不变的情况下实现能源要素投入数量的最小化,或是在各种能源投入要素保持不变的情况下实现产出的最大化。能源效率和能源强度都是用来衡量节能效果的关键指标。

实务研析

能效政策法律的重要性和有效法律框架的建立

理论探讨

提高能效的强制性标准的实施

(二)节约能源的重要性

当代,能源供应短缺是绝大多数国家的难题,气候变化是全人类面临的共同挑战,保护生态环境是国际社会的共同关切。在习近平总书记2014年提出的我国能源安全发展的“四个革命、一个合作”战略思想中,无论是推动能源消费革命来抑制不合理能源消费,还是推动能源供给革命以建立多元供应体系,抑或推动能源技术革命而带动产业升级,甚或推动能源体制革命以求打通能源发展快车道,直至通过全方位加强国际合作追求实现开放条件下的能源安全,节约能源居于一种关键性的核心地位。鉴于节能是应对能源供应短缺的重要手段,是应对全球气候变化不可或缺的路径,是保护生态环境的关键措施,大多数国家在其能源转型路径中都以提高能效为顶梁柱的节约能源产业作为重中之重,能效是“第一能源”已经成为全球共识。节能具有如下 3 个方面的重要性：

1. 节约能源是应对能源供应短缺的重要手段

能源是生活之要、生产之基，人类社会的发展离不开能源的使用。[25] “二战”后，随着全球经济的重建和发展，社会福祉的恢复与提高，人类对能源的需求量不断增长。特别是，冷战结束后，20 世纪 90 年代以来经济全球化的推进，广大发展中国家的经济和社会发展，特别是中国、俄罗斯、印度、巴西、南非等新兴经济体的快速发展，导致全球能源需求急速增加，能源供应短缺形势更显严重。国际能源署的统计数据显示：[26] 全球一次能源供应总量从 1971 年的 5523 Mtoe 增长到了 2016 年的 13761 Mtoe，增加了 1.5 倍；发达的经合组织国家占全球一次能源供应总量从 1971 年的 61% 下降到了 2016 年的 38%，发展中国家特别是新兴经济体的比例则迅速上升，非经合组织的亚洲国家占全球一次能源供应总量从 1971 年的 13% 上升到了 2016 年的 35%。为了缓解乃至解决全球能源供应短缺问题，实行能源节约，相对增加能源供应是重要手段之一。

我国人均能源资源拥有量仅为发达国家平均水平的约 1/3，然而，能源需求量自 20 世纪 80 年代以来增长过快。我国是世界第一大石油和煤炭进口国、第四大天然气进口国。国际能源署预测，我国 2016 ~ 2040 年的一次能源需求增量将很大。[27] 然而，我国万元 GDP 能耗却不仅远高于发达国家，也高于一些新兴工业化国家。例如，以 2016 年为例，我国万元 GDP 能耗是美国的 2.266 倍，是韩国的 1.320 倍。[28] 进入 21 世纪后，我国能源安全形势严峻。如果能源利用效率能够同美国持平，我国 2016 年一次能源供应量就可以减少 1652.73 Mtoe，不仅能源供应短缺问题将得到极大缓解，而且也不会成为世界第一大能源消费国。因此，大力推行节能对于我国克服能源供应短缺“瓶颈”具有重大意义。

2. 节约能源是应对全球气候变化不可或缺的路径

虽然温室气体因其能够保存太阳能而对地球生命不可或缺，但是过多却会导致不利的气候变化。[29] 20 世纪 90 年代气候变化从科学问题转变为政治和法律问题后，“能源”的世界性分量更为重要了，能源议题的核心转变为如何既确保能源供应安全又将温室气体排放控制于一个适当的水平。[30] 最近的研究表明，85% 的颗粒物和几乎所有的硫氧化物和氮氧化物都源于能源原材料和产品（商品）的生产、利用和消费活动；这三种污染物会直接污染空气或者通过大气层中的化学反应而转变成其他污染物，不仅造成了影响广泛的空气污染后果，而且致使大气中温室气体浓度升高，导致气候变化。[31] 因此，如果不实施能源节约，温室气体减排就会成为空谈，节约能源是应对全球气候变化不可或缺的

---

〔25〕 胡德胜主编：《能源法学》，北京大学出版社 2017 年版，第 3 页。

〔26〕 International Energy Agency, *World Energy Balances* 2018: *Overview*, Paris, IEA, 2018, p.5.

〔27〕 国际能源署：《世界能源展望中国特别报告：中国能源展望 2017》，石油工业出版社 2017 年版，第 52 页。

〔28〕 GDP 数据采用联合国国家账户合计数据库（National Accounts Main Aggregates Database）中的数据。

〔29〕 [美]约瑟夫·P. 托梅因、理查德·D. 卡达希：《能源法精要》，万少廷等译，南开大学出版社 2016 年版，第 260 页。

〔30〕 胡德胜主编：《能源法学》，北京大学出版社 2017 年版，第 3 页。

〔31〕 International Energy Agency, *World Energy Outlook Special Report* 2016: *Energy and Air Pollution*, Paris, IEA, 2016, p.13.

路径。

2010年以来,我国一直保持着世界第一大温室气体排放国的地位。我国是2015年《巴黎协定》的缔约国,在应对气候变化承诺中宣布了如下三项主要目标:CO_2排放量将在2030年左右达到峰值并争取尽早实现;2030年单位GDP的CO_2排放量比2005年下降60%~65%;2030年非化石能源占一次能源消费比重达到20%左右。但是,我国是能源消费第一大国,能源利用效率不及美国的一半。如果我国的能源利用效率能够同美国持平,我国就完全可以甩掉世界第一大温室气体排放国的"帽子"。因此,实施能源节约是我国实现温室气体减排的必要路径,是我国履行国际义务,建立负责任大国形象的必然措施。

3. 节约能源是保护生态环境的关键措施

能源原材料和产品(商品)的生产、利用和消费活动不仅直接产生颗粒物、硫氧化物和氮氧化物这些污染物,而且产生其他污染物,除了对地球气候系统造成主要表现为气温上升这一不利气候变化外,还会对众多生态系统造成或多或少、或大或小的不利影响。实施节约能源,就在一定程度上意味着或减少了能源资源的开发和利用活动,或减轻了开发和利用活动的强度,从而减轻了对生态系统和环境的不利影响乃至破坏。因此,节约能源是保护生态环境的关键措施。

人类活动所产生温室气体的绝大部分源于能源原材料和产品(商品)的生产、利用和消费活动,致使能源议题又增加了应对气候变化这一不可或缺的内容。能源是人类生存和发展的重要物质基础,没有能源作为支撑,就没有社会经济发展和现代文明。在满足不断增加的能源需求同保护生态环境两者之间实现某种平衡,建设生态文明,实现人类社会的可持续发展,以提高能效为顶梁柱的节约能源具有不可替代的桥梁作用。[32] 世界能源委员会评估,如果将能效视为一种能源资源的话,2014年其占全球一次能源消费总量的38%,远高于石油的19%这一比例。[33] 国际能源署预测,如果没有调整经济结构和提高能效的措施,我国2040年的最终能源需求将增加60%;提高能效能够减少我国2/3的能源需求,它因而是制约能源需求增长的关键。[34] 正是鉴于能效在节约能源的顶梁柱作用,在2015年《变革我们的世界:2030年可持续发展议程》可持续发展目标之七"确保人人获得负担得起的、可靠和可持续的现代能源"中,联合国提出了到2030年"全球能效改善率提高一倍"的子目标。

二、节约能源活动的善治

节约能源活动需要体现在从能源生产到消费的各个环节,即应当在能源的生产、加工、转换、输送、储存、使用等各个环节,低消耗,减少损失和污染物排放,制止浪费。节能所追求的目的是有效、合理地利用能源,即在符合经济效益原则和环保要求的情况下,使

---

〔32〕 德国能源消费的发展变化清楚地表明,在经济良好而稳定发展的同时,持续降低能源消费量是可以实现的。德国联邦经济和能源部讨论文件《能效绿皮书》,2016年8月。

〔33〕 World Energy Council, Energy efficiency policies 2016: A straight path towards energy sustainability, London, World Energy Council, 2016, p. 8.

〔34〕 国际能源署:《世界能源展望中国特别报告:中国能源展望2017》,石油工业出版社2017年版,第49页。

用相同数量的能源,满足更大的社会需求。[35]实施节约能源活动意味着为了人类社会可持续发展这一整体利益,需要每一个体改变与能源有关的生产或生活方式。有些改变不需要或者几乎不需要增加成本,如改变不随手关灯的生活方式;有些改变则需要投入成本对已有的设施或设备进行节能改造,如为已有建筑物增加保温层、升级改造或者更换还不到报废时间的锅炉和机动车辆等。在市场经济条件下,如何让个体改变其事关能源消费的生产方式或生活方式,实施节约能源活动,是一个需要立足于市场经济视角处理好市场与政府关系,经由法治路径实现善治的综合性课题。

理想的能源市场应该是运转良好、开放、竞争、高效、稳定和透明的能源市场。2014年《二十国集团能源合作原则》的原则三是"鼓励和促进运转良好、开放、竞争、高效、稳定和透明的能源市场,使之能够促进能源贸易和投资"。2016年9月《二十国集团领导人杭州峰会公报》,集团成员国"重申致力于构建运转良好、开放、竞争、高效、稳定和透明的能源市场,建设能更好地反映世界能源版图变化,更有效、更包容的全球能源治理架构,塑造一个负担得起、可靠、低温室气体排放和可持续的能源未来,同时利用好能源资源和技术"。然而,实施需要增加成本的节约能源活动,不可能依靠自由竞争的市场力量而推动和完成。美国学者汤姆·泰坦伯格(Tom Tietenberg)指出:"尽管市场过去曾经在考虑后代人类方面有过明显的成功,但是,关于市场任凭其自身机制运转将会自动地考虑后代的断言是天真幼稚的。"[36]能源浪费和能效低下总体上属于广义的能源市场失灵情形。世界能源委员会(World Energy Council)认为,市场力量在提高能效方面具有局限性,存在市场失灵情形,因为价格信号不足以促成能源使用的合理化;为了具有能效的设备和服务创造合适的市场条件,为了驱动消费者选择面向更具有成本——效率的能源消费方案,运用政策措施来强化市场经济条件下的能源价格的作用,是不可或缺的。[37]因此,节约能源事项属于需要国家进行市场监管的一项重要社会公共事务。但是,如果政府简单地或者粗暴地运用命令——控制型的行政手段进行干预和预防,又容易且往往产生政府失灵的情形,乃至扭曲市场和竞争。因此,政府应该更多地运用经济杠杆,鼓励和促进运转良好、开放、竞争、高效、稳定和透明的能源市场,经由法治路径,实现节约能源的善治。

考察经济合作与发展组织(Organization for Economic Co-operation and Development, OECD)国家,特别是美国、欧盟和日本等市场经济发达国家和地区能源政策法律的制定和实施情况,它们受国际能源署的"3E"均衡能源决策理念[38]影响,都是围绕能源生产供应和节能减排这两个方面进行的,而且节能减排是其能源政策法律体系的组成部分。借鉴国际能源署编写的《能效治理手册》(第2版)关于能效治理的界定,[39]可以将节约能源善治定义为:基于善治理念,融合运用立法框架、资金资助机制、体制安排、协同机制以

---

〔35〕 安建主编:《中华人民共和国节约能源法释义》,法律出版社2007年版,第5~6页。

〔36〕 Tom Tietenberg, *Environmental and Natural Resources Economics*, Boston, Addison Wesley, 2002, p.557.

〔37〕 World Energy Council, *Energy efficiency policies* 2013: *what works and what does not*, London, World Energy Council, 2013, p.11.

〔38〕 "3E"是指能源安全(energy security)、经济发展(economic development)和环境保护(environmental protection)。

〔39〕 IEA, *Energy Efficiency Governance Handbook*, 2nd edition, Paris, IEA, 2010, p.7.

及公众参与,通过它们的协同运转来实现节约能源的战略、政策和项目。节约能源善治的政策与法律在架构上需要包括如下四个基本方面:(1)强制性的能效标准及其实施保障法律规范。即国家制定强制性的能效标准,要求能源活动主体自标准施行之日起的能源行为必须达到能效标准,否则将受到法律的制裁或者行为受到限制。我国在2005年"十一五"规划中第一次提出了能源强度目标,从而开始实施强制性能效政策。目前超过80%的工业能源需求受到强制性能效政策的限制。(2)经济杠杆引导性、激励性政策法律措施。即国家运用税收、补贴、价格、低息或者无息贷款等经济杠杆,引导能源活动主体在强制性能效标准施行日期之前自愿地采取措施,对其已有能源生产、使用或者消费设施或设备进行改造、升级或者更换,从而实现从低效率的用能方式向节约能源的高效率用能方式过渡。(3)广泛的公众参与。即节约能源治理活动必须通过公众参与,提高用能主体的节约能源意识、能力以及培养其实施节约能源行为的自觉性和惯性,提高节约能源治理的水平和效果,实现和维护能源正义。(4)有效的政府监管活动。即政府行政机关的节能监管活动在合法的前提下,必须回应迅速,产生效力和效果,富有效率。在节约能源善治的政策与法律中,基于市场导向的合同能源管理机制具有关键性的地位和作用,是实施节能自愿协议的主要路径。因此,《节约能源法》(2018年修正)第四条规定,我国"实施节约与开发并举、把节约放在首位的能源发展战略"。

三、能源基本法中关于节约能源的规定

我国初步形成了以《节约能源法》为核心,以《清洁生产促进法》《循环经济促进法》《环境影响评价法》等相关法律以及《民用建筑节能条例》《公共机构节能条例》等行政法规和部门规章、地方性法规和地方政府规章为支撑,以《煤炭法》《电力法》《环境保护法》《大气污染防治法》《固体废物污染防治法》等法律法规规章中关于节能的法律条款为补充的节能减排法律体系。其中,《节约能源法》分为总则、节能管理、合理使用与节约能源、节能技术进步、激励措施、法律责任以及附则等七章、87条。它确立了节能规划、政府节能目标责任及考核评价、节能标准、固定资产投资项目节能评估和审查、产品设备和生产工艺淘汰、能效标识管理、节能产品认证、重点领域节能管理制、推动节能技术研发和推广应用以及节能激励等制度。

因此,能源基本法中关于节约能源的法条设置,本着不冲突、不替代能源单行法的原则,拟重点规定高耗能企业信息强制公开、能源需求侧管理、节能减排义务、节能政府采购四个方面,作为现行节约能源法律法规的补充和提升。

1. 高耗能企业信息强制公开。能源基本法应规定县级以上人民政府负有能源监督管理职责的部门应当按照有关法律法规、能源政策和技术经济标准,公布重点高耗能企业名单,要求其报告用能情况并向社会公布能源利用效率和单位产品能耗等信息。

2. 需求侧管理。能源需求侧管理,是指政府或者公用事业单位通过采取激励措施,引导能源用户改变用能方式,提高终端能源利用效率,实现能源服务成本最小化的用能管理活动。能源基本法拟规定,县级以上各级人民政府应当组织开展能源需求侧管理工作。电力现货市场建立后,按市场规则管理电力需求侧。从事能源供应的企业应当落实能源需求侧管理的具体工作,能源用户应当对能源需求侧管理工作予以配合。

3. 节能减排义务。能源基本法拟规定，从事能源供应业务的企业和重点用能单位应当履行环境保护和节能减排义务。对未完成节能减排目标的企业和单位，能源主管部门可以对其强制实行能源审计和清洁生产审核。能源审计是指由具备资质的能源审计机构依照法律法规和有关标准，对用能单位能源利用活动的合理性和有效性进行定量分析和评价。

4. 节能政府采购。能源基本法拟规定，使用财政性资金进行政府采购的，应当优先采购可再生能源和新能源以及节能的产品和服务。

思考练习题

1. 简述我国电力供应业务的市场准入条件。
2. 简述我国电力供应业务售电公司的权利和义务。
3. 简述我国成品油供应业务的市场准入条件和程序。
4. 简述我国燃气供应业务的市场准入条件。
5. 简述我国配电网运营者的权利和义务。
6. 简述我国能源管网的法律保护。
7. 简述我国能源管网与其他建设工程相遇关系的处理原则。
8. 简述英国燃气配送管网服务。
9. 简述我国农村能源政策法律的完善。

案例分析

川庆公司与万世公司天然气买卖合同纠纷案〔40〕

庆阳川庆钻宇天然气有限责任公司（以下简称川庆公司）成立于2010年3月4日，庆阳市万世天然气有限公司（以下简称万世公司）成立于2004年12月7日，本案所涉经营活动均在两者的经营范围之内。2010年12月23日，川庆公司作为买方与中国石油天然气公司签订“西气东输”二线天然气购销协议。2012年8月，川庆公司作为卖方与万世公司签订平西管线天然气买卖合同，约定：（1）售气单价暂执行2.30元/标方（含税），待“西气东输”与卖方的结算价格确定之后，双方再协商签订补充合同。数量根据买方周、月、季度及年用气量计划执行；超出用气量计划的部分执行“西气东输”二线“额外气”价格。如遇“西气东输”二线价格调整，则协商确定新的天然气单价。具体条款执行二线天然气购销协议。（2）交货时间及地点是镇原县镇原调压计量站及西峰区西峰门站天然气管线出站围墙末端。（3）运输方式及到达站（港）和费用负担为管道运输，运输费用及相关费用由卖方承担。（4）结算方式、付款期限和方式。买方每周五以银行转账方式预付下一周购气款；可以一次性多付，但须为一周的整数倍。卖方每月底提供税务发票结算。

2013年4月，川庆公司与万世公司再次签订天然气买卖合同。（1）售气单价由压缩天然气母站加气柱销售的天然气执行1.90元/标方，其余执行2.12元/标方（含税）。（2）数量根据买方周、月、

〔40〕　改编自甘肃省庆阳市中级法院（2014）庆中民初字第40号民事判决书。

季度及年用气量计划执行。(3)合同期限自2013年1月26日至12月25日。(4)其余约定均与2012年买卖合同一致。

2014年1月,双方签订预结算协议:(1)由于上游"西气东输"天然气销售价格正在调整,暂按2013年合同价格条款进行预结算,待上游"西气东输"出台新的天然气销售价格后,双方再签订2014年天然气销售合同,确定天然气销售价格。(2)2014年销售合同签订后,前期已结算的部分按照2014年销售合同中的价格进行多退少补。(3)具体条款执行卖方签订的二线天然气购销协议。2014年4月13日,中国石油西气东输销售公司向川庆公司发函:根据2013年6月国家发展改革委《关于调整天然气价格的通知》,2014年天然气结算价格暂定为1.7109元/立方米;下一财务年度根据实际情况进行清算,若国家发展改革委对于天然气价格有新的规定,则按新规定执行。

因价格问题,川庆公司多次请求与万世公司协商,但被后者以各种理由拒绝。川庆公司于是诉请法院判令万世公司:(1)对2014年天然气价格进行调整,并补交2014年天然气价格调整后的差价;(2)支付拖欠2014年4月、5月天然气款2626458.73元及迟延支付期间的银行贷款利息;(3)支付2014年1月、2月、3月天然气款的银行利息。

万世公司辩称:(1)天然气属于政府定价、指导价商品,其价格应当依法确定。根据国家发展改革委2013年《关于调整天然气价格的通知》和2010年《关于调整天然气管道运输价格的通知》的规定,天然气门站价实行政府指导价,即"西气东输"工程供给川庆公司的价格。川庆公司作为管道运输企业,应当执行政府定价,只有权依据政府定价收取管道运输费用。根据川庆公司诉状中陈述的2014年度"西气东输"工程给其到平泉站的供气价为1.71元/立方米,加之平泉到西峰南佐门站的管输费0.121元/立方米,2014年川庆公司向万世公司供应天然气的价格应依法确定为1.831元/立方米。(2)川庆公司提高气价,多收气款的行为属价格违法行为。根据国家对天然气价格的相关规定,川庆公司作为管道输运企业,仅有权依照政府定价收取管道运输费用,多收的天然气款依法应退还。(3)万世公司没有违约迟延支付气款的情形,实际已超预付气款1696604.59元。万世公司提起反诉,诉请:(1)判令川庆公司退还万世公司自2012年7月26日至2014年1月21日多付的天然气款6764174.31元,并支付该款利息;(2)依法确认万世公司付清截至2014年6月26日天然气款后,目前预付给川庆公司天然气款1696604.59元。

问题:你认为本案应该如何处理?请进行分析并说明理由。

第七章　能源市场与交易

导读

能源市场是能源主体、市场机制、内容等各种要素的集合，是能源商品交易必备的各种规则的有机统一体。本章介绍了能源市场的基本概念、发展情况、特殊性以及政府和市场的关系，阐述了能源市场的建设与运营、能源市场的交易以及能源市场的监管。本章重点是能源市场的建设与运营、能源市场的交易与竞争、能源市场的监管与规制。本章难点是能源市场配置与政府调控的关系、能源市场的建设、能源市场的监管。

我国正在深入推进能源市场化改革，涉及能源体制、能源产业等多方面体制调整。党中央、国务院关于能源市场化改革的决策部署多见于相关改革方案等政策性文件，现有的能源市场及交易专门立法暂缺。能源基本法在设定相关法律制度时，一方面要总结已经成熟稳定的能源市场化改革政策；另一方面要为更深入更广泛的市场化改革预留立法空间。

能源基本法关于能源市场及交易法律制度的设计，应作出以下原则性规定：(1)明确市场化改革方向和改革原则。如国家坚持和推进能源市场化，发挥市场在竞争性业务中的决定性作用。自然垄断性业务与竞争性业务应当分离，县级以上人民政府能源主管部门应当加强对自然垄断性业务经营者的监管。自然垄断性业务经营者及其监管部门应当接受社会监督。(2)“负面清单”入法，即国家建立完善能源市场准入负面清单制度。各类市场主体有权进入负面清单以外的领域从事能源开发利用活动。(3)确立能源市场建设的原则。如县级以上人民政府应当推动和规范能源市场建设，建立和完善能源资源、能源产品和能源服务的市场化配置机制。能源市场建设应当坚持公平开放，促进资源合理配置和节能减排，形成主体多元、竞争有序、健康发展的能源市场体系。(4)理顺能源价格形成机制。国家建立市场调节与政府调控相结合、以市场调节为主导的能源价格形成机制。具备市场竞争条件的能源产品和服务价格，实行市场定价。自然垄断经营的能源输送管网的输送价格及涉及公共利益的重要能源产品、服务价格，实行政府定价或者政府指导价。(5)规定政府能源定价的依据。如县级以上人民政府价格主管部门应当根据能源产品或者服务的社会平均成本、市场供求状况、资源稀缺程度、环境损害成本，以及国民经济与社会发展要求和社会承受能力等因素，按照合理成本、合理盈利、依法计税、公平负担原则，制定、调整能源产品的政府定价或者政府指导价。(6)规定能源价格联动机制。如国家合理调整替代能源的比价关系，实施可替代能源价格挂钩的动态调整，形成科学合理的不同种类能源价格调节机制。(7)规定能源市场规划与规则。如国务院能源主管部门负责制订能源市场发展规划和全国性、区域性能源市场设置方案，制定能源市场基本规则和监管规则，监管能源市场运行，规范能源市场秩序。(8)鼓励能源市场平台与交易。如国务院能源主管部门会同有关部门应当指导独立的能源市场交易机构建设，构建公平规范的市场交易平台。能源市场交易应当发展现货、长期合约、期货和场外衍生品等多种交易形式。国家采取措施促进能源市场交易国际化，建设具有区域性、全球性能源商品价格发现和套期保值功能的市场交易平台。(9)加强能源市场信息监管。如能源企业、能源调度机构和交易机构应当按照监管要求，向国务院能源主管部门及其派出机构报送市场监管相关的信息，并按照规定及时、准确披露。(10)专门就市场监管办法制定进行授权。如能源市场监管办法由国务院依照能源基本法的规定制定。(11)规定价格激励与约束政策。如国务院价格主管部门会同能源主管部门对鼓励发展的水能、风能、太阳能、生物质能等可再生能源和新能源，采取必要的价格政策予以扶持；对限制发展的高耗能、高污染的企业、产品和服务，实行约束价格。(12)规范能源市场秩序。如县级以上人民政府应当规范能源供应消费市场秩序，对能源特许经营权、能源产品交易的品种、数量、价格和对外贸易采取管控措施，禁止不公平交易。

第一节 概 述

一、能源市场发展概况

(一)能源市场的概念

能源市场是能源需求方与能源供应方发生交易的场所及交易活动，能源市场法律关系主要包括能源买方(能源需求方)和卖方(能源供给方)之间的关系，同时也包括卖方之间的关系和买方之间的关系。能源市场是特殊的商品市场，是能源市场上的需求方和供给方相互作用的结果。[1] 作为能源商品进行交易的场所，能源市场包括市场主体(生产者和消费者)、市场客体(各种能源商品)及市场行为(定价、交易等)。[2]在能源市场中，有的企业直接生产能源，有的企业致力于发现新的能源，有的企业负责将能源通过管网等工具运抵消费者。电力、煤炭、石油、天然气、新能源等都是市场交易的重要商品。能源市场主要围绕着化石能源的勘探、电厂的建立和能源管线的运营这几个方面展开。[3]

随着市场的不断细分和交易活动的日益复杂，对能源市场内涵和外延的理解也相应发生了变化。传统的能源商品交易市场仍然是能源市场的核心或基础。围绕这个核心，发展起了能源相关市场(energy - related market)，如能效服务市场、能源金融市场等。这些市场的出现和发展，降低了能源商品市场的交易成本，创造出了更为便捷也更为复杂的交易形态，丰富了能源市场的内涵。特别是在能源市场发达的国家，服务于能源行业的能

〔1〕 [美]戴维斯·爱德华:《能源市场交易与投资》，魏立佳译，中国电力出版社2014年版，第3页。
〔2〕 [美]戴维斯·爱德华:《能源市场交易与投资》，魏立佳译，中国电力出版社2014年版，第3页。
〔3〕 [美]戴维斯·爱德华:《能源市场交易与投资》，魏立佳译，中国电力出版社2014年版，第3页。

源金融市场也高度发达。与此对应地产生了所谓能源现货市场(physical market)和能源金融市场(financial market)的区分。[4]能源金融市场为能源现货市场提供更为复杂、更具有针对性的融资手段和避险工具,适应能源资源在空间分布和时间获得方面非对称性的特点。这一方面显现出使用价值循环与价值循环相对独立、相对分离的趋势,同时也显现出能源系统与金融系统相互渗透、相互融合的特征。

为了突出能源市场的核心特点,本章的讨论主要集中于传统能源市场,即能源商品交易市场。包括能源金融市场在内的能源相关市场,其运行规律与能源商品交易市场有较为显著的差别,并且相关内容在本书其他章节中已有介绍,故不作为本章的讨论重点。

能源市场不仅是能源商品交易的场所,同时也是配置能源生产要素的重要机制。能源是关系国家安全的战略性资源,但也是商品,可以由市场最大限度的发挥配置资源的决定性作用。20世纪70年代以来,能源市场化改革已经成为全球性趋势。无论是成熟的市场经济国家,还是体制转轨国家,大多对能源领域放松管制、打破垄断、引入竞争。[5]

能源市场化改革通常包括两个方面:一方面是能源部门在所有制模式上的多元化;另一方面是放松对能源部门的政府管制,包括更少的价格控制与进出口限制,促进能源产品与服务的商品化。能源投资与贸易、能源服务的市场准入条件、行政许可与登记的范围界定、能源产权结构将直接决定能源市场的开放度以及竞争的范围与广度,因而成为能源市场制度设计的核心。[6]

在本章的讨论中,我们主要是在交易场所的意义上使用“能源市场”的;在必要时,也在资源配置机制的意义上使用“能源市场”一词。

(二)能源市场的特征

能源市场的运行既遵循一般市场的内在机理,同时又有自身的一些鲜明特点。

1. 市场结构

由于传统的能源生产具有规模经济的特点,因此能源是产业集中度比较高的领域,主要表现在两方面:(1)寡头垄断。如在油气领域和电力领域,少数大型能源国企(如三大国有油气企业、两大电网企业和几大电力集团)控制了该行业的主要生产和交易活动。(2)网络型垄断。主要是电网、油气管网、城市燃气管网。高度产业集中抑制了竞争,造成价格机制失灵和供求关系失衡。[7]

2. 流通运行

一般商品的流通过程都具有一定的间断性,从工厂到终端消费者之间会存在时间和空间上的停顿或者转换,这些商品的流通过程对时间的连续性和过程的连贯性并没有特别严格的要求。与此相反,能源产品的流通具有网络经济的典型特性,能源产品的流通对时间的连续性和空间的连贯性要求极强,甚至中间某个环节的停顿都会直接导致整个能

---

[4] See Federal Energy Regulatory Commission, “Energy Primer: A Handbook of Energy Market Basics”, p. 1, Available at, https://www.ferc.gov/market-oversight/guide/energy-primer.pdf. 2018年10月10日最后访问。

[5] 范必:《中国能源市场化改革》,中信出版集团股份有限公司2018年版,第25页。

[6] 李响、陈熹、彭亮编著:《能源法学》,山西经济出版社2016年版,第50页。

[7] 范必:《中国能源市场化改革》,中信出版集团股份有限公司2018年版,序言第4~5页。

源市场的停顿和紊乱。如电力、天然气产业中如果没有完备的输配电网、天然气管网,电力、天然气就无法建立供求双方的实际交易联系,这个市场就无法存在,而且如果流通的物理环节有发生停顿,比如输电网的瓦解,就可以使整个电力市场崩溃;没有充足、方便的铁路、公路以及储运设备,煤炭、石油就无法形成规模利用,直接制约着整个市场的正常运转和市场发展。由此可见,能源市场基础设施对能源市场体系影响巨大,因此在建设能源市场体系中必须考虑其物质基础的可行性,而不能简单套用一般商品市场构成理论来建设能源市场。〔8〕

3. 政府监管

由于能源部门使用的资产多为专用性资产,并且具有资本密集型的特点,因此能源行业具有较高的进入壁垒。能源行业的生产和交换活动会产生较强的外部性。安全和充足的能源供应具有公共商品的性质。此外,作为对现代社会发展极为重要的能源,社会问题及与之相关的公平问题和安全问题也不容忽视。这些都说明了政府干预能源部门的合理性。

政府参与能源领域的管理、对企业所有权和生产的控制等现象十分普遍,尤其是在网络化性质特别明显的行业中。大多数国家在20世纪时就出现了政府参与能源行业的趋势,在"二战"后尤甚。这些垂直一体化的国有垄断企业在经营初期能够产生令人相当满意的结果,部门规模显著增长并高速运行。但随着政府开始行使行业所有权和监督权,出于政治动机的决策在整个行业开始盛行,企业的业绩开始恶化,这种情况在发展中国家尤为突出。

政府运用多种监管措施来控制能源部门的市场表现。这些措施包括价格管制、竞争和市场准入规则的制定、私人服务的义务、垄断和限制性贸易管理的控制以及技术和环境绩效管理。20世纪70年代石油危机冲击全球许多国家,使其遭受重大损失。自此,许多国家开始致力于制定有效的政策和制度,以应对能源部门出现的问题,政府参与能源领域的程度日益加深,由此导致了过度政策干预。自20世纪80年代中期起,随着能源市场特别是石油市场的逐渐稳定,以及某些发达国家经济发展理念的转变,能源领域兴起了放松管制的浪潮。能源部门的改革和结构调整政策开始趋于鼓励竞争、减少政府干预,并尽可能将监管限定在自然垄断环节上。但是,随着近几年油价大幅波动、经济不景气和对能源安全的担忧,要求政府对能源市场进行干预的呼声再次出现。〔9〕

(三)能源市场主体

能源市场主体是能源市场法律关系的参加者,即在能源市场法律关系中享有权利或承担义务的单位和个人。能源市场法律关系主体的范围非常广泛,国家(政府及其机构)、企业、其他社会组织和个人都可以进入能源市场。

1. 国家(政府及其机构)

国家(政府及其机构)是能源市场法律关系的主要参与者,既可以成为纵向能源市场法律关系的主体,也可以成为横向能源市场法律关系的主体,还可以成为纵横混合能源市

〔8〕　蒋国旗:《中国综合能源市场体系建设研究》,中共中央党校2013年博士学位论文,第35~36页。
〔9〕　张华明:《能源经济理论与实践》,中国财政经济出版社2016年版,第46~47页。

场法律关系的主体。政府或其机构有时以行政管理者的身份参与能源市场法律关系,有时以能源消费者的身份参与。特别是中央政府或者有关机构的能源管理职责具有宏观性,包括编制国家能源发展战略和规划、制定国家能源发展政策、组织实施各项能源制度、对下级部门履行能源职责情况进行监督检查等。政府或其机构主要通过两种途径以行政管理者的身份参与能源市场法律关系:缔结或者参加能源相关国际条约、实施国际能源活动等,参与涉外能源市场法律关系;实施管理、监督控制、指导等活动,参与对内能源市场法律关系。

2. 企业

企业是能源市场中最重要的主体。作为能源市场法律关系主体的企业包括两大类:一是能源原材料和产品(商品)的生产类、销售类以及输送配送类企业。二是能源消费企业(特别是用能大户企业)以及能源生产设备(如风电、太阳能发电设备等)和能源消费产品(商品)(如照明产品、制冷或者取暖产品等)的生产企业。

3. 其他社会组织

主要包括能源行业协会、能源中介机构、能源科研机构等组织和团体。能源行业协会是社会中介组织,是独立于政府与企业之外的社会团体。其社会中介职能表现为,在政府部门与会员单位之间发挥桥梁和纽带作用,协助政府部门进行行业管理,同时帮助能源企业改善经营管理,反映和维护能源企业的共同愿望和利益要求。〔10〕 能源中介机构主要在能源审计、节能服务及节能评估等方面发挥作用。〔11〕

4. 个人

个人即自然人,包括公民、外国人和无国籍人。个人作为能源市场的重要主体基本上是以能源消费者的身份出现的。由于能源消费的刚性以及能源供应的自然垄断性,消费者总体上处于弱势地位,需要政府特殊保护,保障其在市场交易中的平等主体地位。〔12〕同时,随着分布式能源的出现及国家相关配套政策对分布式能源的支持,个人也开始以能源供给者的身份出现在能源市场上。

5. 国际或地区性的能源组织

国际或地区性能源组织主要有石油输出国组织(Organization of the Petroleum Exporting Countries,OPEC)、国际能源署(IEA)、能源宪章组织、八国集团会议、国际能源论坛、独立国家联合体、欧盟、亚太地区、上海合作组织、北美自由贸易区(North American Free Trade Area,NAFTA)、阿拉伯石油输出国组织(Organization of Arab Petroleum Exporting Countries,OAPEC)。能源问题不仅牵动一国国内的经济发展与人民生活,也涉及一国的国防安全与对外合作,如中国与国际能源市场的联系、海上能源通道的安全、国际能源安全合作等。在这些涉外能源法律关系中,我国势必会与各种国际或地区性的能源组织发生各种联系,因此,这些组织自然就成为我国涉外能源法律关系的主体之一。〔13〕

---

〔10〕 李响、陈熹、彭亮编著:《能源法学》,山西经济出版社2016年版,第69页。
〔11〕 胡德胜主编:《能源法学》,北京大学出版社2017年版,第83页。
〔12〕 胡德胜主编:《能源法学》,北京大学出版社2017年版,第83页。
〔13〕 李响、陈熹、彭亮编著:《能源法学》,山西经济出版社2016年版,第70页。

（四）能源市场的分类

1. 按地域划分

按照地域的不同，能源市场可以分为国内能源市场和国际能源市场。国内能源市场，是指能源产品流动以国内范围为活动空间的市场；国际能源市场，是指能源产品交换以全世界范围为活动空间的市场。在国家范围内，可将能源市场分为全国性交易市场和区域性交易市场。全国性交易市场主要承担全国范围内能源交易；区域性和地方交易市场主要承担相应范围内能源交易。各级能源交易市场作为市场体系的组成部分，定位不同、功能互补、信息共享、协同发展。

2. 按能源的属性划分

按照人类开发利用能源的技术水平，可以将能源分为常规能源市场和新能源市场。常规能源是开发利用水平条件成熟，已经被人类广泛使用的能源，包括电力市场、煤炭市场、石油市场、天然气市场、核电市场等；新能源包括风能、太阳能、潮汐、地热能、生物质能等，新能源的资源总量极其巨大，新能源市场发展前景广阔。

3. 按市场的竞争程度划分

市场可以划分为完全竞争市场、完全垄断市场、垄断竞争市场、寡头垄断市场。第一类完全竞争市场，是竞争充分的市场。完全竞争市场是一个非常具有经济效率的市场，任何一个买者或者卖者都是市场价格的接受者，只能接受市场的既定价格。在完全竞争市场上，能源产品的最优价格路径，是以市场平均利率水平的增长为依据的。在完全竞争市场中，买卖人数众多，信息完全通畅，资产要素自由流动。在各类能源市场中，煤炭市场比较接近完全竞争市场。第二类完全垄断市场，与完全竞争相反，完全垄断是单个生产者面对众多的消费者。它的产品没有任何替代品，其他企业无法进入该市场，完全垄断企业能够操纵整个产业的产品和价格。形成完全垄断的原因主要有自然垄断、原料控制、专利权、政府特许等。[14] 完全垄断的市场厂商代表行业，产品不能替代，新的厂商进入该市场很困难。第三类垄断竞争市场，该市场介于完全竞争市场和完全垄断市场之间。市场上有许多出售同类的但又彼此有些差异的产品，厂商之间既有垄断又有竞争，既不是完全垄断，又不是完全竞争。市场上有很多同类企业，企业进入市场比较容易。垄断竞争对消费者的满足程度最高，厂商的数量限定多，消费者在一定的价格水平下可选择的商品也很多。第四类寡头垄断市场，是一个市场上只存在少数几个卖者，卖者数量少，各自对价格有一定的影响力，寡头市场上少数几个厂商生产一个行业的全部或者绝大多数产量。每个厂商的行为都会对市场产生重要的影响。企业有能力对商品的价格进行某种程度的控制，其他企业进入该行业非常困难。寡头市场上，能源产品的最优价格路径则相对比较复杂，要视厂商之间是开展产量竞争还是价格竞争的行为而定，如石油市场。

4. 按交易方式划分

按交易方式不同，能源市场可划分为能源现货市场（多为关注能源即时需求的小型市场）和能源期货市场（多关注大规模的未来需求）。能源产品自身具有特殊性，存储困难或成本较高，因此一般企业会在有市场需求时才会组织生产。能源现货市场，是指即时

---

〔14〕 张华明、康爱香：《能源市场与价格理论》，中国财政经济出版社2016年版，第16页。

以现金付款及交付实际能源商品的市场，现钱现货，货物即时交易。通常电力和热能的产地会尽量接近消费者。能源现货市场节省了谈判、合同订立、资金结算、运输、销售等方面的交易成本，资金的利用率大大提高，经济效益自然提高。能源期货市场是能源期货合约交易的场所。能源期货市场是能源交易双方达成协议或成交后不立即交割，而是在未来的一定时间内进行交割的场所。如电力市场主要由中长期市场和现货市场构成。中长期市场主要开展多年、年、季、月、周等日以上电能量交易和可中断负荷、调压等辅助服务交易；现货市场主要开展日前、日内、实时电能量交易和备用、调频等辅助服务交易。煤炭交易市场包括现货市场和期货市场。其中，现货市场包括全国性、区域性和地方煤炭交易市场；期货市场包括国家批准开展动力煤、焦煤等涉煤期货品种交易的期货交易场所。

（五）能源市场的发展

我国能源行业经历了多次改革，市场化程度不断提高。以电力行业为例，我国供电改革主要经历了五个阶段：

完全垄断阶段（1949～1985年）。中央政府是全国电力经济的唯一决策主体，负责全国电力资源配置，直接组织电力投资和生产，形成了从中央到地方的“高度集中、政企不分、垂直管理、垄断经营”的行业管理模式。

“集资办电、行业开发”阶段（1985～1997年）。从1985年开始，我国打破了电力行业国家垄断的局面，实现了电力行业的开放发展，到1997年前后，实现了大部分电网电力供求的基本平衡，终结了全国主要电网经常性缺电的困难局面，解决了电力供给短缺问题。

“政企分开、省为实体”阶段（1997～2002年）。1997年1月，国家电力公司宣布成立，1998年，电力工业部撤销，由国家经贸委及各省经贸委负责政府管电职能，此后，国家电力公司成为国务院直属企业，授权经营原电力部管理的国有资产，基本实现了供电行业的政企分离。

“厂网分开，竞价上网”阶段（2002～2007年）。国家计委在2001年年底提出新的电改方案，主要包括三个方面：一是组建国家电力监管委员会，建立统一的电力监管体系，并制定实施细则，监督电力产业法律、政策的执行和落实；二是重组成立两家电网公司（国家电网公司、南方电网公司）、五大发电集团公司和四大辅业集团公司的基本电力体系架构；三是对电力资产进行重组。

“输配分开、电价改革”阶段（2007年至今）。2007年4月，国务院办公厅转发电力体制改革工作小组《关于“十一五”深化电力体制改革的实施意见》，明确提出了继续推进电网企业主辅分离改革、加快电力市场改革、深化电力企业改革、深化电价改革、研究制定输配分开方案并稳步推进农村电力体制改革、加快电力法制建设、转变政府职能完善核准制度、健全监管机制等八个方面的改革措施，对完成我国电力企业打破垄断、实现电力市场化改革，特别是对确立具有中国特色的电力运营模式具有决定性意义。[15]

---

〔15〕　高锡荣、刘卉、徐璐璐：《中国自然垄断行业效率比较与结构优化研究》，中国社会科学出版社2013年版，第19～21页。

二、能源市场配置与政府调控

(一)市场决定资源配置

20 世纪 80 年代发达市场经济国家开始探索自然垄断行业的市场化改革。中国的市场化改革也在紧张推进中。党的十八大以来,全面深化能源领域的市场化改革步入“快车道”。2013 年,中共十八届三中全会通过《中共中央关于全面深化改革若干重大问题的决定》,该决定明确提出“经济体制改革是全面深化改革的重点,核心问题是处理好政府和市场的关系,使市场在资源配置中起决定性作用和更好地发挥政府作用”。“国有资本继续控股经营的自然垄断行业,实行以政企分开、政资分开、特许经营、政府监管为主要内容的改革,根据不同行业特点实行网运分开、放开竞争性业务、推进公共资源配置市场化”。“完善主要由市场决定价格机制。凡是能由市场形成价格的都交给市场,政府不进行不当干预。推进水、石油、天然气、电力、交通、电信等领域价格改革,放开竞争性环节价格”。[16] 2014 年 6 月,中央财经领导小组第六次会议首次提出“四个能源革命”,即能源消费革命、能源供给革命、能源技术革命和能源体制革命,明确提出“还原能源商品属性,构建有效竞争的市场结构和市场体系,形成主要由市场决定能源价格的机制”。

当前,我国能源发展面临能源需求减速换挡、能源价格下降、传统能源产能过剩、可再生能源发展受制约、能源系统整体运行效率低等问题。中国已经遭遇到经济发展的能源“瓶颈”。其中尤为突出的是,中国化石能源储量有限,能源供应长期紧张,但能源利用却相当粗放浪费,且高度依赖于煤炭,导致大气污染问题日趋恶化。与国际通行的转型内容相比,中国能源发展转型包括:(1)从计划经济向市场经济转型,用以培育多元投资主体,限制甚至反垄断,形成较为公平竞争的制度环境。(2)从粗放型发展向集约型发展转型,用以培育国家创新能力体系,扩大产权博弈范围,建立提升全要素生产率制度环境。(3)从高碳经济向低碳经济转型,全面推行化石能源清洁利用和新能源经济开发。[17]

市场化改革,就是要建立全国统一开放的市场体系,清除分割、封锁市场的行政性壁垒,营造公平竞争的市场环境,鼓励多元投资主体进入,建立以市场形成价格为主的价格机制。发挥市场在资源配置中的决定作用,需要加快建设统一开放、竞争有序的能源市场体系,加快形成能源企业公平竞争,消费者自由选择,能源商品和要素自由流动、平等交换的现代能源市场体系,着力清除能源市场壁垒,提高能源资源配置效率和公平性。必须减少政府的行政干预,打破行业垄断,放宽市场准入,鼓励民营企业进入能源产业。必须改革现有的行政审批制度,构建政府监管下的政企分开、公平竞争、开放有序、健康发展的市场竞争格局。能源领域的改革一定要能够破除各种形式的行政性垄断,形成充分竞争的市场环境,同时要加快国有能源企业的产权制度改革,大力发展混合所有制经济,改变当前国有能源企业存在的垄断、公司治理结构不规范的现状。要完善国有资产管理体制,建立合理的能源价格形成机制。[18] 通过进一步推进能源市场化改革,让市场在能源供给领域发挥主导作用,将优化煤炭、油气、水、天然气和新能源等供应的比例安排,最终形成以

---

〔16〕 参见 2013 年《中共中央关于全面深化改革若干重大问题的决定》。

〔17〕 肖国兴:《论民营资本规制与能源发展转型的法律契机》,载《法学》2013 年第 12 期。

〔18〕 郑佳宁:《能源市场准入法律制度的四维架构》,载《中国政法大学学报》2011 年第 4 期。

煤炭为主体、电力为中心、石油天然气和新能源全面发展的能源供应格局。[19] 再由市场形成价格，适时取消竞争性领域的价格管制，政府的外部性管制及时跟进，就能为中国能源发展奠定更稳固的基础，也将为中国未来经济的持续发展提供有力保障。

自从能源体制改革以来，能源市场开始向民营资本等更多形式的投资主体开放。政府陆续出台鼓励民营资本投资的政策，规划经济改革与政治改革时间表与路线图的中共十八届三中全会确定了“使市场在资源配置中起决定性作用深化经济体制改革”的方针，明确非公有制经济与公有制经济都是社会主义市场经济的重要组成部分，都是中国经济社会发展的重要基础。

煤炭行业是最早市场化的能源行业，煤炭市场也是最开放的能源市场。煤炭市场竞争充分，从工业生产到流通全面实现了市场化。电力工业实现政企分开、厂网分开，建立了监管机构。石油天然气工业基本实现了上下游、内外贸一体化。能源价格改革不断深化，价格机制不断完善。能源体制改革关键是划分竞争性业务和非竞争性业务，应当将能源行业的竞争性业务与非竞争性业务分开。竞争性领域完全交给市场，引入多元投资主体，扩大对外开放，由供求关系决定价格，由竞争优化资源配置；对非竞争性业务，实行公平接入，提高普遍服务水平，加强政府对其经营业务、效率、成本和收入情况的监管，放宽市场的准入，将更多新的因素融入能源市场。

(二)政府的调控作用

“市场的归市场，政府的归政府”的改革原则保障的能源市场既有健全的竞争体系也有必要的监管制度。能源的特殊属性决定了对其不能放任市场完全竞争、无序竞争。能源经济管制可以维护能源主体公平交易，维护交易秩序，提高能源效率。而社会管制又可以从能源安全、控制环境污染以及社会保障的角度保证能源的可持续发展。在能源领域，需要改进政府管理，对于市场失灵的领域，政府应当切实履行宏观调控、市场监督和公共服务职能，[20] 加强政府对能源消费的环境外部性管制，尤其是要通过污染税等市场化的手段解决能源消费的外部性问题；[21] 对于和管网紧密联系的公用事业来说，单纯依靠“去规制化”下的事后竞争监管无法实现真正的竞争，需要建立新型的行业规制理念和模式，通过规制为市场竞争创造条件。[22] 总之，政府要切实履行好监管职责，促进能源行业的健康发展。

第二节 能源市场建设与运营

一、概述

国家建立和完善统一开放、竞争有序的能源市场结构和市场体系，坚持和推进能源市

---

〔19〕 魏一鸣等：《中国能源报告(2016)：能源市场研究》，科学出版社 2016 年版，第 251 页。

〔20〕 范必：《中国能源市场化改革》，中信出版集团股份有限公司 2018 年版，第 26～27 页。

〔21〕 王敏、徐晋涛、黄卓：《能源体制改革：有效的市场，有为的政府》，载《国际经济评论》2014 年第 4 期。

〔22〕 方小敏：《行走在竞争和规制之间的德国能源经济改革》，载《南京大学学报》2014 年第 4 期。

场化，发挥市场在竞争性业务中的决定性作用。能源市场化的过程，就是能源市场建设与运营法制化的过程。

能源市场的建设，主要是指充分发挥市场在资源配置中的决定性作用，积极培育市场主体，建立公平、规范、高效的能源交易平台，从而推动能源供应从传统方式向现代交易模式转变，促进形成品种齐全、功能完善、竞争充分、开放有序、健康发展的能源市场体系。要推动和规范能源市场建设，建立和完善能源资源、能源产品和能源服务的市场化配置机制。能源市场建设应当坚持公平开放，促进资源合理配置和节能减排，形成主体多元、竞争有序、健康发展的能源市场体系。

能源市场运营，是指通过一系列规则制度的设计，引入竞争，打破市场壁垒，理顺价格机制，规范交易秩序，规避交易风险，充分发挥激励作用，促进能源市场健康、平稳、可持续运行。

能源既是国民经济的基础产业，对整个经济具有重要和直接的影响，又在某种程度上因其自然属性形成一定的垄断。建设、运营能源市场既要尊重一般市场的规律，同时又要考虑到能源产业的特殊性。

二、能源市场的建设

能源市场的建设是能源交易的基础。2014 年 2 月 28 日，国家发展改革委颁布《天然气基础设施建设与运营管理办法》，明确天然气基础设施建设和运营管理工作应当坚持统筹规划、分级管理、明确责任、确保供应、规范服务、加强监管的原则，培育和形成平等参与、公平竞争、有序发展的天然气市场。同年 5 月 15 日，国家发展改革委印发《关于深入推进煤炭交易市场体系建设的指导意见》，对煤炭交易市场体系的建设提供了具体指导；7 月 30 日，国家发展改革委发布《煤炭经营监管办法》，其中第五条规定："国家发展和改革委员会会同国务院有关部门加强政策引导和支持，建立健全煤炭交易市场体系。"2015 年 11 月 26 日，国家能源局与国家发展改革委联合印发《关于推进电力市场建设的实施意见》，要求逐步建立以中长期交易规避风险，以现货市场发现价格，交易品种齐全、功能完善的电力市场，在全国范围内逐步形成竞争充分、开放有序、健康发展的市场体系。

（一）煤炭交易市场的建设

1. 煤炭交易市场的分类

煤炭交易市场包括现货市场和期货市场。其中，现货市场包括全国性、区域性和地方煤炭交易市场；期货市场包括国家批准开展动力煤、焦煤等涉煤期货品种交易的期货交易场所。全国性煤炭交易市场主要承担全国范围内煤炭交易；区域性和地方煤炭交易市场主要承担相应范围内煤炭交易。各级煤炭交易市场作为市场体系的组成部分，定位不同、功能互补、信息共享、协同发展。

2. 煤炭交易市场的基本作用

煤炭交易市场的基本作用体现在五个方面：(1) 提供交易平台，让企业自主交易，促进供需平衡；(2) 发现合理价格，引导生产消费和优化资源配置；(3) 降低交易成本，提高流通效率，规范交易行为；(4) 促进诚信经营；(5) 开展信息汇集和预测预警。

3. 煤炭交易市场的建设目标

《关于深入推进煤炭交易市场体系建设的指导意见》明确提出煤炭交易市场的建设目标：即在规范现有煤炭交易市场的基础上，加快健全若干个区域性煤炭交易市场；结合煤炭主产地、消费地、铁路交通枢纽、主要中转港口，以及国家批准开展涉煤品种期货交易的期货交易场所等条件，逐步培育建成2～3个全国性煤炭交易市场，形成层次分明、功能齐全、手段先进、运行规范的煤炭交易市场体系。

4. 煤炭交易市场的设立条件

全国性煤炭交易市场应符合以下条件：(1)具有固定营业场所和完善的网络交易平台等配套服务设施；(2)煤炭年交易量在2亿吨以上；(3)具有完整规范的交易规则、交易程序、风险防控等管理制度；(4)具有组织全国性煤炭交易活动的结算、担保、信贷等配套金融服务和物流、人才等条件；(5)贴近煤炭主产地、消费地、铁路交通枢纽、主要中转港口，能够与国家批准开展涉煤品种期货交易的期货交易场所进行对接；(6)便于煤炭产运需企业互相协商沟通、政府实施调控和监管。区域性和地方煤炭交易市场应符合以下条件：(1)具有固定营业场所和完善的网络交易平台等配套服务设施；(2)区域性煤炭交易市场的煤炭年交易量在1000万吨以上，地方煤炭交易市场的煤炭年交易量在200万吨以上；(3)具有完整规范的交易规则、交易程序、风险防控等管理制度；(4)具有组织区域性或地方煤炭交易活动的结算、担保、信贷等配套金融服务和物流、人才等条件；(5)贴近煤炭主产地、消费地、交通枢纽或中转港口等；(6)具有相应的信息采集、数据分析和信息发布能力。

5. 市场建设的协调机制

为推进煤炭交易市场体系建设，及时协调解决建设中出现的重大问题，应成立全国煤炭交易市场体系建设协调机制（以下简称协调机制）。协调机制由国家发展改革委、交通运输部、商务部、中国人民银行、中国证监会、国家能源局、中国铁路总公司、中国煤炭工业协会、中国钢铁工业协会、国家电网公司等单位组成，国家发展改革委为牵头单位。协调机制的主要任务是：积极引导各类市场主体通过多种形式自愿参与煤炭交易市场建设和交易，统筹推进市场体系建设；清理市场分割、地区封锁等限制，研究制定煤炭交易标准化合同，加强合同履行检查；根据市场建设和运行情况，完善交易规则，规范交易秩序，加强监督指导，及时协调解决市场体系建设和运行中出现的重大问题。同时，建设全国煤炭交易数据平台。在协调机制领导下，由中国煤炭工业协会建设全国煤炭交易数据平台，负责汇集、整理煤炭交易数据，开展市场研究，编制发布全国性煤炭交易市场价格指数，为企业和社会提供服务。

（二）油气市场的建设

由国家发展改革委牵头组织制定的《关于深化石油天然气体制改革的若干意见》，经过3年多的反复修改完善，于2017年正式出台。油气市场准入改革是本轮油气体制改革中的重点，将对油气行业产生深远影响。

1. 我国油气市场准入现状

(1)油气勘探开发领域：常规油气勘查、开采许可证的申请人需要提交国务院批准设立石油公司或者同意进行油气勘查、开采的批文。目前国务院批准的有资格从事油气资源勘探的石油公司有中石油、中石化、中海油和延长石油等4家。根据国土资源部数据，截至2015年年底，我国共有自营石油天然气勘查许可证964个，面积361.37×10^4 km^2。其中，中石油、中石化、中海油所拥有的自营油气探矿权登记面积占全国总面积的96.7%；共有自营石油天然气开采许可证681个，面积14.33×10^4 km^2，其中，中石油、中石化、中海油所拥有的自营油气采矿权登记面积占全国总面积的99.2%。民营资本在国内可以参与上游油田服务领域，但不能直接进行勘查开采。2011年页岩气探矿权首先进入招标探索，2015年常规油气探矿权首次以新疆维吾尔自治区为试点向社会公开竞争出让。在油气对外合作领域，目前矿业权主要为中石油、中海油和中联煤层气有限责任公司3家公司所拥有。

（2）天然气与管道领域：目前，我国天然气干线管道总长度超过7.2×10^4 km，形成了以西气东输、陕京输气管道、川气东送、西南管网为主的骨架管网系统，总输气能力约2800×10^8 m^3/a。由于天然气长输管道具有明显的自然垄断属性，目前管道所有权主要集中在中石油和中石化两家公司，其中中石油管道里程约占70%，中石化占比不到30%。在国家积极发展混合所有制经济的政策带动下，我国长输管道也逐步实现投资主体多元化，最典型的案例即为西气东输三线，但长输管道运营权仍然主要由中石油、中石化等大公司拥有。配送管网具有地方行政垄断属性，由地方政府审批并实行特许经营，运营模式主要有4种典型模式，即"统一管网、统购统销"的陕西模式、"统一管网、直供加统销"的广东模式、"分区管网、划片经营"的江西模式和"非一张网、上游直供"的江苏模式。

（3）炼油与成品油批发零售领域：截至2016年年底，我国炼油行业总炼油能力为7.5×10^8 t/a，2016年全年实际原油加工量为5.24×10^8 t。炼油市场主体结构中，7大国有炼厂数量占比41%，炼油能力为5.9×10^8 t/a；地方炼厂数量占比59%，炼油能力为1.5×10^8 t/a。国有炼厂的原油供应由各公司总部统一分配，内地炼油厂油源主要来自各油田，沿海炼厂油源主要来自进口。非国有炼厂方面，已获得进口原油使用权的共14家。拥有原油国营贸易进口权的企业有5家，进口原油占进口总量的90%。按照商务部的有关规定，成品油批发和零售企业需向地方主管部门申请取得经营许可。根据统计，中石油、中石化、山东地方炼厂的成品油供应量分别占国内供 应总量的29%、47%和13%。目前拥有成品油批发资质的企业总数已近350家，其中民营企业占60%。全国加油站总数超过10万座，其中中石油和中石化分别占比约20%和30%，其他国有、民营、外资加油站占比近50%。

（4）原油与成品油进出口领域：原油进口贸易分为国营贸易和非国营贸易两种形式。国营贸易进口实行进口自动许可管理，没有数量限制。非国营贸易进口实行配额管理，企业进口资格由商务部审批，配额由商务部分配。目前我国有包括中国中化集团公司、中国联合石油有限责任公司、中国国际石油化工联合有限责任公司、中海油中石化联合国际贸易有限责任公司、珠海振戎公司在内的5家国营贸易公司，30多家原油非国营贸易公司和300多家成品油非国营贸易公司。非国营贸易原油进口量较少，占原油进口总量的比例不大。成品油出口实行国营贸易管理，能够从事汽油、柴油等成品油出口贸易的企业有中国国际石油化工联合有限责任公司、中国联合石油有限责任公司和中国中化集团公司。

2. 我国油气市场准入存在的问题

（1）油气勘探开发领域：我国油气矿业权管理机制尚不健全，存在矿业权管理和考核制度不尽合理、登记和管理水平有待提高、矿权范围空间重叠问题突出、监管薄弱、缺乏矿权转让规定和相关配套措施等一系列问题，导致国内勘查开采投入不足、探明可采储量不足、地质资料信息公开共享不足。

（2）天然气与管道领域：我国天然气供应从输气干线到用户终端存在多级管网，推高了天然气终端价格，制约了消费量的增长。在管理层面，片面强调管道第三方准入权利，而忽略了冬季调峰和价格倒挂期间的资源保障责任落实等义务，导致目前管道投资主体相对单一、管网建设整体滞后、管网互联互通效果差、第三方接入困难，同时也产生了相关配套法律法规不健全、缺少可操作性实施细则和准入条件标准等制度方面的问题。

（3）炼油与成品油批发零售领域：我国炼油行业存在加工能力过剩、行业集中度低、竞争力不足、技术创新能力弱、监管不到位、管理体制不健全等问题，导致炼油产业粗放发展、市场竞争无序、资源严重浪费、优质产品供应不足、安全环保形势严峻。成品油市场存在供大于求、批发准入审批不严格、税收监管不到位、零售终端规划核准不科学、市场监管不到位等一系列问题，造成成品油批发环节受阻、企业资质不符合规定要求、偷税漏税、加油站布局不合理、成品油零售市场秩序混乱等现象。

（4）原油与成品油进出口领域：我国原油进口配额分配不尽合理、非国有贸易进口允许量不足、成品油出口配额实际操作难度大，导致市场不公平竞争现象突出、市场资源配置效率低下等问题。[23]

3. 我国油气市场化改革的主要举措

根据《深化石油天然气体制改革的若干意见》的要求，我国油气市场化改革主要包括八个方面的举措：

（1）完善并有序放开油气勘查开采体制，提升资源接续保障能力。实行勘查区块竞争出让制度和更加严格的区块退出机制，加强安全、环保等资质管理。在保护性开发的前提下，允许符合准入要求并获得资质的市场主体参与常规油气勘查开采，逐步形成以大型国有油气公司为主导、多种经济成分共同参与的勘查开采体系。

（2）完善油气进出口管理体制，提升国际国内资源利用能力和市场风险防范能力。建立以规范的、资质管理为主的原油进口动态管理制度。完善成品油加工贸易和一般贸易出口政策。

（3）改革油气管网运营机制，提升集约输送和公平服务能力，分步推进国有大型油气企业干线管道独立，实现管输和销售分开，完善油气管网公平接入机制，油气干线管道、省内和省际管网均向第三方市场主体公平开放。

（4）深化下游竞争性环节改革，提升优质油气产品生产供应能力。制定更加严格的质量、安全、环保和能耗等方面技术标准，完善油气加工环节准入和淘汰机制。提高国内原油深加工水平，保护和培育先进产能，加快淘汰落后产能。加大天然气下游市场开发培育力度，促进天然气配售环节公平竞争。

（5）改革油气产品定价机制，有效释放竞争性环节市场活力。完善成品油价格形成

---

〔23〕　刘应红、徐东、唐国强：《油气市场准入改革对国有大型石油石化企业的影响——对〈深化石油天然气体制改革的若干意见〉的解读》，载《天然气工业》2017 年第 7 期。

机制,发挥市场决定价格的作用,保留政府在价格异常波动时的调控权。推进非居民用气价格市场化,进一步完善居民用气定价机制。依法合规加快油气交易平台建设,鼓励符合资质的市场主体参与交易,通过市场竞争形成价格。加强管道运输成本和价格监管,按照准许成本加合理收益原则,科学制定管道运输价格。

(6)深化国有油气企业改革,充分释放骨干油气企业活力。完善国有油气企业法人治理结构,鼓励具备条件的油气企业发展股权多元化和多种形式的混合所有制。推进国有油气企业专业化重组整合,支持工程技术、工程建设和装备制造等业务进行专业化重组,作为独立的市场主体参与竞争。推动国有油气企业"瘦身健体",支持国有油气企业采取多种方式剥离办社会职能和解决历史遗留问题。

(7)完善油气储备体系,提升油气战略安全保障供应能力。建立完善政府储备、企业社会责任储备和企业生产经营库存有机结合、互为补充的储备体系。完善储备设施投资和运营机制,加大政府投资力度,鼓励社会资本参与储备设施投资运营。建立天然气调峰政策和分级储备调峰机制。明确政府、供气企业、管道企业、城市燃气公司和大用户的储备调峰责任与义务,供气企业和管道企业承担季节调峰责任和应急责任,地方政府负责协调落实日调峰责任主体,鼓励供气企业、管道企业、城市燃气公司和大用户在天然气购销合同中协商约定日调峰供气责任。

(8)建立健全油气安全环保体系,提升全产业链安全清洁运营能力。加强油气开发利用全过程安全监管,建立健全油气全产业链安全生产责任体系,完善安全风险应对和防范机制。[24]

(三)电力市场的建设

电力市场主要由中长期市场和现货市场构成。中长期市场主要开展多年、年、季、月、周等日以上电能量交易和可中断负荷、调压等辅助服务交易;现货市场主要开展日前、日内、实时电能量交易和备用、调频等辅助服务交易。条件成熟时,探索开展容量市场、电力期货和衍生品等交易。

电力市场的市场模式主要分为分散式和集中式两种模式。其中,分散式是主要以中长期实物合同为基础,发用双方在日前阶段自行确定日发用电曲线,偏差电量通过日前、实时平衡交易进行调节的电力市场模式;集中式是主要以中长期差价合同管理市场风险,配合现货交易采用全电量集中竞价的电力市场模式。各地应根据地区电力资源、负荷特性、电网结构等因素,结合经济社会发展实际选择电力市场建设模式。为保障市场健康发展和有效融合,电力市场建设应在市场总体框架、交易基本规则等方面保持基本一致。

电力市场的市场体系分为区域和省(区、市)电力市场,市场之间不分级别。区域电力市场包括在全国较大范围内和一定范围内资源优化配置的电力市场两类。其中,在全国较大范围内资源优化配置的功能主要通过北京电力交易中心(依托国家电网公司组建)、广州电力交易中心(依托南方电网公司组建)实现,负责落实国家计划、地方政府协

---

〔24〕《中共中央　国务院印发〈关于深化石油天然气体制改革的若干意见〉》,载 http://www.xinhuanet.com/politics/2017-05/21/c_1121009817.htm,2018 年 10 月 10 日最后访问。

议,促进市场化跨省跨区交易;一定范围内资源优化配置的功能主要通过中长期交易、现货交易,在相应区域电力市场实现。省(区、市)电力市场主要开展省(区、市)内中长期交易、现货交易。同一地域内不重复设置开展现货交易的电力市场。

电力市场的建设主要包括以下几个方面的内容:

(1)总体要求与实施路径。电力市场建设要遵循市场经济基本规律和电力工业运行客观规律,积极培育市场主体,坚持节能减排,建立公平、规范、高效的电力交易平台,引入市场竞争,打破市场壁垒,无歧视开放电网。具备条件的地区逐步建立以中长期交易为主、现货交易为补充的市场化电力电量平衡机制;逐步建立以中长期交易规避风险,以现货市场发现价格,交易品种齐全、功能完善的电力市场。在全国范围内逐步形成竞争充分、开放有序、健康发展的市场体系。

电力市场建设的实施路径为有序放开发用电计划、竞争性环节电价,不断扩大参与直接交易的市场主体范围和电量规模,逐步建立市场化的跨省跨区电力交易机制。选择具备条件地区开展试点,建成包括中长期和现货市场等较为完整的电力市场;总结经验、完善机制、丰富品种,视情况扩大试点范围;逐步建立符合国情的电力市场体系。非试点地区按照《关于有序放开发用电计划的实施意见》开展市场化交易。试点地区可根据本地实际情况,另行制定有序放开发用电计划的路径。零售市场按照《关于推进售电侧改革的实施意见》开展市场化交易。

(2)电力市场建设的任务要求。《关于推进电力市场建设的实施意见》对电力市场建设提出以下九项要求:第一,组建相对独立的电力交易机构。按照政府批准的章程和规则,组建电力交易机构,为电力交易提供服务。第二,搭建电力市场交易技术支持系统。满足中长期、现货市场运行和市场监管要求,遵循国家明确的基本交易规则和主要技术标准,实行统一标准、统一接口。第三,建立优先购电、优先发电制度。保障公益性、调节性发用电优先购电、优先发电,坚持清洁能源优先上网,加大节能减排力度,并在保障供需平衡的前提下,逐步形成以市场为主的电力电量平衡机制。第四,建立相对稳定的中长期交易机制。鼓励市场主体间开展直接交易,自行协商签订合同,或通过交易机构组织的集中竞价交易平台签订合同。优先购电和优先发电视为年度电能量交易签订合同。可中断负荷、调压等辅助服务可签订中长期交易合同。允许按照市场规则转让或者调整交易合同。第五,完善跨省跨区电力交易机制。以中长期交易为主、临时交易为补充,鼓励发电企业、电力用户、售电主体等通过竞争方式进行跨省跨区买卖电。跨省跨区送受电中的国家计划、地方政府协议送电量优先发电,承担相应辅助服务义务,其他跨省跨区送受电参与电力市场。第六,建立有效竞争的现货交易机制。不同电力市场模式下,均应在保证安全、高效、环保的基础上,按成本最小原则建立现货交易机制,发现价格,引导用户合理用电,促进发电机组最大限度地提供调节能力。第七,建立辅助服务交易机制。按照“谁受益,谁承担”的原则,建立电力用户参与的辅助服务分担共享机制,积极开展跨省跨区辅助服务交易。在现货市场开展备用、调频等辅助服务交易,中长期市场开展可中断负荷、调压等辅助服务交易。用户可以结合自身负荷特性,自愿选择与发电企业或电网企业签订保供电协议、可中断负荷协议等合同,约定各自的辅助服务权利与义务。第八,形成促进可再生能源利用的市场机制。规划内的可再生能源优先发电,优先发电合同可转让,鼓励可再生能源参与电力市场,鼓励跨省跨区消纳可再生能源。第九,建立市场风险防范机制。不断完善市场操纵力评价标准,加强对市场操纵力的预防与监管。加强调度管理,提高电力设备管理水平,确保市场在电力电量平衡基础上正常运行。

(3)市场主体的建设。首先,明确市场主体的范围。市场主体包括各类发电企业、供电企业(含地方电网、趸售县、高新产业园区和经济技术开发区等,下同)、售电企业和电力用户等。各类市场主体均应满足国家节能减排和环保要求,符合产业政策要求,并在交易机构注册。参与跨省跨区交易时,可在任何一方所在地交易平台参与交易,也可委托第三方代理。现货市场启动前,电网企业可参加跨省跨区交易。其次,明确发电企业和用户的基本条件:第一,参与市场交易的发电企业,其项目应符合国家规定,单位能耗、环保排放、并网安全应达到国家和行业标准。新核准的发电机组原则上参与电力市场交易。第二,参与市场交易的用户应为接入电压在一定电压等级以上,容量和用电量较大的电力用户。新增工业用户原则上应进入市场交易。符合准入条件的用户,选择进入市场后,应全部电量参与市场交易,不再按政府定价购电。对符合准入条件但未选择参与直接交易或向售电企业购电的用户,由所在地供电企业提供保底服务并按政府定价购电。用户选择进入市场后,在一定周期内不可退出。适时取消目录电价中相应用户类别的政府定价。

(4)组织实施。在电力体制改革工作小组的领导下,国家发展改革委、工业和信息化部、财政部、国务院国资委、国家能源局等有关部门,充分发挥部门联合工作机制作用,组织协调发电企业、电网企业和电力用户,通过联合工作组等方式,切实做好电力市场建设试点工作。

第一,市场筹建。由电力体制改革工作小组根据电力体制改革的精神,制定区域交易机构设置的有关原则,由国家发展改革委、国家能源局会同有关省(区、市),拟定区域市场试点方案;省级人民政府确定牵头部门并提出省(区、市)市场试点方案。试点方案经国家发展改革委、国家能源局组织专家论证后,修改完善并组织实施。试点地区应建立领导小组和专项工作组,做好试点准备工作。

根据实际情况选择市场模式,选取组建区域交易机构或省(区、市)交易机构,完成电力市场(含中长期市场和现货市场,下同)框架方案设计、交易规则和技术支持系统基本规范制定,电力市场技术支持系统建设,并探索通过电力市场落实优先购电、优先发电的途径。适时启动电力市场试点模拟运行和试运行,开展输电阻塞管理。加强对市场运行情况的跟踪了解和分析,及时修订完善有关规则、技术规范。

第二,规范完善。一是对比分析不同试点面临的问题和取得的经验,对不同市场模式进行评估,分析适用性及资源配置效率,完善电力市场。二是继续放开发用电计划,进一步放开跨省跨区送受电,发挥市场机制自我调节资源配置的作用。三是视情况扩大试点范围,逐步开放融合。满足条件的地区,可试点输电权交易。长期发电容量存在短缺风险的地区,可探索建设容量市场。

第三,推广融合。一是在试点地区建立规范、健全的电力市场体系,在其他具备条件的地区,完善推广电力市场体系。进一步放开竞争性环节电价,在具备条件的地区取消销售电价和上网电价的政府定价;进一步放开发用电计划,并完善应急保障机制。二是研究提出促进全国范围内市场融合实施方案并推动实施,实现不同市场互联互通,在全国范围内形成竞争充分、开放有序、健康发展的市场体系。三是探索在全国建立统一的电力期货、衍生品市场。

三、能源市场的运营

能源市场的规范可持续运营是能源稳定交易的保障。能源交易市场的运营主要体现在市场准入、信用体系建设、激励机制、监管监督。

（一）市场准入

市场准入，是政府通过行政规制对市场主体进入相关市场的规制，政府"有形的手"与市场机制一起，共同对市场主体、资金等进入市场的行为进行调整。能源市场准入，是国家为了维护能源安全、市场秩序、主体的质量，根据本国经济发展需求制定在何种情况下、哪些主体、哪些资本可以进入某个能源领域的行为，以及相应的市场主体应当遵循哪些规范和法律程序的一系列规则。能源市场准入是政府对市场主体进入特定市场领域的限制，是国家对市场主体资格的确认，包括市场主体资格的实体条件和程序条件等。从国家安全或者公共利益的角度考虑，我国对能源领域实行严格的市场准入限制，尤其是电力、油气等领域。能源许可是能源市场准入的核心。许多国家的能源基本法采取了概括立法的模式，能源法对能源开发、生产、供应、销售、服务有统一许可的规定，也有对能源开发过程中的不同阶段、不同的市场行为设定具体的许可条件。[25] 我国能源单行法对不同类型的能源资源设定了不同的许可条件。

能源与公用事业服务息息相关，与群众日常生活密切相关。这些行业具有整体性和统一性的特点，无法完全放开竞争。进入这些行业要实行市场准入制度，设定较高的门槛，以使进入者能为公众提供优质服务。如《电力法》规定，[26] 一个供电营业区内只设一个供电营业机构。省、自治区、直辖市范围内的供电营业区的设立、变更由供电企业提出申请，经省级电力管理部门会同有关部门审查批准后，由省级电力管理部门发给《供电营业许可证》。同时，在《关于推进售电侧改革的实施意见》《煤层气产业政策》《关于促进抽水蓄能电站健康有序发展有关问题的意见》《关于油品质量升级价格政策有关意见的通知》《关于促进先进光伏技术产品应用和产业升级的意见》等文件中，对相关行业市场准入也作出了相应的规定。

我国目前正在进行市场准入制度改革，向着以市场准入"负面清单"制度为主体的市场准入制度方向行进。市场准入"负面清单"制度是国际上通用的投资准入制度。在能源行业中实行市场准入"负面清单"制度，有助于打破垄断，促进竞争，提高效率。[27] 能源市场准入与能源行业"负面清单"制度联系紧密，"负面清单"限制不符合条件的市场主体进入特定的能源市场，能够在一定程度上优化能源市场环境，为市场需求方提供优质的能源服务。2015 年 10 月 2 日，国务院印发《关于实行市场准入负面清单制度的意见》，并制定《关于开展市场准入负面清单制度改革试点的工作方案》，决定对于市场主体的投资经

---

〔25〕 郑佳宁：《能源市场准入许可制度法律规制刍议》，载《河北法学》2012 年第 8 期。

〔26〕 参见《电力法》第二十五条。

〔27〕 刘满平：《能源行业应实行市场准入"负面清单"制度》，载《宏观经济管理》2015 年第 2 期。

营行为准入制度，按照先行先试、逐步推开的原则，实行市场准入“负面清单”制度。从2015年12月1日至2017年12月31日，在部分地区（天津、上海、福建和广东）试行市场准入“负面清单”制度，积累经验，逐步完善，探索形成全国统一的市场准入“负面清单”及相应的体制机制，从2018年起正式实行全国统一的市场准入“负面清单”制度。在能源领域也是如此。

能源行业市场准入制度包括两个层面：第一，能源相关投资经营行为的市场准入制度。能源相关投资经营行为的市场准入制度包括两类：一是直接能源类，涉及能源资源勘探和开发、能源产品生产、能源管输（传输）和配送、能源商品或者服务的营销和销售。二是间接能源类，涉及使用能源作为主要原料的投资经营行为、生产用能商品的生产经营行为。2016年3月2日，国家发展改革委和商务部印发了《关于印发市场准入负面清单草案（试点版）的通知》。《市场准入负面清单草案（试点版）》列出了与上述两类能源相关投资经营行为有关的负面清单（禁止类和限制类）。第二，能源相关的商品市场准入制度。能源相关的商品市场准入制度是一国政府为了节能和提高能源利用效率，依法限制某些用能产品进入销售市场，要求某些或者某类单位只能购买节能产品或者能效高的商品。我国的政府绿色采购制度就属于能源相关的商品市场准入制度。《清洁生产促进法》第十六条第一款规定：“各级人民政府应当优先采购节能、节水、废物再生利用等有利于环境与资源保护的产品。”〔28〕

目前，市场准入标准还有待于进一步发展和细化，如在油气领域，法律实际上将油气资源的开发利用委托给了三家国有大型油气公司，并且通过行政法规等加强其垄断地位，导致油气市场无法走出过度垄断的困境。而煤炭领域，由于《煤炭法》对生产许可发放条件不精细，煤炭开发企业许可的资质低，使煤炭市场秩序混乱，导致了能源的浪费，也造成了市场的无序。

（二）信用体系建设

信用体系建设有助于能源市场的稳步运营。信用体系建设应重点关注以下几个方面：(1)建立完善市场主体信用评价制度。开展能源市场交易信用信息系统和信用评价体系建设。针对能源交易市场中的不同市场主体建立信用评价指标体系。建立企业法人及其负责人、从业人员信用记录，将其纳入统一的信息平台，使各类企业的信用状况透明，可追溯、可核查。(2)建立完善市场主体年度信息公示制度。省级政府或由省级政府授权的部门定期公布市场准入、退出标准、交易主体目录、负面清单、黑名单、监管报告等信息。市场主体在省级政府指定网站和“信用中国”网站上公示公司有关情况和信用承诺，对公司重大事项进行公告，并定期公布公司年报。推动市场主体信息披露规范化、制度化、程序化，接受市场主体的监督和政府部门的监管。(3)建立健全守信激励和失信惩戒机制。加大监管力度，对于不履约、欠费、滥用市场操纵力、不良交易行为、电网歧视、未按规定披露信息等失信行为，要进行市场内部曝光，对有不守信行为的市场主体，要予以警告。建立并完善黑名单制度，严重失信行为直接纳入不良信用记录，并向社会公示；严重失信且拒不整改、影响电力安全的，必要时可实施限制交易行为或强制性退出，并纳入国

〔28〕 胡德胜主编：《能源法学》，北京大学出版社2017年版，第132～133页。

家联合惩戒体系。

（三）激励制度

能源激励制度，是指通过激励的措施、方法和手段，倡导、鼓励和推动能源市场法律关系的主体，实施对能源产业可持续发展有利的能源相关行为（积极性能源行为），反对、限制或者禁止实施不利的能源相关行为（消极性能源行为）的法律规则、规范和机制所形成的制度体系。激励措施可以分为两类：（1）表彰奖励措施。表彰奖励是指政府或其工作部门、企事业单位和社会团体，对在能源领域作出显著贡献或者取得成绩的单位和个人，给予的物质性的或者非物质性的表彰性奖励，以激励和促使受表彰者以及其他单位和个人今后更加积极地为能源事业作出贡献的措施。[29] 目前，我国一些能源单行法及相关法律中都有关于表彰奖励措施的规定。如《循环经济促进法》第四十八条规定："县级以上人民政府及其有关部门应当对在循环经济管理、科学技术研究、产品开发、示范和推广工作中做出显著成绩的单位和个人给予表彰和奖励。企业事业单位应当对在循环经济发展中做出突出贡献的集体和个人给予表彰和奖励。"《清洁生产促进法》第三十条规定："国家建立清洁生产表彰奖励制度。对在清洁生产工作中做出显著成绩的单位和个人，由人民政府给予表彰和奖励。"（2）罚没激励措施。罚没是执法机关对实施违反能源法律行为的单位或者个人，根据违法行为的事实和情节，按照法律规定的程序，所作出的以罚款以及没收非法收入（或所得）或实施违法行为的工具设施为惩罚形式的制裁措施。它是反对、限制或者禁止能源法律关系的主体实施消极性能源行为的反消极导向性激励措施。需要注意的是，只有科学地确定法定成本，有效地增大受处罚概率，辩证认识法定成本与受罚概率之间的关系，才能使"违法成本 > 违法收益"，促成"违法成本 > 守法成本"的经济环境，从而促使经济人选择作出守法行为而不是违法行为。在确定能源违法行为的法定成本方面，必当考虑违法行为对公共能源物品本身造成的损害和处罚的功能。在增大受处罚概率方面，应当考虑违法行为线索、执法人员数量和素质、执法程序要求、查处技术和设备水平、执法意愿、外部监督这六项因素的影响。在认识法定成本与受罚概率之间的关系方面，需要考虑它们之间的变量关系和社会关系。[30]

（四）监管监督

能源市场监管制度，是指对能源市场的综合管理，保障其正常和均衡发展。市场监管是依据国家颁布的法律法规，实行统一的监督、检查、应急管制等监管措施。规范市场行为，避免市场机制因为自身的缺陷造成的损失，促进能源市场健康有序发展。如《关于推进电力市场建设的实施意见》中指出，切实加强电力行业及相关领域科学监管，完善电力监管组织体系，创新监管措施和手段。充分发挥和加强国家能源局及其派出机构在电力市场监管方面的作用。国家能源局依法组织制定电力市场规划、市场规则、市场监管办法，会同地方政府对区域电力市场及区域电力交易机构实施监管；国家能源局派出机构和地方政府电力管理部门根据职能依法履行省（区、市）电力监管职责，对市场主体有关市场操纵力、公平竞争、电网公平开放、交易行为等情况实施监管，对电力交易机构和电力调

〔29〕 胡德胜主编：《能源法学》，北京大学出版社 2017 年版，第 131 页。

〔30〕 胡德胜主编：《能源法学》，北京大学出版社 2017 年版，第 131 页。

度机构执行市场规则的情况实施监管。

四、典型能源市场型态及其运营

(一)国际能源交易中心

2013年11月上海国际能源交易中心在上海自贸区注册成立。原油期货品种推出的目的之一是全面引入境外投资者,其基本制度设计框架为“国际平台、净价交易、保税交割”。经营范围包括组织安排原油、天然气、石化产品等能源类衍生品上市交易、结算和交割,制定业务管理规则,实施自律管理,发布市场信息,提供技术、场所和设施服务。建设完善的国际能源衍生品交易平台,客观反映能源供需状况,为能源生产、流通、消费企业及投资者提供价格发现和风险管理的工具以及投资管理的功能,积极促进能源类商品的资源优化配置,促进经济发展。

(二)国内油气产品交易中心

中国石油产量主要集中在三大国家石油公司,即中国石油天然气集团公司、中国石油化工集团公司和中国海洋石油总公司,共同占据中国石油产量的90%以上。中国私营公司在石油行业的参与主要被限制在油服领域,小型私人油服企业在至2014年的高油价10年间激增。但随着油价大幅下跌以及行业形势变化,导致大量企业被淘汰。2017年5月批准的改革计划承诺通过“混合所有制”改善国有石油公司股权,允许私人公司参与石油和天然气的勘探开发。[31] 天然气市场的整个供应链基本上仍受到政府的管制。与上中游高度集中的石油产业一样,三大国有石油公司(中国石油天然气集团公司、中国石油化工集团公司和中国海洋石油总公司)直接主导了天然气的生产和输送。北京石油交易所于2007年12月28日注册成立,其交易品种主要是成品油。2015年3月,上海石油天然气交易中心在上海自贸区注册成立。2017年1月,继上海之后,我国第二个国家级大宗能源商品交易中心——重庆石油天然气交易中心挂牌成立。2017年4月,克拉玛依市获准筹建我国第三个油气交易中心——新疆油气交易中心。成立国家级石油天然气交易中心,让市场决定价格,是我国能源市场深化改革的重要成果,有助于进一步完善油气定价机制,有助于促进我国更好地参与国际能源合作。

(三)电力

2002年之前,我国电网和发电厂的所有业务都由国家电力公司负责。2002年以后,在电力体制改革后“厂网分离”,电网业务主要由国家电网和南方电网承担,发电厂业务分属五大发电集团经营。南方电网全称为中国南方电网有限责任公司,负责我国广东、广西、云南、贵州、海南5省的建设、运营电网的输配电业务。国家电网公司负责除南方电网管理区域以及内蒙古(呼和浩特、鄂尔多斯、巴彦淖尔市、乌海市、包头市、乌兰察布、阿拉善盟、薛家湾)、陕西榆林等9市以外的全国26个省(市、区)的供电服务。2016年年底,《电力发展“十三五”规划》明确提出2018年年底前启动现货交易试点。国家电网和南方电网在各地建立30多个电力交易中心,电力交易中心主要负责本地区电力市场的建设和

---

[31] 国际能源署编著:《世界能源展望中国特别报告》,石油工业出版社2017年版,第113页。

运营，落实国家政策，开展跨省交易，逐步推进全国范围内的市场融合。交易机构之间不分层级，促进了交易机构之间良性竞争，也激发了调度机构结合职能组织开展市场化交易的积极性。

（四）煤炭

中国是全球最大的煤炭生产国和消费国，煤炭价格目前已经完全实现了市场化。2012 年国务院印发《关于深化电煤市场化改革的指导意见》，要求自 2013 年起取消煤炭供货重点合同，加强煤炭市场建设，形成以全国煤炭交易中心为主体，区域煤炭市场为补充，与市场经济体制相适应的统一开放、竞争有序的煤炭交易市场体系。自改革后，全国陆续建立功能、规模、覆盖区域各异的煤炭交易中心。交易中心以电子交易平台为支撑，能为多个煤炭供需主体同时提供信息、交易、物流、金融和结算等服务。

2016 年年初国务院印发《关于煤炭行业化解过剩产能实现脱困发展的意见》，要求煤炭行业供给侧改革全面发力，去产能力度逐渐加大，全国煤炭生产结构市场不断优化。

实务研析

部分违反电力业务许可制度的典型案件

理论探讨

能源市场建设

第三节　能源市场交易与竞争

随着经济发展，市场对能源的需求逐步扩大，而在国家严格管控下的能源交易呈现出较为僵化的态势。而且在国际社会呼吁节能减排的今天，能源利用已不能仅靠产量带动经济，更重要的是技术革新和新能源开发，所以只有减少国家对能源交易的管控，将能源交易市场化，才能改变能源市场僵化的局面，为能源市场带来竞争性活力。[32]

一、能源市场交易规则

我国借鉴发达国家相关经验建立了一系列能源交易所，电力方面包括北京电力交易中心、广东电力交易中心等，油气方面包括上海油气交易中心、重庆油气交易中心等，以及煤炭方面的上海煤炭交易中心、沈阳煤炭交易中心等。各个交易中心对各行业交易均制定了规则，其中电力交易中心的规则最为全面。因此，本章关于交易规则的讨论，以电力市场的相关规则为例。

结合我国能源产品宏观交易的实际情况，我国能源交易市场主要有四个制度特点：一是能源交易所主要从事现货交易，现货交易一般有挂牌、竞价和协议三种方式，以竞价为主。二是交易所只为交易会员提供服务，即买卖双方需先成为交易所会员才能够在交易所进行交易，缴纳会费即可获得相应的会员服务。三是能源交易所作为第三方交易平台

〔32〕 郑佳宁：《能源财产交易基本法律问题研究》，北京理工大学出版社 2016 年版，第 136 页。

为会员提供融资服务。四是能源交易所主要服务对象是区域间的市场。〔33〕

(一)市场成员

国家是能源交易的主要参与者,在能源交易中具有双重身份,作为公权力享有者对能源交易市场进行监管。另外,国家是石油、天然气、煤炭等能源资源的所有者,将其拥有的能源资源所有权所派生出的能源财产权利出让给其他交易主体。能源企业是主业以从事能源开采开发、加工转换、运输、销售、服务等方式盈利的企业。能源消费者是在能源交易中最终获得并消耗能源产品的交易主体。〔34〕

(二)市场准入与退出

参加市场交易的发电企业、电力用户、售电企业以及独立辅助服务提供者,应当是具有法人资格、财务独立核算、信用良好、能够独立承担民事责任的经济实体。内部核算的发电企业(电网企业保留的调峰调频电厂除外)、电力用户经法人单位授权,可以参与相应电力交易。〔35〕

市场主体进入市场后退出的,原则上3年内不得参与电力市场交易。被强制或自愿退出的市场主体,应该按照合同约定承担相应的违约责任,电力调度机构不再继续执行涉及的合同电量。〔36〕

(三)交易品种、周期和方式

交易品种包括电力直接交易、跨省跨区交易(指跨越发电调度控制区)、合同电量转让交易,以及辅助服务补偿(交易)机制等。电力中长期交易主要按照年度和月度开展。有特殊需求的,也可以按照年度以上、季度或者月度以下周期开展交易。电力中长期交易可以采取双边协商、集中竞价、挂牌等方式进行。〔37〕

(四)价格机制

电力中长期交易的成交价格由市场主体通过自主协商等市场化方式形成,第三方不得干预;计划电量应随着政府定价的放开采取市场化定价方式。〔38〕

(五)交易组织

交易组织包括对交易时序安排、年度优先发电合同的签订,对年度双边交易、集中竞价交易、年度基数电量合同的签订、月度双边交易、月度集中竞价交易以及临时交易与紧急支援交易等具体内容进行全面规制。〔39〕

---

〔33〕 郑佳宁:《能源财产交易基本法律问题研究》,北京理工大学出版社2016年版,第104~105页。

〔34〕 郑佳宁:《能源财产交易基本法律问题研究》,北京理工大学出版社2016年版,第23页。

〔35〕 参见国家发展改革委、国家能源局《电力中长期交易基本规则(暂行)》第十三条至第十六条,北京电力交易中心2018年《北京电力交易中心跨区跨省电力中长期交易实施细则(暂行)》第10页。

〔36〕 参见国家发展改革委、国家能源局《电力中长期交易基本规则(暂行)》第十七条至第十九条,北京电力交易中心2018年《北京电力交易中心跨区跨省电力中长期交易实施细则(暂行)》第12~13页。

〔37〕 参见国家发展改革委、国家能源局《电力中长期交易基本规则(暂行)》第二十条至第二十四条,北京电力交易中心2018年《北京电力交易中心跨区跨省电力中长期交易实施细则(暂行)》第17~18页。

〔38〕 参见国家发展改革委、国家能源局《电力中长期交易基本规则(暂行)》第二十五条至第三十二条,北京电力交易中心2018年《北京电力交易中心跨区跨省电力中长期交易实施细则(暂行)》第65~67页。

〔39〕 参见国家发展改革委、国家能源局《电力中长期交易基本规则(暂行)》第三十三条至第六十二条,北京电力交易中心2018年《北京电力交易中心跨区跨省电力中长期交易实施细则(暂行)》第27~64页。

(六)安全校核与交易执行

电力调度机构负责各种交易的安全校核工作。直接交易、合同调整和合同电量转让必须通过电力调度机构安全校核。涉及跨省跨区的交易,须提交相关电力调度机构共同进行安全校核,各级电力调度机构均有为各交易机构提供电力交易(涉及本电力调度机构调度范围的)安全校核服务的义务。安全校核的主要内容包括但不限于通道阻塞管理、机组辅助服务限制等内容。电力交易机构根据各年度合同中约定的月度电量分解安排和各类月度交易成交结果,形成发电企业的月度发电安排,包括优先发电、基数电量和各类交易电量。电力调度机构应当合理安排电网运行方式并保障执行。[40]

(七)辅助服务

辅助服务执行各区域辅助服务管理实施细则及并网运行管理实施细则。辅助服务分为基本辅助服务和有偿辅助服务。鼓励储能设备、需求侧参与提供辅助服务,允许第三方参与提供辅助服务。[41]

(八)计量与结算

电网企业应当根据市场运行需要为市场主体安装符合技术规范的计量装置;计量装置原则上安装在产权分界点,产权分界点无法安装计量装置的,考虑相应的变(线)损。电网企业应按照电力市场结算要求定期抄录发电企业(机组)和电力用户电能计量装置数据,并提交电力交易机构。当出现计量数据不可用时,由电能计量检测中心确认并出具报告,结算电量由电力交易机构组织相关市场主体协商解决。[42]

(九)信息披露

市场成员应当遵循及时、真实、准确、完整的原则,披露电力市场信息。在确保安全的基础上,市场信息主要通过电力市场技术支持系统、电力交易机构网站进行披露。[43]

二、能源市场交易合同

有学者提出应对能源危机意味着尽可能地运用合同将能源主体予以联结,极力消除能源供给和能源需求之间的矛盾,并将能源合同定义为能源的所有者、勘探者、开采者、加工者、供应者、利用者等众多主体就能源的归属、开发、利用和保护等问题达成的一种协议。[44]能源契约是一种集合性合同,它是能源诸多领域所发生的合同关系的集合,也是这些领域各种合同规则的抽象。[45]能源合同包括能源开发合同、能源加工合同、能源储运合同、能源供应合同、能源贸易合同和能源规制合同。其中,意思自治成分较多的有能源加

---

〔40〕 参见国家发展改革委、国家能源局《电力中长期交易基本规则(暂行)》第六十三条至第七十条,北京电力交易中心 2018 年《北京电力交易中心跨区跨省电力中长期交易实施细则(暂行)》第 74 ~ 79 页。

〔41〕 参见国家发展改革委、国家能源局《电力中长期交易基本规则(暂行)》第七十五条第至第八十二条。

〔42〕 参见国家发展改革委、国家能源局《电力中长期交易基本规则(暂行)》第八十三条至第九十条,北京电力交易中心 2018 年《北京电力交易中心跨区跨省电力中长期交易实施细则(暂行)》第 80 ~ 85 页。

〔43〕 参见国家发展改革委、国家能源局《电力中长期交易基本规则(暂行)》第九十一条至第九十六条,北京电力交易中心 2018 年《北京电力交易中心跨区跨省电力中长期交易实施细则(暂行)》第 93 ~ 101 页。

〔44〕 张忠民:《能源危机的私法应对——以能源合同为中心》,载《法商研究》2013 年第 2 期。

〔45〕 张忠民:《能源契约论》,中国社会科学出版社 2013 年版,第 57 ~ 58 页。

工合同、能源储运合同、能源供应合同和能源贸易合同,这些大都是能源私法合同;而能源开发合同、能源规制合同对合同自由限制比较多,归为能源公法合同。所以能源合同兼具私法和公法的双重属性。[46]

在能源市场交易方面主要讨论的是能源供应合同,即是解决能源供应者与能源消费者在能源产品供应和能源服务提供方面的具体权利和义务的配置。能源消费者利用能源供应者所提供的能源产品并支付报酬的买卖合同。

能源供应合同的主体即能源供应者与能源消费者。能源供应合同首先具有公用性,即电、油气、煤炭等能源产品是提供给所有的一般社会公众;其次具有公益性,即供应能源产品首要是为了满足社会公众的需求,而不是为了营利;再次具有继续性,即能源供应是不断履行的合同义务,而不是一次性的履行给付;最后具有格式性,大多数能源供应合同都具备格式条款,如供电合同、供气合同等。

能源供应者须承担普遍服务的义务,且必须及时、安全、合格地提供能源产品,如果有检修等法定情形需要停止供应的情况,需及时通知消费者,另外对供应中的事故具有抢修义务。能源消费者首先对能源产品具有支付报酬的义务,对能源供应设施具有安全保有的义务;其次对于能源供应者具有合理的停止供应行为负有忍受和协助的义务,并且依照合同约定使用能源产品的义务。[47]

以电力供应合同为例,[48]电力供应与使用双方应当根据平等自愿、协商一致的原则,按照国务院制定的《电力供应与使用条例》签订供用电合同,确定双方的权利和义务。[49]交易各方根据优先购电发电、直接交易(双边或集中撮合)等交易结果,签订中长期交易合同。其中,分散式市场以签订实物合同为主,集中式市场以签订差价合同为主。[50]

(一)合同主体

参与市场交易的发电企业,其项目应符合国家规定,单位能耗、环保排放、并网安全应达到国家和行业标准。新核准的发电机组原则上参与电力市场交易。

参与市场交易的用户应为接入电压在一定电压等级以上,容量和用电量较大的电力用户。新增工业用户原则上应进入市场交易。符合准入条件的用户,选择进入市场后,应全部电量参与市场交易,不再按政府定价购电。对于符合准入条件但未选择参与直接交易或向售电企业购电的用户,由所在地供电企业提供保底服务并按政府定价购电。用户选择进入市场后,在一定周期内不可退出。适时取消目录电价中相应用户类别的政府定价。

(二)合同条款

供用电合同应当具备的条款包括:(1)供电方式、供电质量和供电时间;(2)用电容量和用电地址、用电性质;(3)计量方式和电价、电费结算方式;(4)供用电设施维护责任的

---

[46] 张忠民:《能源危机的私法应对——以能源合同为中心》,载《法商研究》2013 年第 2 期。

[47] 张忠民:《能源契约论》,中国社会科学出版社 2013 年版,第 115 ~ 117 页。

[48] 参见《电力供应与使用条例》。

[49] 参见《电力法》第二十七条。

[50] 参见 2015 年 11 月 30 日由国家发展改革委、国家能源局公布施行的《关于推进电力市场建设的实施意见》。

划分；(5)合同的有效期限；(6)违约责任；(7)双方共同认为应当约定的其他条款。[51]

(三)权利义务

供电企业应当按照合同约定的数量、质量、时间、方式，合理调度和安全供电。用户应当按照合同约定的数量、条件用电，交付电费和国家规定的其他费用。供用电合同的变更或者解除，应当依照有关法律、行政法规和本条例的规定办理。[52]

(四)违约责任

针对用户方而言，用户若逾期未交付电费的，供电企业可从逾期之日起，每日按照电费总额的1‰～3‰加收违约金，具体比例由供用电双方在供用电合同中约定；自逾期之日起计算超过30日，经催交仍未交付电费的，供电企业可以按照国家规定的程序停止供电。另外，如果供电企业或者用户违反供用电合同，给对方造成损失的，应当依法承担赔偿责任。[53]

三、能源市场的竞争

在我国能源领域，限制竞争主要来自行政权力。竞争行为的失范会造成"市场失灵"，但不合理的管制也同样会造成"政府失灵"。另外，针对基于行业属性所产生的能源经济垄断，造成市场的低效率与消费者福利的损失，也应通过政府干预进行调整。

(一)电力市场的竞争

1. 建立售电侧市场

从经济学的角度来看，竞争是提高电力企业效益的最好形式。我国电力市场目前主要是在发电侧开放竞争，允许有限制的网络开放。

电力市场化改革主要是建立发电侧竞争市场、逐步放开售电侧市场、实行政府监管下的电网公平开放，其中逐步放开售电侧市场的主要内容之一就是开放用户选择权，在我国主要是电力用户直接交易。国际上各国在售电侧市场开放方面，大都经历了从大用户到所有用户及售电公司的开放过程。开展电力直接交易是市场化改革的必然趋势，是我国电力市场化改革的重要环节，是构建多买方、买方市场结构，实施售电侧市场开放的重要环节。[54]

售电公司分三类，包括属电网企业的售电公司、社会资本投资增量配电网并拥有配电网运营权的售电公司、不拥有配电网运营权也不承担保底供电服务的第三类售电公司。售电市场开放，售电公司参与电力交易有利于降低交易费用，产生商业增值，促进市场的形成。在交易市场中售电公司有两种交易模式，符合规则的交易主体可以通过与售电公司签署一年期的售电协议和代理协议在直购电交易市场中进行交易，或者售电公司直接与区域内的用户签订售电协议并向上直接同发电企业签署购电协议，同时向电网企业缴纳输配电费用。[55]

---

〔51〕参见国务院令第196号发布《电力供应与使用条例》第三十三条。

〔52〕参见国务院令第196号发布《电力供应与使用条例》第三十四条至第三十五条。

〔53〕参见《电力法》第五十九条。

〔54〕北京电力交易中心编：《电力直接交易服务手册》，中国电力出版社2018年版，第20～21页。

〔55〕北京电力交易中心编：《电力直接交易服务手册》，中国电力出版社2018年版，第52～54页。

2. 市场准入

《关于推进售电侧改革的实施意见》对售电侧市场的准入作了创新安排，准入方面以注册认定替代行政许可，重点是"一承诺、一公示、一注册、两备案"。"一承诺"，是指符合准入条件的市场主体应向省级政府或省级政府授权的部门提出申请，按照规定提交相关资料，并作出信用承诺。"一公示"，是指省级政府或者省级政府授权的部门通过"信用中国"等政府指定网站将市场主体是否满足准入条件的信息、相关资料和信用承诺向社会公示。公示期满无异议的纳入年度公布的市场主体目录，并实行动态管理。"一注册"，是指列入目录的市场主体可在组织交易的交易机构注册，获准参与交易。"两备案"，是指在能源监管机构和征信机构进行事后备案。[56]

(二)油气市场的竞争

我国油气行业垄断现象尤为严重。油气主要以中石油、中石化、中海油三大企业形成垄断，从油气开发生产的整体布局看，石油行业实质上已形成了一种分割分治与垄断经营的市场结构，[57]市场份额集中在国有能源企业。在石油行业，国有能源企业中石油、中石化享有垄断的进口权，民营企业必须经过这两家企业才能进口原油。国家针对民营企业出台的政策，如《关于清理整顿小炼油厂和规范原油成品油流通秩序的意见》等，虽是为了规范市场，但却造成石油行业的多数民营企业消失。[58]

(三)煤炭市场的竞争

计划经济体制时期，煤炭市场的准入门槛较高，到改革开放之后不断扩大的地方自主权以及对局部、短期利益的追求，使一些投资小、见效快的小煤矿蜂拥而起。从 1996 年起，国家对此进行整顿。国家能源局《关于印发 2014 年能源工作指导意见的通知》明确指出，停止核准新建低于 30 万吨/年的煤矿和低于 90 万吨/年的煤与瓦斯突出矿井。逐步淘汰 9 万吨/年及以下煤矿，加快关闭其中煤与瓦斯突出等灾害隐患严重的煤矿。提高了煤炭产业的准入门槛。现在，我国煤炭行业定价机制已经基本市场化，但是仍存在集中度低以及技术水平低的问题，难以形成有效竞争。[59]

第四节 能源市场监管与规制

2013 年以来，针对我国能源行业行政管理体制存在的重点、难点问题，国家能源管理部门及监管机构在监管新思路的指导下，以政策性监管、经济性监管和社会性监管为核心，在能源规划政策执行、能源市场秩序、能源垄断环节、能源产业节能减排、能源安全监管和能源应急管理等方面取得了积极成效。[60]

---

[56] 参见国家发展改革委、国家能源局制定《售电公司准入与退出管理办法》。

[57] 杨艳玲：《我国自然垄断行业——石油行业的研究》，载《企业导报》2010 年第 4 期。

[58] 郑佳宁：《能源财产交易基本法律问题研究》，北京理工大学出版社 2016 年版，第 106～107 页。

[59] 李楠：《我国煤炭产业有效竞争分析与对策》，载《现代工业经济和信息化》2014 年第 9 期。

[60] 谭荣尧等：《中国能源监管探索与实践》，人民出版社 2016 年版，第 268 页。

虽然学术界对监管的内涵众说纷纭,其理解也各不相同,但是归纳起来可以概括出监管具有六个基本特征:(1)须以市场失灵作为进行监管的必要前提条件;(2)监管的主体是政府能源监管机构或政府授权机构;(3)以微观经济主体作为监管对象;(4)监管的依据是国家有关法律法规;(5)监管的目标是直接控制各类微观经济主体的活动;(6)监管是监管者和监管对象的一种互动活动。[61] 能源产业关系国家经济命脉,目前能源监管机构职能分散、机构重叠,急需建立和完善相关法律,用法律对政府管制机构权力和决策过程进行规范和约束,从而真正实现依法监管。

一、能源规划政策执行情况监管

能源规划政策执行情况监管,重点是加强能源行政审批事项取消和下放后的同步监管,促进能源规划、计划、政策、项目的有效落实,这是国家能源管理体制改革以来,重组国家能源局之后能源监管面临的一项新任务,是新形势下能源监管的重要内容。[62]

(一)能源规划、计划执行情况监管

能源规划决定着能源行业发展及能源产业布局,关系到能源市场运营效率、资源优化配置效果等方面,规划通过年度计划和具体的项目得以落实。能源规划、计划执行情况监管重点为:(1)地方规划与国家规划的衔接情况。包括地方规划编制工作按期开展及完成情况;地方规划与国家规划的一致性;能源规划确定的开发次序、开发规模等与能源供需的协调匹配情况。(2)规划内容的科学合理性。包括地方规划落实国家能源发展战略及能源产业政策情况;能源重大项目列入规划前开展论证情况;能源规划发挥优化资源配置、促进能源结构调整以及增强能源利用效率等方面情况。(3)规划、计划的有效落实情况。包括动态掌握地方核准(备案)能源项目规模及实际开发建设运行规模情况;能源企业按照规划计划进行开发建设情况;是否存在不按规划总量进行产能布局、重复建设、能源开发利用效率低下、发展失衡等问题;是否存在项目开发与计划不一致等情况。(4)项目优选情况。包括能源项目优选办法制定以及向项目申请单位公开情况;优选办法与国家能源局的有关要求相符合的情况;优选过程公开透明情况;优选结果公示以及意见采纳情况。

(二)能源政策标准执行情况监管

国家能源政策和相关标准,是能源监管工作的重要依据。能源政策、标准执行情况监管包括:地方能源政策制定情况;企业执行能源政策情况;企业执行标准情况。2013 年,国家出台了一系列支持光伏产业健康可持续发展的政策,继续在光伏发电并网、补贴、金融等方面提供强力支持,但许多企业反映政策难以落地。为促进政策落到实处,国家能源管理部门及监管机构组织开展了可再生资源发电并网专项监管、分布式发电并网收购及补贴落实情况专项监管,以及节能减排电价政策落实情况专项监管等,有效地促进了清洁能源的发展。

---

〔61〕 胡税根:《论新时期我国政府规制的改革》,载《政治学研究》2001 年第 4 期。

〔62〕 谭荣尧等:《中国能源监管探索与实践》,人民出版社 2016 年版,第 268 页。

二、能源市场秩序监管

市场秩序监管是能源监管的重要内容。党的十八大以来,中央作出全面深化改革的决策部署,要求充分发挥市场在资源配置中的决定性作用,降低能源市场准入门槛,加强市场秩序监管,公平公正维护投资者、经营者、使用者的合法权益。

(一)电力业务许可监管

电力业务许可监管是在市场经济条件下政府对电力行业实施准入监管的一项重要手段。我国电力市场化改革以来,通过实施厂网分开、重组发电和电网企业、逐步建立区域电力市场等一系列改革措施,传统的电力产业管理格局被打破,电力投资主体日益多元化,市场主体的数量日趋增加。建立电力许可监管制度,明确市场准入标准,是推进电力市场化改革和电力行业发展的客观要求。

电力业务许可主要分为三类:第一类是电力核心业务与许可类,包括发电、输电、供电(配电、售电)业务;第二类是除核心业务以外的其他业务许可类,包括设计、安装、建设、维修、试验、设备制造、压力容器和计量仪表入网等业务;第三类是重要工作岗位类,即重要作业岗位关键操作人员的职业资格认证。为促进电力企业依法持证经营,发挥电力业务许可在维护电力市场制度,保障电力系统安全、优质、经济运行等方面的作用,国家建立了许可证的颁发、变更、注销等证照管理制度,涵盖了准入监管、日常行为的持续性监管和违规处罚的全过程。

(二)电力市场秩序监管

电力市场秩序监管是电力监管的核心内容,对构建政府监管下的政企分开、公平竞争、开放有序、健康发展的电力市场体系具有重要意义。监管目的是规范电力市场主体的行为,确保电力交易规范有序,维护市场主体合法权益,同时解决厂网之间的突出问题,促进厂网关系的和谐发展。能源监管的主要内容包括发电权交易监管、跨省区电能交易监管、电力用户与发电企业直接交易监管和电价执行及电费结算情况监管等。

1. 发电权交易,是指发电机组、发电厂之间电量替代的交易行为。发电权交易监管重点包括:(1)交易落实节能减排政策情况。高效环保机组替代低效、高污染火电机组发电情况;水电、核电等清洁能源发电机组替代火电机组发电情况。(2)交易安全约束情况。发电权交易满足电网安全校核情况;电网企业将安全校核相关参数条件向市场主体公布并向能源监管机构备案情况。(3)交易合同签订情况。发电权交易双方签订的发电权交易合同或建议确认单情况;合同中交易周期、成交电量、成交价格、结算方式等内容。(4)交易网损收取情况。发电权交易引起网损变化时,按照核定的网损率或协商的网损补偿方式进行网损补偿情况,是否存在电网企业违规收取发电权交易服务费等问题。

2. 跨省区电能交易,是指电力企业与本省区以外的电力企业开展的电能交易,包括跨省(区、市)电能交易和跨大区电能交易。跨省区电能交易监管重点包括:(1)交易组织情况。电网企业公平开放电网为跨省区电能交易提供输电服务情况,是否存在电网企业通过组织跨省区交易变相降低发电企业上网电价,或未按实际物理电量收取输电费用等问题。(2)交易执行情况。电力调度交易机构合理安排电网运行方式情况;依据交易合同的期限和签订次序安排交易计划等情况。(3)交易信息披露情况。电力调度交易机构建立跨省区电能交易信息系统情况；电力调度交易机构披露输电价格、输电损耗、联络线稳定限额、成交电力、成交电量、结算等情况。

3. 电力用户直接交易，是指符合条件的电力用户和发电企业在自愿、互利的基础上，通过规范透明的市场交易机制，自主协商交易电量，确定交易价格，直接签订交易合同。电力用户直接交易监管重点包括：(1)交易组织情况。有关部门按照职责分工制订工作方案、交易规则、准入办法，以及输配电价核算工作等情况。(2)市场准入情况。参与直接交易的电力用户和发电企业符合国家有关产业政策等情况，是否存在淘汰类、限制类企业参与交易等问题。(3)交易实施情况。市场主体自愿参与电力直接交易情况，是否存在使用行政命令指定交易对象、交易电量、交易价格，以及指定向特定企业降价让利等问题。(4)市场主体和运营机构执行交易规则情况。

4. 电价，是指电力商品所对应的价格的总称。一般情况下，按照电力生产环节可以划分：上网电价、输电电价、配电电价和销售电价。电费，是指省级及以上电网企业与统调电厂之间发生的电量电费。电价执行及电费结算情况监管重点包括：(1)电力企业执行国家电价政策的行为。电力企业贯彻落实政府价格主管部门核定的上网电价、输配电价、销售电价、政府性基金和附加、辅助服务收费标准、各项涉及电力业务的价格和收费政策情况。(2)电力企业执行电力市场价格行为。电力企业执行竞价上网的最高最低价以及现货市场报价情况；电力企业发电权交易合同、协议价格执行情况；大用户直接交易的双方协商交易价格及国家规定的输配电价执行情况；电力企业按有关规定协商确定的跨地区输配电价以及向国家有关部门的备案情况。(3)发电企业和电网企业之间的电费结算行为。《购售电合同》执行情况；上网电量的抄录和确认情况；电费电量的计算、核对、修正和确认情况；电量电费的结算方式和支付情况；电费结算信息向监管机构报送情况。

(三)煤炭及煤层气市场秩序监管

煤炭是我国的主体能源，对经济社会发展有着重要影响。经历2002～2012年的煤炭“黄金十年”，煤炭行业进入高速发展的“快车道”，创造了显著经济效益和社会效益。

1. 煤炭市场秩序监管的重点包括：(1)煤炭市场信息公开情况。检测煤炭生产、消费、价格以及库存、运力保障等情况，定期发布信息。(2)特殊和稀缺煤类开发利用情况。煤炭储备基地和物流园区以及进出口情况等。(3)煤炭生产、运输情况。生产煤矿回采率情况，是否存在煤炭生产能力超限、煤矿回采率不达标等问题。(4)煤炭违规销售情况。是否存在煤炭企业操纵煤价、低价倾销，以及电力企业联合拒签合同等行为。

2. 煤层气市场秩序监管重点包括：(1)煤层气勘查开发对外合作执行情况；(2)煤层气市场定价机制落实情况；(3)煤层气发电上网及加价政策落实情况。

(四)油气市场秩序监管

目前，我国油气市场还存在不同程度的垄断行为，拥有管道的少数企业凭借其垄断地位实施歧视性服务，常常出现影响市场公平公正的问题。油气市场秩序监管重点包括：(1)油气交易合同的制定、签订及执行情况。是否存在油气企业利用垄断地位在合同中加入不公平条款行为；是否存在无合同交易情况。(2)油气交易中价格政策执行情况。是否存在油气企业利用垄断地位操纵价格等行为。(3)油气供应保障情况。是否存在油气企业随意中断油气产品供应等问题。(4)落实天然气“压非保民”政策情况。制定、执行天然气应急预案情况;紧急情况下压非民生用气、保民生用气措施落实情况。(5)有序“煤改气”情况。企业实施“煤改气”前落实气源及签订合同等情况。

三、能源垄断环节监管

能源行业的部分领域属于自然垄断环节,如电网、油气管网等,处于垄断地位企业容易利用其在行业的特殊地位,获取不正当利益,造成市场的不公平竞争,需要监管机构重点加强监管,促进相关信息的公开透明,维护公平公正的市场秩序和市场主体的合法权益。[63]

(一)价格与成本监管

长期以来,我国对能源自然垄断企业的成本监管不足,难以确定合理的价格水平。必须加强对能源垄断企业的价格与成本监管,进一步厘清内部成本,有效区分经营性成本与政策性负担,控制合理的价格水平。当前,能源监管的重点是加强跨省跨区输电价格监管、电网企业输配电成本监管、典型电网工程投资成效监管和油气管网设施成本监管。

跨省区输电价格,是指区域电网之间联网的输电价格和跨区域专项输电工程的输电价格。跨省区输电价格监管重点包括:(1)输电线路项目合规性情况;(2)输电线路价格执行情况;(3)输电线路价格成本控制情况;(4)输电线路效益发挥情况。

电网企业输配电成本,是指电网企业为输配电能及提供劳务在输配环节所发生的各种耗费,包括材料费、工资、福利费、折旧费、修理费、输电费、委托运行维护费和其他费用等成本项目。电网企业输配电成本监管重点包括:输配电成本核算行为、输配电成本支出情况、输配电成本发生的重大变化、影响输配电成本的内部交易和关联交易、输配电成本信息的真实性和完整性。

电网工程,是指与电能的输送、分配有关的工程。典型电网工程投资成效监管重点包括:项目造价情况、运行时效情况、电价成本情况、社会效益情况等。

油气管网设施成本,是指油气管网设施运营企业之间,及其向上、下游用户开放使用其油气管网设施输送、储存、气化、液化和压缩等相关服务环节发生的费用支出。油气管网设施成本监管重点包括:油气管网设施成本核算行为、油气管网设施成本支出情况、油气管网设施成本发生的重大变化和事项、油气管网设施成本信息的真实性、完整性。

(二)电网公平开放监管

电网公平开放监管包括电力调度监管、电力并网互联监管、发电厂并网运行管理及并网发电厂辅助服务管理四个方面。

1. 电力调度监管,是指对电力调度机构履行电网运行组织、指挥、指导和协调职能,保障电网的安全、优质、经济运行情况的监管。电力调度监管重点包括:电力调度机构提供调度服务情况,电力系统运行方式编制和执行情况,电力调度机构公开、公正、公平调度情况,电力调度机构执行国家有关安全生产管理规定的情况等。

2. 电力并网互联包括新建电源接入电网以及电网与电网之间的互联。电力并网互联监管重点包括:发电企业新建电源接入电网工作情况、电网企业与发电企业签订接网协议

---

〔63〕 谭荣尧等:《中国能源监管探索与实践》,人民出版社2016年版,第287页。

书情况、新建电源项目接入电网信息公开情况。

3. 发电厂并网运行管理，是指针对并网发电厂的一次调频、跟踪发电调度计划曲线、非计划停运、自动发电控制、自动电压控制、调峰等项目进行考核管理，考核产生的资金再全部返还给并网发电企业。发电厂并网运行监管的重点是：发电厂并网运行管理实施情况；发电厂并网运行考核情况；发电厂并网运行资金结算情况。

4. 辅助服务，是指为维护电力系统的安全稳定运行，保证电能质量，除正常电能生产、输送、使用外，由并网发电厂提供的辅助服务，包括一次调频、自动发电控制、调峰、无功调节、旋转备用、黑启动等。并网发电厂辅助服务监管重点包括：发电厂辅助服务管理实施情况、发电厂辅助服务调用情况、发电厂辅助服务资金结算情况。

（三）人民群众用电满意工程及监管

为了深入贯彻落实科学发展观，提高用电企业的管理水平，实现最广大人民群众的根本利益，电力监管部门 2011 ~ 2012 年在全国开展了“居民用电服务质量监管专项行动”，到 2013 年能源管理体制改革之后，把这个行动提升为“人民群众用电满意工程”。2015 年，国家能源管理部门进一步强化供电监管，并要求从以下七个方面突出抓好供电监管工作：（1）硬件重点抓投资；（2）软件重点抓服务；（3）机制重点抓公开；（4）数据重点抓“两率”；（5）民意重点抓投诉；（6）方式重点抓抽查；（7）市场重点抓“三指定”。“七个重点抓”明确了供电监管工作的重点、主要内容和具体措施等，反映了广大电力用户及利益相关方的实际需求和重点关切。

（四）油气管网公平开放监管

油气管网设施开放，是指油气管网设施运营企业之间，及其向上、下游用户开放使用其油气管网设施输送、储存、气化、液化和压缩等相关服务。油气管网公平开放监管重点包括：油气管网设施运营企业开放设施情况及提供服务情况、油气管网设施的接入申请和受理情况、油气管网设施使用合同签订与执行、信息公开与报送情况、油气管网设施的输送能力和效率情况、信息公开和披露情况等。

四、能源行业节能减排监管

能源行业是我国节能减排的重点领域，在节能减排和应对气候变化中责任重大。加强节能减排监管是贯彻落实科学发展观、转变经济发展方式的客观需要，是能源行业走资源节约型、环境友好型之路的根本途径，是能源企业履行社会责任、提升竞争力的必然选择，也是能源监管机构坚持执政为民、对历史和人民负责的神圣职责。[64]

（一）电力行业节能减排监管

电力燃煤约占全国煤炭消费总量的 50%，电力行业在节能减排中发挥着重要作用，电力行业的节能减排也一直受到政府部门的重点监管和全社会的关注。电力行业节能减排监管包括三个方面：（1）发电企业节能减排监管。重点包括：脱硫脱硝、除尘设施改造及运行情况、主要污染物排放指标情况、节能降耗工作情况、资源综合利用情况等。

---

〔64〕 谭荣尧等：《中国能源监管探索与实践》，人民出版社 2016 年版，第 300 页。

(2)电网企业节能减排监管。电网企业在节能减排中发挥着重要作用,其监管重点包括:电网线损管理情况、保障可再生能源项目并网情况、保障资源综合利用项目并网情况、节能发电调度情况等。(3)可再生能源发电全额保障性收购监管。可再生能源是指风能、太阳能、水能、生物质能、地热能、海洋能等非化石能源。可再生能源发电全额保障性收购监管重点包括:可再生能源发电项目并网接入情况、优化调度可再生能源发电情况、保障性全额收购情况、全额保障性收购信息公开情况及可再生能源电费结算情况等。

(二)炼油行业节能减排及成品油质量升级监管

炼油行业是高耗能高污染排放行业,在降低能耗、实现国家节能减排目标过程中扮演着重要角色,实现低碳绿色循环发展是炼油行业必须面对的重要任务。炼油行业节能减排及成品油质量升级监管重点包括:炼油综合能耗情况、原(料)油加工储运环节的损失率情况、原(料)油加工的主要技术指标情况、主要污染物排放情况及成品油质量升级情况等。

(三)煤炭行业节能减排监管

长期以来,煤炭消费一直占全国能源消费总量的70%左右,煤炭开采、加工、运输、使用过程中会产生大量污染物。当前,煤炭行业仍面临着结构不合理、原煤入选率低、生产方式粗放、节能减排机制不完善、标准不健全、能源利用效率低等突出矛盾和问题,节能减排的任务仍然十分艰巨。煤炭行业节能减排监管重点包括:淘汰落后产能情况、煤炭生产、运输等环节的节能减排指标情况、煤炭产品质量情况、分散燃煤治理情况等。

(四)节能环保电价监管

为促进节能减排政策的有效实施,国家相继出台了一系列电价措施,如差别电价、惩罚性电价、脱硫脱硝电价政策等。当前,节能减排电价政策在执行中还存在一些问题,如脱硫电价政策加价补贴在部分发电权交易和跨省区交易中未能体现;可再生能源电价附加所收取的资金远远难以满足补贴需求,缺口越来越大,入不敷出;差别电价政策实施范围更新不及时,未实行动态管理,政策执行力度不足;由于地方政府重视程度不一致,惩罚性电价政策执行情况参差不齐,政策未能全面贯彻落实等。节能环保电价监管重点包括:差别电价及惩罚性电价执行情况、环保电价执行情况、优惠电价情况等。

(五)能源消费总量控制监管

近年来,我国大气污染状况日益严重,与煤炭等能源的消费直接相关。对此,国家出台了《能源行业加强大气污染防治工作方案》,其中提出,在保障经济社会发展合理用能需求的前提下,控制能源消费过快增长,推行“一挂双控”措施,即能源消费总量与经济增长挂钩,能源消费总量和单位国内生产总值能耗实行双控制。能源消费总量控制监管重点包括:国家能源发展“十二五”规划中各省市分解落实情况、需求侧管理情况、能源项目能源消耗指际情况等。

思考练习题

1. 简述电力市场交易规则。
2. 简述能源合同的法律性质。
3. 分析能源合同的概念。
4. 简述能源市场竞争的现状。

案例分析

1994年广东省汕头电力工业局(甲方,即汕头供电局)、广东电网及松山电厂(乙方)共同签订一份《关于汕头电力工业局、汕头经济特区松山火力发电厂有限公司统购上网电量合同书》(以下简称《统购上网电量合同书》)。合同中对电价作出以下约定:(1)经双方商定,单位上网电价按合同中约定的公式进行计算。单位销售利润届时如果情况发生变化,乙方可以要求增加利润,但需根据实际情况,由甲方主管部门会同物价局作调整核定。(2)经乙方测算,经市经委、物价局、电力局审核并报市政府批准。今后每年按合同附件一的计算电价原则,由乙方报市经委、物价局、电力局审核并经市政府批准核定的电价为准。若发生1994年度上网电价测算表中某些项目的开支,在执行过程中因物价上涨或下跌等因素,为确保乙方还本付息和应得利润,今后每半年或一年按物价上涨或下跌的实际数字及因人力不可抗拒的因素导致成本增加的实际数字,按行业性当年涨跌平均水平计算,对上网电价进行一次核价调整。松山电厂于2011年2月21日在广东省高级人民法院提起诉讼并诉称:在合同履行期间,由于出现了燃煤价格、员工工资、福利大幅上涨及国家税制的调整,导致松山电厂的发电生产成本大大增加。为此,松山电厂多次向汕头供电局提出依照合同的规定调高上网电价的要求。汕头供电局非但未按合同规定调高上网电价,反而将合同签订时约定的上网电价多次下压。因此,松山电厂请求广东省高级人民法院判决汕头供电局支付应结算电价与实际结算电价的差额及欠购上网电量补偿款。该请求被广东省高级人民法院驳回。松山电厂不服一审判决,向最高人民法院提起上诉。

本案争议焦点有两个:一是《统购上网电量合同书》中所约定1994年电价是否为合同后续履行中应当适用的基础价格;二是案涉上网电价应如何确定。

问题:你对本案持何种意见?

第八章　能源安全与保障

导读

能源安全问题已成为当前全社会关注的焦点，成为关系到国计民生的重大问题。有无稳定可靠的和用得起的能源保障是我国实现全面建设小康社会宏伟目标和长远发展的关键。在全球化条件下，一国的能源安全不仅是经济问题，同时也是政治和军事问题。保障能源安全，是维护经济安全，社会稳定和国家安全，实现现代化建设战略目标的必然要求。我国能源安全保障问题面临着巨大挑战，需要推动能源革命，创新能源体制机制，创新能源科学管理模式。要构建现代能源安全保障体系，建立健全能源法治体系，依法保障能源安全。本章阐述了能源安全保障的重要性与紧迫性、能源安全生产立法、能源储备、预测、预警与应急等。本章重点是能源安全生产、能源储备与应急。本章难点是能源安全生产法律制度、能源预测与预警。

能源安全体系既包括能源生产安全，又包括能源供应安全；既包括能源经济安全，又包括能源环境安全；既包括国内能源安全，又包括国际能源安全。从保障体系看，既有生产安全保障，又有战略安全保障；既有预测预警保障，又有突发应急保障。

能源基本法重在建立完善多层次、多环节、多维度的能源安全保障体系：(1)明确能源安全保障的总体要求。如国家统筹各种能源运输方式，优化能源流向，加强能源储备和调峰设施建设，增强能源供给保障和应急调节能力，完善能源储备应急体系，合理控制对外依存度，全面提升能源应急保障能力。(2)规定能源设施、设备场所安全保护。如能源企业必须加强对生产、转换、输送、储存、供应能源产品的设施、设备、场所的安全管理。生产、输送、储存、供应石油、天然气、燃气、热力、电力等能源产品的设施和场所，应当有符合安全要求的隔离区或者保护区，任何单位和个人不得擅自进入该区域从事危及相关设施和场所安全的活动。各级地方人民政府应当依法保护其行政区域内和跨行政区域的石油、天然气、电力输送管网等能源基础设施的安全。(3)强化能源安全生产管理。如从事能源开发与加工转换活动的企业，应当遵守安全生产的法律、法规，改善安全生产条件，建立健全安全生产责任制和安全生产规章制度，加强安全生产管理，预防和减少生产安全事故。(4)明确能源供给保障。如各级人民政府应当保障能源有效供给，满足国计民生的基本需求。从事能源生产、供应业务的企业应当依照法律、法规、规章的规定和能源供应合同的约定按时按量供应能源；未经批准或合同双方商定，不得擅自中断或者停止能源供应，不得擅自提高价格、减少供应数量。(5)设立能源储备制度。如国家建立能源产品战略储备制度。能源产品战略储备包括政府储备和企业义务储备。国务院能源主管部门负责能源产品战略储备的综合监督管理工作。能源产品战略储备的品种及其规模,由国务院能源主管部门会同国务院财政部门等有关部门提出建议,报国务院批准。企业义务储备由从事相关能源产品生产、加工、销售的企业建立,并按照国家规定的储备数量进行储备,定期向国务院能源主管部门报告有关数据和信息。能源矿产资源战略储备的具体办法,由国务院国土资源主管部门会同国务院能源主管部门制定。(6)规定能源战略储备动用的情形。如有下列情形之一的,由国务院能源主管部门会同国务院财政部门提出动用能源战略储备的方案,报国务院批准后实施:第一,在全国或者局部地区出现能源供应中断或者大幅度减少,已经或者可能造成国内市场供需严重失衡并导致国民经济遭受重大影响或者损害;第二,国务院决定动用能源战略储备的;第三,法律、行政法规规定需要动用能源战略储备的其他情形。国务院有关部门、有关地方人民政府、相关能源企业和相关组织及个人对动用能源战略储备应当予以支持、配合。(7)设立能源预测预警制度。如县级以上人民政府应当加强能源预测预警工作,提高能源预测预警能力和水平,及时有效地对能源供求变化、能源价格波动以及能源安全风险状况等进行预测预警。能源预测预警的重点是煤炭、石油、天然气、电力等重要能源产品的供求及安全。能源预测预警信息由国务院能源主管部门统一发布。(8)建立能源应急机制。如国家建立能源应急制度,应对能源供应严重短缺、供应中断以及其他能源突发事件,维护基本能源供应和消费秩序,保障经济平稳运行。各级人民政府应当采取有效措施,加强能源应急相关设施和管理体系的建设,提高应急能力,有效应对能源突发事件。从事能源开发生产、加工转换和供应服务的企业,应当加强应急能力建设。发生法定情形的,国家可以根据需要征收、征用相关能源产品及设施、设备。(9)授权国务院制定能源产品战略储备和能源应急管理的具体办法。

第一节 概 述

一、能源安全问题的产生和能源安全的概念

能源安全问题是石油危机背景下国际关系发展的产物。20 世纪 70 年代初爆发的第四次中东战争,导致石油短缺和油价暴涨,从而引发了第二次世界大战后最严重的全球经济危机。能源安全问题从 1973 年第一次石油危机开始成为世界性问题。1974 年 11 月,国际能源机构宣告成立,第一次正式提出了以稳定原油供应和价格为中心的国家能源安全的概念。20 世纪 80 年代中期以后,随着全球化进程的加快,国家能源安全已不再是单纯的能源供应问题,对生态环境、可持续发展战略等问题的关注,正成为各国新的能源安全战略中的重要组成部分,从而增加了能源使用安全的概念。

能源安全(energy security),是指满足国家生存与发展正常需要的能源供应保障的连续性与稳定性。一般认为,能源安全主要是指一国能源供给得到相对满足或稳定供给,但不仅是指能源供给安全、保障能源安全,还包括影响能源稳定、经济、安全、清洁供应的各个方面。关于能源安全的外延,学术界存在很大分歧,主要有一要素说、二要素说、三要素

说和四要素说。

1. 一要素说

一要素说认为所谓能源供应安全，即能源供应的稳定性，是指满足国家生存与发展正常需要的能源供应保障的连续与稳定程度。能源安全就是保障数量和价格上能满足经济社会持续发展需要的能源供应。其范围涉及社会生产与居民生活的能源消费需求和国防军事活动的可靠燃料供应。“能源安全可定义为保障对一国经济社会发展和国防至关重要的能源（主要是石油）的可靠而合理的供应。”[1]所谓“能源不安全”主要体现在能源供应暂时突然中断或短缺、价格暴涨对一个国家经济的损害，其损害程度主要取决于经济对能源的依赖程度、油价波动的幅度，以及应变能力。“能源不安全”主要体现在石油不安全。

《中国百科大辞典》认为能源安全是能源危机的反面。能源危机，是指国家或地区某个时期取得的能源总量不能满足经济发展和人民生活的需要。随着人口增加，生产和生活水平提高，当代主要能源——石油和煤炭（非再生能源）可开采量日趋减少，形成了可再生能源未大量开发利用前的世界性能源短缺及环境污染。[2]

2. 二要素说

二要素说认为能源安全除了能源供应安全外，还包括能源使用安全，是能源供应安全和能源使用安全的有机统一。能源使用安全，即生态环境安全性，是指能源消费及使用不应对人类自身的生存与发展环境构成任何威胁。[3] 能源供应安全是国家能源安全的基本目标，是量的概念；能源使用安全是国家能源安全的更高追求，是质的概念。20 世纪 80 年代中期以后，随着全球化进程的加快，国家能源安全已不再是单纯的能源供应问题，对生态环境、应对气候变化、可持续发展战略等问题的关注，正成为各国新的能源安全战略中的重要组成部分，从而增加了能源使用安全的概念。

3. 三要素说

三要素说认为能源安全除了能源供应安全和能源使用安全外，还包括能源运输安全。能源运输安全，是通过控制能源运输确保能源供应链的安全。在我国主要是石油供应链的安全。我国有四大能源进口通道：海上通道、中亚油气管道、中俄原油管道、中缅油气管道。其中，中缅油气管道是我国第四大能源进口通道，它包括原油管道和天然气管道，可以使原油运输不经过马六甲海峡，从西南地区输送到中国。我国海上运输安全隐患难以消除，不少区域海军鞭长莫及，马六甲“瓶颈”问题依然存在。美国谋求控制世界石油供给和运输链，给中国能源运输安全带来潜在威胁。

4. 四要素说

四要素说认为能源安全除了能源供应安全、能源使用安全和能源运输安全外，还包括能源生产安全。在全球化条件下，一国的能源安全是经济问题、政治和军事问题。能源安全，首先是能源经济安全，也就是不要让油价波动对经济造成太大的影响；其次才是战争

---

〔1〕 王庆一主编：《能源词典》，中国石化出版社 2005 年版，第 10 页。

〔2〕 中国百科大辞典编委会编：《中国百科大辞典》，华夏出版社 1990 年版，第 1132 页。

〔3〕 王文革、莫神星主编：《能源法》，法律出版社 2014 年版，第 21 页。

情况下的能源安全。它不仅与国内供求矛盾及其对外依存度相联系，同时它还与该国对世界资源丰富地区的外交和军事影响力和控制力相联系。石油安全是中国构建全球和平发展战略的一部分。美国的整个能源安全框架，既注重石油安全，也注重军事安全和经济安全。因此，正确把握国内外能源发展态势，及时调整国家能源战略和政策，对于确保能源和经济安全，有重要的战略意义。

一国的能源安全是该国经济安全、军事安全乃至国家安全的前提。提高能源安全应变能力包括战略储备、备用产能、替代能源、预警机制等。保障能源安全，是维护经济安全和国家安全，实现现代化建设战略目标的必然要求。

二、能源安全法律保障的重要意义

（一）能源安全的重大战略地位需要法律保障

能源安全法律保障具有重要意义。能源是国民经济的重要支撑，是人类赖以生存的基础，直接关系国民经济的可持续发展以及社会的和谐稳定。能源，国之大事，死生之地，存亡之道，不可不察也。能源是支撑人类文明进步的物质基础，是现代社会发展不可或缺的基本条件。能源问题已经成为全世界共同面临的问题和挑战，如果能够突出重围将能够在世界上站稳脚步，实现进一步的发展。人类文明的每向前跨越一步，都与能源的开发、利用息息相关，人类进步发展的过程，是一个不断向自然界摄取和利用能源的过程。能源是现代文明发展的重要物质基础，是现代人类生存和发展所依赖的重要资源。能源问题已成为当前全社会关注的焦点，成为关系到国计民生的关键问题。有无稳定可靠的和用得起的能源保障是我国实现全面建设小康社会宏伟目标和长远发展的关键。

能源问题已成为当前全人类关注的热点。能源问题关系国家整体利益。能源问题是各大国政治、外交、军事争夺和角力的焦点问题，20 世纪以来，世界上发生的每一场战争几乎都与石油有关。“二战”德军的失败，很大的程度上是没有考虑到协约国的石油和能源优势。进入 21 世纪，能源资源匮乏进一步成为国家之间竞争与冲突的重要根源。当今世界，能源的战略地位和作用日益凸显，成为国家经济和社会发展的命脉。能源作为重要的战略资源对国家的经济、社会、政治安全有着重大的稳定作用。能源消费与经济发展具有密切的关系，能源的供应与国家安全有着密不可分的关系，欧美国家都将能源供应的安全问题提高到国家安全的地位加以考虑。国际上往往以能源人均占有量、能源构成、能源使用效率和对环境的影响等因素，来衡量一个国家的现代化程度。

我国能源供应紧张、经济运行质量不高、环境污染加重等问题严重影响国家能源安全和人民生活质量。能源供应和安全事关我国现代化建设全局。能源安全不仅是经济问题，也是政治和军事问题，是国家安全体系的重要组成部分。能源安全不仅与国内供求矛盾及对外依存度相联系，还与一国对世界资源丰富地区的外交、军事影响力和控制力等相联系。在全球化条件下，各国的能源安全日益成为一个相互依存、相互促进的互保体系，任何一个国家都不能脱离其他国家和地区的能源安全而保证自身安全。中国的能源安全特别是石油安全是中国构建全球和平发展战略的一部分。世界各国普遍将能源安全纳入法律调整的范畴，制定了一系列能源法律法规以保障能源安全。作为世界主要生产国和消费国的中国，能源安全也同样面临着各种不确定因素的制约和威胁。因此，为我国能源安全提供法律保障,是能源法的重要任务。

(二)能源法对能源安全起着重要的规制作用

维护我国能源安全需要法律保障。用法律保障国家能源安全具有重要的意义。“法律是治国之重器,良法是善治之前提。建设中国特色社会主义法治体系,必须坚持立法先行,发挥立法的引领和推动作用,抓住提高立法质量这个关键。”[4] 通过建立一系列能源法律制度为国家能源安全保障提供重要支撑,推动能源可持续发展,保障国家能源安全,促进经济可持续发展。能源的合理开发、科学利用和有效管理都需要健全的能源立法来规制和保障。

(三)运用法律手段保护和持续利用能源是现代社会的必然选择

能源已成为制约我国经济和社会发展的“瓶颈”,迫切需要我们运用法律调控机制来解决能源问题。能源尤其是石油对中国经济社会发展的瓶颈制约日益显现,保障能源安全,已经成为维护经济安全、政治安全乃至国家安全,实现经济可持续发展,建设和谐社会的必然要求。因此,深入研究并树立新的能源安全观,分析我国能源安全面临的国际国内形势以及存在的主要问题,进而提出保障中国能源安全发展的战略举措显得尤为必要。

国际经验表明,健全的法律法规是能源可持续发展战略的基石,但我国能源领域的法制建设相对滞后,已经影响能源的改革和发展。能源已成为制约我国经济和社会发展的“瓶颈”,因而迫切需要运用法律调控机制来解决能源安全问题。

三、我国能源安全保障的问题与挑战

自 1978 年改革开放以来,中国能源发展支撑了连续二十多年来的高经济增长(平均增长 9.4%),创造了世界经济奇迹。如果没有能源工业的发展,将无法支撑我们国家的经济和人民生活取得这样大的进步。随着中国经济的较快发展和工业化、城镇化进程的加快,能源需求不断增长,构建稳定、经济、清洁、安全的能源供应体系面临着重大挑战,突出表现在 7 个方面。

(一)能源资源约束突出

我国是能源生产和消费大国。我国能源的总体特点是:总量丰富、人均贫乏;分布不均、耗能量大;开采难度大、安全事故多;污染严重、效率低下。主要能源构成的态势是富煤、贫油、少气。我国能源现状:自然资源占世界第 7 位,能源资源占世界第 3 位,能源生产和能源消费均为世界第 1 位。

我国能源资源总量虽然比较大,化石类能源探明储量约 7500 亿吨标准煤,但人均拥有量远低于世界平均水平。人均能源占有不足世界平均水平的 1/2,石油只相当于 1/10。煤炭、石油、天然气人均剩余可采储量分别只有世界平均水平的 58.6%、7.69% 和 7.05%。中国主要矿产资源人均占有量基本上都低于世界平均水平,每年从国外大量进口石油、铁矿砂等矿产资源,石油和铁矿的对外依存度已超过 1/3。

我国资源不足制约能源供应。拥有比较丰富的能源资源,但人均能源资源占有量较

[4] 参见中共中央《关于全面推进依法治国若干重大问题的决定》,2014 年 10 月 23 日。

少,能源储量较大,能源可用度不高,生产和消费地区不平衡。能源资源、能源生产和经济布局不协调,能源分布很不均衡。我国约60.8%煤炭探明储量集中在华北,70%水能资源集中在西南,远离消费中心,北煤南运、西电东送、西气东输将是长期的格局,数量庞大的石油和液化石油气使铁路运输不堪重负。

(二)化石能源开采安全风险大,生产安全事故高发

无论是煤炭、石油、天然气还是放射性矿产的赋存条件都面临着先天固有的安全风险,确保能源矿产的开采和加工安全,至关重要。我国能源矿产资源尤其是化石能源,多半埋藏较深、资源量不均、地质条件复杂,多以地下开采方式为主。在过去较长时间内,由于能源矿山企业对安全生产环节投入严重不足,能源企业安全技术装备陈旧不齐,开采工艺、设备落后,安全条件较差,安全管理工作薄弱,致使能源矿山企业成为生产安全事故的“重灾区”,造成了重大的人员伤亡和财产损失。

因此,能源安全保障的首要问题,是扭转并改善能源企业特别是煤炭、石油、天然气等企业的安全生产状况,提升其防控安全风险和事故的能力。只有全面提升能源企业安全生产水平,才能从产业链的源头上解决能源安全保障问题。

(三)能源消费以煤为主,环境压力加大

以煤为主的能源结构不利于环境保护。煤炭是我国的基础能源,富煤、少气、贫油的能源结构较难改变。我国煤炭清洁利用水平低,煤炭燃烧产生的污染多。这种状况持续下去,将会给生态环境带来更大压力。市场体系不完善,应急能力有待加强。

中国优质能源资源相对不足,制约了供应能力的提高;能源资源分布不均,也增加了持续稳定供应的难度;经济增长方式粗放、能源结构不合理、能源技术装备水平低和管理水平相对落后,导致单位国内生产总值能耗和主要耗能产品的能耗高于主要能源消费国家平均水平,进一步加剧了能源供需矛盾。单纯依靠增加能源供应,难以满足持续增长的消费需求。

(四)能源技术相对落后影响了能源供给能力的提高

我国可再生能源、清洁能源、替代能源等技术的开发相对滞后,节能降耗、污染治理等技术的应用还不广泛,一些重大能源技术装备自主设计制造水平还不高。

国际能源市场变化对我国能源供应的影响较大。世界大部分能源资源被西方国家控制。我国石油天然气资源相对不足,需要在立足国内生产保障供给的同时,扩大国际能源合作。但目前全球能源供需平衡关系脆弱,石油市场波动频繁,国际油价高位振荡,各种非经济因素也影响着能源国际合作。这要求我们统筹国内开发和对外合作,提高能源安全保障程度。

中国已经明确了21世纪前20年的奋斗目标,这就是紧紧抓住重要战略机遇期,全面建设惠及十几亿人口的更高水平的小康社会,到2020年实现国内生产总值比2000年翻两番,达到4000亿美元左右,人均国内生产总值达到3000美元左右,使经济更加发展、民主更加健全、科教更加进步、文化更加繁荣、社会更加和谐、人民生活更加殷实。为了实现这个目标,我们将坚持以科学发展观统领经济社会发展全局,高度重视人与自然的和谐。

(五)市场体系不完善,应急能力有待加强

我国现有的能源供给保证能力存在一些潜在风险和不安全因素,对能源市场安全构

成一定威胁。如煤矿生产安全欠账比较多,电网结构不够合理,石油储备能力不足,有效应对能源供应短缺、中断和重大突发事件的预警应急体系有待进一步完善和加强。

(六)中国能源越来越依赖国际市场,形势非常严峻

中国的石油越来越依赖国际市场,2018 年进口占比上升至 67%,这是一个极大的挑战。煤炭方面,我国虽然是煤炭生产大国,但是几年前已经成为煤炭净进口国家。国家正在致力改善能源消费结构,改变煤炭占能源消费比重较大的局面。要降低煤炭消费,就需要增加天然气的使用,而中国的天然气已主要依靠国际市场,能源消费结构的改善也会加大天然气对国际市场的依赖。这意味着我国三大主要能源对国际市场的依赖度都在上升,我国能源安全形势非常严峻。能源安全和能源价格密切相关,因此应当密切关注国际能源价格的变动,争取国际能源定价话语权、定价权。

(七)油气运输通道过度依赖马六甲海峡存在着极大的安全风险

能源运输通道事关中国的能源安全、经济安全、军事安全和国家核心利益。我国目前大部分石油都是从中东进口的,从中东进口的石油又都通过马六甲海峡运输。对于一个 80% 进口石油依赖马六甲海峡运送的国家而言,存在极大的安全风险,屡屡成为中国能源安全的"软肋"。一旦由某个或几个大国控制了马六甲海峡,或一旦出现突发事件,将给中国的能源安全造成极大隐患,就卡死了中国发展的"脖子",形成所谓"马六甲海峡困局"。

要确保中国的能源供给安全与运输安全,需要在更大范围内进口能源,这需要更多的国家成为中国可靠的能源来源地,需要更多的输送渠道以及对渠道畅通的保障。对此,国家正在积极主动地采取有效措施,开辟新的进口通道,确保海外能源的供应、运输安全,全方位寻求海陆能源通道。

四、构建现代能源安全保障体系

《能源发展战略行动计划(2014—2020 年)》指出:"到 2020 年,基本形成比较完善的能源安全保障体系。国内一次能源生产总量达到 42 亿吨标准煤,能源自给能力保持在 85% 左右,石油储采比提高到 14 ~ 15,能源储备应急体系基本建成。"构建安全、稳定、经济、清洁的现代能源安全保障体系,需要推进能源生产和利用方式变革,大力节能与科学用能,提高能效,调整和优化产业结构、能源结构,加大制定能源安全政策法律的力度,努力构建安全、稳定、经济、清洁的现代能源安全保障体系,努力以能源的可持续发展支撑经济社会的可持续发展。

(一)转变经济增长方式,提高能源利用效率

提高能源效率不仅能降低能源成本,减少废弃物和污染,而且可以提高生产率和产品质量,对环境产生有利影响。能源开发利用的深度和广度,能源利用的效率代表一个国家的生产力发展水平。与发达国家相比,中国的能源利用效率很低,每单位能源消耗生产的 GDP 仅相当于发达国家的 1/4 左右,在提高能源效率方面大有可为。中国的能源利用效率低,关键在于产业结构低度化,高耗能产业如钢铁、电解铝、水泥等比重过高,而低耗能、高附加值产业如电子信息、精密制造和第三产业比重过低。由于长期以来单纯追求经济增长速度和产品数量,忽视产品质量和经济效益,形成了以高消耗、高投入、低效益为特征的粗放型增长方式。因此,要通过转变增长方式和结构调整,改变以高投入、高消耗来实

现经济快速增长的局面，坚持走科技含量高、经济效益好、资源消耗低、环境污染少的新型工业化之路。

(二)大力发展替代技术，降低石油进口依赖

中国煤炭储量丰富，煤多油少是能源赋存结构的基本特点。确立我国的能源安全战略，必须从这一基本条件出发。目前，在我国的一次能源结构中，煤炭占67%。解决石油储量不足和燃料油供给问题，要立足于从煤炭液化技术找出路。我国从20世纪70年代末开始进行煤炭直接液化技术研究，并同国外有关研究机构开展了合作。但总体看来，发展煤制油产业项目进展缓慢。根据国际石油价格涨落情况和中国石油进口剧增的新形势，应当进一步抓紧发展煤制油产业的有关工作，从而使我国油品供应和价格稳定建立在主要依靠国内生产的基础之上。此外，在煤炭加工、煤炭高效燃烧及先进发电、煤炭燃烧污染控制与废弃物处理等洁净煤技术领域，也要给予高度重视，加快推广，使煤炭资源得到合理有效利用，在未来较长时期中国能源供给中继续发挥主要作用。

(三)大力推进能源供给侧结构性改革，调整优化能源结构

要把优化能源结构作为保障能源供应的中心任务，高效清洁地开发利用煤炭资源，努力增加石油天然气供给能力，调整和优化电力结构，加快发展新能源和可循环利用的清洁能源，如水电、太阳能、风能、生物质能、地热和海洋能等可再生能源，逐步实现非化石能源消费占比15%的目标。20多年来，全球可再生能源技术发展迅速，目前在全世界能源消费中，可再生能源已占22%左右。我国有着丰富的可再生能源资源，要把积极发展利用新能源和可再生资源作为能源安全战略的重要组成部分。同时，大力推进能源供给侧结构性改革，着力培育能源生产与消费的新模式、新业态。

(四)坚持开发节约并举，确立节能首要地位

我国既是资源相对短缺的国家，又是能源利用率低下、浪费十分严重的国家，我国增长1万美元GDP消耗的能源是美国的4倍、法国的7倍、日本的14倍。因此，在20世纪80年代初就提出了“开发与节约并重，把节约放在首位”的能源总方针。我国人口众多，能源资源相对不足，人均拥有量远低于世界平均水平。单纯依靠增加能源供应，难以满足持续增长的消费需求，节能与科学用能刻不容缓。

我国节能的潜力十分巨大，要积极调整和优化产业结构，大力开展节能降耗工作，强制淘汰高耗低效的落后生产能力，广泛开展全民节能活动，建立节约型经济体系，加快产品升级，发展知识密集型产业，扩大服务业和高技术产业，逐步降低能源密集型产业在国民经济中的比重。节能减排事关国家的能源安全，节约资源，保护环境，节能减排是基本国策，节能减排是一项长期复杂的工作，既是当前迫切的任务，也是长远的战略需要。节能减排是我国经济社会发展的重要战略。

(五)培育和引导能源消费新方式，促进能源供需的全方位平衡

能源管理部门要高度重视并主动顺应能源消费升级大趋势，积极发挥新消费引领作用，加快电能替代体制机制创新，加快培育形成能源新供给新动力，推动能源经济实现有质量、有效益、可持续发展。

(六)创新能源科学管理模式

认真贯彻国家发展改革委、国家能源局联合印发《能源体制革命行动计划》，积极构

建能源革命框架体系,落实加强战略规划引领、完善宏观政策配套机制、创新能源监管体系、持续提升监管效能、发挥社会组织作用和创新能源项目行政审批制度等重点任务。

(七)构建有效竞争的能源市场结构和市场体系

构建有效竞争的市场结构和市场体系,形成主要由市场决定能源价格的机制,落实健全能源市场结构、推进垄断环节改革、完善市场交易机制、建立市场准入制度、健全市场信用体系、建立完善节能量、碳排放权、排污权交易制度和大力推行合同能源管理等重点任务。

(八)依靠能源科技创新,构建质量效益型智慧能源体系

认真贯彻落实《能源技术革命创新行动计划(2016—2030 年)》,依靠能源科技创新,充分发挥能源技术创新在建设清洁低碳、安全高效现代能源体系中的引领和支撑作用,加快"互联网 + 智慧能源"等新兴技术的融合,构建新时期能源技术装备创新发展机制,构建质量效益型智慧能源体系,加快"互联网 + "智慧能源体制创新试点示范。

(九)加强能源国际合作

目前,中国的石油越来越依赖国际市场,已经成为世界能源市场不可或缺的重要组成部分,对维护全球能源安全,正在发挥着越来越重要的积极作用。深入推进"一带一路"国际能源合作,增强能源国际影响力与话语权,争取国际能源定价权。

五、我国能源安全法律保障的主要问题

(一)我国能源立法不适应保障能源安全的需要

我国现行能源立法不能适应未来社会高效、清洁、经济、安全能源体系的要求,主要存在以下三个问题:

1. 能源安全保障的法律、法规不健全。经过数十年的努力,我国的能源法律体系已经初步形成,能源法律、法规、规章为数众多,为保障能源安全提供了一定的法律规范。但是这些能源立法多受计划经济体制影响,且受能源改革进展迟缓和能源市场发育不完全等因素的制约,至今缺少明确的、详尽的、可操作的能源安全保障法律规范,我国能源安全尚未全面纳入法制轨道,依然存在诸多的安全风险。

2. 依法保障能源安全的重要性和紧迫性,尚未得到应有的认知和重视。目前国家对能源安全问题所采取的举措主要限于行政干预方面,对依法保障能源安全重视不够,极少在能源法律法规中作出专门规定。即使在能源法律中有所提及,也多为宣示性、原则性的规定,其权威性、可操作性较差,形同虚设。特别是在能源安全中需要重点保障的石油天然气,也因石油天然气法的缺位而无法可依。

3. 能源安全保障的政策措施转化为法律规范的进程过于迟缓,能源安全缺乏强有力的法律保障。

(二)现行能源安全保障立法存在的问题

我国能源法律体系不健全的一个突出问题,是有关能源安全保障的法律规范存在结构性、内容性、配套性、协调性的缺陷。

1. 结构性缺陷。我国能源法律体系的结构性缺陷之一,是能源安全保障法律制度的缺失。由于能源基本法和石油天然气主体法律的缺位,致使能源安全保障没有基本法律

制度保障，致使作为能源安全重中之重的石油天然气安全保障没有单行法律制度保障。加上能源公用事业法的缺位，致使能源供应具有公益公用事业的属性没有法律规范，不能依法确保能源有效供给和能源普遍服务的贯彻实施。

2. 内容性缺陷。在现行能源法律法规中大多没有关于能源安全保障的专章专条规定，立法对能源产品的销售、供应、输送和服务等安全保障缺少规定，罕有关于保煤、保油气、保电和储备、应急的法律规范，没有建立能源产品联保联供的法定机制。

3. 协调性缺陷。现有的能源安全保障的规范以各级政府出台的政策性文件为主，因其多半不能及时地转化为法律规范，致使能源安全保障的政策措施与已有的相关法律规定不一致、不衔接，甚至出现能源法律与能源政策的“冲突”。能源安全保障的政策措施的灵活多变与法律规范的连续稳定难以有机结合，能源法律之间及其与相关法之间不协调。能源安全保障“两张皮”的现象时有发生，相关政策措施无法落地。

4. 配套性缺陷。鉴于我国能源法律法规是在不同时期由不同部门起草出台的，能源安全保障的政府主管部门多变、监管职责政出多门的弊端在所难免，这就导致了能源法律体系内部的系统性缺陷，继而造成了能源安全保障法律规范的不配套性。如《煤炭法》及配套法规中缺少关于保障煤炭供应的规定；《电力法》中虽有普遍服务及供用电的规定，但对用电高峰低谷时的保电措施缺少单行法规加以细化。由于能源法、石油天然气法和原子能法的缺位，既不能对石油天然气的供应、储备和应急作出规定，更不能对煤炭、油气与电力产品在供应不足、中断供应及无法供应等紧急状态下如何及时调度、相互补充或替代作出制度性安排和配套规定。要建立能源安全保障法律制度，必须以建立健全上位法与下位法衔接配套、政策措施与法律规范衔接配套的政策法规体系为前提。

（三）能源安全保障法律制度不健全

导致能源安全保障法律制度不健全的主要原因是：(1)改革开放前的较长时间，我国能源供应基本是自给自足，能源短缺的问题不凸显，能源安全问题没有得到重视，新的能源安全观没有牢固树立。(2)各级政府习惯或偏好于运用行政手段来解决能源供应问题，能源安全保障的制度化、法律化没有得到重视。(3)对世界性能源危机带来的能源安全保障问题认识不深刻、反应不及时、措施不得力，国家的调控措施多限于“临时抱佛脚”，缺少全面系统的应对措施并且法律化。(4)在能源法律体系构建过程中，缺少在不同位阶的能源法律、法规和规章中，对能源安全保障进行制度性、系统性、配套性的顶层设计，因而导致目前的制度性缺陷。(5)一些经过实践检验、行之有效的能源安全保障政策措施，没有及时转化或体现在能源立法中，出现“政策强、法律弱”的乱象，存在法律的空白或盲区。

六、能源安全的法律保障对策

（一）在能源立法中牢固树立新的能源安全观

在能源立法中树立新的、科学的能源安全观，是习近平新时代总体国家安全观的重要组成部分，是解决我国能源安全保障问题进而完善能源立法的先决条件。要在研究分析我国能源资源禀赋、能源生产消费结构、能源产业现状及改革、能源生产、能源市场与能源供应、能源储备能力和体系建设、能源供应突发事件应对、能源进出口管控等一系列问题及原因的基础上,牢固树立从宏观到微观、从广义到狭义的能源安全意识、危机意识。

特别是各级政府及其能源主管部门、能源生产供应主体,要充分认识能源安全保障对于能源产业发展、对于国计民生、对于保障国家安全所具有的重要意义,增强保障能源安全的责任感、紧迫感。在未来的能源立法中,应当体现、强化新的能源安全观,促进能源产业持续健康发展。这对正在研究制定中的能源法、石油天然气法和原子能法具有更为重要的意义。

(二)加强我国能源安全保障法律制度的顶层设计

我国能源安全保障法律制度的构建,必须是从全方位、全产业链对建立能源安全保障体系进行顶层设计,重点是能源安全战略、能源安全生产、能源供给保障、能源设施及场所保护、能源储备及动用、能源预测与预警、应急管理等方面的法律规制。能源安全保障体系内部的各个环节不仅各有特点,而且相互之间存在紧密的依存关系。因此,能源安全保障法律制度的确立,既要考虑现行相关政策措施的可行性、可操作性,又要考虑研究、整合现行法律规范的适用性,还要在未来能源基本法中对能源安全保障留有立法空间,并作出制度性安排。

(三)加快能源安全保障立法

我国能源立法虽然由来已久,但是受各种因素的影响,目前尚无一部专门的能源安全保障法。能源安全保障问题多散见于有关能源法律、法规、规章中,缺乏应有的权威性。今后有关能源安全保障立法的思路,可从三个方面着手:(1)在现有能源立法中补充修订能源安全保障法律规范,如在《煤炭法》《电力法》《可再生能源法》等法律或其他行政法规修订时增加相关内容。(2)在制定能源法、石油天然气法等法律时,应专章规定能源安全保障法律制度。另外,要抓紧制定石油天然气储备条例,进行重点突破,先从能源安全保障中最重要的能源产品,即石油天然气的供应安全保障入手,针对重点问题进行重点立法、先行立法。(3)将国家能源主管部门制定的、比较成熟的能源安全保障政策措施,尽快转化为部门规章颁布实施,以后可择机上升为行政法规或法律。

(四)加深对能源安全保障法理的研究

在加强能源安全保障立法的同时,能源法学者和专家应当致力于能源安全保障法律制度的研究,重点研究有关能源安全保障的重要性和紧迫性、能源安全保障现状及主要问题、现行能源安全保障立法的得失、能源安全保障的法律制度和机制、能源安全保障的重点、难点问题的法律规制、能源安全保障体系的法律化、能源安全保障与能源产生发展的关系、能源安全保障与国家安全的关系、能源安全保障立法与能源法学的关系、国外能源安全保障立法的对比研究,等等。

第二节 能源安全生产

能源安全保障的前提和基础是确保能源生产过程处于无事故的安全状态,能源安全生产是实现能源安全保障的首要条件和基础环节。研究并构建具有中国特色的能源安全生产法律制度是能源法学的题中应有之义。

一、我国能源安全生产的现状及主要问题

(一)安全的概念

就词义本身而言,安全,是指握紧或者关紧的状态,其目的是使出于安稳状态中的实体(物质体或者精神体)不丢失、损坏、外露等。作为一种观念存在和语言表达,安全对应着某种真实的物质体或者精神体的存在状态。安全具有以下特点:(1)依赖于实体;(2)内涵着能力;(3)反映着关系(人与人的关系、人与物的关系、物与物的关系);(4)是一种客观存在(物质存在、意识存在);(5)达到了某种程度。安全法学意义上安全的范畴包括生产安全、公众安全以及与其密切相关的环境安全等。在这一范畴内,安全,是指安全法调整范围内的涉及人身和财产的安全。具体而言,安全包括主体的身体安全、身体健康和财产安全。安全法学把对人身安全、财产安全的损害限定为直接损害。致害原因包括人为因素和自然因素。人为致害的主观因素以过失为主,包括少量的间接故意。

国家以公权力干预其他人可能发生或者发生的以各种方式(包括生产中的方式)侵犯或者侵害个体或者群体安全状态的意图和行为(包括过失和间接故意的)。我国社会主义的安全法就是国家公权力保护人民群众生命和财产安全的最直接的手段。

按照不同的标准,可以对安全作出不同的分类。以公权力干预的领域为标准,安全可分为生产活动中的安全(生产安全)、公共活动和公共利益中的安全(公共安全)、国家活动和国家存在中的安全(国家安全)、私人活动中的安全(私人安全)。前三类安全,公权力在事前、事中、事后都对其进行干预;后一类安全,公权力只在事后进行干预,而且要由私人支付服务费。

(二)生产安全的定义和分类

1. 生产安全的概念

生产安全有广义与狭义之分。两者各有不同的内涵和外延,适用的对象也各有不同。广义的生产安全是一个抽象的概念,是指人们在社会化的大生产活动中保持自己的物质体、精神体处于一种握紧或者关紧的状态,即安全的状态。安全法学所研究的对象之一,是广义的生产安全,即社会化大生产范畴内的生产安全,它涵盖了从商品生产到流通的各个领域和环节的安全。从这个概念出发,生产安全泛指所有生产经营单位从事的生产经营活动(行为)的安全及与其相关的人身和财产的安全。它不是针对某一个具体生产经营单位的具体生产经营活动(行为)而言的。党和国家之所以高度重视安全生产工作,也正是基于这个概念。因此,我们通常所称的生产安全是广义的,不仅包括狭义的生产安全,而且包括狭义的经营安全;它不是某个行业、某个工厂的生产安全,而是广义的大生产、大安全的概念,这在《安全生产法》中得到了最充分的体现。

狭义的生产安全是一个具体的概念,是指从事具体的生产经营活动中保持自己的物质体、精神体处于一种握紧或者关紧的状态,即安全的状态。狭义的生产安全特指各类生产经营单位直接生产产品和产品经销活动的安全,它是针对某一个具体生产经营单位的具体生产经营活动(行为)而言的。

2. 界定生产安全的要素

按照整体国家安全观,安全存在于不同领域,于是就产生了一些相对独立的安全领域。鉴于人们比较容易混淆生产安全、公众安全和私人安全的区别,所以需要界定生产安全缺一不可的“三要素”:

(1)主体是生产经营单位。是否属于生产安全,首先看其主体是否属于安全生产立法确定的生产经营单位的范畴。主体不合格,那么其从事的活动(行为)不能纳入生产经营活动的范畴。我国安全生产立法没有将生产经营单位以外的其他社会组织、公民的安全纳入法律调整的范围。公众安全立法也只将法定公众场所范围内的社会组织和公民的安全纳入其调整范围。也就是说,是否属于生产安全的主体必须依法确定,不能任意扩大到所有社会组织和公民。

(2)活动(行为)是生产经营活动。仅有主体法定还不够,界定是否属于生产安全还要看主体的活动是否属于狭义的生产经营活动。譬如,某个工厂依法应当加强安全管理,但其安全管理的义务仅限于生产经营活动(工人在岗上班期间)的范畴,对非生产经营活动(工人离岗下班期间)则没有法定义务。

(3)损害后果必须与生产经营活动之间具有直接的因果关系。界定发生人身损害和财产损失是否属于生产安全事故,必须看事故及其损害后果是否由生产经营主体的生产经营活动所直接导致的。也就是说,由生产经营单位的非法或者违法生产经营活动(行为)直接导致的事故并造成损害后果的,属于生产安全事故,应当依法追究事故责任。而现实生活中发生的自然灾害、个人溺水和居民建房造成的伤亡等事故,不具备界定生产安全的前两个要素,造成损害结果的原因纯属个人行为或者自然力所致,与生产经营活动(行为)之间没有直接的因果关系,所以不能界定为生产安全事故。

3. 生产安全的特征

广义的生产安全具有以下特征:

(1)生产安全的主要主体是生产经营单位。安全生产立法意义上的生产经营单位,是指在中华人民共和国领域内从事各类生产经营活动的基本单元,具体包括各类中国生产经营企业、“三资”企业、个体工商户、合伙组织和中国公民、外国人(含无国籍人)以及其他生产经营单位。

(2)生产安全的内容是生产经营活动(行为)。我国安全生产立法确定的生产安全的内容,是以营利为目的的生产经营单位的生产经营活动(行为)。因此,界定某个社会组织或者个人的活动(行为)是否属于生产经营活动(行为),关键是看该组织或者个人从事的相关活动(行为)是否属于以营利为目的的生产经营活动(行为)。如工厂开工生产就是以生产、销售产品并且获利的生产活动,商场开业就是经销商品获利的经营活动;赈灾募捐、公众报告会等活动就不属于生产经营活动,不受安全生产立法的调整。

(3)合法生产与非法生产、违法生产。按照生产经营活动(行为)的法律性质划分,可以分为合法生产和非法生产、违法生产。

合法生产,是指生产经营单位依法取得法定安全许可后所从事的符合法律规定的生产经营活动。换言之,取得法定生产经营主体资格的生产经营单位依法从事的生产经营活动,即为合法。

非法生产与违法生产有广义和狭义之分。广义的非法生产与违法生产的含义相同，可以通用，但是狭义的非法生产与违法生产则有严格的区别，不能混同。狭义上的非法生产，是指生产经营单位未依法取得法定安全许可擅自从事的生产经营活动。这里包括两个条件：一是没有依法取得法定的生产经营主体资格；二是擅自从事相关的生产经营活动。如没有取得煤矿安全许可证擅自采煤的活动。

违法生产，是指生产经营单位依法取得法定安全许可后违反法律规定所从事的生产经营活动。这是取得了法定主体资格的生产经营单位，其生产经营活动（行为）违反了生产安全法律规定。

（4）生产安全的客体是处于生产岗位上或者生产场所中的物质体、精神体。任何种类的安全，包括私人安全、生产安全、公共安全、国家安全等，其客体都是物质体、精神体（国家权力也是精神体）。人（主体）对物质体、精神体的依赖性决定了他们对其物质体、精神体的重视和保护（握紧或者关紧）。

广义的生产岗位或者场所，是指所有的生产经营活动的工作或劳动岗位，及其所在的场所。狭义的生产岗位或者场所，是指人工生产或者人工、自然混合生产产品的工作或者劳动岗位及其所在的场所。生产安全的客体仅指处于生产（经营）岗位上或者生产（经营）场所中的客体，如车间、矿井里的人身肉体、人身精神体、设备、设施、物品、产品等。没有客体的存在，便无生产安全可言。

4. 生产安全的分类

按照不同的标准，可以对生产安全作出不同的分类。

（1）以主体所在的生产位置为标准，生产安全可分为岗位安全（职业安全）和非岗位安全。

岗位安全可分为各个不同工种的岗位安全。如矿山企业的掘进工岗位安全、瓦斯工岗位安全（地下岗位安全），还可分为宣传教育岗位安全、调度指挥岗位安全（地面岗位安全）等。

（2）以生产、非生产为标准，生产安全可分为生产经营（行业）安全和非生产经营（行业）安全。生产经营（行业）安全可分为工业安全、采掘业安全、建筑业安全、商贸安全等；非生产经营（行业）安全可分为党务安全、行政安全、司法安全等。

总之，生产安全是一种集个体安全与群体安全、财产安全与人身安全、特定人安全与不特定人安全、特定财产安全与不特定财产安全、生产安全与经营安全于一体的综合性安全领域，其余的安全皆为非生产安全领域。

（三）我国能源安全生产的现状

能源安全生产是国家安全生产的重要组成部分，能源安全生产的现状与国家安全生产现状紧密相关。从新中国建立至今，党和国家历来高度重视安全生产工作。自改革开放特别是近十几年以来，在党中央、国务院以及各级地方政府、企业和社会的共同努力下，我国安全生产工作取得了巨大成效，集中体现在生产安全事故总量的持续大幅度下降。据统计，2001 年全国发生各类生产安全事故 100.0629 万起，死亡 13.0491 万人；2007 年全国发生事故 50.6376 万起（较 2001 年减少近 50%），死亡 10.1480 万人；2017 年全国工矿商贸行业发生事故 5.28 万起（不含交通事故），死亡 3.6039 万人。其间的能源生产安全事故大幅度下降。

然而,在安全生产及能源行业安全生产状况持续好转的同时,安全生产形势依然严峻。主要表现在事故总量基数过大,重特大事故尚未得到有效遏制。我国是目前世界上发生各类生产安全事故最多的国家之一。自2001年至2017年的17年,全国累计发生的各类生产安全事故高达804.0686万起(1314起/日均),死亡153.5462万人(251人/日均)。其中能源行业发生的生产安全事故占有很大比重,造成了重大人员伤亡和财产损失。如仅在2005年1~8月全国就发生5起特大煤矿事故。2016年全年发生电力伤亡事故48起、死亡162人。另有两起重特大电力事故,即湖北省当阳市马店矸石发电厂高压蒸汽管道"8·11"重大爆炸事故,死亡22人、伤4人;江西丰城发电厂冷却塔施工平台"11·24"特大坍塌事故,死亡73人、伤2人,直接损失10197万元。

(四)导致我国能源安全生产形势严峻的主要原因

导致我国能源安全生产形势严峻的突出问题和深层次矛盾尚未得到根本解决的原因有很多,其中,主要原因包括:

1. 当前我国处于工业化、城镇化加快加速发展时期,经济社会对能源需求的持续增长,经济增长与落后安全生产水平之间的矛盾加剧,从而导致了能源生产安全事故的易发、高发。

2. 在一些地方党政主要领导干部和能源企业主要负责人的思想观念上,没有真正、牢固地树立安全发展的红线意识,重发展、轻安全,重速度、轻安全,重效益、轻安全,重利润、轻安全。

3. 安全生产主体责任体系尚未健全、落实到位。从总体上看,地方各级党委政府安全生产监管执法责任体系、各类企业安全生产责任体系和社会监督责任体系没有建立健全,各类安全生产主体责任不明确、不落实、不担责的问题普遍存在。

4. 能源企业安全生产基础工作不扎实、不牢靠。能源企业不同程度地存在安全生产条件较差、安全投入严重不足、安全管理机构人员配备薄弱、安全规章制度不健全、安全教育培训流于形式、作业现场安全管理缺失、混乱等问题,生产经营过程中存在的不安全因素、安全风险、事故隐患没有得到及时、有效地防控。

5. 地方政府监管体制不顺、执法力量严重不足。各级地方政府普遍存在管行业、企业、业务的能源主管部门不管安全生产,这些部门有权无责、权大责小、推诿扯皮,致使安全生产综合监管部门任务负担过重,人力不足,疲于奔命。这些地方有法不依、执法不严,企业非法违法生产经营行为屡禁不绝,事故居高不下。

6. 国家有关大政方针、政策法规的宣贯、培训力度不够,公众和从业人员的安全意识淡漠。国家出台的诸多重大政策法律举措未落实、未落地,不善于运用法治思维和法律手段解决安全生产问题。

(五)安全生产工作的新高度

在新时代中国特色社会主义思想指导下,以习近平同志为核心的党中央将安全生产工作提升到了前所未有的新高度。

1. 将安全生产工作摆上了党中央的重要工作日程,强化了党对安全生产工作的领导。党的十八大至今,习近平总书记8次亲自主持召开中央政治局常委会议和中央全面深化改革领导小组(委员会)会议,专题研究部署安全生产工作。2016 年 12 月 9 日习近平总书记签发了《中共中央国务院关于推进安全生产领域改革发展的意见》。

2. 提出了一系列关于安全生产的新理念、新要求,形成了习近平安全生产重要思想。针对“2013 年 6 月 3 日吉林德惠宝源丰禽业公司特大火灾”,习近平总书记提出了“人命关天,发展绝不能以牺牲人的生命为代价,这必须作为一条不可逾越的红线”的“红线意识”。在考察“2013 年 11 月 22 日中石化东黄输油管道特大原油泄露爆燃事故”现场时,习近平总书记要求建立健全“党政同责、一岗双责、齐抓共管”的安全生产责任体系。习近平总书记还在 2013 年 7 月 18 日召开的中央政治局第 28 次常委会上强调“坚持管行业必须管安全,管业务必须管安全,管生产必须管安全”。“2015 年 8 月 12 日天津瑞海公司特大危化品爆燃事故”发生后,习近平总书记批示要实行“党政同责、一岗双责、失职追责”,严厉查处重特大事故责任者。2016 年 1 月初,习近平总书记明确提出“要善于运用法治思维和法治方式解决安全生产问题”。在党的十九大报告中,要求树立安全发展理念,弘扬生命至上、安全第一的思想,健全公共安全体系,完善安全生产责任制,坚决遏制重特大安全事故,提升防灾减灾救灾能力。

3. 党和国家出台了一系列重大政策法律决策、举措。自 2002 年《安全生产法》施行以来,国务院陆续印发了《国务院关于进一步加强安全生产工作的决定》《国务院关于进一步加强企业安全生产工作的通知》《国务院关于坚持科学发展安全发展促进安全生产形势持续稳定好转的意见》《国务院办公厅关于加强安全生产监管执法的通知》。

2014 年 8 月 31 日十二届人大常委会第十次会议审议通过了《关于修改〈中华人民共和国安全生产法〉的决定》;2016 年 4 ~9 月全国人大常委会第二次组织了《安全生产法》执法检查。

二、能源安全生产立法进程及概况

我国能源安全生产立法陆续出台,历经近 40 年,可以分为 3 个阶段。

(一)第一阶段——起步阶段(20 世纪 80 年代)

党的十一届三中全会决定实施改革开放政策以后,我国经济发展模式开始由计划经济向有计划的商品经济转轨,国家作出了加强经济立法的重大决策。为了缓解经济发展受到矿产资源特别是煤炭、石油、天然气等能源矿产资源严重匮乏的制约,国家实行了“有水快流”的开放办矿政策,由此全国人大常委会于 1986 年审议通过了《矿产资源法》(1996 年修订)。此时的能源安全立法伴随着矿产资源立法而起步,石油、天然气、电力设施和民用核设施的安全立法率先出台。自 1982 ~1989 年,国务院先后发布了《民用核设施安全监督管理条例》(1986 年制定)、《电力设施保护条例》(1987 年制定,2011 年第 2 次修订)、《对外合作开采海洋石油资源条例》(1982 年制定)、《石油及天然气勘查、开采登记管理暂行办法》(1987 年制定)和《石油天然气管道保护条例》(1989 年制定,2001 年 8 月修订)。这些立法中对石油天然气开发的安全风险管控和电力设施、核设施的建设、运行安全等问题作出了法律规定。

(二)第二阶段——加快发展阶段(20 世纪 90 年代)

按照党的十四大提出的建立社会主义市场经济并加快经济立法的要求,这一阶段能源立法的重点是强化能源行业管理和能源生产安全。随着经济增长速度的加快,20 世纪 90 年代是我国能源生产的高峰期,同时也是能源企业生产安全事故的高发期。在 1992 年出台的《矿山安全法》中,对煤炭、石油、天然气和放射性矿产的开发保护和安全管理作出了明确规定。为了加大电力设施保护的力度,1995 年出台的《电力法》中单设了“电力设施保护”专章。随着我国办矿政策的放开,作为主要能源的煤炭开发强度极大,全国煤矿数量最高时达到了 9 万余座,煤矿生产安全事故此伏彼起、触目惊心。为此,1996 年出台的《煤炭法》第三章即为“煤炭生产与煤矿安全”。国务院颁布了《对外合作开采陆上石油资源条例》(1993 年制定)、《煤炭生产许可证管理办法》(1994 年制定)、《乡镇煤矿管理条例》(1994 年制定)、《核电厂核事故应急管理条例》(1993 年制定)和《电力设施保护条例》(1998 年首次修订),国家对煤炭、石油、天然气开发及安全实行严格的行政许可制度,强化核电站的事故防范和应急管控,严厉打击危及电力设施安全的违法行为。

(三)第三阶段——全面发展阶段(21 世纪初至今)

21 世纪初,国家提出了全面建设小康社会的宏伟目标。我国经济长期高速持续增长,发展与安全、效益与安全的矛盾凸显,再度进入了各类生产安全事故的易发期、高发期,能源行业也不例外。这个阶段的安全生产立法数量众多,重点是全面规范企业生产经营活动、确保安全生产,并将煤炭、石油、天然气列为安全风险极大的高危矿种,对其生产安全作出了更为严格的特别规定,加大了生产安全违法责任追究的力度。为了遏制矿山开采中产生的粉尘、煤尘、噪声等严重职业危害,有效防治职业病,全国人大常委会于 2001 年审议通过了《职业病防治法》。为了全面规范包括能源企业在内的所有生产经营活动的安全,2002 年出台了《安全生产法》(2014 年修订),该法对煤炭、石油、天然气等矿山企业的安全准入、安全设施与主体工程的“三同时”、安全投入、企业主要负责人和安全管理人员的安全职责、安全管理、事故应急预案调查处理及法律责任等问题作出了规定。2007 年制定的《突发事件应对法》,对包括生产安全事故灾难的应急处置作出了法律规定。为了保护原油、成品油、天然气的长输管道安全,2010 年制定了《石油天然气管道保护法》。为了确保民用核设施运行安全,有效防控和处置核事故,2017 年出台了《核安全法》。在此期间,国务院也加大了安全生产行政法规的制定工作,能源生产安全是重中之重。国务院相继颁布了《煤矿安全监察条例》(2000 年制定)、《国务院关于特大安全事故行政责任追究的规定》(2001 年制定)、《安全生产许可证条例》(2004 年制定)、《国务院关于预防煤矿生产安全事故的特别规定》(2005 年制定)、《生产安全事故报告和调查处理条例》(2007 年制定)、《民用核安全设备监督管理条例》(2007 年制定)和《电力安全事故应急处置和调查处理条例》(2011 年制定)等行政法规。

三、安全生产法治的方针

根据依法治国的基本方略,确定我国安全生产法治方针,对于明确能源安全生产法治的任务、目标和思路非常重要。

(一)安全生产法治方针的内涵

我国安全生产法治方针是依法治安、重典治乱。

1. 提出了建立健全安全生产法律体系的任务。实现和加强安全生产法治,首要任务就是建立完备的安全生产法律体系,解决企业安全生产管理和政府监管执法的有法可依问题。

2. 突出了法律手段在安全生产监督管理中的主要作用。国家和地方各级政府管理安全生产工作的主要手段是法治,要依法决策、依法监管,建立安全生产法律秩序。

3. 明确了安全生产监管执法工作的主要任务。各级安全生产监管部门应当坚持职权法定、程序法定、责任法定,以监督检查和贯彻实施安全生产法律、法规、规章和标准为己任,履行法定职责,确保安全生产。

4. 强调了监管执法工作的重点。安全生产监管执法工作纷繁复杂,安全生产监管部门应当将工作重点放在监督检查企业安全生产条件、安全生产管理和查处非法、违法生产经营行为,加大行政执法的力度,依法严惩重特大事故责任者。

(二)依法治安

依法治安是安全生产法治的核心和灵魂。它确定了我国安全生产法治的指导方针、原则、目标。

1. 安全生产法治的指导方针。安全关系广大人民群众的基本权益,带有公益性特点。国家应当履行法定的安全生产监管执法职能,最大限度地依法保护人民群众的生命权、健康权和财产权。法律手段的运用和法治的完善,确保安全生产,是国家的基本政治任务和法定职责。

2. 安全生产法治的原则。法治原则同样适用于安全生产领域。这项原则突出了法律规范的地位和作用,强调了法治是安全监管的主要手段,确定了企业生产经营活动的行为规则及其权利、义务和责任,设定了政府部门依法监督检查、依法处罚的准则。

3. 安全生产法治的目标。依法治安的总体目标有四个方面:(1)国家建立完善的安全生产法律体系,实现对安全生产关系的全面法律调整。(2)国家建立有权威、有高度执行力的安全生产监管执法体系,实现对生产经营活动全过程的监督检查和行政执法,建立安全生产法律秩序。(3)人民群众的生命和财产安全得到有效的法律保障。(4)安全生产状况实现根本好转,保障和促进国家经济、社会的可持续发展。

(三)重典治乱

不乱不治,不治不安。重典治乱既是实现依法治安的手段和关键,又是安全生产监管执法的重要原则:

1. 确定哪些是安全生产秩序混乱、非法和违法生产经营行为严重、重特大事故高发的行业(领域)及企业,即那些“乱”的地方、行业(领域)和企业。

2. 确定“治乱”的方案、措施,负有安全生产监督管理职责的政府部门加大监督检查的工作频次和力度,齐抓共管,联合执法。

3. 依法查处严重安全生产违法行为和重特大事故责任者,从严、从重追究其行政责任、民事责任和刑事责任,震慑和惩治安全生产违法犯罪分子。

四、安全生产法治的基本原则

法治的原则是制定法的原理、思想起源,包含方针、指导思想,从中反映立法理念或者价值取向以及立法目的、任务,反映法律性质。我国安全生产法治的基本原则是贯穿于立法和法律实施中的根本指导思想和基本思路，是统率各项安全生产法律制度的总纲。

(一)以人为本原则

以人为本原则既是习近平安全生产重要思想的核心内涵，又是当今各国普遍认同的人本理念和人类社会发展的必然趋势。我国是人民民主专政的社会主义国家，国家本质是人民当家作主，人民的利益高于一切。而作为人民群众的主要组成部分的大批从业人员，他们从事着各种生产经营活动，往往面临着各种危险因素、事故隐患的威胁。一旦发生生产安全事故，从业人员的生命和健康将受到直接的损害，这造成了许多家庭的解体，导致了大量的社会问题。随着社会经济发展和民主法制的进步，人的社会地位尤其是人的生命权必然受到前所未有的重视和保障。

《安全生产法》最根本、最重要的立法目的就是保障人民群众生命安全，保障他们的生命权不受侵犯。如《安全生产法》第一条就将保障人民群众生命和财产安全作为立法宗旨，第三条明确了以人为本的宪法原则和安全发展的基本国策，并在第三章专门对从业人员在生产经营活动中的人身安全方面所享有的权利作出了明确的规定，充分体现了国家对维护从业人员生命和财产权利的法律保障。

(二)重在预防原则

从安全监督管理的过程或者环节来说，可以分为事前、事中和事后的监督管理。事前监管，是指生产经营单位的安全管理工作必须重点抓好生产经营单位申办、筹办和建设过程中的安全条件论证、安全设施"三同时"审批等工作，在正式投入生产经营之前应当符合法定安全条件或者要求，把可能发生的事故隐患消灭在建设阶段。事中监管，是指在生产经营全过程中的安全管理，其环节最多、过程最长，每时每处都要保证安全。事后监管，是指发现安全生产违法行为和发生责任事故后的行政执法。《安全生产法》对此作出了具体的规定，同时要求政府及其负有安全生产监管职责的部门把监督检查工作的重点前移、下移，放在事前监管和事中监管的环节上，加强过程性、主动性和预防性的监督检查。

(三)权责一致原则

当前重特大生产事故时有发生的一个重要原因，是一些拥有安全事项行政审批许可及安全生产监管执法权力的政府有关部门及其工作人员拥有权力但不负责任，出了事故推卸责任。这种有权无责、权责分离现象的蔓延，极易导致某些政府部门及其工作人员玩忽职守、徇私枉法。

要从根本上解决这个问题，必须按照权责一致的原则依法建立安全生产责任追究制度，明确并加重地方各级政府的安全生产行政责任，使其在拥有行政权力的同时承担相应的行政责任，权力越大，责任越重。此外，生产经营单位在享有权利的同时也必须履行法律义务，不履行法律义务的也要承担法律责任。

(四)政府领导，分级监管原则

我国安全生产立法确定了各级政府在本地方安全工作中的行政领导地位，确定了各级政府及其负有安全监管职责的部门具体实施监督管理和行政执法的法律地位。乡镇、县、市、省和国家各级政府各有其位、各有其责，实施属地、分级监督管理，形成了一个自下而上的行政监管体系，以确保国家有关方针政策、重大决策和法律法规的贯彻实施。

（五）社会监督，综合治理原则

安全生产涉及社会各个方面和千家万户，要依靠人民群众、企业职工、工会等社会组织、新闻舆论的大力协助和监督，群防群治。《安全生产法》主要是通过建立社区基层组织和公民对安全生产的举报制度和加强舆论监督来强化社会监督的力度，将安全生产的视野和触角延伸到社会的各个领域、各个方面和各个地方，以协助政府和部门加强监管。

（六）重典治乱原则

重典治乱既是安全生产方针的核心内涵，又是一项重要原则。人命关天，对违法者的仁慈，就是对人民的犯罪。对那些安全生产严重违法者，国家从重设定处罚，严厉追究其法律责任。《安全生产法》设定了行政责任、民事责任和刑事责任，规定了10余种行政处罚和事故责任者职业禁入，有十几条关于构成犯罪的依法追究刑事责任的规定。

五、安全生产基本法律制度

法律制度是法的性质、效力、主体、客体、调整对象和适用范围的总和，是制定具体法律规范的基本依据。作为我国安全生产领域基础性、综合性法律的《安全生产法》所确立的九项基本法律制度，涵盖了我国安全生产领域存在的重大社会关系和主要法律问题，完全适用于能源安全生产领域。

（一）监督管理制度

《安全生产法》确立的安全生产监督管理法律制度，充分体现了强化监管的宗旨和社会监督、齐抓共管的原则，把安全生产监督管理工作拓展到了前所未有的领域。

安全生产监督管理制度涵盖了安全生产监督管理体制、各级安全生产监督管理部门，以及其他有关部门各自的安全监督管理职责、公众监督、社区组织监督和新闻舆论监督等重要内容。安全生产监督管理的主体包括各级政府及其安全生产综合监督管理部门、有关部门、公民、工会、社区基层组织和新闻媒体，依照法律赋予的权力（权利）对安全生产工作进行监督管理。

（二）行政许可制度

我国安全生产领域法定的行政许可内含于相关法律、行政法规。由于历史时期、管理体制和当时条件的不同，现行行政许可的名称、种类、条件、程序和监管不尽相同。安全生产许可包括依法实施的关于安全生产事项的审批、许可、认定、登记、核准等方式的行政管理措施。按照许可的内容划分，法定的安全生产行政许可形式主要有六种。

1. 企业设立安全许可。企业设立安全许可基本都是针对高危企业的，大多是20世纪八九十年代开始实施的。如《乡镇煤矿管理条例》设定了办矿审批制度，在开办乡镇煤矿的审批条件中就包括“有符合国家规定的安全生产措施和环境保护措施”。

2. 安全设施“三同时”。企业开办、建设阶段中安全设施是否与主体工程实行“三同时”，对于企业生产安全设施的安全性、可靠性影响极大，很多生产安全事故都是由此而造成的。《煤炭法》《电力法》《安全生产法》等法律都对工程建设项目安全设施的安全设计审查、施工安全和竣工验收有明确的法律规定，要求安全设施必须与主体工程同时设计、同时施工、同时投入生产和使用。可以说，实行“三同时”制度是从源头上预防和减少事故的重要措施。

3. 安全生产条件审查。这种许可制度是在企业开办、建设阶段完成后，即将生产经营之前设置的。它的目的就是对于已经建成的企业进行生产经营所必备的安全条件实行审查，实际上是企业成为真正的市场主体前的最后一道准入“门槛”。这道“门槛”就是法定的安全生产条件。经审查合格的，许可从事相应的生产经营活动；不合格的，不得从事生产经营活动。《安全生产法》第十七条关于生产经营单位应当具备法定安全生产条件的规定，是建立健全安全生产许可的法律依据。我国现行能源安全生产立法多有设置安全生产条件许可的规定，如煤矿、石油、天然气企业投产前，必须依法申请取得安全生产许可证。

4. 安全生产中介机构资质许可。安全生产中介机构从事安全生产方面的检测检验、评价鉴定、咨询服务、教育培训等业务，依法应当取得相应的资质。国务院分别授权有关部门负责各自职责范围内的安全生产中介机构的资质认定。

5. 安全生产职业资格认定。目前我国涉及安全生产的法定职业资格主要有注册安全工程师、安全评价师、建造师等。注册安全工程师是《安全生产法》出台后设定的准入类国家职业资格。自2004年以来每年举行资格考试，全国现已取得注册安全工程师资格的逾20万人。

6. 企业从业人员安全资格认定。对不同从业人员的安全素质要求不同，国家重点对企业主要负责人、专职安全生产管理人员和特种作业人员等三类从业人员设定了安全资格许可，均须经政府有关部门组织专门的培训、考试并取得资格证书，方可任职或者上岗。

（三）企业安全保障制度

《安全生产法》确立了生产经营单位安全保障制度，对生产经营活动安全实施全面的法律调整，其内容非常丰富。这项制度涵盖了生产经营单位的安全准入、安全生产责任制、安全投入、安全管理机构和人员配置、安全培训、安全设施和设备管理、重大危险源监控、现场作业安全管理、从业人员安全保障和工伤保险等。

（四）企业主要负责人安全责任制度

生产经营单位主要负责人安全生产责任制度涵盖了生产经营单位主要负责人的法律地位、法定职责等内容。法律规定的条文虽然不多，但是非常重要。

1. 生产经营单位主要负责人是本单位安全生产工作的第一责任者。《安全生产法》第五条关于“生产经营单位的主要负责人对本单位的安全生产工作全面负责”的规定，将主要负责人置于企业安全生产工作的中心地位，负有第一位的、主要的安全生产领导责任。

2. 生产经营单位主要负责人的安全生产管理职责。《安全生产法》第十八条规定了生产经营单位主要负责人负有的建立健全本单位安全生产责任制；组织制定本单位安全生产规章制度和操作规程；组织制订并实施本单位安全生产教育培训计划；保证本单位安全生产投入的有效实施；督促、检查本单位的安全生产工作，及时消除生产安全事故隐患；组织制定并实施本单位的生产安全事故应急救援预案；及时、如实报告生产安全事故等七项法定职责。

（五）从业人员权利义务制度

生产经营单位的从业人员是各项生产经营活动最直接的劳动者，是各项安全生产法律权利和义务的承担者。

从业人员安全生产权利义务制度主要包括生产经营单位的从业人员在生产经营活动中的基本权利和义务。法律在赋予从业人员求偿权、知情权、监督权、拒绝权和避险权的同时，设定了遵章守规、服从管理、正确佩戴和使用劳保用品、接受培训、掌握安全生产技能、报告事故隐患等义务，体现了权利与义务对等的一致性。

（六）职业危害防治制度

我国每年不仅要发生数十万起生产安全事故，还要产生大量的职业危害和职业病，其受害人群超过事故死伤人数，能源行业是职业病高发行业。国家高度重视劳动安全卫生和职业病防治工作，通过《劳动法》《职业病防治法》《安全生产法》等法律确立了职业危害防治制度。

职业危害防治制度包括了职业危害防治工作的组织保障，职业健康培训，职业危害防治制度和操作规程，作业场所职业危害防治的基本要求，工程建设项目职业危害管理，职业危害日常管理，设备、化学品、技术、工艺、材料的管理，职业危害的合同管理，职业健康检查和职业病防治等。

（七）安全生产中介服务制度

在社会主义市场经济体制下，如何引入社会中介服务机制，确立安全生产中介服务机构在安全生产工作中的法律地位，使其服务职能社会化、市场化和法律化，充分发挥中介服务在安全生产工作中的桥梁和纽带作用，这是安全生产中介服务制度所要解决的问题。

这项制度主要包括从事安全评价、评估、检测、检验、咨询服务等工作的安全生产中介机构和安全专业技术人员的法律地位、资质、权利和责任等内容，旨在规范中介机构有序参与社会化安全中介服务活动。《安全生产法》的有关规定，明确了从事安全生产中介服务的机构和人员的权利、义务和责任，使其权利和义务对等，义务和责任一致。

（八）事故应急救援与调查处理制度

受生产力发展水平的制约，我国在短时期内还难以完全杜绝生产安全事故。安全生产工作的近期目标，是遏制重特大事故，预防和减少较大、一般事故。因此，做好事故应急救援和调查处理工作是非常重要的，这是各级政府及其负有安全生产监督管理职责的部门和生产经营单位义不容辞的法定职责。《安全生产法》确立的事故应急救援和调查处理制度，对事故发生前应急救援的准备和事故发生后调查处理的组织分别进行了规范，体现了重在预防的指导思想。事故应急救援与调查处理制度主要包括事故应急预案的制定、事故应急体系的建立、事故应急救援的实施、事故报告、调查处理的原则和程序、事故责任的追究、事故信息发布等内容，强调了事故防范预警机制的积极作用。

（九）违法责任追究制度

有责必究、有罪必罚是建立安全生产法律秩序的重要保障。《安全生产法》的执法机关将依照有关法律规定，追究安全生产违法犯罪分子的法律责任，对有关生产经营单位给予法律制裁。这项制度主要包括安全生产违法行为的界定、违法责任主体、行政执法机关和法律责任等内容，体现了法律的强制性、惩罚性功能。2014 年 8 月 31 日修改的《安全生产法》中关于对企业主要负责人的职业禁入和按照年收入处以罚款的规定，是迄今国家所有现行立法中最严厉的。

六、能源安全生产子法律制度

在国家安全生产基本法律制度之下，现行能源单行法律、行政法规、部门规章结合能源行业企业的特点，确立了一系列能源安全生产子法律制度。

（一）煤矿安全法律制度

为了加强煤矿安全法律制度的建设，国家采取了一系列重大措施，从煤矿安全监察立法到行政执法，全面加速了煤矿安全法制化的进程，高度重视并注意发挥了法律手段对煤矿安全监督管理的作用。

1. 改革国家煤矿安全监察体制。1999 年 12 月国务院批准成立了国家煤矿安全监察局，在 25 个主要产煤省、自治区和直辖市设立了煤矿安全监察局，在七十多个大中型煤矿矿区设立了煤矿安全监察地区分局，建立了全国统一、垂直管理的煤矿安全监察体制，组建了 3000 余人的监察执法队伍，形成了煤矿安全监察执法体系。

2. 加快煤矿安全立法。全国人大常委会修订了《煤炭法》，国务院制定了《煤矿安全监察条例》和《国务院关于预防煤矿生产安全事故的特别规定》。国家煤矿安全监察机构制定了数十部与法律、行政法规配套的煤矿安全部门规章。以这些煤矿安全立法的颁布实施为标志，煤矿安全法律制度逐步建立和完善。

3. 煤矿安全法律制度的内容主要包括煤矿安全条件、安全许可、安全管理、安全监察和法律责任等，依法规范煤矿安全生产秩序。

（二）石油、天然气安全法律制度

非煤矿矿山企业，是指除煤炭以外的其他矿产资源的开采企业，它包括石油天然气开采企业和金属非金属矿山企业两大类型。石油天然气开采企业分为陆上石油天然气开采和海上石油天然气开采企业，包括为石油天然气开采提供专业技术服务的单位和石油天然气管道、储运单位。

1. 陆上石油天然气开采安全。国家安全生产监督管理总局制定的《石油天然气开采安全规程》，对陆上石油天然气开采安全作出了规定，主要包括：油气井、站、罐、库、管道等油气场所要按照规定使用防爆电气设备，安装防雷防静电装置和可燃气体浓度检测报警装置；对于具有自喷能力的油气井，要严格按照规程和设计要求进行各种作业；对于含硫化氢的油气井进行作业时要使用防硫工具，采取防止硫化氢危害的技术保护措施；含硫化氢的天然气田在开发前应当进行评估、勘测。

2. 海上石油天然气开采安全。海上石油天然气开采应当遵守国家安全生产监督管理总局制定的《海洋石油安全生产规定》和《海洋石油安全管理细则》，并符合《石油天然气开采安全规程》的要求。特别要确保海上救生、通信、信号、报警等设备的完备与可靠，紧急关断和压力释放系统要严格遵守法规和相关标准的要求，油气生产作业期间应当有守护船进行守护。

3. 石油天然气管道安全。《石油天然气管道保护法》确立的管道安全法律制度，涵盖了管道规划与建设、管道运行中的安全保护、管道建设工程与其他建设工程相遇关系的处理和法律责任等内容。

（三）电力安全监管和电力设施保护制度

1. 电力安全监管。电力安全既涉及电力企业发电、供电和电网运行安全，又涉及千家万户用电安全。国务院发布的《电力监管条例》对电力安全生产监督管理、电力企业安全生产责任、电力系统安全、电力安全生产信息报送、事故调查处理等内容作出了规定。

2. 电力设施保护。《电力设施保护条例》经过两次修订，完善了电力设施安全保护制度，其内容涵盖了电力设施的保护范围和保护区、电力设施的保护、对电力设施与其他设施互相妨碍的处理、奖励与惩罚等。

七、能源安全生产行为的法律规制

（一）法律规制的方式

安全生产法律规制的主要方式有法律限制、法律制约、法律规范和法律激励。

1. 法律限制。法律限制，是指国家通过安全生产立法对法律关系主体的行为作出禁止性、限制性的规定，明确当事人不得为何种行为，或者有限制地可以为何种行为。采用法律限制方式的主体及其行为，通常是对安全生产关系重大的事项或者活动实施法律限制。

2. 法律制约。法律制约，是指国家对安全生产监管执法主体履行职责、行使权力的一种控制、约束方式和机制。法律制约也是一种对权力机关的监督，防止和控制安全生产监督管理部门及其工作人员权力过大而滥用权力、违法行政。制约是由国家掌控、以分权为前提的，分解后的权力由不同的行政主体来行使，彼此之间形成一种牵制、均衡的关系。安全生产立法对某些行业或者领域的安全生产监管执法权力实行分权制，由不同的部门行使各自的职权，相互依存、相互制约。

安全生产立法设定的权力制约，主要包括负有安全生产监督管理职责的部门之间的制约，行政监察机关对负有安全生产监督管理职责的部门的制约。如《安全生产许可证条例》将包括石油天然气在内的非煤矿矿山企业取得采矿许可证作为取得安全生产许可证的前置性许可，由此形成了非煤矿矿山企业的采矿权和安全资质的分权监管，即先由原国土资源部门审查同意并颁发采矿许可证，再由安全生产监管部门审查安全生产条件合格后颁发安全生产许可证。这就形成了不同部门之间的权力制约关系。

3. 法律规范。法律规范主要是通过不同内容的行为规则来确定安全生产法律关系主体的权利（权力）、义务和责任，调整重大安全生产关系。我国安全生产和能源安全立法的法律规范有授权性规范、义务性规范和禁止性规范三种。

4. 法律激励。安全生产法律规制的方式仅有限制、制约、规范是不完整的，还应有必要的法律激励。法律激励主要包括安全生产法律关系主体内部的激励和外部社会的激励。安全生产监管部门及其工作人员需要内部激励，企业内部也需要激励。国家和各级政府也要对监管执法部门、企业和其他社会组织和公民实施法律激励。安全生产法律激励的主要形式和措施包括安全生产法律关系主体内部的表彰奖励、绩效挂钩，对举报、监督安全生产违法行为和生产安全事故的有功单位和人员进行表彰奖励，等等。

（二）法律规制的手段

1. 健全完善安全生产立法。实施法律规制的重要条件是有健全的相关立法。要在现有法律规范的基础上，研究确立和完善法律规制的制度、机制和措施，逐步建立法律规制体系。

2. 法律与经济、行政手段的综合运用。法律手段虽然重要,但不是万能的。国家对安全生产监督管理单靠法律手段进行规制是不够的,还应兼用经济手段和必要的行政手段进行调控,多用经济手段,慎用、少用行政手段,可以出台一些必要的经济政策、措施,以增强企业安全投入,改善安全生产条件,提升安全管理水平和防控事故能力。如在国务院《关于进一步加强企业安全生产工作的通知》中,明确提出要加强政策引导:制定促进安全技术装备发展的产业政策;加大安全专项投入;在高危行业实行安全生产全员抵押金;积极稳妥地推行安全生产责任保险;大幅度提高工伤事故死亡职工一次性补偿标准(不低于上一年全国人均可支配收入的20倍);鼓励扩大专业技术和技能人才培养;强制淘汰安全性能低下、危及安全生产的落后产能和落后技术、工艺、装备;等等。

3. 严格市场安全准入。安全生产源头管理的第一关是安全准入关。新建、改建和扩建的企业必须具备安全生产条件,已经生产的企业也必须持续具备安全生产条件。国家在这方面的法律规制,主要措施是严格安全行政许可:(1)实行能源建设项目安全设施与主体工程"三同时",这是在企业开办、建设阶段的事前审批,要消除可能存在的不安全因素和隐患,确保企业安全生产的"硬件"过硬。(2)对煤炭、石油、天然气开采等高危生产经营企业实行安全生产许可证制度,实施更为严格的安全生产条件审查,查处无证非法生产经营行为。(3)对已经取得安全生产许可的生产经营企业是否始终具备安全生产条件,进行动态的、经常的监督检查。发现不具备安全生产条件经责令整改后仍不具备条件的,提请有关政府部门依法关闭,同时吊销相关安全生产许可证。

4. 加强日常监督检查。政府及其负有安全生产监督管理职责的部门除了履行安全生产许可职责之外,更多、更重要的职责和工作是对企业贯彻执行安全生产法的情况实施日常监管,发现并查处安全生产违法行为和生产安全事故责任者。这是法律规制和监管执法的主要方式。

5. 组织法制宣传教育和培训。提升企业安全生产法制观念和全民安全生产法律意识,必须采用宣传教育和培训的方式使其知法、懂法、守法,不断强化法律意识和自我约束的自觉性。安全生产法制宣传教育和培训,应当分为政府及其负有安全生产监督管理职责的部门、企业和媒体三个层面分别组织开展。

6. 强化企业内部安全生产管理。法律规制的主要手段是要求和强化企业内部安全生产管理,建立健全各项安全生产责任制、规章制度和操作规程,保证安全投入,采用先进可靠的安全技术装备,提高从业人员的安全素质,加强安全生产基础工作和现场管理,抓好隐患治理和事故预防,改善安全生产条件,提升安全生产管理水平。

7. 查处重特大事故责任者。对于那些无视法律,以身试法,造成重特大生产安全事故的企业及其责任人员,必须在立法上提高经济处罚的幅度,在执法上从重处罚。法律规制的着眼点在于提高事故责任者的违法成本,使其在经济上付出更大的代价,遏制重特大事故的发生。如《安全生产法》规定的事故最高罚款额达到2000万元,足以证明了这一点。

8. 加大违法责任追究的力度。我国安全生产立法设定的行政责任、民事责任和刑事责任的法律责任方式齐备。关键是要充分运用这些手段,依法严惩安全生产违法犯罪者。在实施违法责任追究中实施行政责任追究的较多,实施民事责任和刑事责任追究的较少。

对那些严重违法犯罪者，应当以三种责任方式并用，充分发挥法律规制的强大功能，惩治、震慑违法者，建立安全生产法律秩序。

9. 完善举报、奖励措施。这是安全生产群防群治、强化社会监督的重要手段。很多安全生产立法中都有鼓励举报、给予奖励的规定，但是有些具体实施措施不配套、不落实、执行不到位，从某种程度上影响了政府监管的公信力和社会监督的积极性。各级政府负有安全生产监督管理职责的部门应当制定举报受理查处办法，会同财政部门制定相关奖励标准和奖金发放办法，把举报奖励措施落到实处。

（三）法律规制的目标

安全生产法律规制是一项复杂、严肃的综合监管执法活动，应有明确的目标和标准。

1. 法律体系完备。在现已形成的安全生产法律体系基础上，应当力争在未来 5 ~ 10 年建立健全完善中国安全生产法律体系和能源安全生产子法律体系，为政府监管执法和企业安全管理提供全面的、充分的、系统的法律规范和技术标准，真正做到有法可依、有章可循、有标可守。

2. 监督检查到位。安全生产监管执法力量与工作任务相适应，健全监管执法体系，监督检查能够全覆盖。建设一支人员充足、装备精良、素质优秀的安全生产监管执法队伍，规范执法、文明执法、公平执法。

3. 生产经营行为规范有序。安全生产法律规制最重要的目标，是使绝大多数生产经营单位能够自觉地依法规范生产经营活动，使安全生产违法行为能够得到有效遏制和及时查处。

4. 安全生产管理完善。企业应高度重视安全生产工作，安全管理规章制度健全，安全责任健全落实，安全生产教育培训扎实，作业现场管理到位。

5. 隐患排查治理彻底。能够有效监控重大危险源，及时排查并消除不安全因素和事故隐患，实现“人—机—环”的和谐统一和本质安全。

6. 应急处置快速有效。大中型能源企业和高危企业应有专门的应急救援队伍和人员，配备必要的应急救援装备和物资，能够有效自救。主要城镇政府应有事故应急处置预案，建立应急救援体系，完善应急保障措施，能够快速反应、有效施救。

7. 行政执法严格。安全生产监管部门及其工作人员，能够严格依照法定职权和法定程序，建立行政执法责任，合法、适当地实施行政处罚，做到行政执法规范化。

8. 法律秩序稳固。法律的基本功能就是确定行为准则、调整社会关系、建立法律秩序、保证社会生活正常进行。安全生产法律规制的最终目标，应当是重大安全关系依法调整，生产经营行为准则齐备，国民经济和社会沿着法制轨道安全发展。

（四）生产经营行为的规制

法律规范既是一种行为规范，又是一种法律规制方式。安全生产立法对不同主体的不同行为的规制是不同的。从生产经营的过程或者环节上说，企业的生产经营行为包括事前、事中和事后的行为；从性质上说，包括非法生产经营行为、违法生产经营行为和事故报告、救援违法行为。

1. 非法生产经营行为的规制。法律规制是为了严格企业开办时的安全准入，保证企业符合法定的安全生产条件，实施源头监管。对非法生产经营行为的法律规制，主要是实施安全生产许可,取缔非法生产经营行为。

2. 违法生产经营行为的规制。法律规制的主要任务是对已经取得安全生产许可的生产经营单位是否依法生产经营、是否确保安全生产等进行规范。法律规制的行为包括企业主要的生产经营活动,如安全投入、安全培训、安全管理、隐患排查、事故防范等。

3. 生产安全事故报告、救援违法行为的规制。企业发生生产安全责任事故,是性质最为恶劣、后果最为严重的安全生产违法行为。安全生产立法对事故发生单位及时、如实报告事故,及时组织现场救援等行为进行了严格的法律规制。如《生产安全事故报告和调查处理条例》规定,事故发生单位应当在1小时内向有关政府部门报告,明令禁止迟报、漏报、瞒报和谎报行为;事故发生单位负责人应当立即赶赴事故现场,组织救援;对事故发生单位及其有关人员的迟报、漏报、瞒报和谎报行为,实施严厉的法律制裁。

八、能源行业安全监管

能源行业的安全与经济社会发展和人民群众的利益息息相关,承担着重大的政治责任、经济责任和社会责任。加强能源安全监管和应急管理工作,提高对能源突发事件的应急处置能力,对保证能源行业安全运行,维护社会稳定和人民群众根本利益具有重要的意义。随着能源行业的快速发展,安全监管工作面临着新的形势和新的情况,按照习近平总书记关于"坚持管行业必须管安全、管业务必须管安全、管生产必须管安全"的要求和《安全生产法》关于各级人民政府有关部门"在各自的职责范围内对有关行业、领域的安全生产工作实施监督管理"的规定,国家能源主管部门对健全能源安全监管体制和工作机制,督促能源企业落实安全生产主体责任,确保能源行业安全可持续发展,针对一些重点行业及突出问题采取了监管措施,实施重点监管。[5]

(一)煤矿瓦斯防治监管

煤矿瓦斯防治是煤矿安全生产的重中之重。抓好煤矿瓦斯防治,是坚持以人为本、落实科学发展观的要求,是保护生命、保护资源、保护环境的"民生工程",对遏制煤矿瓦斯事故、增加清洁能源供应、减少温室气体排放都具有重要意义。国家能源主管部门高度重视煤矿瓦斯治理工作,坚持治理与利用并举,把煤矿瓦斯防治与煤炭产业结构调整结合起来,着力提升煤炭工业生产力水平,推进煤炭工业安全发展、节约发展、清洁发展和可持续发展。煤矿瓦斯防治的监管重点包括:(1)推进省级煤矿瓦斯防治办公室标准化建设,健全议事协调、指挥督查、统计考核等工作制度。(2)煤矿企业瓦斯防治能力评估落实情况,加强评估结果执行情况监督检查。(3)煤矿安全改造中央预算内资金拨付、到位、使用、管理情况,煤矿企业按照批复的方案加快项日实施情况。(4)加强瓦斯防治工作督导,组织专家对瓦斯灾害严重和事故多发地区进行会诊,督促地方政府采取有效措施,扭转瓦斯事故多发的被动局面。

(二)油气储备监管

我国从1993年起变成了石油净进口国,并且进口量逐年增加。一旦油气进口量不足或者国际油气价格剧烈波动,可以暂时启用国家油气储备,避开国际油气价格的剧烈波动

[5] 谭荣尧等:《中国能源监管探索与实践》,人民出版社2016年版,第308页。

给我国经济发展和社会稳定带来的影响，同时也减缓给我国油气行业带来的冲击。

2014年下半年以来，国际油价持续走低，为中国建设石油储备带来契机。2015年1月26日，国家发展改革委出台了《关于加强原油加工企业商业原油库存运行管理的指导意见》，明确要求所有以原油为原料生产各类石油产品的原油加工企业，均应储存不低于15天设计日均加工量的原油。强化油气储备的监管重点包括：(1)加强商业石油天然气储备监管，监督企业义务储备建设进度；(2)监督国家石油天然气储备规划和政策实施情况，及时提出相关意见和建议；(3)加大油气储运设施安全保护监管力度，确保油气管道安全稳定运行。

(三)电力安全监管

近年来，电力系统坚持安全第一、预防为主、综合治理的方针，以保证人身安全、电网安全、水电站大坝运行安全为重点，成功应对凝冻、台风、洪水等极端气象灾害，保证了电力系统安全稳定运行和电力可靠供应。但我国电力安全方面仍然存在一些问题和风险，仍需不断加大电力安全监管力度。电力安全的监管重点包括：

1. 发电安全监管。发电行业正在向大容量、低功耗、低污染、规模化、科学化的方向发展，技术要求越来越高，安全隐患的概率不断上升。发电安全监管重点是安全主体责任落实情况、发电机组并网运行安全管理情况、设备设施安全管理情况、防范电力事故措施落实情况等。

2. 电网安全监管。电网安全生产是一个庞大、复杂、且理论性、可操作性都很强的系统工程。随着电力系统的不断扩大，电网的结构和运行方式也变得越来越复杂多变，在电力系统的任一地点发生故障，均将在不同程度上影响到电网的正常运行。特别是在主干线上的故障，如果不及时准确地进行处理，可能会导致电网大面积停电甚至电网瓦解，造成重大经济损失。电网安全监管重点是安全主体责任落实情况、电网安全运行情况、电网安全风险管控工作开展情况、防范电力事故措施落实情况、防范电网大面积停电事故措施落实情况等。

3. 电力建设施工安全监管。我国电力安全生产态势总体平稳，但电力建设施工安全形势非常严峻，电力建设施工安全方面存在较多问题。如对安全生产认识不到位，安全意识淡薄；安全管理制度不健全，安全生产费用使用不规范；资质审查不严，存在无资质和超资质范围施工、违规分包、以包代管问题；施工现场安全管理混乱，事故隐患多；未按要求组织安全教育培训，职工安全意识淡薄等。电力建设施工安全监管重点是安全主体责任落实情况、资质管理情况、安全生产标准化建设情况、现场施工安全管理情况等。

4. 电力工程质量监督管理。电力工程质量监管重点是电力工程质量责任落实情况、电力工程质量管控措施制定落实情况、电力工程质量监督机构工程质量监督工作情况等。

5. 电力可靠性监督管理。电力可靠性监督管理是电力安全生产监督管理的重要内容，监督管理重点是主体责任落实情况、发电设备可靠性情况、输变电设施可靠性情况等。

6. 水电站大坝安全监管。水电站大坝作为重要的基础设施，其运行安全事关下游人民群众生命财产安全和社会公共安全，确保大坝运行安全意义重大。水电站大坝监管重点是大坝安全注册登记情况、大坝安全运行状态、大坝安全监测和信息化工作情况、大坝除险加固情况等。

（四）能源企业网络与信息安全监管

随着互联网技术的快速发展，现代电力系统生产运行越来越依赖于计算机通信及程控技术。但当我们在享受信息化技术带来的高效和便捷的同时，电力行业所面临的网络与信息安全风险也与日俱增。2000年以来，我国相继发生了“二滩电厂停机事件”、“故障录波器事件”、“逻辑炸弹事件”和“换流站病毒感染事件”等多起电力行业网络与信息安全事件，造成了不同程度的事故影响，威胁到了电力系统安全稳定运行，同时也暴露出了我国电力行业在网络安全接入、电力监控系统安全防护、信息安全等级保护、人员信息安全培训等方面存在薄弱环节，需要进一步提升电力等能源行业重要信息基础设施的网络安全防护能力。

能源企业网络与信息安全监管重点包括：(1)网络安全管理情况。如能源企业网络安全管理制度制定及落实情况。(2)技术防护及安全防护情况。如能源企业网络安全技术防护体系建设情况、网络安全防护工作开展情况。(3)网络安全应急工作情况。如能源企业网络安全应急工作体系建设情况、网络安全应急工作开展情况。

（五）能源应急管理

近年来，自然灾害和外力破坏等外部因素引发的能源供应风险日益突出，能否及时作出响应并将影响和损失降到最低，能源应急尚缺乏不同领域之间、不同企业之间的协调联动，如何实现以电力应急为主向全方位能源应急方式的转变，实现应急资源的有机整合，保障能源供应秩序，是亟待解决的问题。目前工作重点是电力应急管理、核电厂应急管理。

加强电力应急管理，提高预防和处置电力突发事件能力，对正确、有效、快速地处置电力突发事件，最大限度地减少影响和损失，维护国家安全、社会稳定和人民生命财产安全具有十分重要的意义。电力应急管理重点包括应急管理责任落实情况、电力应急管理情况、电力应急能力建设情况、应急处置情况。

核应急，是指针对核电站可能发生的核事故，进行控制、缓解、减轻核事故后果而采取的紧急行动，所有核电国家都设有核应急机构。核电厂应急管理重点包括核电厂场内应急计划制定情况、核电厂场内应急计划执行情况、核电厂场外电源应急保障及常规侧电力安全情况、核电厂场内应急演习情况。

九、核安全法律保障

核安全保障要求的等级最高，在我国能源安全生产中特别重要。以《核安全法》的出台实施为标志，我国核安全保障进入了全面依法规范的新阶段。

（一）核安全法律保障的意义

我国是世界核大国，核能利用具有很大规模，核安全保障至关重要。

1. 核安全对保障人民的生命财产安全具有重要意义。发展核电事业事关国家利益和企业利益，也与公众的生命财产安全、环境公共利益休戚相关，关系环境安全。核安全又是国家安全的重要组成部分，核安全法作为能源安全法律制度体系的一个重要组成部分，对保证核安全、应对核事故、保障公众和从业人员的健康和安全、保护生态环境以及推动我国的核事业健康发展，都至关重要。核安全是核电发展的生命线。

核安全对国家能源安全具有重要意义。核能是国家能源构成中的重要能源，核安全保障能力和水平的高低，直接关系到核电事业能否安全有序发展，关系到整体能源安全。随着我国核能规模的逐步增长，核安全风险也与日俱增。核安全事故的危险、危害远远超出其他能源生产安全事故。因此，必须高度重视核安全对国家能源安全生产的重大影响，强化核安全立法并监督管理，确保核安全万无一失。

核安全对保障国家环境安全具有重要意义。核能是世界公认的清洁低碳能源，核电是一种清洁、高效、优质的现代电力。核电干净、无污染，几乎是“零排放”，核能发电不直接产生二氧化硫、氮氧化物、汞或其他与化石燃料的燃烧有关的污染物，也不直接产生二氧化碳。核电是一种不排放任何温室气体的高效和耐久能源，一旦发生重大核安全事故，将对环境造成灾难性影响。所以，确保核安全对于发展迅速带来的环境压力，保护生态环境，具有重要而深远的意义。

2. 核安全保障法律体系。我国为切实做好核事故预防工作，将民用核设施的选址、设计、建造、运行和退役逐步纳入了依法严格监管的轨道。在管理方面，建立了国家核安全监督管理体制、核安全许可制度，确立了与国际接轨的安全标准，现已建立了以《核安全法》为主体法的核安全保障法律体系，其法律渊源包括法律、行政法规、部门规章、国际条约与惯例。

（二）《核安全法》的主要内容

2017 年 9 月 1 日，第十二届全国人大常委会第二十九次会议通过了《核安全法》，于 2018 年 1 月 1 日开始施行。《核安全法》共八章、94 条，分为总则、核设施安全、核材料和放射性废物安全、核事故应急、信息公开和公众参与、监督检查、法律责任、附则。

《核安全法》重点内容包括：规定了确保核安全的方针、原则、责任体系和科技、文化保障；规定了核设施营运单位的资质、责任和义务；规定了核材料许可制度，明确了核安全与放射性废物安全制度；明确了核事故应急协调委员会制度，建立了应急预案制度、核事故信息发布制度；建立了核安全信息公开和公众参与制度，明确了核安全信息公开和公众参与的主体、范围；对核安全监督检查的具体做法作出了明确规定；对违反该法的行为规定了惩罚性条款，并对因核事故造成的损害赔偿作出了制度性规定。

《核安全法》基本延续了《放射性污染防治法》和前述九部行政法规对核安全的管理制度，对分散在国务院行政法规和部门规章中的具体要求以法律形式予以系统整理，并以此为基础，对现有核安全制度进行了补充完善。《核安全法》首次从核安全的基本方针、原则、核安全制度、措施、核安全责任、公众参与及监督管理等方面进行了系统规范。《核安全法》的颁布和实施，结束了中国在核安全管理方面只能依赖行政法规和部门规章而缺少顶层立法的局面。它为我国的核设施安全稳定运行，以及核事业的健康发展提供了重要法律保障。

（三）《放射性污染防治法》

放射性，是指原子核在衰变过程中放出 α、β、γ 射线的现象。放射性污染，是指因放射性物质在环境中的扩散所造成的污染。其来源有核工业排放的各种废弃物、核武器试验的沉降物、医疗辐射产生的放射性污染、科研实验室排出的具有放射性的废水与废气等。人畜吸入大气中的放射性微尘，会产生放射性疾病，如损坏骨髓、生殖腺，白细胞和血小板减少,诱发肿瘤、白血病和遗传性疾病等。

由第十届全国人大常委会第三次会议于 2003 年 6 月 28 日通过,并自 2003 年 10 月 1 日起施行的《放射性污染防治法》的内容包括:总则、放射性污染防治的监督管理、核设施的放射性污染防治、核技术利用的放射性污染防治、铀(钍)矿和伴生放射性矿开发利用的放射性污染防治、放射性废物管理、法律责任、附则。《放射性污染防治法》明确了预防为主、防治结合、严格管理、安全第一的原则,确立了环境影响评价制度、"三同时"制度、许可证制度和监督管理等法律制度。

第三节 能源储备制度

一、能源储备的含义与意义

(一)能源储备的含义与分类

1. 能源储备的含义

能源储备,是指为防范国际市场能源供应中断危机,保障国家社会与企业的能源供应安全而进行的能源储存。能源储备是由政府和企业支出一部分专项资金,用于购买国内外石油、油品和煤炭,储存备用。当全国能源库存普遍紧张、市场供不应求的时候,能源储备可以应对短期能源供应冲击。

能源储备主要是战略石油储备。石油储备,是指用于国家战略之需的石油储备,其目的是缓解石油供应短缺对经济发展的影响,进而减少因油价骤涨造成的国家宏观经济损失。

2. 能源储备的分类

能源储备可以根据人类对能源消耗的需求进行划分,即石油储备、天然气储备、天然铀、煤炭稀缺品种资源储备等能源资源的储备。

针对这些一次性能源的储备,根据不同类型标准还可以分为三类:(1)根据是否开采流通,能源储备可分为能源资源储备(未开采的能源矿产资源储备)和能源商品的储备(对市场流通的能源商品的储备);(2)根据具体的能源储备方式,国家能源产品储备分为政府储备与企业义务储备;(3)根据不同类型可以分为自有储备或委托储备。

(二)能源储备的意义

能源占有状况制约着国家发展与世界格局的改变。战略石油储备是困扰中国能源安全的重要因素之一。增加能源储备,是我国能源安全保障不可或缺的要素。建立能源储备体系,特别是战略石油储备意义重大。加快战略石油储备体系建立,对于应对突发事件等引起的石油供应中断或者短缺,保障石油供应安全,增强能源安全保障,维护社会稳定具有重要意义。

1. 战略石油储备已成为国家能源安全体系最重要的一个环节。石油储备在能源供应安全中占有重要地位。石油具有与生俱来的能源特性:不可再生、稀缺性、不可或缺。而且关系国计民生,石油被人们冠以"黑色黄金"的美誉。国际石油储备主要有两类:政府拥有的战略石油储备;由进口商、炼油商、销售商和消费者拥有的商业储备。在世界政治经济格局经历新变动的国际形势下,建立我国的战略石油储备以保障能源安全势在必行。对石油进口国而言,战略储备是应对石油供应短缺而设置的头道防线,尤其当国际石油供应突然发生中断或国际油价暴涨危及国家安全与经济正常运转时,战略石油储备的动用往往具有抗拒风险、保障安全的功能。我国石油供给仅着眼于国际石油市场供需状况是不够的,还存在较大脆弱性。战略石油储备作为政府行为,具有商业储备无法取代的特殊作用。

纵观中国的能源利用状况,自新中国成立至今的半个多世纪,长期趋势上虽然有较大的局部波动,但能耗以平均每年8.25%的速率增长。2001～2005年GDP增长了45%,而能源消费增长了57%。2005～2015年,中国对外石油需求从每天340万桶猛增至750万桶,2003年中国已经超越日本成为全球原油的第二大进口国,而且对外依存度不断增高。2007年中国石油对外依存度高达49%。2017年,我国石油对外依存度高达67.4%,天然气对外依存度升至39.4%。据国际能源机构(IEA)的预测,中国在2020年的石油对外依存度将高达76.9%。天然气作为一种优质洁净能源,近年来在中国的消费增速也相当惊人。按照国际能源机构制定的标准,当石油供应中断量达到需求量的7%的时候,就是能源安全的警戒线。这些都加大了油气储备的压力。

2. 对石油禁运起威慑作用,及时解决石油供应短缺问题。如果不储备足够的石油,一旦石油通道发生问题或者石油供应发生问题,如在霍尔木兹海峡发生战争,大量的石油供应会被切断,将会严重影响我国经济安全。在战争期间,战略石油储备可以保证军队所需燃料的持续稳定供给。

3. 能源储备解决短期供应冲击,为经济转型赢取时间。战略石油储备是保障能源安全、解决短期石油供应冲击的重要方法之一。战略石油储备可以应对短期供应冲击、短期供应不足或中断,从而稳定油价。在石油输出国组织交替实行"减产保价"和"增产抑价"的政策时,战略石油储备能够使进口国的经济和政治稳定,不至于受到以政治或经济动机为出发点的人为石油供应冲击的影响。

4. 石油储备对石油投机可以起到抑制作用。如果没有对国际石油市场足够认知的战略石油储备,中国为保障正常经济和社会运行,对进口石油的依赖就可能变成国际石油交易商炒作的机会。这种炒作的结果是:中国为满足日常所需石油的进口价格提高,采用进口石油作为储备油的成本也水涨船高。足够的战略石油储备还能为我国能源消费结构调整争取时间,使国际石油市场供应冲击不至于发生或频繁发生。

5. 战略石油储备可以抑制油价的上涨,平息油价暴涨问题,稳定石油市场价格。作为政府行为,战略石油储备能及时解决与平息全国性的石油供应短缺与油价暴涨问题。有了战略石油储备便可以给调整经济增长方式,特别是能源消费革命争取时间。建立石油储备体系后,当油价降低时及时吸纳补充石油储备缺口,在油价过高时可以释放储备石油,通过低吸高抛,降低因油价升高给中国能源采购带来的损失,及时应对石油投机,维持正常政治经济秩序。

6. 在现代国际政治领域,石油也经常成为大国能源政策博弈的一个工具。石油作为一种战略资源,其供应和价格往往带有某些政治色彩,如1973年石油生产国抬高油价试图左右中东战争进程。油价上涨也提高了主要产油国的国际地位,例如伊朗和俄罗斯这些国家,利用自己拥有的石油资源作为政治武器与美国抗争,美国政府从国际政治角度出发,可能会采取打压国际油价的政策,以削弱伊朗、委内瑞拉等反美石油国家,同时打压俄罗斯的崛起。美国曾与中国展开能源对话并多次督促中国尽快建立自己的战略石油储备也是这一政策的反映。日本超前制定了能源安全、经济增长与环境保护“三位一体”的长期能源发展战略,因而在油价高涨期间受到的损失较小。

7.战略石油储备在必要时可以成为政府的财政资金来源。如果没有使国内市场产生足够信心的战略石油储备,在国家进出口贸易管理部门按照世界贸易组织的要求,放开石油进口经营权后,国内也会出现炒作中国石油进口价格差价的商家。

战略石油储备具有商业储备无法取代的特殊作用,尤其当国际石油供应突然发生中断或国际油价暴涨危及国家安全与经济正常运转时,战略石油储备的动用往往具有抗拒风险、保障安全的功能。因此,建立能源储备及动用制度具有重要的意义。

二、世界各国能源储备情况

能源紧张、油价飙升促使各国开始建立战略能源储备,自从20世纪70年代发生第一次石油危机之后,各国就开始重视石油储备了。尤其是第一次和第二次石油危机后,美国、欧洲各国、日本、韩国等都已经着手建立了战略石油储备。国家石油储备从20世纪70年代起已有40多年的历史,是各国平抑石油价格波动、保障供应、减少风险的重要工具。建立石油储备体系、拥有适当的石油储备也就自然成为各国能源安全战略的重中之重。第一次石油危机后,国际能源署要求包括西方七国在内的成员国,必须承担相当于90天的石油净进口量的石油储备义务,欧盟也要求其成员国承担石油储备义务。这些国家已经先后建立了比较完善的石油储备制度,而且已经发挥了重要作用。

美国是世界上战略石油储备体系建立最早和战略石油储备量最多的国家。美国的战略石油储备制度始于第一次石油危机,在遭受石油禁运的惨重打击后,美国政府下决心建立战略石油储备。1975年12月22日,福特总统签署了《1975年能源政策和储备法》,并开始储存第一批战略石油。此后,美国各届政府都把建立战略石油储备作为保障石油供应安全的重要措施。到1991年已为战略石油储备拨款190亿美元,其中用于购买原油160亿美元,其余用于储备设施建设。在储备规模方面,初期战略储备目标为5亿桶,相当于90天的进口量,后来将储备目标修订为7.5亿桶。1997年美国实际战略储备量为5.64亿桶,相当于67天的进口量。美国是目前世界上最大的石油储备国,其储量占经合组织国家中政府战略石油储备总量的60%。这个石油产量不到世界石油产量的10%,而石油消费却占世界总消费量的1/4的国家,花了几十年时间打造石油储备体系,其中包括颁布《能源政策和储备法》、实施战备石油储备计划、建立炼油厂、开发可供储备的岩穴等。美国能源部最新公布的石油供应报告说,美国的战略石油储备目前已经达到6.933亿桶,这个储备量无疑给美国能源战略安全上了保险。

在亚洲国家中当属日本最为积极。日本99.7%的石油是从国外进口,其中80%以上来自中东。当前日本的石油储备量已达9000万千升,其中政府储备约5000万千升,分布在全国10个油库储存,社会油库约4000万千升。这两项储备相当于161天的使用量。

日本政府主导建立的石油储备可供全国使用92天,民间储备可供使用80天,加上流通领域的库存,总共可应付半年以上。

时下世界各国也都在增加石油储备。英国、德国、法国等不少国家建立了大量的战略石油储备和商业石油库存,在一定程度上能够减轻油价上涨带来的不利影响。经合组织在美国、日本、德国已经储存了38亿桶石油,在外部完全停止石油供应的情况下,可使用114天。经合组织的石油储备在战争期间使用时,将以每桶3~5美元的补偿价格出售给用油单位,这将使战争给经济带来的损失减少到最低程度。目前,美国、日本、英国、法国、德国等国家都建立了超过90天的国家石油储备,2007年1月,美国总统布什在《国情咨文》中呼吁,到2027年美国的石油储备量将增加1倍。英国也维持着近70天的石油储备。

三、我国能源战略储备的建立与发展

能源储备主要包括石油、天然气、煤炭稀缺品种资源、天然铀等能源资源的储备。

(一)石油储备

我国石油储备的重点是逐步建立和完善石油战略储备制度和应急预警体系。为防范石油供给的风险,维护国家的经济安全,早在1993年,中国高层就在酝酿建立国家战略石油储备体系。在2001年,我国政府明确提出了建立石油储备体系的构想,但是受各种因素影响,直至2003年,国家才正式启动国家石油储备基地第一期项目。2004年确定岙山、镇海、黄岛和大连为国家战略石油储备一期工程基地,一期工程集中在东部沿海地区。此前,我国一直未建立石油战略储备体系,石油储备主要依赖中石油、中石化、中海油三大国有石油公司的商业储备,综合储备天数仅为21天。镇海石油储备基地是中国规划的首批战略石油储备基地中第一个交付使用的项目。国家石油储备建设取得重要进展。

2007年5月22日,一艘27.6万吨的新加坡籍"普罗达"号油轮,载着第一批23.8万吨原油徐徐靠上浙江省舟山市岙山1号码头,这标志着舟山国家石油储备基地第一期工程投入运行。2008年年底,国家石油储备一期工程全部建成。至2016年年中,我国建成舟山、舟山扩建、镇海、大连、黄岛、独山子、兰州、天津及黄岛国家石油储备洞库共9个国家石油储备基地,利用上述储备库及部分社会企业库容,储备原油3325万吨,仅为40天石油净进口量。我国石油战略储备体系完成后,将使储备天数提高到90天左右。我国现有的石油储备量无法满足我国现在庞大且日益增长的石油需求,因此,加强石油储备,建立合理的能源储备制度势在必行。

2017年5月,中共中央、国务院印发了《关于深化石油天然气体制改革的若干意见》,明确了深化石油天然气体制改革的指导思想、基本原则、总体思路和主要任务,提出了"完善油气储备体系,提升油气战略安全保障供应能力。建立完善政府储备、企业社会责任储备和企业生产经营库存有机结合、互为补充的储备体系。完善储备设施投资和运营机制,加大政府投资力度,鼓励社会资本参与储备设施投资运营"。

《能源发展战略行动计划(2014—2020年)》提出,"扩大石油储备规模。建成国家石油储备二期工程,启动三期工程,鼓励民间资本参与储备建设,建立企业义务储备,鼓励发展商业储备"。建设石油储备基地:第一期,1000~1200万吨;第二期,2800万吨;第三期,

2800万吨。国家石油储备一期项目建成,努力建成第二期,加快第三期石油储备基地建设,能源应急保障能力不断增强。

(二)天然气的储备

《能源发展战略行动计划(2014—2020年)》提出,“提高天然气储备能力。加快天然气储气库建设,鼓励发展企业商业储备,支持天然气生产企业参与调峰,提高储气规模和应急调峰能力”。《关于深化石油天然气体制改革的若干意见》明确提出:“建立天然气调峰政策和分级储备调峰机制。明确政府、供气企业、管道企业、城市燃气公司和大用户的储备调峰责任与义务,供气企业和管道企业承担季节调峰责任和应急责任,地方政府负责协调落实日调峰责任主体,鼓励供气企业、管道企业、城市燃气公司和大用户在天然气购销合同中协商约定日调峰供气责任。”

(三)煤炭稀缺品种资源储备

《能源发展战略行动计划(2014—2020年)》提出,“建立煤炭稀缺品种资源储备。鼓励优质、稀缺煤炭资源进口,支持企业在缺煤地区和煤炭集散地建设中转储运设施,完善煤炭应急储备体系”。

四、能源储备制度的健全

(一)加强储备应急能力建设

1.《能源发展战略行动计划(2014—2020年)》提出要加强储备应急能力建设。[6] (1)要完善能源储备制度,建立国家储备与企业储备相结合、战略储备与生产运行储备并举的储备体系,建立健全国家能源应急保障体系,提高能源安全保障能力;(2)要扩大石油储备规模,建成国家石油储备二期工程,启动三期工程,鼓励民间资本参与储备建设,建立企业义务储备,鼓励发展商业储备;(3)要提高天然气储备能力,加快天然气储气库建设,鼓励发展企业商业储备,支持天然气生产企业参与调峰,提高储气规模和应急调峰能力;(4)要建立煤炭稀缺品种资源储备,鼓励优质、稀缺煤炭资源进口,支持企业在缺煤地区和煤炭集散地建设中转储运设施,完善煤炭应急储备体系。[7]

2.《石油发展“十三五”规划》提出要加快石油储备能力建设。(1)要加快国家石油储备基地建设,推进国家石油储备二期、三期项目建设。加强国家对政府储备基地的统一管理。加快成品油政府储备基础设施建设。(2)要稳步落实储备规划,协调推进国家石油储备基地收储工作。积极利用符合规定的企业库容代储国家储备原油。鼓励社会资本参与商业仓储设施投资运营。(3)要健全石油储备制度,尽快出台《国家石油储备条例》,建立企业义务储备,推动建立完善政府储备、企业义务储备和企业生产经营库存有机结合、互为补充的储备体系,多方式、多途径提高国家石油保障能力。[8]

(二)建立重要能源矿产资源战略储备制度

1. 建立矿产资源储备机制。积极推进石油和重要矿产资源国家战略储备和商业储

[6] 参见国务院办公厅:《能源发展战略行动计划(2014—2020年)》,2014年6月7日。
[7] 参见国务院办公厅:《能源发展战略行动计划(2014—2020年)》,2014年6月7日。
[8] 参见国家发展改革委:《石油发展“十三五”规划》,2016年12月24日。

备,分期、分批将能源和重要矿产资源纳入储备序列。建立政府和企业共同出资的矿产品储备机制,初步形成国家能源与重要矿产资源、矿产品与大中型探明矿产地战略储备体系。为调控市场、应对突发事件、保障资源供应安全奠定基础。

2. 推进重要矿产资源战略储备。加强石油和铀等能源矿产地储备,加快石油储备库及储备系统建设,建立比较充足的铀资源矿产地战略储备。建立煤炭资源战略储备,对特殊和稀缺煤种实行保护性开发。

综上所述, 战略储备建设问题上,既要有战略眼光,更要保持冷静,特别要强调市场化运作,把握好储备时机和储备数量。建立"国家为主、企业为辅,石油储备和石油资源储备两种方式兼顾"的石油储备体系。积极寻求石油进口的多元化管道,改革现行国内石油定价机制。这是我国能源问题专家就伊拉克重返世界石油市场后,世界石油市场格局可能出现新变化,我国如何确保石油安全问题提出的近谋远略。如果国际油价走低,就要抓住加快建立我国石油储备机制的有利时机。

(三)构建以能源法为核心的能源储备制度

建议在能源基本法中设立专章规定国家能源储备制度,以此规范能源储备建设和管理,提高能源应急处置能力,保障能源供应安全。能源储备包括能源产品储备和能源资源储备。国家能源产品储备分为政府储备与企业义务储备。国务院能源主管部门会同国务院有关部门按照职责分工负责能源储备管理工作。能源基本法应当对能源储备作出以下规定:

1. 授权国务院制定"能源储备分类及管理办法"。能源储备包括能源产品储备和能源资源储备。能源产品储备包括石油、天然气、天然铀产品等;能源资源储备包括石油、天然气、天然铀、特殊和稀有煤种等资源。

2. 能源产品储备。国家能源产品储备分为政府储备与企业义务储备。承担储备义务的企业有义务达到国家规定的储备量,按规定报告储备数据,接受能源主管部门的监督检查。企业义务储备不包括企业生产运营的正常周转库存。政府储备由国家出资建立,企业义务储备由能源企业出资建立。

3. 石油储备建设及管理。石油的政府储备由国务院能源主管部门负责组织建设和管理;石油的企业义务储备由从事原油进口、加工和销售经营以及成品油进口和批发经营的企业建立。国务院能源主管部门建立石油储备监督检查制度,对政府储备和企业义务储备的建设、收储、轮换等情况进行监督管理。

4. 能源资源储备。国家能源资源储备由国务院能源主管部门会同国土资源主管部门根据国家能源战略的需要,在能源矿产规划矿区、大型整装矿区和能源基地内的资源储量中划定。已经设定探矿权和采矿权的能源资源划定为能源资源储备的,国家对探矿权和采矿权人给予合理补偿。

5. 国家能源储备的动用。国家能源产品储备需要动用时,由国务院能源主管部门会同财政主管部门提出动用建议,经国务院批准后动用。动用国家能源资源储备,由国务院能源主管部门会同国土资源主管部门提出动用方案,经国务院批准后实施。

6. 地方能源产品储备。省级政府可以根据需要建立本地区的能源产品政府储备。

（四）能源储备模式的选择

合适的能源储备模式（包括储备的参与主体、储备种类、数量和布局等）一方面可以提高能源储备运转的效率，另一方面也可以节省政府在能源储备上投入的资金。

基于我国能源储备建设处于初期阶段，国家和能源企业的经济实力有限，地域辽阔、能源资源分布不均等因素，我们目前应采取政府主导、政府和企业共储的能源储备模式。将中央、地方和企业的储备权利和义务有机地结合起来，在中央统一监管下，实施谁储备谁优先使用的原则。

我国能源企业精炼能力不强的现状，决定我国战略石油储备应采取成品油为主、原油为辅的储备比例。

能源储备体系的建立是一个由小到大、循序渐进的过程，在补充能源储备的过程中要考虑政府和企业的财力、国际石油市场价格变动等因素。我国的能源矿产主要分布在北方，而能源进口和消费主要集中在东南沿海和环渤海地区。储备基地应当尽可能分散建立，这有两方面的好处：能便于各地区使用；能有效防止武器打击。此外，还应有计划、有选择地实行地下自然储备方法，即对一些大油井、大煤田有意识地进行封存，到急用时才开启，这对备战而言是比较安全的。能源资源的储备当然应当集中在能源产地，山西、东北和新疆应作为主要的能源资源储备基地。能源产品的储备则应当靠近能源消费地，东南沿海省份和环渤海地区应作为能源产品储备基地的所在地。能源储备基地的选址要考虑地质条件、能源基础设施和靠近能源加工中心等因素，采用地面罐储、地下洞储等灵活方式因地制宜地储备能源产品。

第四节　能源预警与应急

一、能源预测与预警

（一）能源预测的含义与意义

1. 能源预测的含义

能源预测（energy forecasting），是指对各种能源的需求量及其比例关系的未来状况的推测。《能源百科全书》定义为："能源预测是指通过调查和分析，对能源未来供需关系的动态变化和发展趋势预先作出测算和评价。"能源预测的主要内容有：煤炭、石油、天然气、薪柴、核电等各种能源的未来需求量、各种能源需求量之间的比例关系、各部门的能耗与万元产值能耗量，以及生活用能耗和生活用人均能耗等。

2. 能源预测的意义

能源行业本身是周期性行业，能源行业的周期性波动主要体现在行业发展"繁荣—衰退—萧条—复苏"的周期性波动过程中。通过能源预测，可以预知、防范和化解能源风险，有针对性地增加或减少能源储备，调整能源结构和工业布局。通过能源预测，可以建立能源消耗与环境保护之间的关系，结合环境保护要求，达到经济与环境的协调发展。研究能源与经济增长的关系，探索其中的规律，预测未来能源需求与风险，对于制定能源发展战略、指导能源规划、制订能源政策和保障能源与经济协调、持续发展起到了重要的作用。

3. 能源预测的分类

《能源百科全书》将能源预测按供需关系分为能源需求预测和能源供应预测两个方面。前者是根据社会和国民经济发展目标、经济结构的调整、科学技术的进步、能源价格的趋势以及消费方式的变化,估计未来规划年份国民经济各部门所需要的能源数量及能源品种的构成;后者是根据能源资源可获得性及其开发利用的工艺技术条件、能源价格的趋势和能源投资与外贸的前景,预测未来规划年份能源分品种的供应量及能源供应的技术构成。[9]

如果按预测周期分,能源预测一般分近、中、远三个时期,近期能源预测周期为5~10年,中期能源预测周期为10~20年,远期能源的预测周期为20~30年。近期能源预测对国民经济发展有直接的作用,意义较大。但中、远期能源预测工作是一项战略研究任务,如重大能源基地的开发与建设,重大新能源的研究和发展,就必须要用科学方法进行预测后作出决策。因为重大能源设施的建设周期长,一般要10年左右,一旦建成,这些设施的服役周期更长。核电站为30年,水、火电站的运行年限就更长。新能源技术示范、推广、发展的周期一般在30年或50年以上。

4. 能源预测的方法

能源预测应强调定性分析和定量测算相结合。定性分析着眼于把握全局,估计可能影响能源发展的各种因素及其变化趋势。定量测算则是在定性分析基础上计算各种可能的能源需求量和供应量的构想方案。预测步骤通常是:确定目标、收集和分析数据信息、选择预测技术和方法、分析诸影响因素及其变化范围、分析计算结果并进行误差估计。常用的能源预测方法有经验定额系数法、弹性系数法、趋势预测法、投入产出法等。

影响未来能源需求的因素很多,概括起来有人口增长、经济发展、产业结构变化、生产技术水平提高和科技进步,以及能源价格、税收等需求管理政策等因素,而且其未来变化的不确定因素也是很多。因此,科学地预测必须立足于对能源供需系统运行规律及其影响因素的深入分析和透彻理解,并借助于一些预测模型和数学手段,以对未来能源需求的变化趋势作出估计和评价。能源需求预测是进行能源规划和制定能源发展战略的重要环节。

(二)能源预警的含义与意义

能源预警即能源风险预警管理,就是通过能源风险的识别、能源风险预测和衡量、选择有效的能源风险防范手段,以尽可能降低成本,有计划地处理能源风险,避免能源风险或能源事故的发生,进而获得能源安全生产的经济保障。

能源风险的识别、能源风险的预测和能源风险的处理是能源企业风险管理的主要环节。这就要求能源企业在生产经营过程中,应对可能发生的能源风险进行识别,预测各种能源风险发生后对资源及生产经营造成的消极影响,使能源开发利用能够持续进行。

坚持风险预防为主,以人为本的原则。坚持预防为主,加强能源利用管理和重点监测

[9] 《能源百科全书》编辑委员会:《能源百科全书》,中国大百科全书出版社1997年版,第445页。

及预警工作,做到能源风险"早发现、早化解、早控制",有效防控能源风险暴发,切实保障生产用能和生活用能,保障人民群众生命与财产安全。

防范化解煤电产能过剩风险:由于规划和在建煤电项目规模较大,违规建设问题仍然存在,许多地区出现电力供应过剩预警,防范化解煤电产能过剩风险刻不容缓。2016 年 4 月 21 日,国家发展改革委、国家能源局以急件形式下发了《淘汰落后产能通知》《关于进一步做好煤电行业淘汰落后产能的通知》《关于建立煤电规划建设风险预警机制暨发布 2019 年煤电规划建设风险预警的通知》等保障煤电行业有序发展的文件,封堵煤电过剩风险。

2017 年,国家继续采用严控煤电新建规模,积极化解过剩产能,建立煤电建设风险预警机制的"组合拳",促进煤电健康有序发展。国家能源局还发布了 2020 年煤电规划建设风险预警的通知,按照适度从严的原则,按煤电建设经济性预警指标、煤电装机充裕度预警指标、资源约束指标对煤电规划建设风险进行预警。国家发展改革委、国家能源局等 16 部委联合印发了《关于推进供给侧结构性改革、防范化解煤电产能过剩风险的意见》,强化燃煤发电项目的总量控制,为进一步防范化解煤电行业产能过剩风险、转型升级发展提供了行动指南,扭转了前两年煤电投资持续快速增长的势头。煤电投资下降和净增规模减小,正是国家一系列防范化解煤电产能过剩工作的成效。

(三)能源预测预警制度的完善

完善我国能源预测预警的法律政策,如《突发事件应对法》、《安全生产法》和国务院《关于全面加强应急管理工作的意见》、国务院办公厅《国家安全生产事故灾难应急预案》、《企业事业单位内部治安保卫条例》等。要增强处理能源突发事件的能力,迅速、有序、高效地组织能源突发事件应急处置行动,确保在能源事故发生时能有效地组织救援,把损失降到最低点,保障人民群众生命与财产安全。

1. 加强能源预测预警制度建设。加强能源风险监测预警和应急响应制度建设,完善突发能源事件信息报告和公开机制。

2. 建立能源预测预警支撑体系。深化能源预测预警方法研究,严格能源损害赔偿,在高风险能源行业推行能源风险强制责任保险。

3. 理顺能源预测预警信息渠道。建立健全国家能源安全动态监测预警体系,健全国家、省、市、县四级联动的能源事件应急网络,定期对能源风险开展全面调查评估。

4. 加强能源预测预警的国际合作与交流。以"一带一路"能源建设为统领,丰富能源对外开放内涵,提高能源预测预警的水平,协同推进能源预测预警的战略互信,推进能源投资风险预警合作,加强能源预测预警的国际人文交流,深化能源预测预警方法研究与经验交流,努力形成深度融合的能源预测预警的互利合作格局,开创能源预测预警的新局面。

二、能源风险应急管理

(一)能源应急管理的含义

1. 能源应急管理

能源应急管理主要是为了应对能源系统重大突发灾难事件。主要研究重大突发灾难的预防、准备、响应和恢复，以提高能源系统应急管理能力。能源系统突发灾害是在一定区域内突然发生的，其主要特征是灾害的突发性及重大危害性、灾害的风险性、灾害难以完全准确预测、难以完全有效防御及难以彻底根除。

按照《突发事件应对法》和《国家突发公共事件总体应急预案》的要求，国家要建立能源安全应急法律制度，加强能源安全应急事态、突发事故防范体系建设，强化事故预防控制，在重点落实杜绝重特大事故责任的同时，进一步强化一般事故控制，建立事故隐患治理机制，消除发生事故的源头，逐步建立和完善石油战略储备制度和预警体系。

2. 电力应急管理

电力应急管理主要是为了应对电力系统重大突发灾难事件，主要研究重大突发灾难的预防、准备、响应和恢复，以提高电力系统应急管理能力。电力系统突发灾害是在一定区域内突然发生的，其主要特征是灾害的突发性及重大危害性、难以完全准确预测、难以完全有效防御及难以彻底根除。电力系统是存在于自然环境和社会环境中的综合系统，它的灾害特点不同于纯自然灾害，也不同于纯社会系统灾害，如在台风灾害引起的电力中断时，不能准确预测灾害发生的时间、地点，但是对其发生的区域、宽度和时间段是可以预测的。

案例阅读

墨西哥湾石油事故

（二）能源应急管理的必要性

历史上，国外电网频发重大电网事故，如2003年发生的美国加拿大“8·14”大停电，持续时间长达29小时，2006年11月4日发生的欧洲大停电。造成了巨大损失，给社会生产、人民生活带来了严重影响，给世界各国政府加强电力系统应急管理敲响了警钟。

我国是一个能源自然灾害、能源事故灾难等突发事件较多的国家。能源突发事件的频繁发生，给人民群众的生命财产造成了巨大的损失。电力系统安全关系到国民经济的顺利发展和人民生命财产安全，我国电力系统也曾遭遇过重大事故，如2005年9月25日，受“达维”台风影响而引起的海南大停电；2008年1月10日起，中国南方开始遭遇几十年未遇的特大暴雪袭击并造成巨大损失，大面积停电，暴雪警报升级至红色预警，1月27日，在党中央、国务院领导下，启动抢险救灾行动，次日成立国务院煤电油运和抢险抗灾应急指挥中心。解放军和武警各有关部队全力支持灾区抗灾救灾，2月3日中共中央政治局常委会召开会议，专题研究抗灾救灾，动员全国力量并形成强大的应急救援能力；2018年7月，受“玛莉亚”台风影响而引起的福建、浙江大停电等。

国家高度重视电网安全，把电网大面积停电应急预案列为国家级预案。《能源发展战略行动计划（2014—2020年）》提出：“完善能源应急体系。加强能源安全信息化保障和决策支持能力建设，逐步建立重点能源品种和能源通道应急指挥和综合管理系统，提升预测预警和防范应对水平。”[10]

能源突发事件应对工作中存在的主要问题是：（1）应对能源突发事件的责任不够明确，统一、协调、灵敏的应对体制尚未形成。（2）一些行政机关应对能源突发事件的能力

---

[10] 国务院办公厅：《能源发展战略行动计划（2014—2020年）》，2014年6月7日。

不够强，危机意识不够高，依法可以采取的应急措施不够充分、有力。(3)应对能源突发事件的制度、机制不够完善，导致一些能源突发事件未能得到有效预防，有的突发能源事件引起的社会危害未能及时控制。(4)社会广泛参与应对能源突发事件的工作机制还不够健全，公众的危机意识、自我保护、自救与互救的能力不强。

要完善能源应急制度体系，规范能源突发事件的预防与应急准备、监测与预警、应急处置与救援、事后恢复与重建等应对活动，建立健全各种能源预警和应急机制，提高政府应对能源突发事件和能源风险的能力，加强能源风险管理与能源应急管理，积极主动地预防、及时有效地处置和最大限度地减少各类能源突发事件的发生及其造成的损失，保障、保护人民生命财产的安全。

(三)能源应急管理法律制度的构建

我国尚无关于能源应急管理的单行法律法规，关于能源应急管理的制度性法律规定主要见于《突发事件应对法》等法律法规和一些规范性文件。综合《突发事件应对法》和正在制定的能源法及其配套行政法规能源应急管理办法的相关规定，应当依法建立能源应急管理制度与机制。

1. 应急目的：为了及时、高效、有序、妥善地处置突然爆发、影响生产用能和群众生活用能安全的能源突发事件或事故，最大限度地减轻损失，维护社会稳定，促进经济、社会、环境和谐发展，制定能源应急预案。

2. 应急范围与阶段：国家建立能源应急制度，应对能源供应严重短缺、供应中断、价格剧烈波动以及其他能源应急事件，维护基本能源供应和消费秩序，保障经济平稳运行。

3. 应急预案：国务院能源主管部门组织编制国家能源应急总体预案和主要能源品种专项应急预案，报国务院批准。县级以上地方政府根据国家能源应急预案编制本行政区的能源应急预案，报省级政府批准。能源企业和重点用能单位应当编制相应的能源应急预案。能源应急能力建设，应当纳入能源应急预案。

4. 应急事件分级：《突发事件应对法》规定的突发事件，“是指突然发生，造成或者可能造成严重社会危害，需要采取应急处置措施予以应对的自然灾害、事故灾难、公共卫生事件和社会安全事件。按照社会危害程度、影响范围等因素，自然灾害、事故灾难、公共卫生事件分为特别重大、重大、较大和一般四级”。[11] 能源应急事件实行分级管理，按照实际或者合理预计的突发性质、危害程度或严重程度、涉及范围或影响范围、持续时间和可控性，分为一般级、较大级、重大级和特大级等四级。具体分级标准和相应预警级别由国务院或者国务院指定的部门制定。

5. 应急事件认定：特别重大级别的能源应急事件以及相应的预警由国务院认定。重大级别的由国务院能源主管部门会同有关部门认定，报国务院批准。较大级别的由省级政府认定，并报国务院能源主管部门备案。一般级别的由县级以上地方政府认定，并报省级地方政府批准。法律另有规定的，从其规定。

6. 应急管理体制与应急处置原则：《突发事件应对法》规定，“国家建立统一领导、综

---

〔11〕 参见《突发事件应对法》第三条。

合协调、分类管理、分级负责、属地管理为主的应急管理体制”。[12]能源应急事件的处置实行“统一领导、分级负责、政府主导、社会参与、分类实施、协同配合、科学处置、确保成效”的原则。

“统一领导、分级负责”是根据能源应急事件突发的影响程度,实施分类管理,属地为主,分级响应,及时启动相应级别的预警和响应措施。政府成立能源应急事件突发应急协调领导小组,实行分工负责,部门协同配合的快速反应机制。

“政府主导、社会参与”是在党委、政府统一组织下,积极参与辖区内能源应急事件突发的应急处置工作,各职能部门紧密配合,切实落实好本部门应对能源突发事件须采取的各项应急处置措施,同时做好环保宣传工作,动员全社会参与能源突发事件的预防和控制。

“分类实施、协同配合”是实行“属地管理为主”,让地方政府能迅速反应、及时处理,是适应“反应灵敏”的必然要求。属地管理为主不排除上级政府及其有关部门对其工作的指导,也不能免除发生地其他部门的协同义务。能源应急事件认定批准后,有关政府应当及时启动能源应急预案,实施应急处置措施。“突发事件应对工作实行预防为主、预防与应急相结合的原则。”[13]

“科学处置、确保成效”是健全和完善能源应急事件突发后的应急反应机制,强化人力、物力、财力储备,增强应对能源突发事件的应急处理能力,加强对能源突发事件应对措施的科学研究,加大科研成果推广应用力度,不断提高能源突发事件应急处置工作的科学化、规范化水平,提高效益,减少事故的损失。

7. 应急措施授权条件和约束:在能源应急期间,各级政府应当根据维护能源供给秩序和保护公共利益的需要,按照必要、合理、适度的原则,采取能源生产、运输、供应紧急调度、储备动用、价格干预和法律规定的其他应急措施。实施能源应急措施应当向社会公告。在应急事件的威胁和危害得到控制或者消除后,能源应急措施应当及时中止或者取消,并向社会公告。

8. 应急保障重点:各级政府在采取能源应急措施的同时,应当确定基本能源供应顺序,维持重要国家机关、国防设施、应急指挥机构、交通通信枢纽、医疗急救等要害部门的运转,保障必要的居民生活和生产用能。

9. 应急相关主体责任和义务:任何单位和个人均应执行能源应急预案和政府能源应急指令,承担相关应急任务。

10. 应急处置组织机构及职责:

(1)明确应急协调领导小组成员:组长为政府省长、市长、县长、镇长;常务副组长为分管能源应急工作的领导;副组长为党政班子成员;成员为建设管理站、水利站、企管站、矿管所、卫生院、财政所、农技站、林业站、镇科协、供电所、有关村的工作人员等。

(2)应急协调领导小组职责:第一,执行能源突发公共事件应急委员会的决策和命令;第二,协调、指挥开展能源突发事件的应急处理工作;第三,向上级报告能源突发事件

---

〔12〕 参见《突发事件应对法》第四条。
〔13〕 参见《突发事件应对法》第五条。

的处置情况;第四,发布能源突发事件相关信息;第五,做好能源突发事件应急处置的组织和技术准备。

应急协调领导小组下设办公室,办公室设在能源应急管理机构,其主要职责是:其一,拟定或组织实施能源突发事件应急预案;其二,建立健全能源突发事件应急处置技术档案;其三,汇总有关能源突发事件的各种重要信息,进行综合分析,并提出意见;其四,综合协调各能源突发事件应急部门、单位的启动和行动的配合,传达贯彻落实区应急领导小组的指令;其五,组织制定能源突发事件宣传培训计划和应急队伍人员培训、演练计划。

(3)能源应急事件处置工作组:政府设立应急处置协调机构,下设应急处置组、监测预报组、监督执法组和后勤保障组等工作组。第一,应急处置组:由分管能源工作和应急管理工作的领导牵头负责,发展改革委、环保工作和相关干部为成员,具体负责组织能源应急预案工作。第二,监测预报组:由分管环保工作的领导牵头负责,环保、应急等相关部门、单位为成员,具体负责对能源应急防范重点监测。第三,监督执法组:由分管环保工作的领导牵头负责,有关部门和干部为成员,具体负责能源应急及周边污染源的监管和综合行政执法,消除污染物的输入。第四,后勤保障组:由分管后勤的领导负责,党政办及有关后勤人员为成员,负责后勤保障、车辆安排、资料汇总等工作。

11. 能源突发事件处置程序:一旦发现能源突发事件紧急情况,有关部门、单位及有关事发部门应当按照程序处置,同时报告政府应急处置协调机构,并由政府向上级报告,并按照区政府应急处置协调机构确定的应急响应等级和范围,启动本应急预案,做好相关工作:

(1)信息报告。当监测预报组发现能源突发事件迹象时,应进行先期处置,当确定为一般级以上能源突发事件时,应立即报告当地应急协调领导小组,指派应急处置组前往现场查看核实。

(2)现场核实。应急处置组迅速赶赴现场核实情况后,向政府应急协调领导小组报告情况,并由应急协调领导小组在1小时内向区政府应急领导小组和环保局报告,由区应急领导小组根据预案决定采取的应急监测和处置措施。

(3)应急处置。视能源应急事件类别的影响范围和程度,关停可能影响能源事故的电源,停止关闭影响河段的各项活动和设施;政府向公众发布能源突发事件紧急通知,告知公众应采取的应急防范措施;实施能源应急事件处置措施。

(4)应急善后。能源应急事件得到有效控制,能源供应基本恢复正常,结束应急期后应当提出下一步预防及治理措施;有关政府应当及时退还因能源应急依法征收征用的物资、设备和设施,并对损耗、消耗部分给予补偿;对承担能源应急任务的单位和个人,可以给予适当奖励或者补偿;各级政府处置能源应急事件所发生的相关合理费用由本级政府按照国家有关规定负责解决。

(四)能源应急管理对策

1. 加强应急管理平台建设。能源应急管理平台是以公共安全理论为基础,利用现代信息技术、通信技术、能源系统分析与控制技术,为了应对能源生产重特大事故、设备破坏、能源供应危机、与能源生产相关的严重自然灾害影响等重大突发事件以及公共安全事件而建设的具有应急信息采集与管理、应急值守、预测预警、调度指挥、辅助决策、电子预案、资源管理、演练评估、信息发布等应急管理功能的技术保障系统。

能源应急管理平台为能源应急管理提供全方位技术支持，不但支持电网大面积停电的应急处置，还支持其他涉及全局的专业应急处置。在应急管理平台的支持下，实现公司上下以及与社会相关部门的应急联动，实施重大突发事件的处置。

2. 能源应急体系危险评估。应急体系，是具体规定突发事件应急管理工作的组织指挥体系与职责和突发事件的预防与预警机制、处置程序、应急保障措施以及事后恢复与重建措施等的系统。中国的国家应急体系建设，核心可以归纳为“一案三制”。其中，“一案”，是指能源系统所制定的分级分区的突发事件应急预案体系。“三制”，是指能源应急体系之中的管理体制、运行机制和法制基础。脆弱性，是指由于系统（子系统、系统组分）对系统内外扰动的敏感性以及缺乏应对能力而使系统结构和功能容易发生改变的一种属性，它是源于系统内部、与生俱来的一种属性。

3. 充分重视灾害的监测和预报工作。能源系统应与国家灾害监测和预报部门建立数字式联系，通过计算机网络系统、通信系统及时获取全国及各地区的各种灾害信息，提高全行业防御自然灾害的能力。充分掌握自然灾害的大数据，争取更多时间做好灾前准备，尽量避免和减少灾害损失。同时还应加强能源系统动态安全预测预警工作，并与应急指挥中心实现互联互通，为应急指挥提供“第一手”信息。

4. 加强应急通信能力建设。应急通信系统，是指支撑应急业务数据采集和应急指挥协调所需的通信基础设施，主要包括卫星通信、无线数字集群、无线移动视频、移动应急指挥系统等。当然，目前各能源企业已建的光纤通信系统、微波通信系统、语音电话在应急时也是一种应急资源。卫星通信可作为移动应急和重要厂站的备用应急通信方式，即租用通信卫星公司提供的卫星信道。以信息技术为主要手段，建立应急救援工作中迫切需要的厂站和单位、移动应急救援指挥车等应急救援卫星通信系统。无线移动视频通信系统可实现救援现场短距离音、视频通信功能，满足抢险救灾现场图像、视频、声音实时传输与交互的需要。

我国能源安全保障问题面临很大的挑战，我国要构建现代能源安全保障体系，用法制保障能源安全具有重要意义。我国能源安全法律保障存在结构性缺陷、内容性缺陷、协调性缺陷、配套性缺陷，能源安全保障法律制度不健全，现行能源安全保障法律体系不完善。今后，要改变重政策轻法律的弊端，充分运用法律手段保障能源安全。要构建能源安全生产、能源储备及动用、能源设施及场所保护、能源预测与预警、能源风险管理与能源应急处置等一系列法律制度，构建稳定、安全、经济、清洁的能源安全保障体系。要建立健全的能源安全保障法治体系，推动能源可持续发展，全面保障我国的能源安全，为经济、社会与环境的可持续发展提供支撑和保障。

第五节 核 安 全 法

一、核安全法律保障的意义

（一）核安全法对保障国家能源安全具有重要意义

世界上一切物质都是由原子构成的，原子又是由原子核和它周围的电子构成的。原子能即核能，核能，是指核反应时释放的能量。轻原子核的融合和重原子核的分裂都能放出能量，分别称为核聚变能和核裂变能，简称核能。核能作为一种热源，利用核反应所释放的热量来供热、发电。

能源危机的出现使得人们将目光转向新能源的开发和利用，核能即作为新能源被各国采用。按照传统的能源分类标准，核能长期以来都是以不可再生的一次能源的身份出现在能源领域。随着核技术的发展，核能逐渐被世界各国广泛利用，并日益成熟，转向常规能源之列。它作为能源的一种，其地位是随着科技的不断进步而确立起来的。世界核电发展的经验证明，发展核电是降低能源对外依存度，保障国家能源安全的重要选择。

我国现阶段是核能开发利用大国，现有核电机组56台（运行38台，在建18台），在建机组数量居世界第一，机组总数居世界第三。按照安全、洁净、高效的原则，适当加快核电发展，对于推进能源替代战略，优化能源结构，大幅提高能源自给率，减少对外依存度带来的风险，确保国家能源供应持续安全的供给，具有重要而深远的意义。因此，核安全法又是国家能源安全法律制度体系的一个重要组成部分。

（二）核安全法对保障国家环境安全具有重要意义

核能是世界公认的清洁低碳能源，核电是一种清洁、高效、优质的现代电力。核电干净、无污染，几乎是“零排放”，核能发电不直接产生二氧化硫、氮氧化物、汞或其他与化石燃料的燃烧有关的污染物，也不直接产生二氧化碳。这使一些环境保护者通过支持对核能的依靠来减少温室气体的排放，遏制全球变暖。核能作为清洁能源被发展中国家大量开发、利用，并置于非常重要的地位。核电是一种不排放任何温室气体的高效和耐久能源。因此，对于发展迅速带来的环境压力，保护生态环境，具有重要而深远的意义。

（三）核安全法对保障人民的生命财产安全具有重要意义

发展核电事业事关国家利益和企业利益，也与公众的生命财产安全、环境公共利益休戚相关。核安全又是国家安全的重要组成部分，核安全法作为国家安全法律制度体系的一个重要组成部分，对保证核安全、应对核事故、保障公众和从业人员的健康和安全、保护生态环境以及推动我国的核事业健康发展，都至关重要。核安全是核电发展的生命线。日本福岛核事故发生后，中国对境内核电厂开展了全面、严格的综合安全检查。必须保障核安全，保障核安全必须完善核安全立法。

二、核安全的法律保障体系

我国为切实做好核事故预防工作，将民用核设施的选址、设计、建造、运行和退役逐步纳入了依法严格监管的轨道。在管理方面,建立了国家核安全监督管理体制、核安全许可制度,确立了与国际接轨的安全标准,完善了核安全法规,核电站正常运行中有自动安全控制系统和人工安全监控等多重全天候安全控制措施。目前,我国的核能安全立法的渊源体现在四个方面:法律、行政法规、部门规章、国际条约。

(一)核安全法律

1.《核安全法》。2017 年 9 月 1 日第十二届全国人大常委会第二十九次会议通过了《核安全法》,自 2018 年 1 月 1 日起施行。自 1986 年兴建大亚湾核电站——我国第一座核电站以来,在总结 30 年核安全工作实践经验的基础上,第一次以法律形式系统地规定了核安全的基本方针、原则、法律制度、措施的建立和实施、核安全责任、公众参与及监督管理体制。作为我国首部核安全法,此次新制定的《核安全法》贯彻落实了总体国家安全观,从高从严建立了核安全标准体系,为实现核能的持久安全和健康发展提供了坚实的法制保障。

2.《放射性污染防治法》。《核安全法》出台之前,我国涉及核安全的法律仅有一部从放射性污染防治的角度加以规范的《放射性污染防治法》。2003 年 10 月 1 日起施行的《放射性污染防治法》是我国核领域的第一部法律。

(二)行政法规

以《民用核设施安全监督管理条例》(1986 年制定)、《核材料管理条例》(1987 年制定)和《核电厂核事故应急管理条例》(1993 年制定)三大行政法规为主。此外,还有 2005 年的《放射性同位素与射线装置安全和防护条例》《放射性物品运输安全管理条例》《放射性废物安全管理条例》等行政法规,分别从民用核设施安全监督、核出口管制、核材料管制、民用核安全设备监督管理、核电厂核事故应急管理、放射性物品运输安全管理、放射性废物安全管理等角度对涉核安全管理作出规定。

(三)部门规章

1979 年 2 月,卫生部、公安部、国家科委发布了《放射性同位素工作卫生防护管理办法》。1974 年 4 月,国家计委、卫生部等部门联合发布了《放射防护规定》。此外,还有《核材料管制条例实施细则》(1990 年制定)、《核电厂设计安全规定》(1991 年制定)、《核电厂厂址选择安全规定》(1991 年制定)、《核电厂运行安全规定》(1991 年制定)、《核电厂放射性废物管理安全规定》(1991 年制定)、《民用核承压设备安全监督管理规定实施细则》(1992 年制定)、《民用核承压设备安全监督管理规定》(1992 年制定)、《民用核燃料循环设施安全规定》(1993 年制定)、《民用核承压设备焊工及焊接操作工培训、考试和取证管理办法》(1995 年制定)、《民用核承压设备无损检验人员培训、考核和取证管理办法》(1995 年制定)、《研究堆运行安全规定》(1995 年制定)、《核燃料循环设施营运单位报告制度》(1995 年制定)、《核设施的安全监督》(1995 年制定)、《研究堆营运单位报告制度》(1995 年制定)和国家发展改革委办公厅《关于实施民用非动力核技术高技术产业化专项的公告》(2004 年制定)等。

(四)国际条约

核安全方面的国际条约主要有:1986 年,中国参与制定并签署了《及早通报核事故公约》和《核事故或辐射紧急情况援助公约》;1988 年 9 月,中国与国际原子能机构正式签署了《中华人民共和国与国际原子能机构关于在中国实施保障的协定》,该协定于1989年9月18日生效;1988年12月,中国参加了由国际原子能机构主持制定,并由机构总干事保存的《核材料实物保护公约》;1990年6月,中国与国际原子能机构签署了《中华人民共和国和国际原子能机构技术援助协定》;1994年9月,中国签署了《核安全公约》(Convention on Nuclear Safety);1998年12月,中国与国际原子能机构签署了《中华人民共和国和国际原子能机构关于在中国实施保障监督的协定的附加议定书》;2006年4月,中国加入《乏燃料管理安全和放射性废物管理安全联合公约》;2009年9月,中国批准《核材料实物保护公约》修正案等。

三、《核安全法》

(一)《核安全法》的主要内容与重要意义

2017年9月1日,十二届全国人大常委会第二十九次会议通过了《核安全法》。《核安全法》共八章、94条,分为总则、核设施安全、核材料和放射性废物安全、核事故应急、信息公开和公众参与、监督检查、法律责任、附则。

《核安全法》重点内容包括:规定了确保核安全的方针、原则、责任体系和科技、文化保障;规定了核设施营运单位的资质、责任和义务;规定了核材料许可制度,明确了核安全与放射性废物安全制度;明确了核事故应急协调委员会制度,建立了应急预案制度,核事故信息发布制度;建立了核安全信息公开和公众参与制度,明确了核安全信息公开和公众参与的主体、范围;对核安全监督检查的具体做法作出明确规定;对违反该法的行为给出了惩罚性条款,并对因核事故造成的损害赔偿作出了制度性规定。

《核安全法》基本延续了《放射性污染防治法》和九部核安全管理行政法规确立的管理制度,对分散的法律规定予以系统梳理,并对现有核安全制度进行了补充完善。《核安全法》首次从核安全的基本方针、原则、核安全制度、措施、核安全责任、公众参与及监督管理等方面进行了系统规范。《核安全法》的颁布和实施,结束了中国在核安全管理方面只能依赖行政法规和部门规章而缺少顶层立法的局面。它将为我国的核设施安全稳定运行,以及核事业的健康发展提供重要的法律保障。

(二)核安全管理机构

核安全涉及的部门多,延伸的链条长,监管的专业性强,加强核安全监管能力建设尤显重要。为此,《核安全法》对监管作出了多项规定。考虑核安全工作涉及多个部门,为了统筹协调,形成合力,《核安全法》明确了核安全监督管理部门、核工业主管部门和能源主管部门等部门的监管责任,规定了国家建立核安全工作协调机制,统筹协调有关部门推进相关工作。

关于核安全管理机构,《核安全法》对我国现有核安全管理机构的设置及职责分工进行了概括规定,该法第六条规定:"国务院核安全监督管理部门负责核安全的监督管理。国务院核工业主管部门、能源主管部门和其他有关部门在各自职责范围内负责有关的核安全管理工作。"有关部门及其职责如下:

1. 国家核安全局。国务院核安全监督管理部门即国家核安全局,其组成部分实际为环境保护部下设的核设施安全监管司、核电安全监管司、辐射源安全监管司,环境保护部对外保留国家核安全局的牌子。国家核安全局对核安全和辐射安全负有总体的监督管理职责,其中包括:负责对涉及核电站设计、选址、建造、运行阶段的环境影响评价进行批复,并签发核电站运行许可证;负责核安全设备的许可、设计、制造、安装和无损检验活动的监督管理及进口核安全设备的安全检验;负责核技术利用项目;负责放射性废物处理、处置的安全和辐射环境保护工作的监督管理等。

2. 国防科技工业局。即国务院核工业主管部门,由工业和信息化部管理,对外保留国家原子能机构、国家核事故应急办公室的牌子。主要负责除核电之外的核工业管理和对军用核设施实施核安全监管以及和平利用核能项目监督管理。此外,在核事故应急方面,承担国家核事故应急协调委员会日常工作,牵头制定国家核事故应急预案,在经国务院批准后负责组织实施。

3. 国家能源局。中国核电产业的主要监管机构是国家发展改革委下设的国家能源局。国家能源局从 2008 年开始继承了原国防科学技术工业委员会在核电方面的监管职责,并且从 2013 年开始继承了原国家电力监管委员会在发电、并网及输电方面的监管职责。国家能源局负责核电管理,拟订核电发展规划、准入条件、技术标准并组织实施,提出核电布局和重大项目审核意见等。在核事故方面,负责组织核电厂的核事故应急管理工作。

4. 核事故应急协调委员会。《核安全法》主要明确了设立核事故应急协调委员会、制定核事故应急预案、建立核事故应急准备金制度、发生核事故时的应急响应和救援、对核事故应急信息的发布和通报、核事故后的调查评估等内容。该法第五十四条规定:“国家设立核事故应急协调委员会,组织、协调全国的核事故应急管理工作。”核事故应急协调委员会由国防科技工业局牵头,外交部、国家发展改革委、公安部、民政部、财政部、原交通部、工业和信息化部、原卫生部、原环保部(含国家核安全局)、国家安全监管局等部门参加。按照国家核事故应急预案部署,组织协调国务院有关部门、地方人民政府、核设施营运单位实施核事故应急救援工作。

上述内容,除核事故和核事故场外应急行动的调查是新增的外,其他基本都是在《核电厂核事故应急管理条例》基础上的提炼和澄清,并吸收了《放射性污染防治法》中核事故应急的相关规定,这样规定更为全面和系统。但对于《核安全法》中没有规定而《核电厂核事故应急管理条例》及《放射性污染防治法》中有规定的事项,原规定仍然继续有效。

《核安全法》明确要求国务院核安全监督管理部门和其他有关部门加强核安全监管能力建设,提高核安全监管水平;并要求核安全监督检查人员应当具备与监督检查活动相适应的专业知识和业务能力;还要求核安全监管部门向核设施建造、运行、退役等现场派遣监督检查人员,并赋予相应的监督检查手段和措施。

(三)核设施安全

《核安全法》中这方面规定占较大篇幅,共计 24 条,主要包括核设施质量保证、安全许可、核设施进出口、核安全设备管理、核设施相关人员资质要求等内容。规定核设施营运单位在首次装投料前应当申请核设施运行许可(第二十七条);新增对核设施安全许可延期的办理(第二十六条、第二十八条)、核设施终止运行后的停闭管理(第二十九条)、核设施退役时对放射性物质的处理(第三十条);《核安全法》还增加了核设施营运单位应设置核设施纵深防御体系(第十六条第一款)、定期对核设施进行安全评价(第十六条第二款)、建立核安全报告制度(第三十五条)的内容。此外,《核安全法》还明确了核设施营运单位对从业人员进行安全教育、技能培训、提供劳动保护和定期体检的制度,体现了保护涉核人员和公众安全健康的立法目的。

(四)核材料和放射性废物安全

《核安全法》主要从核材料的持有、放射性废物的处理、贮存和处置、乏燃料的安全管理以及核材料和放射性废物的运输等方面进行了规定。其中,放射性废物处理许可、乏燃料的安全管理是《核安全法》的新增内容。

关于放射性废物处理,《核安全法》第四十三条规定,专门从事放射性废物处理、贮存、处置的单位,应当向国务院核安全监督管理部门申请许可。而此前《放射性污染防治法》《放射性废物安全管理条例》仅规定对放射性废物的贮存和处置施行许可。这一改变主要是基于目前放射性废物的处理专业化的趋势。不过,放射性废物处理许可制度如何落实,尚待出台该许可的办理指南。

关于乏燃料,《核安全法》第三十九条规定了产生、贮存、运输、后处理乏燃料的单位对持有的乏燃料承担核安全责任;第四十八条规定了核设施营运单位应当按照国家规定缴纳乏燃料处理处置费用,列入生产成本。这是首次从法律角度对乏燃料安全管理责任和处置费用的承担作出明确规定。

(五)信息公开与公众参与

公众接受度是世界核能、核技术发展的“瓶颈”问题。以往业内碰到的“谈核色变”“邻避问题”,要靠公众宣传、信息公开,满足公众的知情权、参与权,才能予以化解,才能构建一个良好的核能、核技术发展的环境,也才能保证核能、核技术健康可持续地发展。信息公开和公众参与是《核安全法》在核安全管理方面的新要求,也是加强核安全文化建设的具体措施之一。为此,《核安全法》增加了信息公开和公众参与等新内容。

在信息公开方面,《核安全法》规定:相关政府部门应依法公开行政许可、安全监督检查报告、总体安全状况、辐射环境质量和核事故等核安全相关信息;核设施营运单位应公开本单位核安全管理制度和文件、核设施安全状况、流出物和周围环境辐射监测数据、年度核安全报告等信息;公开途径有政府公告、网站及其他便于公众知晓的方式,公开应及时;此外,公民、法人和其他组织可依法向相关政府部门申请获取核安全相关信息。

在公众参与方面,对于影响公众利益的重大核安全事项,核设施营运单位、核设施所在地政府应通过听证会、论证会、座谈会或采取其他形式征求利益相关方意见,并进行反馈。

《核安全法》单列一章规定信息公开和公众参与,要求核安全监管部门和其他有关部门以及核设施营运单位公开核安全信息,就涉及公众利益的重大核安全事项征求利益相关方的意见,并以适当形式反馈,赋予公民、法人和其他组织核安全违法行为举报权,加强社会监督。为营造全社会、相关部门、全体涉核人员关心核能事业,主动承担核安全的责任和义务,形成上下一体、纵深防御、联防联控的体系,共同来保障我国核事业的发展和核安全,此次《核安全法》大力推进了全社会的核安全文化建设。

（六）核安全法“严”字特点

按照确保安全的方针，核安全法确立严格的标准、严密的制度、严格的监管和严厉的处罚。这四个“严”也成为这部法律的最大特点。

1. 坚持从高从严标准

标准是安全的基础，高标准才能严要求。《核安全法》明确要从高从严建立核安全标准体系。一直以来，我国的核安全标准制定工作相对滞后，在具体实践中，往往是引进哪国技术，就适用该国与之配套的标准。目前，根据《放射性污染防治法》和相关行政法规的规定，与核安全相关的标准包括放射性污染防治标准、核安全技术标准、民用核安全设备标准、放射性物品运输安全标准等。要与我国快速发展的核工业相适应，就需要进一步整合、制定和完善相关标准，为核设施营运单位提供营运准绳，为核安全监管部门提供监管依据。为此，《核安全法》规定，国家坚持从高从严建立核安全标准体系，核安全标准应当根据经济社会发展和科技进步适时修改。值得一提的是，在征求意见过程中，有的意见对“从高从严”提出了不同看法，认为在制定核安全标准时，应当综合平衡安全性与经济性的关系，不宜一味强调“严”而牺牲效益。法律最终保留了“从高从严”的表述，表达一种核安全无止境的价值取向，核安全标准没有最高，只有更高。

2. 全链条全过程管控

核安全包括核设施安全、核材料安全和放射性废物安全等内容。此次立法所有的制度设计都是围绕着“严”字进行。《核安全法》对核设施选址、设计、建造、运行、退役和核材料及相关放射性废物实行全过程、全链条监管和风险管控，全面覆盖，不留空白，不留死角，不遗余力，确保万无一失。在深化行政审批制度改革的大背景下，对一件事情规定这么多许可，无疑是极其罕见的。针对地方政府、企业对核电建设积极性高涨的现实，为避免一哄而上，《核安全法》规定，国家对核设施的选址、建设进行统筹规划，科学论证，合理布局。对核设施选址、建造、运行、退役实行分阶段许可，一步一个许可，一步一个门槛，层层把关、步步为营。

《核安全法》规定了核材料持有许可制度，要求建立衡算和实物保护制度，防止被盗、破坏、丢失、非法转让和使用。

放射性废物处置已成为制约我国核能发展的“瓶颈”。正如中国工程院院士潘自强指出的，“放射性废物从产生、处理、贮存，到处置及处置后的长期监护，涉及环节多、周期长、管理层级繁杂”“我国核电运行产生的大量废物仍处于暂存状态，放射性废物管理工作严重滞后于核能和核事业发展”。鉴于此，此次立法强化了放射性废物安全管理。针对地方“只愿建别墅、不愿建厕所”，只愿建核电站、不愿建放射性废物处置场所的现实，《核安全法》规定，放射性废物处置场所的建设应当与核能发展的要求相适应。同时，对放射性废物处理、贮存、处置作出规定，并明确原则，提出要求，落实费用，夯实责任。

《核安全法》还对核材料和放射性废物运输的方式、承运人的资质、运输中的安保措施等作出规定，对核事故应急协调机构、应急预案的制定、应急准备、应急响应、应急救援、核事故调查等也作出规定。

3. 从严设定法律责任

《核安全法》对相关违法行为设定了严厉的法律责任。该法共 94 条，法律责任就占了17条。《核安全法》大幅提高了违法行为的罚款额度，最高达500万元。对有些情节严重的违法行为，除罚款外，法律还规定可以责令停止建设、停产整顿、暂扣或者吊销许可证等处罚。《核安全法》对有些违法行为实行"双罚制"，既处罚违法单位，又处罚直接负责的主管人员和其他直接责任人员。对违法行为造成环境污染的，责令限期采取治理措施消除污染。

《核安全法》还规定了核损害赔偿制度，明确规定因核事故造成他人人身伤亡、财产损失或者环境损害的，核设施营运单位应当承担赔偿责任。同时，要求核设施营运单位通过投保责任保险、参加互助机制等方式作出适当的财务保证安排，确保能够及时、有效履行核损害赔偿责任。

关于核损害赔偿责任，则主要由《侵权责任法》中的原则性规定、1986年《国务院关于处理第三方核责任问题给核工业部、国家核安全局、国务院核电领导小组的批复》（国函〔1986〕44号）以及2007年《国务院关于核事故损害赔偿责任问题的批复》（国函〔2007〕64号）中的专门规定予以规范。

四、《放射性污染防治法》

《放射性污染防治法》由十届全国人大常委会第三次会议于2003年6月28日通过，并自2003年10月1日起施行。该法共由八章组成：总则、放射性污染防治的监督管理、核设施的放射性污染防治、核技术利用的放射性污染防治、铀（钍）矿和伴生放射性矿开发利用的放射性污染防治、放射性废物管理、法律责任、附则。

放射性，是指原子核在衰变过程中放出α、β、γ射线的现象。放射性污染，是指因放射性物质在环境中的扩散所造成的污染。其来源有核工业排放的各种废弃物、核武器试验的沉降物、医疗辐射产生的放射性污染、科研实验室排出的具有放射性的废水与废气等。人畜吸入大气中的放射性微尘，会产生放射性疾病，如损坏骨髓、生殖腺、白细胞和血小板减少、诱发肿瘤、白血病和遗传性疾病等。

（一）核心原则——预防为主、防治结合、严格管理、安全第一

1986年第一部核能立法《民用核设施安全监督管理条例》第三条规定："民用核设施的选址、设计、建造、运行和退役必须贯彻安全第一的方针；必须有足够的措施保证质量，保证安全运行，预防核事故，限制可能产生的有害影响；必须保障工作人员、群众和环境不致遭到超过国家规定限值的辐射照射和污染，并将辐射照射和污染减至可以合理达到的尽量低的水平。""预防为主、防治结合、严格管理、安全第一"的原则处于整个核能安全立法的核心原则的地位。在随后制定的大量部门规章中，这一原则作为首要原则得以严格贯彻和执行。在2003年实施的《放射性污染防治法》中，继续体现着这一原则。同时作为目前核能安全立法最高层面的法律，《放射性污染防治法》再一次强调了"预防为主、防治结合、严格管理、安全第一"原则。这一规定鲜明地表达了我国对核能安全的态度，安全是第一位的，只有在保障安全的前提下，核能利用才能得以实现，否则一切皆无可能。

（二）基本制度

除了"预防为主、防治结合、严格管理、安全第一"的核心原则以外，在《放射性污染防治法》中还设立了几个重要的制度，主要有环境影响评价制度、"三同时"制度、许可证制

度和监督管理制度等。环境影响评价制度、“三同时”制度起源于环境法律制度,将其引入核能安全立法领域,强调了立法者对核能环境影响方面的考虑,是对核能安全的一种细化。环境影响评价制度,是指对环境有影响的人类活动进行预先评估,或者对拟议中的人类活动可能产生的环境后果进行分析,即对于拟议中可能对环境产生不良影响的活动进行环境影响评价。

1. 环境影响评价制度具体表现为《放射性污染防治法》的具体条款中,如第二十条规定:“核设施营运单位应当在申请领取核设施建造、运行许可证和办理退役审批手续前编制环境影响报告书,报国务院环境保护行政主管部门审查批准;未经批准,有关部门不得颁发许可证和办理批准文件。”第二十九条规定:“生产、销售、使用放射性同位素和加速器、中子发生器以及含放射源的射线装置的单位,应当在申请领取许可证前编制环境影响评价文件,报省、自治区、直辖市人民政府环境保护行政主管部门审查批准;未经批准,有关部门不得颁发许可证。”第三十四条规定:“开发利用或者关闭铀(钍)矿的单位,应当在申请领取采矿许可证或者办理退役审批手续前编制环境影响报告书,报国务院环境保护行政主管部门审查批准。开发利用伴生放射性矿的单位,应当在申请领取采矿许可证前编制环境影响报告书,报省级以上人民政府环境保护行政主管部门审查批准。”

2. “三同时”制度是我国出台最早的一项环境管理制度。它是中国的独创,是在我国社会主义制度和建设经验的基础上提出来的,是具有中国特色并行之有效的环境管理制度。具体而言,“三同时”制度,是指新建、改建、扩建项目和技术改造项目以及区域性开发建设项目的污染治理设施必须与主体工程同时设计、同时施工、同时投产的制度。它与环境影响评价制度相辅相成,是防止新污染的两大“法宝”,是我国预防为主方针的具体化、制度化。

《放射性污染防治法》第二十一条规定:“与核设施相配套的放射性污染防治设施,应当与主体工程同时设计、同时施工、同时投入使用。放射性污染防治设施应当与主体工程同时验收;验收合格的,主体工程方可投入生产或者使用”。第三十条规定:“新建、改建、扩建放射工作场所的放射防护设施,应当与主体工程同时设计、同时施工、同时投入使用。放射防护设施应当与主体工程同时验收;验收合格的,主体工程方可投入生产或者使用。”第三十五条规定:“与铀(钍)矿和伴生放射性矿开发利用建设项目相配套的放射性污染防治设施,应当与主体工程同时设计、同时施工、同时投入使用。放射性污染防治设施应当与主体工程同时验收;验收合格的,主体工程方可投入生产或者使用。”

3. 许可证制度,是指在放射环境领域,凡从事可能造成放射性污染活动的单位和个人,必须事先按照法律的规定向有关部门提出申请,获得许可证。具体指拟进行核设施营运、核技术利用、铀(钍)矿和伴生放射性矿开发利用和放射性废物贮存、处置的单位,须按照法律的规定事先向有关部门提出申请,由有关部门按照法律程序严格审核,颁发许可证并予以登记,以实现对核能和核技术利用全过程进行严格监督管理的制度。许可证制度不同于登记制度,前者比后者要求更严格,且登记是许可证制度的题中应有之义。许可证制度包括核设施安全许可证制度、核技术利用许可证制度、开发利用放射性矿许可证制度和贮存、处置放射性固体废物许可证制度等。

4. 监督管理制度主要体现在《放射性污染防治法》总则第八条的规定,即“国务院环境保护行政主管部门对全国放射性污染防治工作依法实施统一监督管理。国务院卫生行政部门和其他有关部门依据国务院规定的职责，对有关的放射性污染防治工作依法实施监督管理”。此外，在分则第九条至第十二条规定了国务院环境保护行政主管部门、国务院其他有关部门、各级人民政府环境保护行政主管部门和同级其他有关部门以及核设施营运单位、核技术利用单位、铀(钍)矿和伴生放射性矿开发利用单位相应的职能分工。

总之，《放射性污染防治法》在总结我国放射性污染防治的实践经验基础上，借鉴了相关环境法、国际核与辐射安全监督管理模式，较为系统、明确、具体地规定了核能安全制度。

五、健全核安全法

(一)我国核能安全立法体系存在的问题

综观上述核能的法律渊源可以发现，我国核能立法绝大多数是以部门规章的形式出现的，而且整个体系不够完善。《放射性污染防治法》虽然比较全面地规定了核能利用的原则、法律制度以及相应的措施，但作为核能立法整体系统而言，还存在很多问题。

1. 法律渊源体系结构不够严谨

从上述渊源来看，核能安全的整个立法体系杂乱且未形成体系结构。整个立法体系以大量的部门规章为主，并且现有的法律大多是陈旧的，无法适应新的核能开发与利用的要求。尽管有《放射性污染防治法》作为新法支撑着整个体系，但是该法本身也是多从管理层面对核能利用进行调整，在技术方面的立法多集中在20世纪90年代初的部门规章中，这样对于核能领域新技术的适用是不利的。

2. 监督管理职能的分配不够集中

监督管理职能的分配不够集中主要体现在《放射性污染防治法》中职能分配过于分散。国家环保总局、卫生、公安部门等众多部门都有一定的管理权，而这样潜在的问题是有利益时争着管，一旦发生核污染，就会出现相互推诿的情况，责任追究无法实现。如对核设施安全的许可由隶属于原国家环保总局的核安全部门审管；对放射工作的许可证则仍按照《放射性同位素与射线装置放射防护条例》的规定，由卫生、公安部门审管；对贮存、处置放射性固体废物的许可由国务院环境保护行政主管部门审管。因而同是有关放射性的许可登记却涉及多个部门的管理，这样不利于对整个放射污染实施统一监督管理。

此外，现在核技术的应用已非常广泛，不限于医疗诊断，由卫生部门来审批许可证并不合理，况且医疗卫生单位是同位素和射线装置的使用单位，如让其从事审批许可证不具独立公正性。因而按照“一件事由一个部门负责”的原则，由一个独立于放射源设计者、制造者、供应者、使用者和许可证持有者的国家统一机构来审管，这也是国际上通用的实践和法则。例如，保加利亚在部长会议之下设立了和平利用核能委员会，统一领导和贯彻国家的核能政策。

3. 对于奖励制度不够重视

法律的功能中奖励与惩罚是并存的，但是现实运用中往往会出现只重惩罚、忽视奖励的情况，在整个核能安全立法中也不例外。对于责任以及惩罚的规定，在每一部核能法规中都有体现，但是对于奖励，《放射性污染防治法》只在第四条和第七条中提及，如第四条第一款规定："国家鼓励、支持放射性污染防治的科学研究和技术开发利用，推广先进的放射性污染防治技术。"第七条规定："在放射性污染防治工作中作出显著成绩的单位和个人，由县级以上人民政府给予奖励。"相对于第七章的法律责任规定而言，不足以形成具体的奖励制度，不免流于形式。

（二）核安全立法创新

1. 加快原子能法立法工作

我国原子能法立法起步于20世纪80年代，但由于管理体制的频繁变化等原因，致使原子能法的立法工作进展缓慢。2017年2月28日，国务院于批复的《核安全与放射性污染防治"十三五"规划及2025年远景目标》中，提及了"积极推进核安全立法，推动出台核安全法、原子能法"，原子能法的出台也应该成为能源立法关注的一个热点问题。

原子能法应当制定的法律规范包括：立法宗旨、适用范围、发展原则、对外基本原则、管理方式、紧急情况处置、核安全保障与核保安、管理部门及其职责、铀矿产资源的保障与勘查、采冶管理、核材料管制、核设施管理、核技术应用管理、放射性废物管理、放射性物质的运输、核安全、核事故应急准备与响应、核进出口、法律责任等。

2. 健全我国核能立法体系

要解决核能立法问题，就必须建立科学的核能法律体系，主要可以从以下方面进行完善：

（1）在整个法律体系中，应该是以基本法为中心，并涵盖其他相关单行法，切忌追求所谓"形散神不散"。法律的制定追求的是准确、适用，含混不清的立法是不能有效地调整社会关系的。一个好的法律体系中的各个法律应该是既有效力等级上的区别，又有内容上的互相补充与联系的，只有这样才能实现整个体系间的有序和统一。

（2）基本法的制定要融合核能技术本身，也就是法律本身要包含科技成分，要走法律与技术相结合的综合路线。这就要求基本法利用核能技术层面的知识将核能利用过程中的问题具体化，而不是流于法规上的空话、套话。现在法律应该更多致力于解决现实层面的规范意义，而不是仅限于追究责任的工具书。

（3）我国可由核安全局作为全国统一审管机构，负责相关放射性活动的许可登记，以加强对放射环境的统一监督管理。

核能立法本身就是科技与法律的结合，对待科技不能靠惩罚来推动其前进和发展，而是应该给予奖励机制足够的重视，因此，在我国核能法律体系的基本法中建立相应的奖励制度是必要的。在具体的建立过程中可以充分借鉴现有科技立法中的相关奖励机制的立法原则和措施，使核能安全与科技进步并驾齐驱。

（4）安全高效发展核电。继续坚持科学的核安全理念，把"安全第一"的原则严格落实到核电规划、选址、研发、设计、建造、运营、退役等全过程；建立和完善核电法规体系；健全和优化核电安全管理机制，从严设置准入门槛，落实安全主体责任；完善核电监管体系，加强在建及运行核电厂的安全监督检查和辐射环境监督管理。建立健全国家核事故应急机制，提高应急能力。加大核电科技创新投入，推广应用先进核电技术，提高核电装备水平，重视核电人才培养。

(三)加强核安全监管

1. 加强核与辐射安全监管

加强运行核设施安全监管,强化对在建、拟建核设施的安全分析和评估,完善核安全许可证制度。完善早期核设施的安全管理。加强对核材料、放射性物品生产、运输、存储等环节的安全监管。加强核技术利用安全监管,完善核技术利用辐射安全管理信息系统。加强辐射环境质量监测和核设施流出物监督性监测。完善核与辐射安全监管国际合作机制,加强核安全宣传和科普教育。

2. 加强放射性污染防治

开展民用辐射照射装置退役和废源回收工作。加快放射性废物贮存、处理和处置能力建设,基本消除历史遗留中低放废液的安全风险。加快铀矿、伴生放射性矿污染治理,关停不符合安全要求的铀矿冶设施,建立铀矿冶退役治理工程长期监护机制。

思考练习题

1. 如何理解能源安全保障的科学含义?
2. 以法律保障能源安全的重要意义有哪些?
3. 我国能源安全法律保障存在哪些问题?
4. 如何健全能源安全法律保障体系?
5. 能源安全生产现状及存在的主要问题有哪些?
6. 我国能源安全生产主要法律制度有哪些?
7. 我国能源供给保障存在哪些挑战? 如何面对这些挑战?
8. 如何运用法律手段保护能源设施及场所?
9. 如何构建能源储备制度来保障我国能源安全?
10. 如何完善我国能源预测预警法律制度?
11. 如何构建能源应急管理法律制度?
12. 如何认识核安全在能源安全中的特殊地位?
13. 我国《核安全法》的主要内容有哪些?

第九章　能源科技与创新

导读

当前，能源革命正在孕育，各主要国家都把能源技术视为新一轮科技革命和经济转型的重要突破口。在科技创新驱动下，能源清洁化、低碳化、智能化步伐将进一步加快。可以说，能源科技创新是引领我国能源革命的主要源泉。能源科技创新需要与其相适应的法律制度：一是能源科技创新体制方面，包括能源科技发展方针、能源科技投入、能源科技发展机制、能源科技重点领域等；二是能源科技创新法律保障方面，包括知识产权保障、财政法律保障、金融法律保障；三是能源宣传与能源教育方面。通过这三方面的制度设计，激励能源体系走上创新驱动发展的路径，并促进能源科技创新的规范化。本章重点是能源科技创新的法律保障，包括能源科技研发与应用、知识产权保护及财税法律保障。本章难点是科技创新体系、能源科技的补贴制度、基金制度及绿色金融体系。

能源四个革命中，能源技术革命是关键。能源基本法应为能源技术革命提供法律保障，应对此作出规定：(1)鼓励能源科技创新及奖励。如国家鼓励和促进能源科技创新，推动建立企业为主体、市场为导向、产学研相结合的能源科技创新体系，采取措施促进能源新技术、新产品、新设备的研发、示范、推广和应用。县级以上各级人民政府及其有关部门组织对能源领域取得原始创新、集成创新以及引进消化吸收再创新突出成果进行评估鉴定，对相关单位和人员按照国家有关规定予以表彰和奖励。(2)法定能源科技重点领域。如国务院能源主管部门会同有关部门采取措施，支持能源资源勘探开发技术、能源加工转换和输送技术、能源清洁和综合利用技术、节能减排技术及能源安全生产技术、能源互联网技术、智能电网技术等的创新研究和开发应用。能源开发利用的科学技术研究和产业化发展应当纳入国家科技产业发展相关规划。(3)依法保障对能源科技的投入。如各级人民政府应当加大对能源科技的投入力度。中央财政和省级地方财政安排专项资金，重点支持能源领域的基础性、前沿性、关键性、公益性技术和装备以及重大技术标准的研究、开发、示范和推广应用。国务院有关部门应当制定和完善财政、税收和金融政策，激励企业以及其他社会资金对能源科技的投入。(4)建立能源科技发展机制。如国务院有关部门应当支持建立国家级能源研发(实验)中心、企业技术研发中心等研发机构，依托重大能源工程和能源科研项目，集中开展科技攻关活动。国家鼓励企业、科研单位充分利用国际科技资源，依托重点能源工程项目，引进、消化和吸收国际先进能源技术。(5)加快能源教育和人才培养。如国务院教育行政部门会同国务院能源主管部门制定能源专业人才培养政策，支持能源领域紧缺人才的培养，鼓励教育机构、科研机构与企业合作培养能源专业人才。(6)促进能源科普。如县级以上各级人民政府及其能源、科技等有关主管部门应当积极开展能源科技知识普及活动,支持社会中介机构等有关单位和个人从事能源科技咨询与服务,提高全民能源科技知识和科学用能水平。(7)加强农村能源技术推广。如县级以上人民政府能源主管部门、农业主管部门和科技主管部门应当将能源技术推广纳入农业技术推广体系,发挥农业技术推广机构的作用,推动建立农村能源技术服务网络,加强农村能源技术指导和培训等公益性服务,提升农村能源服务水平。

第一节 能源科技创新体系

一、能源科技创新概述

(一)能源科技创新的态势

当前,全球能源技术创新进入高度活跃期,新兴能源技术正以前所未有的速度加快迭代,对世界能源格局和经济发展将产生重大而深远的影响。特别是,世界主要国家均把能源技术视为新一轮科技革命和产业革命的突破口,制定各种法律措施激励科技创新。欧盟通过制定《2050 能源科技路线图》提出太阳能、风能、智能电网、生物能源、碳捕集与封存、核聚变以及能源效率等为主攻方向的发展思路,突出可再生能源在能源供应中的主体地位。日本先后出台《面向 2030 年能源环境创新战略》和《能源基本计划》,提出能源保障、环境、经济效益和安全并举的方针,继续支持发展核能,推进节能和可再生能源,发展储 能技术,规划绿色能源革命的发展路径。美国发布了《全面能源战略》,并陆续出台提高能效,发展太阳能、四代和小型模块化核能等清洁电力新计划。[1]

纵观全球能源技术发展动态和主要能源大国推动能源科技创新的举措,可以得到以下结论和启示:一是能源科技创新进入高度活跃期,新兴能源技术正以前所未有的速度加快对传统能源技术的替代,对世界能源格局和经济发展将产生重大而深远的影响。二是绿色低碳是能源科技创新的主要方向,重点集中在传统化石能源清洁高效利用、新能源大规模开发利用、核能安全利用、能源互联网和大规模储能技术、先进能源装备及关键材料等领域。三是世界主要国家均把能源技术视为新一轮科技革命和产业革命的突破口,制定各种政策措施抢占发展制高点,增强国家竞争力并保持领先地位。

"十三五"时期是我国大力推动能源产业转型升级的关键时期。我国将通过不断健全能源科技创新体系,集中力量突破重大关键技术"瓶颈",以科技为先导,引领能源生产和消费方式的重大变革,按照应用推广一批、试验示范一批、集中攻关一批的发展路径推动能源技术革命,重点发展清洁高效化石能源技术、新能源电力系统技术、安全先进核能技术、战略性能源技术、能源基础材料技术等,这是未来 5 年我国能源科技创新的重大使命。[2]

---

[1] 参见国家能源局:《能源技术创新"十三五"规划》,2016 年 12 月。

[2] 参见国家能源局:《能源技术创新"十三五"规划》,2016 年 12 月。

（二）能源科技创新的内涵

创新的概念，最早是由美籍奥地利经济学家约瑟夫·熊彼特（Joseph Alois Schum Peter，1883～1950年）在1912年德文版《经济发展理论》一书中首次提出并阐述。根据他的"创新理论"，创新就是把一种从来没有过的关于生产要素的"新组合"引入生产体系，包括引入一种新的产品、采用一种新的生产工艺或生产方法、开辟一个新的产品市场、获得或控制原材料或半制品的一种新的供应来源以及采用一种新的工业组织。[3]科技创新可以被分成3种类型：知识创新、技术创新和现代科技引领的管理创新。现代科技创新应该是集知识创新、技术创新、管理创新于一体的科技创新体系，因此，能源科技创新可以理解为原创性能源科学研究和技术创新的总称，是指创造和应用能源新知识和能源新技术、能源新工艺，采用新的能源生产方式和能源经营管理模式，开发新的能源产品，提高能源效率，提供新的能源服务的过程。

能源科技创新应服务于建设清洁低碳、安全高效的现代能源体系的目标。具体来说，能源科技创新对清洁低碳和安全高效的现代能源体系的支持大致分为3个层次：（1）基础性研究，包括能源新材料、新工艺、新概念等创新。如新型太阳能电池、氢燃料汽车等新概念和新技术，在原来研究的基础上朝着崭新的方向迈进。（2）能源新技术的创新与应用，解决战略性产业发展的技术"瓶颈"，并为重大工程项目提供支持。如煤炭的安全洁净开采、间歇性能源并网和分布式利用、核燃料后处理和核废料处置等技术大规模应用。（3）在能源体系中运用新技术和新的能源管理模式，从而推动能源革命。如通过智能互联网技术、能源大数据技术推进能源消费革命，推动集中式能源系统向分布式能源系统转移，并向着多种清洁能源互补、整合、多项传输及数字化管理方向发展。

二、能源科技创新在能源发展中的意义

（一）能源科技创新是能源革命的必由之路

人类历史从畜力的使用，到蒸汽机、内燃机等的发明和大量使用，使世界能源体系经历了薪柴——煤炭——石油的变迁。21世纪是人类社会从化石能源体系走向可持续能源体系的新时代。可再生能源和安全、可靠、清洁的核能等新能源将逐步代替化石能源，成为人类社会可持续发展的基石。人类在继续致力清洁、高效利用化石能源的同时，将致力于发展稳定、可靠的可再生能源，以及先进、安全的核能及其他替代能源，建立可持续能源体系。[4]由于能源科技创新已经确立了清洁低碳、安全高效的战略目标，可再生能源和新能源科技的发展将最终打破传统化石能源体系的垄断地位。以太阳能和核聚变技术为例，如果能够实现重大技术突破，将极大地改变能源发展格局，人类有可能完全摆脱对化石能源的依赖，相应地为人类所面临的贫困、气候变化和环境问题带来福音。

2014年6月13日，习近平总书记在中央财经领导小组第六次会议上提出了涵盖能源消费、能源供给、能源技术和能源体制四个方面的能源革命战略。习近平总书记关于"能源革命"战略的重要论述，高度概括了未来中国能源发展战略和政策方向，为中国的

---

〔3〕［美］约瑟夫·熊彼特：《经济发展理论》，何畏等译，商务印书馆1990年版，第336页。

〔4〕路甬祥：《提高自主创新能力是建设创新型国家的重大战略任务》，载《党政研究》2007年第11期。

能源技术创新指明了方向，为中国开创一个更加安全、多元化和高效的可持续能源体系指明了道路。此后，国家发展改革委、国家能源局于2016年12月29日印发了《能源生产和消费革命战略（2016—2030）》。当前，我国要在能源短缺、环境危机和气候变化的多重压力下，保证经济社会健康可持续发展，就必须牢牢抓住正在孕育中的能源科技革命。2017年10月，习近平总书记再次强调，要全面节约资源有效推进，能源资源消耗强度大幅下降，只有在能源科技创新上下功夫，才能在能源革命中取得决定性的胜利。[5]能源技术是新一轮科技革命和产业革命的突破口，必须将其摆在我国能源发展全局的核心位置。

（二）能源科技创新是能源转型的内在要求

1. 我国能源消费结构目前以煤为主，清洁能源占一次能源消费的比重较低，而且能源消费总量的不断增加和能源利用效率的低下，已经成为我国经济持续高速增长的“瓶颈”。因此，加快推进能源转型、促进绿色低碳发展，始终是我国经济社会发展需要解决的紧迫问题。另外，从我国的能源产业发展和科技发展水平来看，各行业领域自主创新能力尚存在不足。我国核电、海洋石油开发以及非常规天然气行业尚未彻底摆脱依赖引进技术、自主创新能力不足的制约。同样，能源领域科技创新水平也不高，一方面，大量高污染、高耗能、资源性的落后产能影响着产业转型升级；另一方面，一些重大科技专项、重大技术装备的自主创新能力不强，至今没有摆脱对发达国家的技术依赖，缺“核”少“芯”。我们必须适应时代变革的趋势和抓住大国能源战略的调整机遇，将我国的能源科技创新战略与创新型国家战略充分协同，促进能源经济转型升级，保障能源安全。

2. 我国能源利用效率的总体水平目前还不高，生态环境的承载力明显下降。能源供应安全和生态环境容量的约束，已成为能源发展最突出制约因素，提质增效已成为能源行业最大压力。随着我国工业化、城镇化和全面小康的深入推进，能源资源消耗持续增加，大气污染防治压力继续加大，生态文明建设也对能源革命提出了更高要求。能源科技创新可以促进能源结构优化及能源转型升级，推进煤炭、石油等化石能源的清洁高效利用，可再生能源大规模开发利用，以及核能的安全利用。能源科技创新也是提高能源利用效率、改善环境质量的推动力，能够促进能源利用效率最大化和效能的最优化。因此，只有通过创新不断掌握核心技术，建设清洁低碳、安全高效的现代能源体系，才能抓住能源变革的关键，把握能源持续健康发展的主动权。

总之，科技决定能源的未来，科技创造未来的能源。由于能源技术创新在能源革命中起决定性作用，因此必须将其置于能源发展全局的核心位置。

延伸阅读

《中国制造2025》战略支撑与保障

三、我国能源科技创新体系

《能源法（送审稿）》修改稿第八十八条第一款规定：“国家鼓励和促进能源科技创新，推动建立企业为主体、市场为导向、产学研相结合的能源科技创新体系，采取措施促进能源新技术、新产品、新设备的研发、示范、推广和应用。”

---

〔5〕 参见习近平：《决胜全面建成小康社会　夺取新时代中国特色社会主义伟大胜利——在中国共产党第十九次全国代表大会上的报告》，2017年10月。

（一）发挥政府的主导作用

1. 政府应积极制定能源科技创新战略、能源科技发展方针，把握科技创新方向。能源科技创新是提高社会生产力和综合国力的重要支撑，必须将其置于国家发展全局的重要位置，政府应当作出实施能源技术创新驱动经济发展战略的重大部署，为能源创新营造良好的环境，进而不断孕育新思想，形成新成果，激发新动力。如《科学技术进步法》第十条规定："国务院领导全国科学技术进步工作，制定科学技术发展规划，确定国家科学技术重大项目、与科学技术密切相关的重大项目，保障科学技术进步与经济建设和社会发展相协调。地方各级人民政府应当采取有效措施，推进科学技术进步。"

在能源领域，政府作为科技发展的领导机构，应发挥好经济调节、市场监督、社会管理和公共服务的职能，促进科技发展主体之间形成合力，保证能源科技创新有序健康发展。同时，政府部门应定期召开各部门的联席工作会议，经常听取各主管部门对于能源科技创新发展情况的反馈和汇报；面对能源科技创新出现的重大问题，要做好协调组织工作；在制定重大能源创新战略的同时，也要出台和完善有助于加快能源科技创新的鼓励与支持政策；在重大能源创新战略制定后，要进行前期的能源科普活动，以形成全民参与的和谐氛围。

2. 政府应完善能源行业政策法规，促进能源领域创新发展。制定能源科技创新方面的政策法规及实施细则，建立与社会主义市场经济体制相适应、有利于提高能效的法规标准体系和技术服务体系；适时出台能源资源开发监管、价格税收管理、能源企业准入退出、促进清洁能源技术开发等方面的法规。还要加大对能源方面知识产权的保护和宣传力度，增强能源知识和专利技术的产权保护意识，加强能源知识产权执法队伍的建设，严厉打击能源科技知识产权的侵权行为。

3. 政府应加大能源科技创新资金投入，推动建立国家重点实验室。政府投入不能仅仅停留在资金上，还可以重点支持先进能源企业以及能源研究实验室，推动能源科技成果转化。能源科技创新具有投入多、风险大和周期长等特点，所以不能单纯依赖企业和市场的力量去推动。政府应加大财政在能源科技创新方面的投入，把能源方面的科技支出作为财政预算安排与预算执行中超收分配的重点，保证财政在能源科技创新投入中稳步增长。政府还可以依据企业对能源技术研发的投入，给予相应的财政资金奖励。国家税务部门可以在法律政策允许的范围内，对促进能源科技创新和能源创新成果转化的企业给予税收优惠，以发挥财税政策在能源科技创新中的激励与助推作用。

（二）坚持以市场需求为导向

1. 能源科技创新以市场需求为导向要充分发挥能源企业的主体作用，能源企业要通过发展自我，完善与市场需求相适应的技术创新建设。从促进能源企业技术创新主体地位的角度来说，需要大力强化能源企业的技术开发工作，特别是在我国目前的科技管理体制和人才分布格局下，企业科技人才比例偏少，创新资源不够，更需要鼓励有条件的企业建立研发中心或技术中心等研发平台。[6] 所以，依靠能源企业主体自有的技术研发平台

---

〔6〕 冯晓青：《国家产业技术政策、技术创新体系与产业技术创新战略联盟——兼论知识产权战略的作用机制》，载《当代经济管理》2011 年第 8 期。

解决技术创新问题会是更加有效率的方式。鼓励通过加强合作，形成产业联盟，培育领军企业。同时，就能源企业而言，要充分发挥市场在资源配置中的决定作用，实现能源的优化配置，做好企业节能减排及跟踪考核，力争经济增长方式由粗放型向集约型转变。

2. 能源科技创新发展坚持市场为导向，必须要协调好国有企业和民营企业各自在能源科技创新发展中的作用，要深化能源领域国有企业的改革，使国有企业和民营企业成为真正的市场竞争主体，通过建立能够形成有效竞争的市场结构和规范的公司治理结构，形成不断推动能源企业科技创新的激励机制。

3. 在能源科技创新发展过程中要充分考虑市场的不确定性因素，让能源科技支撑经济绿色发展，让能源技术创新体系积极服务能源实体经济，推动能源经济转型，实现可持续发展。

（三）能源科技创新要加强产学研协同合作

能源企业应积极抓住国家实施创新驱动发展的战略机遇，以企业为能源技术集成平台，以示范项目为纽带，依托科研单位、高等院校的技术人才优势，建立产学研结合的研究开发、示范和推广体系，抢占前沿技术的应用先机，为能源产业发展提供技术支撑。同时，通过与科研机构、高校联合开展管理和技术骨干队伍培养，提升能源科技人才队伍整体素质，营造适宜人才发展和科研创新的氛围，开展关键技术、核心装备和先进标准联合攻关。

能源科技创新成果最终的目的是为了运用到能源企业生产中，提高经济效益。《能源法（送审稿）》修改稿第九十条、《节约能源法》第六十一条都对能源科技创新成果的推广与运用作出了明确规定，体现出了对科技成果转化的大力支持。《可再生能源法》第三章“产业指导与技术支持”第十二条的规定，也同样体现了国家对能源科技创新产学研协同合作的重视与支持。为推进能源科技创新工作，2018 年 2 月 13 日国家能源局与科技部签署了《“科能协同”合作协议》，共同推进能源科技、产业创新工作，加快能源先进科技成果转化推广。自发布《能源技术创新“十三五”规划》以来，国家十分重视重点示范工程推进工作，已经在多能互补集成优化、新能源微电网等示范工程中均取得稳步进展。[7]

2016 年国家发展改革委和国家能源局发布的《能源技术革命创新行动计划（2016—2030 年）》详细分析了我国能源科技发展形势及战略需求，部署了非常规油气和深层、深海油气开发技术创新等 15 项重点任务，《能源技术创新“十三五”规划》又将这 15 项重点任务整合归纳为提高清洁高效化石能源技术、推进新能源电力系统技术、研发安全先进核电技术、攻克战略性能源技术以及掌握能源基础材料技术等五个方面。

知识拓展

能源技术革命创新行动的总体要求

〔7〕《张北柔性直流电网试验示范工程开工》，载国家能源局网：http://www.nea.gov.cn/2018-03/02/c_137008651.htm，2018 年 11 月 21 日最后访问。

第二节　能源科技创新的法律保障

一、能源科技研究开发与应用

我国现行有关能源科技创新的法律规范，散见于《科学技术进步法》《促进科技成果转化法》《节约能源法》《可再生能源法》等法律法规中，而操作性的具体规定多见于一些政策性文件中。有些国家将能源科技创新的原则性规定写入了专门的能源法律，如美国《能源政策法》对能源技术系统性地进行了专项规定。完善能源科技创新的法律政策，可积极引导多方主体参与技术研发与创新，在加大能源科技创新成果转化的同时，扩大创新收益并降低创新成本。

（一）研究开发投入制度

能源科技研究开发是能源科技创新中的关键环节，有利于为能源科技创新提供源源不断的动力。我国作为能源生产和消费大国，在能源领域的战略性、基础性的重大科研技术上要拥有完全的自主知识产权。《能源法（送审稿）》修改稿较为详细地规定了能源科技的研究开发，如第五条规定："国务院能源主管部门会同科技主管部门制定能源产业技术政策，鼓励、支持能源科学技术的研究、开发和推广应用，促进能源科学技术的自主创新和产业化。"[8]另在第七章"科技进步"中，分别从能源科技创新及奖励、能源科技投入、能源科技发展机制、能源科技重点领域、能源科普等方面作出了详细规定。

《可再生能源法》第三章规定了"产业指导和技术支持"的内容。其中第十一条是关于技术标准和国家标准的规定；第十二条规定："国家将可再生能源开发利用的科学技术研究和产业化发展列为科技发展与高技术产业发展的优先领域，纳入国家科技发展规划和高技术产业发展规划，并安排资金支持可再生能源开发利用的科学技术研究、应用示范和产业化发展，促进可再生能源开发利用的技术进步，降低可再生能源产品的生产成本，提高产品质量。"[9]

在《节约能源法》第八条也有原则性规定："国家鼓励、支持节能科学技术的研究、开发、示范和推广，促进节能技术创新与进步。"第四章"节能技术进步"，对发布节能技术政策大纲、指导节能技术研究、组织实施重大节能科研项目等节能管理的法律主体作了原则性规定，并且针对农村节能，从淘汰落后产能，鼓励、支持在农村大力发展沼气，推广生物质能、太阳能和风能等可再生能源利用技术，发展小型水力发电，推广节能型的农村住宅和炉灶等方面作了具体规定。

在涉及能源行业的其他领域，同样对能源科技创新进行了法律规定。《矿产资源法》第八条规定："国家鼓励矿产资源勘查、开发的科学技术研究，推广先进技术，提高矿产资

---

〔8〕 参见《能源法（送审稿）》修改稿第五条。

〔9〕 参见《可再生能源法》第十二条。

源勘查、开发的科学技术水平。”[10]《煤炭法》第九条规定：“国家鼓励和支持在开发利用煤炭资源过程中采用先进的科学技术和管理方法。煤矿企业应当加强和改善经营管理，提高劳动生产率和经济效益。”[11]《石油天然气管道保护法》第九条规定：“国家鼓励和促进管道保护新技术的研究开发和推广应用。”《促进科技成果转化法》第十二条规定，国家通过政府采购、研究开发资助、发布产业技术指导目录、示范推广等方式对能够合理开发和利用资源、节约能源、降低消耗以及防治环境污染、保护生态、提高应对气候变化和防灾减灾能力的项目予以支持。[12]《清洁生产促进法》第二条规定了清洁生产的具体情形，第九条明确规定，中央预算应当加强对用于支持国家清洁生产推行规划确定的重点领域、重点行业、重点工程实施清洁生产及其技术推广工作的资金投入。《关于积极应对气候变化的决议》同样将技术放在了重要位置，明确指出要充分发挥科学技术在应对和减缓气候变化工作中的支撑和引领作用，加强应对气候变化的基础研究，加快、鼓励和支持节能和提高能效、洁净煤、可再生能源及核能等低碳技术，大力推广节能技术，探索发展碳捕获及其封存、利用技术，注重先进低碳、节能技术的引进、消化、吸收和再创新。[13]以上规定虽然过于笼统，但是在现有法律制度的规定下，依然有力地推动着能源科技创新的发展。在核工业领域，由于核技术和核设施高危性的要求，《放射性污染防治法》中对放射性污染防治的科技条款比较详细。

（二）奖励制度

国家对在能源科技的研究开发过程中作出突出贡献的集体或个人会予以奖励。《电力法》第九条规定：“国家鼓励在电力建设、生产、供应和使用过程中，采用先进的科学技术和管理方法，对在研究、开发、采用先进的科学技术和管理方法等方面作出显著成绩的单位和个人给予奖励。”[14]《矿产资源法》第九条规定：“在勘查、开发、保护矿产资源和进行科学技术研究等方面成绩显著的单位和个人，由各级人民政府给予奖励。”[15]

（三）应用示范制度

能源科技创新的目的是应用于能源的开发与利用领域，提高能源的使用效率，并不断发展新能源技术，能源新科技需要应用示范制度进行推广与普及。《能源法（征求意见稿）》第九十条规定：“各级人民政府应当加大对能源科技的投入力度。中央财政和省级地方财政安排专项资金，重点支持能源领域的基础性、前沿性、关键性、公益性技术和装备以及重大技术标准的研究、开发、示范和推广应用。”《节约能源法》第四章对开发和推广应用、公布节能技术、节能产品的推广目录等节能管理的法律主体也作了原则规定。此外，《矿产资源法》《石油天然气管道保护法》《促进科技成果转化法》等也对能源科技创新的应用示范制度作了相关规定。

---

[10] 参见《矿产资源法》第八条。

[11] 参见《煤炭法》第九条。

[12] 参见《促进科技成果转化法》第十二条。

[13] 参见全国人民代表大会常务委员会《关于积极应对气候变化的决议》，2009 年 8 月 27 日通过。

[14] 参见《电力法》第九条。

[15] 参见《矿产资源法》第九条。

二、知识产权法律保障

知识产权是保障科技创新最为有力的手段，通过知识产权法律保障制度，可以有效地激发社会对科技创新的热情。目前，依托于原有的知识产权保护框架，能源知识产权得到了较好的保护，但是仍不能满足社会对于能源科技创新尤其是新能源科技创新的保护需要。在当今世界范围内新能源技术革命背景下，各国都加强了新能源技术的开发投入以及知识产权保障，各种新能源技术层出不穷，发展迅猛。在此背景下，有必要在原有保护的基础上加强对能源科技创新的保护力度。

（一）绿色通道制度

绿色通道制度最早出现于英国，作为先行者，英国规定，自2009年5月12日起，如果申请人的发明属于应对气候变化的绿色技术，则可以申请加快审查。根据这一制度，在进行专利申请发生阶段，将能源知识产权的审查放置在一个优先的位置，通过快速审查以达到有针对性的缩短审查期限，提高审查效率的目的。根据国外的经验，能源知识产权审查时间由原来的两年到三年缩短至不到几个月。2012年6月19日，我国发布的《发明专利申请优先审查管理办法》规定，优先审查的发明专利申请包括：(1)涉及节能环保、新能源、新材料、新能源汽车等技术领域的重要专利申请；(2)涉及低碳技术、节约资源等有助于绿色发展的重要专利申请；(3)就相同主题首次在中国提出专利申请又向其他国家或地区提出申请的该中国首次申请；(4)其他对国家利益或者公共利益具有重大意义需要优先审查的专利申请。需要指出的是，在判断是否符合优先审查以及是否属于绿色技术的判定标准的问题上，迄今为止尚未出台详细明确的判断标准。

（二）专利集中管理制度

当前新能源技术正处于高速发展时期，技术的更新迭代速度非常快，倘若在专利申请成功之后不能将专利高效地转化为竞争优势，那么在一定的时间之后可能将不得不面对专利失去利用价值的问题。目前，我国在能源技术专利上存在申请者和使用者分离程度高和专利持有分散的问题，灵活运用专利集中管理制度可以较好地解决这一问题。专利集中管理制度，是将特定领域中分散在各个专利权人手中的专利集中起来统一管理，这一制度对于拉近专利持有人和需求者以及降低专利许可的交易成本具有重要意义。以新能源汽车为例，政府可以引导相关的企业和专利持有人形成一个新能源汽车专利联盟，专利持有人按照一定比例收取专利费用的同时，可以免于对外侵权诉讼的奔波，而且专利联盟的形式一般并不排斥双向许可，这又为更好地利用专利提供了便利。

（三）强制许可制度

强制许可，是指国务院专利行政部门依照专利法规定，不经专利权人同意，直接允许其他单位或个人实施其发明创造的一种许可方式，又称非自愿许可。之所以在能源知识产权的保护阶段强调适度的强制许可制度，主要是考虑新能源技术和绿色能源技术的核心专利往往由国外掌握，而如果某项技术与我国的能源安全和气候环境保护直接相关，必要时可以依据TRIPs中有关公共利益的规定，启动专利强制许可。同时，在实施这一制度时必须要把握适度的原则，不能让此类强制许可以常态化的形式出现，要注重维护正常的知识产权秩序。尽管气候变暖是全球挑战，新能源技术事关全人类的福祉，但在能源技术上使用强制许可仍要把握一个合理的范围。

三、财税法律保障

政府公共资金对能源科技创新保障的形式主要以补贴为主，此外还包括税收返还、设置创新基金等形式。

（一）补贴制度

目前，我国的能源科技创新补贴集中表现为由传统的石化能源向新能源的转变，从能源生产补贴向能源消费补贴的转变，在这一过程中无疑需要政府在财政方面的大力支持。在研发投入和示范补贴方面，早在1997年12月29日，国务院批准的《当前国家重点鼓励发展的产业、产品和技术目录》和《外商投资产业指导目录》中，就将可再生能源的太阳能、地热能、海洋能、生物质能发电和大型风力机列入鼓励发展的产业和产品。2006年出台的《可再生能源发展专项资金管理暂行办法》，采取无偿补助和贷款贴息两种措施重点扶持潜力大、前景好的石油替代，建筑物供热、采暖和制冷，以及发电等可再生能源的开发利用。

在生产与投资补贴方面，2008年，为加快我国风电装备制造业技术进步，促进风电产业发展，我国出台了《风力发电设备产业化专项资金管理暂行办法》，中央财政安排专项资金支持风力发电设备产业化。2009年，"太阳能屋顶计划"实施，中央财政安排专门资金对光电建筑应用示范工程予以补贴。同年，《金太阳示范工程财政补助资金管理暂行办法》和《太阳能光电建筑应用财政补助资金管理暂行办法》印发，对工程综合采取财政补贴、科技支持和市场拉动方式，加快国内光伏发电的产业化和规模化发展，以促进光伏发电技术进步。

在消费补贴方面，我国自2009年开始组织实施"节能产品惠民工程"，以财政补贴方式推广节能产品。2012年6月4日，财政部、国家发展改革委、工业和信息化部印发了《节能产品惠民工程高效太阳能热水器推广实施细则》，旨在通过采取财政补贴的方式，支持太阳能热水器的推广使用，拉动新能源产品的消费。2013年，为加快新能源汽车产业发展，推进节能减排，促进大气污染治理，财政部出台了《关于继续开展新能源汽车推广应用工作的通知》，对消费者购买新能源汽车给予补贴。2014年1月，财政部等四部委印发了《关于进一步做好新能源汽车推广应用工作的通知》，明确了新能源汽车补贴将是相对长期的政策，打破了此前补贴3年的限制。

（二）基金制度

2010年修正的《可再生能源法》第二十四条规定了可再生能源的基金制度。（1）在资金来源方面，可再生能源的资金来自国家财政年度安排的专项资金和依法征收的可再生能源电价附加收入等。（2）在资金用途方面，可再生能源可用于支持以下事项：第一，可再生能源开发利用的科学技术研究、标准制定和示范工程；第二，农村、牧区的可再生能源利用项目；第三，偏远地区和海岛可再生能源独立电力系统建设；第四，可再生能源的资源勘查、评价和相关信息系统建设；第五，促进可再生能源开发利用设备的本地化生产。（3）在基金管理方面，可再生能源发展基金征收使用管理的具体办法，由国务院财政部门会同国务院能源、价格主管部门制定。

（三）绿色金融体系

理论探讨

能源革命的法律保障

2007年，我国开始了绿色金融的实践，提出了构建“绿色信贷”“绿色保险”“绿色证券”的绿色金融体系。2001年6月，国家经贸委和中国人民银行等8部委共同发布了《关于加快发展环保产业的意见》，该意见明确指出应将发展环保产业作为国家鼓励和扶持的产业，并要求中国人民银行及商业银行等制定相应政策，利用金融手段来促进那些低污染、科技含量高的产业优先发展，如银行业可以通过建设绿色信贷法律制度来调整产业结构，优先在信贷上支持环保产业发展。2007年7月，国务院颁布了《关于落实环保政策法规防范信贷风险的意见》，意见提出，要将企业贯彻环保政策的情况纳入信贷考察内容，遵循相关环境保护法律法规成为企业获取贷款的前提。意见还对已建和新建的项目提出了环保、信贷方面应遵循的原则。2007年11月，银监会下发了《节能减排授信工作指导意见》，该指导意见主要针对金融机构，要求金融业在信贷业务中加大对高污染、高耗能企业的审查，优化银行信贷结构。

第三节　能源科技教育的法律促进

一、国外能源科技教育

能源问题已成为人类未来生存和发展的“瓶颈”问题，故世界各国通过对公民能源科技知识的普及教育，激励学习能源科学技术知识，树立社会责任感，在国家能源安全和可持续发展中起到了良好的作用。

（一）美国能源科技教育

在20世纪经历了两次石油危机后，美国政府意识到能源教育的紧迫性，加大了能源教育方面的投入，进行了“美国能源教育开发”（National Energy Education Development，NEED）计划。[16] 该计划的核心理念是“把能源融入教育”，基本方法是将能源教育项目融入政府、社区、企业等各个层面，从而提升国民的能源意识，培养节约使用能源的习惯。该计划自20世纪80年代实施起，至今已经覆盖了美国全部50个州。该计划以编写能源创新性教材为基础，通过增加教师和学生的培训项目交流以及增设评估奖励机制，不断地加强能源人才培养教育。美国以“美国能源教育开发”计划为主体，形成了覆盖全国各州、涉及所有年龄段、包含不同课程的能源教育体系。

（二）日本能源科技教育

能源的匮乏历来严重威胁日本的国家安全。最终，日本制定了“新阳光计划”以鼓励天然能、地热能、波浪能、潮汐能等新能源的开发，同时更为重要的是在国内对全民开展能源教育，唤起国民的能源危机意识和节约意识。日本的能源教育法制化主要分为3

〔16〕 吴志功：《国外能源教育发展现状研究》，载《中国电力教育》2007年第12期。

步:〔17〕第一步,政府通过财政补贴、税收优惠等政策,营造节能的社会氛围,引导企业和国民自觉遵守相应的法律、法规,建设资源节约型社会;第二步,为各级政府制定相应的节能计划,提出目标,检查执行并公布结果;第三步,日本政府和相关团体将相关法律,通过电视、网络、发行刊物、举办讲座等形式向广大国民进行节能教育宣传。特别是针对青少年的特点,制作出供孩子阅读的专门书籍,这些图书以通俗易懂的文字说明、有趣的漫画图表介绍节能环保法律、法规等相关知识,使青少年从小便懂得能源问题的重要性。〔18〕

二、我国的能源职业培训与人才培养

《能源法(送审稿)》修改稿第九十二条规定:"国务院教育行政部门会同国务院能源主管部门制订能源专业人才培养政策,支持能源领域紧缺人才的培养,鼓励教育机构、科研机构与企业合作培养能源专业人才。"《节约能源法》第八条规定:"国家开展节能宣传和教育,将节能知识纳入国民教育和培训体系,普及节能科学知识,增强全民的节能意识,提倡节约型的消费方式。"《可再生能源法》规定:"国务院教育行政部门应当将可再生能源知识和技术纳入普通教育、职业教育课程。"

(一)能源职业培训的法定责任

1. 能源安全生产和节约能源离不开职业培训。《煤炭法》第三十三条规定:"煤矿企业应当对职工进行安全生产教育、培训;未经安全生产教育、培训的,不得上岗作业。"《核安全法》第二十条规定:"核设施营运单位应当按照国家有关规定,制定培训计划,对从业人员进行核安全教育和技能培训并进行考核。"《石油天然气管道保护法》第七条规定,管道企业应当"宣传管道安全与保护知识"。《节约能源法》第二十六条规定:"用能单位应当定期开展节能教育和岗位节能培训。"第六十条规定:"中央财政和省级地方财政安排节能专项资金,支持节能技术研究开发、节能技术和产品的示范与推广、重点节能工程的实施、节能宣传培训、信息服务和表彰奖励等。"此外,《安全生产法》中关于从业人员教育培训的法律规定也适用于能源企业。

2. 能源科技知识的宣传也是落实公众参与这一现代法治基本要求的重要方面,有利于政府、能源企业和公民之间的信息交流与相互理解。根据《核安全法》第六十七条关于核设施营运单位开展核安全宣传活动的措施的规定包括:(1)在保证核设施安全的前提下,对公众有序开放核设施;(2)与学校合作,开展对学生的核安全知识教育活动;(3)建设核安全宣传场所,印制和发放核安全宣传材料;(4)法律、行政法规规定的其他措施。

(二)能源科技人才培养

知识拓展

能源人才培养

《能源技术革命创新行动计划(2016—2030年)》提出了人才培养工作的目标。能源人才广义上可以分为3类:(1)综合型能源人才,主要包括国家能源研究机构、国家能源企业的高级管理人员和技术人员;(2)专业型能源人才,包括能源行业生产经营一线的技术人才以及国际合作、综合管理

〔17〕 马文秀:《日本政府在节能方面的主导作用》,载《经济论坛》2004年第21期。

〔18〕 王伟、高莉:《日本的能源教育》,载《中国电力教育》2008年第2期。

和研究等方面的专业人才，具有很强的专业性；(3)基础型能源人才，主要包括从事能源基础理论研究的专家学者。目前，我国法律尚未对能源科技人才培养作出系统性的规定。《可再生能源法》中规定："国务院教育行政部门应当将可再生能源知识和技术纳入普通教育、职业教育课程。"

三、我国的能源科学普及

中国共产党历来重视科普和科普立法工作。陕甘宁边区政府第二届参议会通过的《边区科学事业案》规定要"组织科学团体，开展科学活动""出版通俗科学读物，普及科学知识"。《宪法》第二十条规定："国家发展自然科学和社会科学事业，普及科学和技术知识，奖励科学研究成果和技术发明创造。"2002年颁布的《科学技术普及法》，首次以法律的形式对我国科普的组织管理、社会责任、保障措施、法律责任等作出了规定，如科普是一项公益事业，发展科普事业是国家的长期任务，科普是全社会的共同任务，社会各界都应当组织参加各类科普活动。2007年在新修订的《科学技术进步法》中规定："国家发展科学技术普及事业，普及科学技术知识，提高全体公民的科学文化素质。"2016年3月发布的《国民经济和社会发展第十三个五年规划纲要》，明确将"公民具备科学素质的比例超过10%"列入2020年奋斗目标，标志着公民科学素质培养成为一项基础性社会工程。

科普基地制度，是当前最重要的能源科学普及渠道。科普基地，主要是指依托教学、科研、生产和服务等机构，面向社会和公众开放，具有特定科学技术教育、传播与普及功能的场馆、设施或场所。中国科协于1999年开展了创建全国科普教育基地的工作，以鼓励社会各方面参与、支持科普工作的积极性，挖掘和综合利用社会科普教育资源，提高全民科学素质服务。根据中国科协制定的《全国科普教育基地认定办法》，中国煤炭博物馆、国家电力科技展示中心、宁德核电核能会展中心等十余家能源题材的会馆被认为是全国科普教育基地。此外，中国能源研究会组织评定了全国首批"能源科普教育基地"；2018年中国电机工程学会命名了电力科普教育基地；中国水力发电工程学会也开展了授牌水电与新能源科普教育基地的活动。

2015年3月，中国科学院和科学技术部联合发布了《关于加强中国科学院科普工作的若干意见》。中国科学院和科学技术部实施"高端科研资源科普化"计划，促进中国科学院丰富的科研资源转化为科普设施、科普产品、科普人才；推进"'科学与中国'科学教育"计划，使中国科学院丰富的科普资源服务于面向公众的科学教育，促进科教融合；建设科普工作国家队，引领我国科普工作发展。中国能源研究会组织开展了首届(2018年)能源优秀科普作品评选活动。2017年6月，国家制定了《科技创新成果科普成效和创新主体科普服务评价暂行管理办法(试行)》，该办法规定：凡公共财政资助的科技创新项目成果须接受科技创新成果科普成效评价；凡与科技创新相关、依托公共财政支持的高校、科研机构或国有(含国有控股)企业等须接受创新主体科普服务评价。2017年12月，中国科学院印发了《关于在我院研究生教育中实施科普活动学分制的通知》，规定中国科学院研究生要上科普实践课，课程成绩将被计入学分，实施情况将被计入各单位科普工作考核绩效。这是全国第一份关于在研究生中实施科普活动学分制的示范性文件。[19]

总之,国家通过有关促进能源科技教育与普及的法律法规,确立了能源科技教育义务,成为促进能源科技创新的重要组成部分。能源科技教育关乎我国能源科技创新战略的实现和国家能源竞争力的提升,有必要将其放在更加突出的位置。

思考练习题

1. 简述我国法律对能源科技创新发展规定的具体内容。
2. 简述我国能源科技创新发展的重点任务。
3. 简述我国能源科技创新发展政策及立法体现。
4. 简述我国能源科技创新的知识产权法律保障。
5. 简述发达国家能源科技创新的法律制度。
6. 简述我国能源补贴法律制度的现状及问题。
7. 简述我国能源科技教育与普及的法律制度。

〔19〕《我国关于科普法律法规及政策变迁史》,载百家号:https://baijiahao.baidu.com/s?id=1610330408345611998&wfr=spider&for=pc,2018年9月3日最后访问。

第十章　能源国际合作

导读

本章主要内容包括能源国际合作的基本原则、能源国际合作的主要方式、能源安全国际合作法律制度、能源投资国际合作法律制度、能源贸易国际合作法律制度、能源金融国际合作法律制度、能源管网国际合作法律制度、能源科教国际合作法律制度。本章重点在于:一是要理解能源国际合作不仅需要遵守国际公法、国际经济法的基本原则,而且还要遵守涉外能源法特有的基本原则;二是要全面系统掌握有关能源国际合作的基本法律制度。本章难点在于学习和掌握涉外能源投资、贸易、金融、管网、安全的法律实务知识。

"全方位加强国际合作,实现开放条件下能源安全"是设立能源国际合作法律制度的总体要求。能源基本法首先要体现能源合作的"全方位",其次要在开放中确保"能源安全"。

针对国际能源安全,能源基本法应有总体规定,如国家加强与相关国家协调和合作,建立境外能源风险预测、预警和应急机制,完善区域性、全球性能源安全协调保障体系,增强涉外能源安全保障能力,有效应对和消除能源领域的传统安全威胁和非传统安全威胁。

在"全方位"方面,能源基本法应当规定境内能源合作与境外能源合作:(1)国家依法保护在中国境内从事能源开发利用活动的外国公民、法人和其他组织的合法权益。如关系国家经济安全的能源资源,外国公民、法人和其他组织不得投资开发。外国公民、法人和其他组织在中国境内从事能源开发利用活动,必须遵守中国有关法律法规。国务院能源主管部门会同国务院对外贸易主管部门和其他有关部门制定涉及能源发展的外商投资产业指导目录及相关政策。(2)国家鼓励对外能源投资和合作方式的创新。如应建立境外能源合作管理与协调机制,由国务院能源主管部门会同有关部门统一协调境外能源合作事务。国家采取必要的措施维护中国公民、法人和其他组织在境外投资能源开发项目的合法权益,应对有关国有化、征收、征用、战争、内乱、政府违约和外汇管制等投资风险。在境外从事能源开发利用活动的中国公民、法人和其他组织,应当遵守当地的法律法规,尊重当地的风俗习惯,注重生态环境保护,承担相应的社会责任。

在能源合作方式及形式方面,能源基本法应当规定:(1)国际合作方式,即国家通过缔结国际条约、签订双边或者多边能源合作协议、参加能源国际组织、协调能源政策和能源标准、协商解决重大问题、开展能源信息交流等方式,在能源领域开展多元化国际合作。(2)能源贸易合作,即国家加强能源领域的双边与多边贸易合作,采取综合措施,防范和应对国际能源市场风险。国务院对外贸易主管部门、能源主管部门及其他部门应当采取措施,促进能源产品、技术和服务贸易,鼓励能源装备及技术出口。国务院有关部门应当建立和完善境外能源贸易监管机制,对从事境外能源贸易的企业及其交易人员和交易行为实施有效监管。(3)能源运输合作,即国务院能源主管部门会同有关部门建立境外能源开发利用协调机制,对外协调跨国能源输送管网等能源基础设施的规划、建设和运营。统筹规划跨国能源输送管网、能源运输通道及配套设施的建设,参与保障涉外能源运输的安全、经济和可靠。从事上述规定的能源输送管网、能源运输通道及配套设施的投资、开发、建设、经营等活动,必须符合国家能源战略和规划,并接受国务院能源主管部门和有关部门的管理、协调和监督。(4)能源科技与教育合作,即国家采取措施促进能源科技、教育与人才培训的国际合作,鼓励与其他国家联合培养国内急需的能源专业人才,提高对国外先进能源科技的吸收、转化与自主创新能力。(5)国际合作信息服务,即国务院能源主管部门会同国务院有关部门建立能源国际合作数据平台,完善能源国际合作信息服务体系。

第一节 概 述

一、能源国际合作的法理基础

能源国际合作的法理基础包括国际能源安全、国际能源贸易、国际能源服务、国际能源投资、国际能源金融、国际能源管网等方面的法律规范、法律关系、法律主体和法律渊源等。

(一)能源国际合作的法律规范

能源国际合作的法律规范,是指能源国际合作法律制度所包含的法律规范,包括调整自然人、法人、国家和国际能源组织及其他相关国际组织和区域贸易协定或安排(Regional Trade Agreement,RTAs)在国际能源资源勘探、开发、开采、生产、运输、销售、服务等活动中所形成的各种法律关系的法律规范。这些法律规范不仅包括国际法规范,如国际条约、国际协定和国际惯例等,也包括国内法规范,如各国的涉外能源法等;不仅包括规范国际能源合作法律关系主体在国际能源活动中的权利和义务的实体性规范,也包括解决国际能源争议的程序性规范;不仅包括国家对国际能源关系进行调整的强制性规范,也包括对国际能源关系进行调整的任意性规范。总之,能源领域国际合作法律规范,表现为各国涉外能源立法、国际条约和国际惯例中的各种能源规范的总和。

(二)能源国际合作的法律关系

能源国际合作法律制度调整的对象是国际能源关系,既包括国际法上的关系,也包括国内法上的关系,而且在一项具体的国际能源关系中,往往同时具有双重的法律关系。因此,能源国际合作法律制度既调整国家间、国际能源组织间、国家与国际能源组织间相互所发生的能源关系,也调整自然人、法人同国家、国际能源组织之间、一国自然人、法人同他国自然人、法人之间所产生的能源关系。同时,能源国际合作法律制度既调整国际能源监管关系(纵向关系),也调整国际能源流转关系(横向关系)。

国际能源监管关系,是指国家、国际能源组织依据国际条约或国内立法对国际能源活动进行监督和管理的关系。如和平利用核能、国际能源安全、跨境油气管道的开放、国际海上油污处理、能源开发和消费的环境保护等，这是一种纵向的对国际能源活动进行行政管理的关系。

国际能源流转关系，是自然人、法人、国家、国际能源组织相互之间发生的超越一国国境的能源交往关系。这是一种双方当事人之间横向的、在平等自愿的基础上建立起来的国际能源交易与合作的关系。

（三）能源国际合作的法律主体

能源国际合作法律关系的主体，指在能源国际合作的法律关系中可以享受权利及承担义务的法律人格者，又称能源国际合作法律关系的参加者或当事人，包括自然人、法人、国家和国际（能源）组织。

1. 国家

国家是能源国际合作法律制度的主要制定者。国家作为国际能源关系的主体，主要是指以国家名义参加能源国际合作的国家代表和政府机关。在能源国际合作法律关系中，国家可以同其他国家或国际能源组织缔结或参加有关调整国际能源关系的条约或协定；国家可以制定本国的涉外能源法律和法规，依法对本国的涉外能源活动进行管理和法律调整；同时，国家还可以直接参与对外能源投资和贸易活动，成为国际能源合同的当事人。

2. 国际（能源）组织

这是在"二战"后大量出现的国际能源关系的新主体，主要可以分为世界性国际能源组织和区域性国际能源组织两类。前者如国际原子能机构（IAEA）、国际能源机构（IEA）等；后者如能源宪章条约组织（ECT）。在能源国际合作法律关系中，国际能源组织可以制定或促成制定有关调整国际能源关系的条约或协定；可以协调各国的能源立法、能源政策，可以收集、传播有关国际能源贸易、投资、服务的资料、情报等；还可以与国家或私人签订国际能源合同或协议，以此促进能源国际合作。

3. 法人及非法人组织

法人及非法人组织在能源国际合作法律关系中占有十分重要的地位，特别是跨国经营的能源公司在国际能源活动中的地位和作用更为突出。目前，跨国能源公司的影响越来越大，欧美发达国家的大量海外能源投资、能源服务及能源贸易活动，主要是通过跨国能源公司进行的。特别是在同发展中国家的能源交往中，跨国能源公司往往凭借其所拥有的经济、技术、资金等方面的优势，在国际能源活动中有着比发展中国家更为雄厚的经济实力。跨国能源公司根据同东道国政府签订的能源资源开发等特许协议，往往还可以享有某些专属于东道国的权利，如法律上的优惠权或豁免权等，但这并不意味着跨国公司具有国际法的人格，而只是国际能源活动的法律主体。

4. 自然人

国际条约和各国法律一般都规定，具有权利能力和行为能力的自然人是能源国际合作法律关系的主体。他们在国际能源关系中的主要作用是，从事能源资源的开采、能源项目的投资和融资、能源商品和能源服务的贸易等各种能源合作活动。他们可以以自己的名义独立参与国际能源关系，并独立承担相应的国际义务。我国《宪法》和《外商投资法》都明确规定允许外国自然人在中国投资，同中国的企业或者其他经济组织进行各种经济形式的合作,这些投资与合作当然包括能源领域。

(四)能源国际合作的法律渊源

能源领域国际合作制度的主要表现形式即法律渊源,包括国际渊源和国内渊源两个方面。国际渊源包括国际条约、国际习惯以及重要国际组织关于国际能源方面的规范性决议;国内渊源主要是国内立法,有些国家还包括法院判例。

1. 国际条约

国际条约,指国家之间、国际组织之间以及它们相互之间为确定彼此间的权利义务而达成的书面协议。有关调整国际能源关系的国际条约,是能源国际合作方面最重要的法律渊源,而调整国际能源关系的带有普遍性的国际公约和多边条约更是能源国际合作的直接渊源。如 1997 年《京都议定书》、1994 年《核安全公约》、1992 年《联合国气候变化框架公约》、1986 年《及早通报核事故公约》、1987 年《核材料实物保护公约》(2005 年修订)、1986 年《核事故或辐射紧急情况援助公约》、1982 年《联合国海洋法公约》和 1968 年《不扩散核武器条约》等。这些公约或条约由于多数国家参加而具有普遍性,因此也直接构成了能源国际合作的法律渊源。至于它们的效力是否具有普遍约束力,并在多大范围内有约束力,则又取决于各国政府或各国立法机关的签署、批准或参加。双边条约,是指由两个国家之间缔结的调整双边能源关系的条约,双边条约原则上只对缔约国具有约束力。但如果有许多这类条约作出相同或类似的规定,它们就可以成为能源领域国际法的原则、规则和制度。在这个意义上,它们也就构成了能源国际合作的法律渊源。

2. 国际习惯

国际习惯,指在长期的国际交往中,经过反复实践,反复使用,而逐步形成的习惯性做法。调整国际能源关系的国际习惯可以区分为国际公法意义上的习惯国际法和国际私人商务惯例。经通例之证明而被接受为法律的能源相关国际习惯,则可以成为能源领域的习惯国际法,一经当事人采用则具有法律效力,可以用于调整相关国家之间的能源关系。能源领域的国际私人商务惯例,调整不同国籍的私人之间、国家与他国私人之间或国际能源组织与私人之间的能源关系。在国际能源实践中,后者经常被大量使用,这里所指的构成能源国际合作法律渊源的国际惯例指的是国际能源惯例。成文的国际能源惯例是由某些国际组织或能源团体制定的。国际私人商务惯例一般具有任意性,只有在当事人双方明确表示援引某惯例的规定时,才对其有约束力,对这类惯例,允许当事人修改或补充。

3. 重要国际组织的决议

重要国际组织的决议,指普遍性的国际组织所作出的有关国际能源的规范性决议。一个国际组织所通过的决议是否具有强制力或者法律效力,取决于该国际组织的成立文件或者组织章程的规定。例如,按照《联合国宪章》的规定,联合国大会的决议"具有建议的效力",而联合国安全理事会通过的某些决议则具有法律拘束力。再如,根据欧盟组织文件的规定,欧盟有关机构制定的法规对于其成员国具有法律效力,并应当在成员国管辖范围内直接实施。不过,国际组织通过的一些建议性的规定,具有证明习惯国际法规则存在或推动习惯国际法规则、条约国际法规则形成的作用。如联合国大会通过的多项关于国家自然资源永久主权原则的决议、1974 年《建立新的国际经济秩序宣言》和《建立新的国际经济秩序行动纲领》、《各国经济权利和义务宪章》等,对于国际法确立国家自然资源永久主权原则，建立新的国际经济秩序原则等发挥了重大作用。

4. 国内立法

国内立法作为能源领域国际合作规范的表现，指一国制定的关于调整其涉外能源关系的法律、法令、条例、规定等规范性文件。由于能源国际合作关系的发展，一国为便于进行对外能源活动，或者根据其缔约或者参加的国际条约，或者结合本国情况参照国际上通行的实践或规定，制定本国适用于包括能源领域在内的对外经济贸易合作关系的法律（如对外贸易法、外国投资法、外汇管理法、国际商事合同法、海关法、税法、专利法、商标法等），它们是能源国际合作方面的国内法渊源。

需要指出的是，欧美发达国家的能源立法，除少数专为国内能源活动而制定外，大多数法律既适用于国内能源活动，也适用于涉外能源活动。而发展中国家和中国等国家在对外开放初期，其涉外立法与国内立法是基本分开的。我国于2007年统一内外资企业的《企业所得税法》，现行《公司法》《合同法》《专利法》《商标法》等既适用于涉外能源活动又适用于国内能源活动。在未来制定的能源法中规定能源领域的国际合作制度，既符合中国的立法趋势，又与发达国家的能源立法相衔接。上述国内立法，在调整本国的对外能源贸易、投资与合作关系方面起着极为重要的作用。

二、能源国际合作的基本原则

能源国际合作的基本原则包括：国际公法的基本原则；国际经济法的基本原则；我国涉外能源法特有的基本原则。涉外能源法律关系及能源开发利用活动，除应遵循国际公法和国际经济法的基本原则外，还应遵循涉外能源法特有的基本原则。涉外能源法特有的基本原则，是指在能源国际合作中特有的，为国际社会普遍接受的，适用于涉外能源法的各个领域，指导涉外能源资源开发利用，构成涉外能源法基础，指导和规范涉外能源法中各项具体法律制度的建立和适用的特色原则。这些原则包括各国能源独立自主原则、全球能源合作共赢原则、协同保障能源安全原则。

（一）各国能源独立自主原则

各国能源独立自主原则是国家主权原则尤其是经济主权原则在涉外能源法领域的延伸和发展。国家经济主权原则为联合国诸多文件所确认，如联合国《关于自由开发自然财富和自然资源的权利的决定》明确规定了自由开发自然资源是主权所固有的内容。联合国《关于自然资源永久主权宣言》正式确认了国家对自然资源享有永久主权的原则。联合国《各国经济权利与义务宪章》、《建立新的国际经济秩序宣言》及其《建立新的国际经济秩序行动纲领》等文件进一步明确了国家经济主权原则的具体内容。[1]能源主权原则的具体内容包括能源独立和能源自主两个方面：一是能源独立，即能源主权不容侵犯，各国和平共处互谅互信，和平解决能源争端；二是能源自主，即各国永久享有本国能源资源，自主决定本国能源事务，自主管辖境内能源外资，自主决定征收能源外资等。

（二）全球能源合作共赢原则

全球能源合作共赢原则，是指每个国家都应相互合作，彼此协同能源政策，共同促进

---

〔1〕 刘颖、邓瑞平：《国际经济法》，中信出版社股份有限公司2003年版，第34页。

能源勘探开发、能源生产供应、能源科技研发、能源安全保障、能源财政价格、能源教育培训等。与此同时，要严格尊重各国的主权平等，不附带任何有损于各国主权的条件，积极提供能源合作条件，遵守国际合作法律制度，尊重各国能源发展目标，促进各国能源发展和社会进步等。开展能源国际合作以谋共同发展，既是世界各国的共同权利，又是各国的共同目标和共同责任。能源国际合作是被国际社会公认的国际能源法的一项重要原则。联合国的宣言、纲领和宪章特别强调国际合作，共谋发展。

理论探讨

能源领域国际合作基本原则探讨

（三）协同保障能源安全原则

协同保障能源安全原则是能源国际合作中应当遵循的特殊法律原则，在能源国际合作中，只有遵循此法律原则才能达到国际能源合作的目的。保障全球能源安全是开展国际能源合作的首要目标。梅森·威尔里奇（Mason Willrich）提出，能源安全可分为进口国能源安全和出口国能源安全。进口国能源安全，是指确保合理的能源供应，保证国民经济的正常运行。出口国能源安全，则意味着其对自然资源的主权、确保需求安全即获得国外市场、保障石油收入的金融安全。在全球化经济中，能源安全必将是能源消费国与能源生产国复杂而有效的相互关系互动的结果。[2]美国著名石油问题专家丹尼尔·耶金（Daniel Yergin）对能源安全的定义为，“以合理的价格和不危及国家价值观、国家目标的方式，获得充足、可靠的能源供应”。[3]

三、能源国际合作的主要方式

能源国际合作，是指国际能源主体，如国家（准国家）、国际组织、从事涉外能源活动的法人、非法人组织及自然人之间基于能源领域的相互利益的基本一致或部分一致，而在能源领域中所进行的政策协调行为，包括缔结国际能源条约、参加国际能源组织、协调能源政策与标准、促进能源信息交流与共享等。

（一）缔结国际能源条约

国际能源条约，是指国家之间为确定国际能源领域内彼此间权利与义务而达成的多边或双边能源协议。多边能源协议或表现为综合性国际能源条约；或表现为专门性国际能源条约；或表现为与能源相关的国际条约。国际能源条约的缔结，是指国与国之间签订能源条约的全部过程，一般包括谈判、签字、批准和交换批准书。

（二）参加国际能源组织

国际能源组织，是指国家或其政府或其非政府组织为了维护其在能源领域的共同利益或互补利益，通过国际条约建立的具有常设组织机构和政策协调职能的联合体，有广义和狭义之分。狭义的国际能源组织，只限于若干国家或其政府或其非政府组织以促进国际能源合作为主要职能所设立的机构，其中，由能源领域非政府组织（主要是各种能源行业协会）联合设立的机构，在能源尤其是核能领域，全球性标准、规范、守则、规程的制定

---

〔2〕 Mason Willrich, *Energy and World Politics*, New York, The Free Press, 1975, p.65.

〔3〕 Daniel Yergin, *What Does Energy Security Really Means*? The Wall Street Journal, July 11,2006.

中,不仅发挥了积极作用,而且这类标准、规程等具有国际软法的法律属性,因此,我们认为应将这种非政府组织放在狭义的国际能源组织中。广义的国际能源组织,则包括虽然其成立宗旨及主要职能并非以能源为核心,但是含有促进能源国际合作职能的其他国际组织。国际能源组织依据不同的标准可以进行不同的分类,根据国际组织成立宗旨和职能构成,一般可以分为专门性国际能源组织和与能源相关的国际组织。专门性国际能源组织如国际能源机构、国际原子能机构等,其成立宗旨及其主要职能都是以促进能源国际合作为核心,重在协调全球性能源政策。与能源相关的国际组织如联合国(United Nations,UN)、世界银行(World Bank,WB)、国际货币基金组织(International Monetary Fund,IMF)、世界贸易组织等,虽然其成立的宗旨和主要职能并非能源国际合作,但在其职能中有一部分涉及促进成员间能源领域的国际合作。

(三)协调能源政策与标准

能源政策,是指一个国家或国际组织围绕能源生产、供应、消费所制定的一系列方针和策略,涉及能源产品价格、国际能源发展趋势、各国能源战略储备、能源价格争夺和对冲博弈等多方面的行动纲领和政策规划的一种微观或宏观的策略。依据进行政策协调的程度不同,国际间能源政策协调可由低到高分为六个层次:(1) 开展能源信息交换。能源信息交换,是各国政府相互交流本国为实现内外均衡而采取的能源政策的目标范围、能源政策目标的侧重点、能源政策工具种类、能源政策搭配原则等信息。(2) 开展能源危机协同管理。即针对世界能源供应中出现的突发性、后果特别严重的事件,各国进行共同的能源政策协调以缓解、度过危机。(3) 避免能源共享目标变量的冲突。能源共享目标变量冲突是指当两国面对同一能源目标而各自采取的能源政策发生了冲突,国家间的能源进出口发生的竞争性贬值就是典型的形式。(4) 合作确定能源中介目标。两国国内一些能源变量的变动会通过国家间的能源联系而形成一国对另一国的损害,因此各国有必要围绕这些中介能源变量问题进行合作并适时协调。(5) 能源冲突的部分协调。即不同国家就国内能源发展的某一部分目标或工具进行的协调。(6) 能源冲突的全面协调。指将不同国家的所有能源政策目标、工具都纳入协调范围,从而最大限度地获取政策协调效果。能源标准,是指以能源为对象的标准,如我国的能源标准分为能源基础标准、能源产品标准、能源方法标准和能源管理标准四大类。根据《标准化法》,标准分为四级,即国家标准、行业标准、地方标准和企业标准。[4]

(四)促进能源信息交流与共享

能源基本法应专门规定促进能源信息国际交流与共享事宜,如可以规定"国务院能源主管部门会同国务院有关部门建立能源国际合作数据平台,完善能源国际合作信息服务体系"等。以联合国的能源信息交流与共享机制为例,其能源机制通过下列方式促进联合国体系下多学科对可持续发展世界首脑会议,以及其他全球性倡议保持一致的反应:(1)为各方信息、知识、经验和良好惯例提供共享途径,并在各方面倡议《可持续发展世界首脑会议实施计划》的实施。(2)为联合国系统内计划方案和现行方案的实施提供全面纵览,建立和加强次区域、地区、国家以及全球范围内各独立运作之间的协作关系。

〔4〕 王庆一主编:《能源词典》(第2版),中国石化出版社2005年版,第625页。

(3)促进联合国组织内能源相关活动的联合、协调与合作,包括技术方案合作。(4)吸取联合国过去在能源领域机构间合作上的经验教训,并在此基础上建立能源机制。(5)采用以行动为导向的动态手段,通过广泛运用信息通信技术达成合作。

第二节 能源安全国际合作

1997 年《京都议定书》的签订,标志着能源安全概念的重新界定和诠释,其中,环境保护和减少温室气体排放等问题被纳入了能源安全的范畴。林伯强、黄光晓在其《能源金融》一书中提出了新的能源安全概念,即广义的能源安全概念,认为能源安全应包含供应安全、经济安全(价格)和环境安全。能源国际合作意义上的能源安全,是较国内能源安全更为宽泛的重大问题。因此,能源安全国际合作法律制度包括全球能源供应安全、世界能源经济(价格)安全和人类能源环境安全三个方面的法律制度。

一、全球能源供应安全法律制度

全球能源供应安全法律制度,是指以确保维持全球能源稳定供给,满足各国社会经济发展的正常需求为内涵的法律规范体系。如在国际能源署的法律机制中,按照 IEA 应急响应机制的标准,当石油的短缺达到上一年度进口量的 7% 时,称为供应中断,也就意味着石油供应安全受到严重威胁,随之进入应急状态,各成员国必须采取联合应急响应措施,如增加消费国的原油和油品生产,对一些可使用替代品的部门实施燃料转换,进行需求限制、动用储备等,以共同应对能源危机情势。供应安全可能面临的风险主要发生在能源的生产、运输、加工(炼化)三个环节。自 20 世纪 60 年代以来,世界上发生过的 10 多次石油天然气供应中断事件,其中多数是由于地缘政治原因导致的战争(如第四次中东战争、两伊战争、海湾战争、伊拉克战争)或冲突,如俄罗斯乌克兰天然气管道之争等,也有自然因素(如墨西哥湾飓风)和社会因素(如沙特、尼日利亚等国恐怖主义分子袭击油田和炼油厂、委内瑞拉石油工人罢工等)导致的突发性能源危机。因此,这些战争或冲突的法律防范是全球能源供应安全法律制度的核心内容。

二、世界能源经济安全法律制度

世界能源经济安全法律制度,是指以确保在全球能源供求总量平衡的前提下,国际能源市场价格波动被控制在一个合理的范围内的法律规范体系。由于石油是世界最重要的能源,其他能源的价格都与石油价格具有高度的相关性,所以石油价格的稳定对于能源价格稳定具有非常重要的意义。能够影响国际石油市场的因素非常多,从自然灾害、地缘政治导致的突发事件等外部不确定性冲击,到库存变动、汇率波动、流动性过剩等市场内部异常都有可能影响石油价格。当然,更多的时候,石油市场是在众多因素的共同作用下运行的。因此,从宏观层面上讲,国际石油市场价格波动是以“石油——美元”为核心的国际能源市场格局决定的;从微观层面上讲,国际石油市场价格波动尤其是短期剧烈波动,与市场投资者的行为密切相关,诸如过度投机、羊群效应等都有可能是能源市场剧烈震荡的原因。因此,这些市场交易、管理及风险防范是全球能源供应安全法律制度的核心内容。

三、人类能源环境安全法律制度

人类能源环境安全法律制度,是指确保在能源的生产、运输、加工、使用以及废弃物处理等环节,不应对人类自身赖以生存与发展的自然生态环境构成威胁的法律保障规范体系。任何一种能源的开发利用都会对环境造成一定的影响,其中不可再生能源对环境的影响最为严重,尤其是煤炭、石油、天然气等可耗竭的化石燃料。因此,环境安全作为能源安全的一个重要组成部分,关键并不是绝对限制能源的开发利用,而是促使人类社会在能源开发利用的过程中,尽量减少各个环节可能对环境造成的影响,同时尽量提高能源利用的效率,节约能源。而解决环境安全问题的最终办法,是改变目前的能源结构,从碳基能源转向更为清洁、高效的由氢基能源和可再生能源(如太阳能、风能、地热能、生物质能等)、核能共同构成的复合能源系统。因此,调整和优化能源结构,促进新能源和可再生能源发展是人类能源环境安全法律制度的核心内容。

第三节　能源投资国际合作

全球能源分布不平衡、能源短缺和能源供应失衡使国际能源投资活动方兴未艾,但能源领域的外国投资涉及自然资源的主权、国家安全战略等重大敏感问题。在国际能源投资立法方面,除了国际投资法中适用于国际投资的国际法律文件外,在能源领域独有的且最具有代表性的是《能源宪章条约》(ECT)。作为欧洲能源宪章大会的最终法案之一,ECT 于 1994 年 12 月 17 日在里斯本签署,主要规范石油、天然气、煤炭及可再生能源,内容涉及能源贸易与运输、能源投资保护、争端解决、能源效率以及环境保护等多个方面。关于投资保护的内容在 ECT 第三部分有明确规定,是其重要组成部分。

一、国际能源投资的概念及特征

(一)国际能源投资的含义

国际能源投资,即在能源领域进行的跨越国界的私人直接投资,包括能源资源的勘探与开发、生产与加工、运输与分销、供应与营销、节能与环保等工程投资。跨国投资兼并和收购能源企业包括石油、天然气、煤炭、电力、热力、核能、节能、能源矿产、能源基础设施、能源装备等企业的跨国重组、兼并、收购及合资或合作经营等。

(二)国际能源投资的特征

1. 能源投资事关国家安全。能源投资与国家安全密切相关,具有很强的政治色彩,因为各国经济发展必须以能源充足供应为基础,因此能源发展战略成为国家决策中应优先考虑的重大问题之一。

2. 能源投资具有高度风险性。油气资源埋藏在地层或海底深处,其真实的储量和可开采性往往是人们所无法预料的,必须投入大量的资金和技术,经过较长时间的勘探,才能查明。高投入的油气勘探开发活动具有在特定的地质结构、位置等条件下收益不确定性的风险。另外,由于能源投资的高风险和高投入的特性,在能源的勘探开发阶段,国际能源投资多采用风险合同的形式,即要求勘探阶段的费用和风险全部由外国投资者承担,如果勘探未能发现商业性油气田,则因勘探而发生的所有亏损和费用都要由外国投资者一方承担。

3. 能源投资法律关系具有多层次性。能源领域国际投资涉及的主体主要包括外国投资者、当地投资者、外国投资者母国和东道国。相应地,国际能源投资法律关系包括:(1)外国投资者与当地投资者之间的投资合同关系。其中当地投资者主要包括东道国政府和当地企业,能源投资尤其是能源勘探开发阶段的能源投资合同关系,主要存在于外国投资者与东道国的国家能源公司之间。(2)外国投资者母国与外国投资者之间的投资保护关系。这主要表现为外国投资者母国保护海外投资的法律法规以及海外投资保险制度等相关制度。(3)东道国与外国投资者之间的投资管理关系。能源投资在东道国的管辖范围内进行,对东道国的社会、经济等多方面的影响都是显而易见的,加之能源与国家安全息息相关,因此,东道国势必会从投资准入以及准入后的经营阶段进行包括外汇、税收、知识产权等方面的全方位管理。(4)外国投资者母国与东道国之间就能源投资而形成的条约关系。具体而言,包括双边条约关系和多边条约关系。

二、国际能源投资的主要形式

(一)特许协议

所谓特许协议,是指一个国家基于一定的条件和程序,对外国私人投资在一定的期间和指定地区,享有专属于该主权国家的某种权利,可以在该国投资并从事于自然资源开发等特殊经济活动而予以特别许可的法律协议。其特点是:(1) 协议一方为主权国家的政府,他方为外国私人投资者;(2) 基于东道国政府的许可,外国私人投资者享有并行使专属于国家的某种权利,如油气的勘探开采权,由外国公司负责投资并承担全部风险进行勘探与开采,油气产品原则上全部属于油气公司所有,资源国获取地租和开采税以及其他税收;(3) 协议一般须事先经立法授权的行政机关批准,甚至须提交立法机关审批。[5] 特许协议是外国公司在东道国进行能源投资最早使用的一种形式。如荷兰皇家公司在19世纪末就在印度尼西亚作业,英伊石油公司于1901年首先在伊朗得到特许,美国的一些公司则在20世纪初通过特许协议开始在墨西哥取得石油财产。[6]

(二)契约式合营或合伙

契约式合营或合伙安排具有东道国或其国家石油公司与外国石油公司以契约为基础和依据,共同投资、共同经营、共享利润、共负盈亏的特点。合作各方并不组成联合的企业组织,未组成新的独立法人,而是仅仅达成一个联合作业协议。合作各方在财务上、法律上均各自保持其独立性,各自分别计算开支与收入,分别纳税,各自承担法律责任。依据这种合作协议,一般是由外国合同者承担勘探的全部费用和风险,即直到商业性发现之

---

〔5〕 余劲松主编:《国际投资法》,法律出版社2003年版,第77页。
〔6〕 余劲松主编:《国际投资法》,法律出版社2003年版,第77页。

前,资源国的国家石油公司不分摊成本,对任何勘探风险不给予补偿。在发现商业性油气田后,再由资源国石油公司与外国公司联营开发。

(三)产品分成合同

产品分成合同是国际合作开发的一种新的合同形式。印度尼西亚国家石油公司在20世纪60年代就与外国石油公司签订了几个产品分成合同,因此,该类合同也称为印度尼西亚式合同。[7] 在这种合同安排下,外国合同者负责提供石油勘探、开发和生产所需的所有费用和技术,并承担生产费用风险;在整个合同期间,全部石油产品在弥补开发费用后由国家石油公司与外国合同者依合同规定分成。原油的分配规则一般是:以每年所产原油的一定百分比偿还外国合同者的费用(包括勘探、开发和生产费用),当费用超过规定的百分比时,其未能补偿的超过部分在以后的年份偿还。余下的石油,由资源国国家石油公司和外国合同者按一定的比例分配。利比亚的产品分成合同模式是产品分成合同的一种典型模式,该合同通常会规定:勘探的风险由承包商全部承担,国家石油公司参与开发阶段的项目,参股比例在30%以上,承包商通常要支付100%的勘探与评估成本;国家石油公司按照它的权益比例来承担生产成本和开发生产投资;开采的利润油按照产量和利润水平,根据谈判商定的比例,在政府和承包商之间分成,陆上的产量按照85:15有利于国家石油公司的比例分成,海上或陆上边远地区的产量按照81:19有利于国家石油公司的比例分成。[8]

(四)服务合同

典型的服务合同是外国石油公司同意给政府或政府石油公司提供某种特定的服务,以取得规定的报酬。在服务合同形式中,东道国政府或国家石油公司具有石油勘探和开采权,独立投资和经营,自负盈亏。同时,通过与外国石油公司签订服务合同,把石油勘探开发的某些工作交由外国合同者,由其完成这些任务。服务项目可以是油田的全部勘探、开采和生产公司,也可以是勘探、钻井、铺设管道、建设平台以及设计开发方案中的任何一项或几项工作。石油产品全部由东道国或其国家石油公司取得,外国合同者只是取得相应的报酬,通常是取得一部分石油产品。[9]

(五)新设投资

新设投资,是指在资源国新设一家外商投资企业,从事能源投资活动。这种方式一般是在油气田较集中的中东、非洲等国家或地区投资设厂,利用当地廉价劳动力等资源,实施本土化经营。这种模式的不足之处是短期内财务业绩不佳,投资回收期长。同时,在资源国当地新设一家能源企业的模式,在经济管理和企业文化等与当地的融合方面可能会面临比较大的风险,因此,这一模式在能源领域的国际投资中采用得不多。

(六)跨国并购

跨国并购是海外扩张的快速通道。通过兼并、收购资源国企业或其部分股权,对原有的基础条件加以改造,可迅速形成生产能力,从而以最快的速度进入目标国家的市场。根

---

〔7〕 余劲松主编:《国际投资法》,法律出版社2003年版,第81页。

〔8〕 杨文成:《国际石油合作开发合同研究》,西南政法大学2006年硕士学位论文,第36页。

〔9〕 杨文成:《国际石油合作开发合同研究》,西南政法大学2006年硕士学位论文,第38页。

据合同标的物的不同,并购模式又可细分为股权并购模式和资产并购模式。股权并购模式是通过收购跨国石油公司正在开发油田的股份,从开发阶段介入,规避勘探风险,并实现对项目进行控制的投资行为。资产并购模式可以有效避免目标石油公司因债务不清等问题,向投资方转嫁原有债务及或有负债。但由于多以现金方式进行收购,故需要投资方投入较多运营资本;同时,由于在完成并购后要对目标石油企业进行整合,因而投资方应拥有具备较强管理能力的整合人才。

三、《能源宪章条约》的投资规定

(一)投资待遇问题

ECT 第十条第一款至第三款综合性地规定了能源部门投资应享有的公平和公正待遇以及国民待遇和最惠国待遇中更优惠的待遇。应该说,该款作为投资促进与保护的原则性规定,在没有明确指明的情况下,应理解为同时适用于投资前和投资后的各个活动环节。然而,有两个证据表明 ECT 的缔结者仅有意确立缔约方就投资后的各环节所享有的待遇承担约束性义务。

ECT 的起草参照了 NAFTA 及美国的双边投资条约实践。NAFTA 规定,缔约方应在“投资的建立(establishment)、收购、扩大、管理、行为、运营及销售或其他处置”方面给予国民待遇与最惠国待遇中更优惠的待遇。而 ECT 第十条第一款仅仅明确,在投资的“管理、维护、利用、受益或处置”方面各缔约方不应实施不合理或歧视性措施,未提及投资的建立问题。

ECT 第五款、第六款另行对“投资的作出(the making of investments)”作出了特别规定:“五、对于其境内‘投资的作出’,各缔约方应努力:(一)将第三款规定的待遇的例外限制到最小程度;(二)逐渐取消影响其他缔约方投资者的现行限制。六、(一)对于其境内‘投资的作出’,缔约方可于任何时候,自愿通过秘书处向宪章大会声明其无意引入新的第三款规定的待遇之例外。(二)此外,对于其境内能源部门部分或全部经济活动‘投资的作出’,缔约方可于任何时候作出自愿承诺,给予其他缔约方投资者第三款规定的待遇。该承诺应通知秘书处,并在附件 VC 中列出,受本条约约束。”

(二)投资前的审查

所谓投资的作出,即是指投资前的审查,或称开业权问题。在石油部门上游领域投资的作出,最关键的是石油开发权的授予环节。所谓“第三款规定的待遇”,指国民待遇和最惠国待遇中更优惠的待遇,称得上是现行国际法中的高级礼遇。在石油开发权的授予问题上,该待遇的理想状态即是第十八条第四款之“以公开的标准为基础,按非歧视的方式分配探测与勘查或开发或采掘能源资源的授权书、许可证、特许权及契约”,或在全球基础上非歧视进行。第十八条第五款在界定投资国与东道国之间权利分配时将天平偏向了后者。它一方面在表达了投资国非歧视期待的同时,另一方面却将该期待的具体实现留给了东道国政府。第六款更是规定了一种单方承诺机制,将这种期望表现得淋漓尽致。条约为之规定了类似于私法上的悬赏广告这样的单方法律行为,一经发出便具备法律效力。然而已有资料显示，尚没有一家根据此款作出单方承诺。[10] 不过，与第十八条所面临的问题一样，“投资的作出”软义务也不失为一种法律义务，超出单纯的政治承诺。既是法律义务便可以获得独立的司法救济。然而同样，在可适用的司法程序问题上，第二十六条之投资者直接将东道国政府送上国际仲裁庭的程序仅适用于第三部分下“与投资有关的争议”，第十条之第五款、第六款有关“投资的作出”软义务确实是在第三部分“投资的促进与保护”之下，然而，有学者认为，它原则上仍是“（尚未作出的）投资”，在投资概念之外，[11] 指出，1991 年的美国与阿根廷双方投资条约中包含了“开放准入（open - access）”条款，同样不在其争端解决程序适用范围之内。因而，同样只能沦落为国家间争端解决程序救济的保护范围。然而，投资者所属国家一般不情愿也没有精力为了其国民而出面与另一个国家对簿公堂。

石油是一种化石能源，其开采权问题既属于第十条能源部门“投资的作出”之一般范畴，亦属于第十八条有关自然资源主权的特殊规定。应该说，这两个条款具有相同的软约束力实质：一方面，实体义务的表达语气较弱；另一方面，可援引的救济方式较弱。不过，进一步比较二者，确实可以认为，能源资源，尤其是石油作为其中最主要的化石能源，其特殊规定与一般规定相结合，更进一步显出其特殊重要性。

第四节　能源贸易国际合作

一、国际能源贸易法的概念和分类

国际能源贸易法，是指调整国际能源商品、服务、技术等贸易关系的法律规范的总称。国际能源贸易法可以分为三类：(1) 国际能源商品贸易法。国际能源产品贸易法，是指国际石油（含原油和石油制品）和天然气（含液化石油气和液化天然气）贸易、国际煤炭贸易、国际电力贸易、国际核燃料（含放射性矿产及核燃料组件）贸易等方面的法律规范。(2) 国际能源服务贸易法。国际能源服务贸易法，是指国际能源资源勘探、开采的附加服务、跨国管道油气运输服务、跨国电网的电力输送服务、国际能源工程建筑与咨询服务、国际核电、核燃料和核废料处理等跨国贸易方面的法律规范。(3) 国际能源技术贸易法。国际能源技术贸易法，是指化石能源技术、新能源与可再生能源技术跨国贸易方面的法律规范。

---

〔10〕 迄止 2004 年 9 月，See The Energy Charter Treaty and Related Documents: A Legal Framework for International Energy Cooperation, September 2004, available at www.encharter.org。

〔11〕 Thomas W. Walde, “International Investment under the 1994 Energy Charter Treaty”, in Thomas W. Walde, *The Energy Charter Treaty: An East - West Gateway for Investment and Trade (International Energy and Resources Law and Policy Series)*, Kluwer Law Intl, 1996, pp. 251 - 283.

二、国际石油贸易

（一）国际组织对国际石油市场的规制

1. 石油输出国组织（OPEC）

OPEC是石油市场最具影响力的国际能源组织，该组织主要通过调节成员国的石油生产配额影响石油供应，从而达到调节油价的作用。OPEC的作用在20世纪80年代开始削弱，原因是成员国对生产配额并不严格遵守。但无论如何，OPEC包括了世界主要石油输出国，有一套调节石油生产的机制，仍然是运作比较有效的国际能源组织之一。值得注意的是，非OPEC石油输出国的石油产量自20世纪70年代以来增长迅速。因此，OPEC调节产量的努力，还需得到俄罗斯、挪威、阿曼等非OPEC石油输出国的配合。近年来，OPEC与非OPEC石油输出国之间的磋商与协调逐渐增多，双方建立了较为有效的磋商和合作关系，增进与非OPEC石油输出国的合作已成为OPEC的重要任务之一。

2. 国际能源署（IEA）

1974年，包括美国、日本、意大利、西德、法国在内的18个原油进口国签署了《国际能源协议》，并在经合组织（OECD）中设立了国际能源机构（IEA），以保证当国际石油供应再次出现危机时，为各成员国提供帮助。该协议规定，到20世纪80年代，各成员国有义务拥有相当于90天净进口量的石油储备。到20世纪80年代，国际能源机构成员国的石油库存达35亿桶（约4.78亿吨），相当于当时114天的石油消费量。国际能源机构是第二次石油危机的产物，反映了主要石油消费国为避免石油危机加强国际协作的愿望。作为以西方主要石油消费国为成员的组织，国际能源机构的成立是对OPEC的回应。该机构重在协调成员国石油储备，并在油价过高时协调成员国联手平抑油价方面发挥着积极有效的作用，同时，它还提供能源方面的咨询，对全球能源进行统计和预测。

（二）国际组织对石油进出口贸易的规制

1. IEA为推进自由与开放石油开发秩序所作的努力

为对抗OPEC，成立于1974年的IEA，致力于就石油供应中断在成员国间建立共同御险机制，其通过实施《长期合作计划》，促进本土生产，以降低长期石油进口依赖。IEA认识到一般国际法不足以为石油的投资与贸易提供稳定的预期，也认识到长期石油共同安全的目标，要求成员国"有必要在能源部门给予其他参与国国民以不低于其给予本国国民的待遇"，因此，要求成员国原则上"应努力识别并取消妨碍《长期合作计划》整体目标实现的立法与行政措施"，并进一步明确规定，"尤其是在能源投资、能源购买与销售以及竞争规则的实施方面，应尽力给予其他参与国国民以不低于其给予本国国民的待遇的方式，在其业已存在的法律和法规范围内，适用其立法及行政法规"。另外，成员国"应尽力避免在能源部门采用妨碍其给予其他参与国国民以不低于其给予本国国民的待遇的立法或行政法规"。

2. WTO对石油出口国价格措施的规制

（1）WTO框架下OPEC限产保价措施。第一，OPEC限产保价构成第十一条下的数量限制。OPEC的核心措施是"限产保价"，即以一定的价格目标为基础，为各成员国确定生产配额，并根据国际油价波动幅度适时进行调整，作为其贯彻"确保国际石油市场上的价格稳定，以消除有害与不必要的价格波动的方法与途径"。第二，关税及贸易总协定

(General Agreement on Tariffs and Trade,GATT)第二十条第七项、第九项例外的适用问题。GATT/WTO 司法实践已经确认,第七项适用应按特殊到一般的顺序:首先,依据该第七项要求对该措施进行定性分析,证实其临时正当性。其次,进一步在该条序言条款下审查该相同措施。第三,GATT 第二十条第八项例外的适用问题。该项规定:“如若下列措施之适用在条件相同各国间不会构成任意或不正当的歧视手段,或者不会构成对国际贸易的变相限制,则不得认为本协定妨碍任何缔约方采纳或实施如下措施:为承担任何政府间商品协定项下义务,该协定应符合曾提交缔约方全体而未被否决的标准,或者该商品协定本身曾被提交缔约方全体而未被否决。”

(2)双重价格、自然资源补贴与 WTO 规则。双重价格问题在 GATT/WTO 体制下,主要涉及 GATT 第二十条第九项的规定,内容如下:“如若下列措施之适用在条件相同各国间不会构成任意或不正当的歧视手段,或者不会构成对国际贸易的变相限制,则不得认为本协定妨碍任何缔约方采纳或实施如下措施:(九)当国内原料价格作为政府稳定计划的一部分,被控制在世界价格之下时,为确保该原料对国内加工业的基本供应量,必然涉及对该原料实施的出口限制,条件是该限制不应用来增加该国内工业的出口,或提高对该行业的保护,并不应背离本协定关于不歧视的规定。”

(三)WTO 对石油进口国安全措施的规制

由于石油市场的国际性,石油其实属于一种公共产品,这就决定了联合干预的重要性,OECD 在这方面堪称典范。《国际能源计划协议》(International Energy Program,IEP)详细规定了实现“紧急状态自给”的联合行动义务,包括需求一侧的需求约束与供应一侧的战略石油储备制度两个主要方面。战略石油储备制度主要是指,IEA 各国有义务建立 90 天以上的石油储备,并于适当的危机时期统一配给。为有效实施该制度,IEA 建立了一套有效的国际范围内的官民联络机制,加强信息沟通与市场透明度等。当 IEA 决定成员国石油供给中断达到一定的规模,宣布进入“紧急状态”时,成员国间正常的石油国际贸易秩序将被冻结,由成员国间的统一配给制度取代。配给制本质上是一种 IEA 成员国间进出口数量限制安排,至少在两方面与 GATT 的基本原则相违背:第一,作为成员国间配给制主要手段的进口配给权或出口配给义务,为 GATT 第十一条一般禁止;第二,该配给制的实施本质上亦是歧视性的。IEA 与 WTO 是两套完全不同的国际体制。作为 WTO 成员方的 IEA 成员,是否可以援引某种 GATT 例外作为 GATT 集体行动的豁免?NAFTA 能源专章明确规定,当 IEP 与 NAFTA 义务出现任何不符时,IEP 将优先适用。GATT/WTO 体制却没有类似的条款或司法解释。GATT 虽成立数十年,该问题却未见有明确的回答。中国正逐步建立战略石油储备制度,鉴于石油市场的全球性,该制度的建立到具体实施难以封闭式地进行,而涉及与 IEA 的(非正式)合作,便同样涉及与 WTO 义务的兼容问题。

三、国际天然气贸易

(一)传统 LNG 贸易

传统的液化天然气(liquefied natural gas,LNG)贸易方式基本上都采取照付不议(take or pay)的长期合同,其特点如下:(1)合同期限长、交易数量大。对于销售方,天然气开发项目在初始阶段供气设施造价高、风险高，项目的实施完全依赖于长期合同；而对于购买方，接收、气化、分输和利用等下游设施的建设也面临相同的问题，尤其是在市场供不应求时，必须首先考虑气源供应的安全性和可靠性，同样需要签订长期的 LNG 合同来确保供应链的稳定。因此，绝大部分项目都是采用 20 年以上的长期合同，合同数量也比较大，以求取得规模效益。(2)设立严格的照付不议合同条款，以确保买卖双方分别获得稳定的资源供应、资金回报。传统的 LNG 贸易合同条款比较严格，合同气量中可下浮气量比率非常低，通常只有 5%，而照付不议系数往往达到 100%，买方承担了巨大的价格和气量风险。(3)多为目的港贸易、离船价结算。离船交货的目的港(Delivered Ex Ship, DES)贸易按离船价(Exship)结算，规定卖方在合同规定的目的港船上提供货物给买方，买方不得自行向第三方转卖过剩的 LNG，也不得与第三方进行货物互换。(4)价格与原油价格直接挂钩，按等热值计算的定价公式，其价格随原油价格波动而波动。[12]

(二)新兴 LNG 贸易

1. 新兴 LNG 贸易方式

目前，国际 LNG 贸易市场已从当初的单一长期双边合同发展成为一个更加灵活、对市场信息反应更灵敏的体系。新兴 LNG 贸易方式不断涌现，主要包括 LNG 互换交易、现货交易、短期交易及期货交易等。(1) 互换交易通常是指气量交换，一般不考虑价格因素。互换交易有两种情况：第一，为了缩短船运距离与另一方交换货物，双方均减少船运成本并释放出船运能力；第二，满足交易双方互补需求。比如，一方照付不议量过度，存在过剩，而另一方此时 LNG 需求量大，存在供需缺口。这种交易可消除两家在需求时间上的差异，增加市场灵活性。转卖交易则是一方因合同量过大或通过转卖可以获取一定的经济效益等因素而实施的一种商业行为。(2)现货贸易主要是为了解决卖方的短期富余量和买方的短期需求缺量。世界 LNG 现货贸易市场自 1999 年后出现繁荣景象，贸易量已从 1997 年的 1.5% 上升到目前的 11%。[13] 现货贸易促进了市场进一步发展。(3) 期货与期权贸易。即套期交易，套期交易方式包括商品交易所提出的期货、期权交易以及通过中间商进行的金融交易。天然气期货合同是一种可交易的文件，它要求买卖双方在某一时期在预定的地点买入或卖出约定的气量。期货合同规定，合同到期时，可以进行天然气实物交割，也可以而且更多的是卖出或买入期货合同，以冲销其在期货市场的仓位。纽约商品交易所、伦敦国际石油交易所分别于 1990 年 4 月、1997 年 1 月开始首次天然气期货合同交易。

2. 新兴 LNG 贸易特点

新兴 LNG 贸易的特点表现为：(1)全球 LNG 交易市场产生关联。原本相对独立的亚太地区、欧洲、北美 3 个 LNG 交易市场，由于 LNG 产业的发展相互间开始产生关联。(2)中、短期贸易增长迅速。LNG 购买方更青睐于把中、短期合同与长期合同相结合的采购方式。基本需求量采用长期照付不议合同形式，而对于额外需求或季节调峰等需求则通过中、短期合同来满足。美国能源情报署(Energy Information Administration, EIA)预测，到 2030 年，LNG 的短期贸易量有可能达到世界天然气贸易总量的 15% ~ 20%。

[12] 罗东晓：《国际液化天然气贸易新发展及应对策略》，载《煤气与热力》2007 年第 2 期。

[13] 罗东晓：《国际液化天然气贸易新发展及应对策略》，载《煤气与热力》2007 年第 2 期。

(3)离岸价贸易增多。LNG购买方更倾向于采取离岸价(Free on Board,FOB)贸易方式,这是因为LNG运输船造价不断降低,运费下降,使LNG运输业有利可图,同时,船运技术的提高降低了运输风险,并且还可以掌握船队调度方面的主动权和灵活性。(4)贸易方式进一步多元化,新的贸易方式不断涌现。(5)合同条款更加灵活。各种有利于保障购买方利益的LNG交易合同条款日趋灵活,降低了买方风险,对市场的推动作用显而易见。

四、国际煤炭贸易

(一)国际煤炭贸易概述

由于煤炭燃烧产生的污染大,一直不被重用。直到第一次石油危机发生后,油价大幅上涨,发电用煤激增,这才促进了国际煤炭贸易的发展。从2000年至今,世界煤炭产量逐年增长,同时国际煤炭市场上的贸易成交量不断增大,目前排在出口前3名的国家分别是澳大利亚、中国、美国,而进口前3名的国家和地区是日本、韩国和中国台湾地区。

(二)国际煤炭贸易的特点

国际煤炭贸易的特点主要表现为:(1)国际煤炭贸易具有相对集中性。澳大利亚、中国、美国、南非、加拿大、印度尼西亚、哥伦比亚等国是世界煤炭出口的主体,占世界煤炭出口贸易的90%以上;以日本、韩国、中国台湾地区、中国香港特别行政区为主体的东亚地区和欧盟中部分国家是煤炭进口的主体,合计进口量占世界煤炭进口量的75%左右。(2)国际煤炭市场供应充足,已呈买方市场,价格战愈演愈烈。同一国家的煤炭企业在国际市场上相互压价,恶性竞争对各自企业乃至国家利益造成了极其不良的影响。(3)国际煤炭贸易不同于一般的商品贸易,在国与国、企业与企业之间更易形成稳定的供需关系。在煤炭供应中,稳定的供应量更受重视,谁能信守合同,按质、按量、按时地向国际煤炭用户交货,谁就能牢固地占领国际煤炭市场。(4)在国际煤炭市场上,焦煤和动力煤的贸易比重发生逆转,动力煤的贸易量在煤炭产品贸易总量中的比重有逐年增加之势。

五、国际电力贸易

(一)国际电力贸易概述

国际电力贸易,是指不同国家的当事人把电力作为一种特殊的交易标的物进行跨国贸易的过程。电力贸易专指电能贸易,不包括输电权交易、辅助服务交易等。国际电力贸易与货物贸易最大的区别在于电力商品是无形商品,只能通过其他指标如电压、频率、波形等来表现,因此,《联合国国际货物销售合同公约》明确规定其不适用于电力贸易。

国际电力贸易的方式主要有合同交易和现货交易两种,且以合同交易为主、现货交易为辅。合同交易是电网企业与发电企业之间形成的中远期交易,可以是双边交易,也可以是通过竞争机制产生的其他中长期交易,可以是电力电量的实物量交易,也可以是差价合约等金融衍生交易;现货交易是由市场交易机构组织的集中竞价的短期交易。北欧电力市场是目前世界上唯一的跨国电力市场。挪威、瑞典、芬兰、丹麦等国家先后进行了电力市场化改革,并建立了北欧联合电力交易库(Nord Pool)。联合交易库是自愿参与的市场,包括现货交易和期货交易。

（二）国际电力贸易合同

1. 国际电力贸易合同的定义

电力贸易合同,是交易商与电力系统调度方及电力输送方签订的包括交易各个方面的具有法律效力的协议。包括短期合同（按照美国标准电力市场设计,在美国称为市场设计）确定当前或接近实时（如提前一天）的交易;期货合同交付方式;现货销售制定及交付。由于电力是一种不同于任何其他商品的特殊商品,电力贸易合同也需按照电力的特殊情况来签订。国际电力贸易合同,是指营业地处于不同国家或地区的当事人之间所订立的,由一方提供电能,另一方支付价款,进行跨越国境电能交易的中长期合同。由于我国电力市场改革正在逐步推进,电力市场的开放有一个过程,现仅就国际电力贸易中远期合同进行研究,不涉及电力的期货交易和现货交易。

2. 国际电力贸易合同的特征

（1）合同主体须符合法定资格。合同的主体即合同的签订者,也是该电力贸易的参与主体。为保障市场的有序安全运行,德国欧洲能源交易所（European Energy Exchange, EEX）对交易商进行了严格筛选。目前参与电力交易的市场主体由三方面组成:第一,直接的市场参与者,一般都是输电系统运营商或与输电系统业务相关的大公司,可直接进入市场从事交易活动;第二,以经纪人为代理的交易参与者,一般都是中小公司,不能直接进入交易市场从事交易活动,而必须由经纪人代理公司业务;第三,经纪人,经资格认证后,允许进入市场,并以自己的名义进行交易,还可以同时代理多家公司的交易。在中国与俄罗斯的电力贸易和中国与越南的电力贸易中,主体是双方的国家电力公司。但随着电力市场的开放,多种经营形式在垄断行业的渗透,电力企业也有少数民营企业参与进来,但毋庸置疑国有资本仍然居于主导地位。

（2）合同标的物属于特殊类商品。我国的《电力法》及 WTO、ECT、《联合国国际货物销售合同公约》、大湄公河次区域性电力贸易协调委员会（Regional Power Trade Coordination Committee, RPTCC）、北美自由贸易协定（NAFTA）都将电力作为特殊类商品进行了规范。由于电力是一种无形商品,买卖双方不能按常规贸易中的货物装箱单来确认货物的数量和重量,电力的出口交易只能以双方自建的电力线路进行连续的输送,因此,对于出口电力电量的确定,只能是采取在买卖双方确定的时间点,根据合同双方在计量点安装的电能表共同抄录的数据计算得出,并经过双方确认,最终作为出口的电量。电力商品必须使用电度表来计量交易数量,电度表的计量是交易双方收付费用的主要依据,同时也成为电力商品交易双方产生争议的焦点所在。

3. 国际电力贸易合同的特殊条款

国际电力贸易合同的特殊条款表现为当事人条款、定义条款、各方义务条款、技术保密条款、费用支付条款、保险条款、不可抗力条款及法律适用条款等。

六、国际能源服务贸易

由于各国通过能源体制改革促进了能源产品国际贸易的迅速发展,推动了石油、天然气、电力等能源产品的勘探、开发、运输、配送、销售及相关能源服务贸易行业的形成。同时,各成员通过拆分其纵向一体化能源公用事业,将能源服务从能源商品的增值链中分离出来,使诸如能源产品的传输和配送等重要服务活动可以由独立的法律实体经营和提供服务。同时,由于不同国家之间的天然气管道和电网实现了互联,使通过天然气和电力管网为能源的传输和配送提供服务并进行跨境交付成为现实。

(一)能源服务贸易的基本模式

在服务贸易总协定(General Agreement on Trade in Services,GATS)规定的4种模式中,能源服务主要表现为跨境交付(模式1)、商业存在(模式3)和自然人移动(模式4)。“模式1”在能源服务方面主要表现为通过油气管道、互联电网等进行的跨境输油、输气和输电服务。“模式3”在能源服务方面主要表现为通过设立提供能源服务的商业存在,诸如能源基础设施的“建设——经营——转让”(Build—Operate—Transfer,BOT[14])模式和独立发电商(Independent Power Producers,IPPs)从事电力生产活动,所以极其重要。“模式4”在能源服务方面主要表现为提供能源技术和管理服务的专业技术人员以及半熟练工人和非熟练工人的跨境移动,如能源设施和电网的建设与扩建改造所需要的外国能源服务公司技术人员的专门服务。

(二)具体能源行业的能源服务

1. 电力行业可能涉及的能源服务

电力行业的能源服务或称电力服务,包括电厂或电站建设、发电燃料采购、发电厂运营、输电网和配电网的建设、扩建、运行与维护、大宗电力的国内贸易和国际贸易、供电售电、读表计量与结算清账等。

2. 油气行业可能涉及的能源服务

油气行业主要包括石油行业和天然气行业。石油行业的能源服务包括原油的勘探和开采,支撑石油勘探、石油生产以及汽油、煤油、蒸馏燃料油、润滑油等石油制品生产的钻井、完井和油井设备安装服务等活动。天然气行业的能源服务包括天然气的勘探和开采及其附带服务,以及根据合同或通过服务收费所提供的天然气传输、配送、储存和销售等相关服务。天然气的开发和生产与石油的开发和生产密切相关,而且从事勘探及生产的天然气公司常常还进行传输与配送活动。[15]

3. 煤炭行业可能涉及的能源服务

煤炭行业的能源服务主要表现为硬煤、褐煤、泥煤等各种类型煤炭的开采服务以及与之相关的水洗、碾碎、过滤和筛分服务。这一产业的大多数环节涉及产品贸易,这是因为从事煤炭开采的公司与向消费者分销和销售煤炭的供应商常常是同一个公司。然而,也有其他许多独立经营单个环节业务的公司,他们以合同或计费为基础向其他公司提供煤炭开采服务。

4. 新能源与可再生能源行业可能涉及的能源服务

在我国,核能是作为新能源进行分类的。核能行业中的能源服务可能存在于下列具

---

〔14〕 BOT(Build - Operate - Transfer)即“建设——经营——转让”,是指政府通过契约授予私营企业(包括外国企业)以一定期限的特许专营权,许可其融资建设和经营特定的公用基础设施,并准许其通过向用户收取费用或出售产品以清偿贷款,回收投资并赚取利润。

〔15〕 周凤翱、穆忠和:《WTO/RTAs框架下“能源服务”的界定》,人大复印资料F52《外贸经济、国际贸易》2007年第7期全文转载,原载《华北电力大学学报》(社会科学版)2007年第1期。

体环节:(1)从露天矿场或用地下采矿方式生产铀原料;[16](2)将铀的氧化物转化为铀的六氟化物,使之达到浓缩和炼制所要求的化学纯度,这一环节的服务价值在燃料总成本中约占3%;(3)采用气体扩散或离心分离方式进行浓缩,这一环节的服务价值在燃料总成本中约占25%;(4)燃料炼制即使用浓缩铀制造成最终燃料棒以供放进核反应堆,这一环节的服务价值在燃料总成本中约占11%;(5)通过核反应生产电力等二次能源;(6)乏燃料的储存、处置与再处理。[17] 可再生能源包括风能、太阳能、水能、生物质能、地热能、海洋能等。可再生能源的能源服务主要表现为可再生能源资源的开发和生产,以及相关工程的建设和咨询服务。可再生能源行业为诸如工程和咨询服务等能源相关服务提供了很好的机会,这是由于可再生能源的生产不仅仅局限于主要的服务供应商,而且还涉及最终用户,如从事可再生能源生产的最终用户如小型商业和住宅的所有人对于咨询和维护服务的需求很可能增加。[18] 在这一部门中一个重要的能源服务内容就是可再生能源的科研和开发活动,这些活动主要是由大型能源公司的研发机构和大学的科研机构所提供,并由政府以及私人机构资助。[19]

第五节 能源金融国际合作

国际能源金融法,是指调整能源企业或能源项目的国际贷款、国际融资及相关担保,能源商品期货、能源金融期货的套期保值与风险管理,能源交易市场及管理等法律关系的法律规范的总称。目前学术界对于国际能源金融法尚没有统一的定义,根据调整国际能源金融市场及国际能源金融交易法律关系的法律规范,我们认为国际能源金融法的内涵,包括利用国际金融市场来完善世界能源市场价格信号的形成与传递,管理和规避能源市场风险,解决能源开发利用的融资问题,优化能源产业的结构,促进节能减排和新能源开发利用等方面,而其核心是能源的市场化定价机制。

一、国际能源货币体系

(一)国际能源货币体系的概念

国际能源货币体系,就是国际能源贸易及相关衍生金融产品的计价及结算货币的国际规则与制度安排,是复杂的国际政治经济形势长期演变的产物。目前的能源货币体系

---

〔16〕 铀,银白色的重金属元素,有放射性并且有毒,容易被氧化。已知有15个同位素,其中U238是自然界含量最多的。这种元素存在于如沥青铀矿和钒钾铀矿等几种矿中,并从中提炼和加工,主要用于研究核燃料、核武器。

〔17〕 周凤翱、穆忠和:《WTO/RTAs框架下"能源服务"的界定》,人大复印资料F52《外贸经济、国际贸易》2007年第7期全文转载,原载《华北电力大学学报》(社会科学版)2007年第1期。

〔18〕 周凤翱、穆忠和:《WTO/RTAs框架下"能源服务"的界定》,人大复印资料F52《外贸经济、国际贸易》2007年第7期全文转载,原载《华北电力大学学报》(社会科学版)2007年第1期。

〔19〕 周凤翱、穆忠和:《WTO/RTAs框架下"能源服务"的界定》,人大复印资料F52《外贸经济、国际贸易》2007年第7期全文转载,原载《华北电力大学学报》(社会科学版)2007年第1期。

就是以“石油美元”(petro—dollar)为核心的石油货币体系,这是与第二次世界大战后的全球政治经济格局演变密切相关的历史产物。能源货币体系之所以重要,之所以是能源金融的最重要的组成部分,就在于现有的“石油美元”体系不仅左右了国际石油市场,而且在整个全球能源产业链的利益分配中具有重要的意义。就美国而言,美元作为国际石油贸易的主要支付手段,是由美国在国际政治经济体系中的主导地位决定的,而维护“石油美元”体系就是维持美元在国际货币体系中的地位,巩固美国对国际石油市场的控制。但是,对世界经济的发展来说,“石油美元”计价机制不仅影响了国际分工格局,而且也影响了国际货币体系,更重要的是“石油美元”增加了国际石油市场的风险和不稳定性,虽然目前仍未有更好的替代“石油美元”的方案,但是未来能源金融的发展,尤其是以碳金融为代表的能源金融创新,有可能出现所谓的“碳货币”和“碳本位”,进而改变现有的“石油美元”主导下的国际能源货币体系。

(二)石油美元体系

美元作为国际石油贸易计价和结算的主要货币,不仅是美国能源金融体系的基础,也是美国能源战略的一个重要组成部分。“石油美元”(petro - dollar)源于1974年美国和沙特达成的一项“不可动摇”的秘密协议,沙特同意把美元作为其石油贸易的唯一计价货币,随后OPEC其他成员国纷纷以美元作为贸易结算的计价货币。中东产油国出售石油获得美元后,要么从西方发达国家进口消费品,要么储蓄起来转而又在国际金融市场上进行投资。这样,不仅为石油进口国的经常账户逆差提供资金,而且增加了对外国金融资产的需求,提高资产价格,压低石油进口国的债券收益率,有助于刺激石油进口国的经济活力。因此,“石油美元”拯救了布雷顿森林体系崩溃后的美元作为国际货币的地位,通过这种实质上的“石油美元本位”,美国重新控制了国际货币体系,同时也为石油这种战略商品注入了“金融属性”,并由此控制了国际石油市场。

二、能源项目的国际融资

国际能源项目融资,是指石油天然气项目融资、电力项目融资、可再生能源项目融资及能源基础设施项目融资。项目融资这种特殊的融资方式从产生到现在已经走过了几十年的历程。能源项目融资首先应用在能源资源开发项目,然后是能源基础设施项目,进而是大型能源生产项目。

(一)能源资源开发项目融资

能源资源开发项目是项目融资应用较多的领域,主要应用于石油、天然气、煤炭、铀等能源资源的开发和建设。资源开发项目运用项目融资方式的典型是英国北海油田项目。除石油项目外,项目融资也可用于天然气、煤炭等能源资源开采业。

(二)能源基础设施建设项目融资

能源基础设施项目是项目融资应用最多的领域。基础设施领域一般包括油气管道、跨国电网、液化天然气港口与码头、大型输配电设施等项目的建设。项目融资之所以在能源基础设施领域应用最广,一方面是由于这类项目投资规模巨大,完全由政府出资有困难;另一方面也是商业化经营的需要,因为只有商业化经营,才能产生收益,提高效益。

案例阅读

英国北海油田项目融资实例

（三）大型能源生产项目融资

这些项目如大型水电站建设、核电站建造、大型油气田开发、大型煤矿开发等。项目融资之所以也适用于大型能源生产项目，一方面是由于这类项目投资规模巨大，完全由开发企业出资有困难；另一方面也是分散投资风险的需要，因为通过国际金融市场融资，才能将项目建设的风险进行分散。

案例阅读

广西来宾电厂项目融资实例

能源项目融资一般适用于能源垄断行业，具体讲，只有那些通过对用户收费取得收益的能源设施和能源服务，才适合项目融资方式，这类项目尽管建设周期长，投资量大，但收益稳定，受市场变化影响较小，整体风险相对较小，对投资者有一定的吸引力。

第六节　能源管网国际合作

国际能源运输法，是指调整通过交通工具跨国运输能源货物或经由跨国能源管网传送能源产品的法律规范的总称。通过交通工具跨国运输能源货物包括经由铁路、船舶或公路跨国运输石油、液化天然气、煤炭、放射性能源矿产、核燃料、核废料等；经由跨国能源管网传送能源产品包括经由跨国石油管道传送石油及石油产品，经由跨国天然气管道传输和配送天然气、液化石油气，经由跨国电网传输和配送电力，经由跨国供热供暖管道传输和配送热水、热力、蒸汽等。

由于跨国油气管道及跨国电网不同于一般国际货物运输方式，具有能源运输独特的代表性，因此，本节主要探讨跨国石油天然气管道运输、跨国电网输电的法律问题。

一、跨国油气管道运输

随着世界经济全球化和一体化的不断发展，区域经济合作的步伐加快，各国都在致力于跨国输油气管道的建设。油气管道作为连接油气资源开发与利用的桥梁和纽带，以其高效率、低成本和安全可靠的优势，越来越显示出旺盛的生命力。

（一）跨国油气管道的国际法调整

目前，调整跨国油气管道的国际法律制度，主要表现为区域性国际条约和政府间协定，前者如《能源宪章条约》，后者如《政府间与东道国之间跨国油气管道协议示范文本》，此外，还有一些与跨国能源管道运输有关的环境法律规范。

1.《能源宪章条约》

在能源运输领域，《能源宪章条约》倡导各成员国遵循自由运输和非歧视原则，以便建立油气及其他能源多边发达的运输网络。《能源宪章条约》规定：(1)各缔约国有义务在运输设施的使用和建立方面采取非歧视原则，不能采取任何无理拖延、限制和税收等手段来阻碍自由运输;应同等对待不同起运点、不同目的地及所有者的能源材料和产品,不能对其实行价格歧视。(2)缔约国应鼓励相关实体在能源运输设施现代化、开发和运行为更多缔约国提供服务的能源运输设施等方面进行合作。(3)缔约国在其提供的能源原料和产品过境运输及能源运输设施使用规定中应表明,其对过境原料和产品所提供的待遇不应低于起运于或运到本国的原料和产品所享有的待遇。现有国际协议对此另有规定的除外。(4)如现有运输设施在商业条件下不能满足过境运输的需要,则缔约国不能对建设新的运输能力设置障碍(转型期国家可在特定时间段内暂缓履行该项义务)。(5)过境国有权不允许新建或改造其运输设施,以及额外扩大过境运输规模。但在这种情况下,它要向缔约国提供翔实论据证明上述行为将会对其本国能源系统的安全和效率造成威胁。(6)如发生运输争端,任何一方政府不能因此停止或缩减运输数量,直到争端解决。(7)能源宪章秘书长有权指定中间人调解争端。如争端无法迅速解决,则可实施临时运输费规定。此外,《能源宪章条约》还规定,对于缔约国与投资者间在投资领域的争端,双方可以选择由联合国国际贸易法委员会(United Nations Commission on International Trade Law)、斯德哥尔摩国际商会仲裁院仲裁。解决国家和他国自然人或法人间投资争端,由《解决国家与他国国民间投资争端公约》(ICSID Convention)进行国际仲裁。

《能源宪章条约》作为具有法律约束力的国际能源法律文件,其为所有缔约方之间的能源贸易和在能源投资、过境运输、能源效率、能源环境以及能源供应安全等领域的合作创造了一个良好的环境。而且,《能源宪章条约》是第一个将环境规范纳入能源立法领域的国际法律文件。条约对跨国油气管道建设中的环境保护有重要的指导作用,我国应加强与《能源宪章条约》组织的合作,从而保护我国能源领域的海外利益,提高能源供给与运输的安全性和稳定性。

2.《政府间与东道国之间跨国油气管道协议示范文本》

为了促进和引导跨国油气管道建设的正常进行,并给跨国能源管道运输项目的谈判提供一个中立性的协议蓝本,从而节省谈判时间、降低项目实施的费用,在能源宪章会议的授权下,能源宪章会议秘书处在法律专家的帮助下,于2003年12月公布了《政府间与东道国之间跨国油气管道协议示范文本》。

根据协议制定的需要和管道运输的性质,协议中涉及的一些国际法原则对跨国能源管道运输的规制特别重要,如非歧视原则、不妨碍原则等。(1)非歧视原则。"非歧视原则"是国际法上普遍适用的一项原则。就能源管道运输而言,它是指正在运输的能源产品的来源地、目的地或运载工具,不应被用作实施差别待遇的依据;基于任何这些标准的定价,缔约方不得歧视;这种来自或前往其他缔约国领土的过境运输,不应受到不必要的迟延或限制,并应对它免征关税、过境税或有关过境的其他费用。[20]《政府间与东道国之间跨国油气管道协议示范文本》第十二章第一款中指出:"每个缔约国应确保给予管道投资者、收益者、承运人或在管道工程的任何阶段提供商品、劳务、技术或服务(包括信贷、金融、保险或其他财政方面的支持)的人的税收待遇,不得低于其国内企业所享有的待遇。"(2)不妨碍原则。就管道运输而言,"不妨碍原则"旨在排除对现存能源管道运输的

〔20〕 杨泽伟:《跨国能源管道运输的若干国际法问题》,载《暨南学报》2007年第5期。

中断或能源管道运输数量的削减，但一些法律明确规定的例外情况除外；或者是指，除非在东道国之间的协议中有明确规定，否则任何国家不得干涉、剥夺、设定条件，或是阻止在其境内和跨越其领土的管道中运输石油与天然气，而应采取行动防止这种干涉、剥夺，或是其他的阻碍。[21]此外，"不妨碍原则"也指若一国的作为或不作为，或者允许某种行为或事件的发生从而干涉或阻碍，或是威胁干涉或阻碍管道建设，缔约国应采取合理合法的手段消除这种威胁和所有干涉或阻碍，从而在最短的时间里恢复管道建设。[22]

虽然该示范文本只是一个临时性草案，不具有法律约束力，但是协议就跨国油气管道建设中所涉及的税收、财政支持、建设用地、国家管辖、争端解决、环境保护等问题都作了比较全面的规定。因此，协议对以后各种有关跨国油气管道法律法规的制定起到了重要的引导作用。

除了上述条约与协议外，目前国际上还有一些与跨国能源管道运输有关的环境法律规范，主要包括：(1)国际条约，如1958年《日内瓦公海公约》和《日内瓦大陆架公约》、1982年《联合国海洋法公约》、1992年《联合国气候变化框架公约》和《生物多样性公约》等。(2)区域性的协议，如1972年《奥斯陆倾倒公约》、1994年《能源宪章条约》以及1997年欧盟《环境影响评估指令》等。(3)国际组织的宣言或决议，如1972年《人类环境宣言》、1992年《里约环境与发展宣言》等。

(二)跨国油气管道建设中的法律制度

跨国油气管道主要分为两个阶段，即管道建设与管道运营。在跨国油气管道建设过程中，会涉及的问题主要包括建设用地和融资模式的确定与选择。

1. 建设用地

跨国油气管道建设要经过两个以上国家的领土，在跨国油气管道建设的前阶段，首先要解决的是用地问题，因为穿越两个以上国家的管线必须获得所有国家机构的批准，以及不同州或省等地方政府的批准。

对于我国所参与的跨国油气管道建设的审批程序，首先，参与管道建设的国家应就土地使用达成协议；其次，再对管道建设用地的审批程序进行协商。跨国油气管道建设用地的审批应分别进行，每个缔约国有权对其境内的管道建设用地进行审批，当然，审批应在两国协商好的基础上进行，各国不得以国内法规定不同为由而阻碍审批进程。我国目前就土地使用的审批制度涉及对多项内容的审批。首先，是土地用途的审批；其次，是土地使用期限的审批。目前我国对土地使用的审批主要采用建设用地所在的地方政府行政主管部门审批的方式。但由于跨国油气管道建设属于规模较大的工程，所以应由国家统一进行审批，而不是将审批权赋予建设用地的地方政府行政主管部门。在与他国合作进行跨国油气管道建设时，我国拟就土地使用审批问题作出规定：(1)就审批权限而言，应当坚持国家统一审批原则，注意管道建设的安全性与效益性的协调，各参与国之间利益的协调，国家和地方利益的协调，以及管线选择和环境保护之间利益的协调，从而保证管道的正常建设；(2)从审批机构来说，应当设立一个专门的负责跨国土地使用权审批的机构，

---

[21] J. Carver: *The energy charter treaty and transit*, Energy charter treaty selected topics CEPMLP, 1995, pp. 71－77.

[22] *The Inter－Governmental Model Agreement on Cross－Border Pipelines.*

该机构应直接负责跨国用地项目的审批,从而提高审批效率;(3)在审批程序上,除了对当前国内一些有效的审批制度加以利用外,应当简化批准手续与文件数量,并建立必要的与跨国项目建设相适应的特殊审批制度。

2. 融资模式

在跨国油气管道建设过程中,项目融资也是一个很重要的问题。国际融资的形式主要包括国际贷款、国际融资租赁以及国际证券融资等。目前国际上比较常用的融资方式主要有以下几种:(1)项目贷款,是指对某一特定的工程项目发放的贷款,以项目建成后的经济收益还本付息。项目贷款是为了适应国际上一些大型工程项目的巨额资金需求而逐步发展起来的,主要适用于资金需求量大、风险高的国际工程项目建设。[23] (2)博拓方式(BOT),这是20世纪80年代初出现的一种新型的利用国际私人资本进行基础设施建设的特殊投资方式。BOT,是指东道国政府通过特许协议,授予外国投资者在特许协议规定的期限内,投资东道国基础设施领域的专营权。投资者对所投资项目拥有建设、运营、管理、维护和收益权。在特许协议期满后,投资者将所投资项目无偿移交给签约的东道国政府。[24]

(三)跨国油气管道运营中的法律制度

在管道运营阶段,也会涉及许多复杂的法律问题,诸如运营模式选择、环境保护等。关于相关法律制度的完善,应从两个方面考虑,即跨国油气管道运营的合作方式和管道运营中的环境保护。

1. 跨国油气管道运营的合作方式

从项目运作的整体来看,跨国油气管道建设与运营的国际合作方式,包括一体化的全面合作方式和管道分段建设与运营两大类。[25]

(1)一体化的全面合作方式。这种合作方式是将油气勘探开发、油气管道建设与经营,以及油气销售的全过程作为一个整体,由油气产品购买公司与资源国公司、管道过境国公司和其他投资公司协商合资组成一个一体化的股份公司,共同合作经营,按投资比例进行利润分配。该方式可以减少油气田开发、管道建设运营、油气销售3个环节的谈判纠纷,加速项目开发进度。同时,在联合运营公司内部机构之间实行以市场价为基础的内部价格结算,减少流通环节,合理避税,可以显著降低产品综合成本,提高产品的市场竞争力。

(2)管道分段建设与运营的合作方式。这是目前绝大多数跨国油气管道项目所采取的全过程合作方式,尤其对于油气资源购买国更为有利。油气资源购买国在其边境或资源国边境将油气买断,并将境内外管道建设与运营、油气的买卖营销与资源的勘探开发分开。这种运营模式可以避免资源国或其他参与投资方以资源或技术优势对购买方实施控制和干扰,同时,将不同阶段的风险进行分散后,对于购买方境内管道运营和油气销售尤其有利。

---

〔23〕 王传丽主编:《国际经济法》,中国人民大学出版社2004年版,第286页。

〔24〕 王传丽主编:《国际经济法》,中国人民大学出版社2004年版,第243页。

〔25〕 梅世强等:《跨国输油气管道建设与运营的国际合作方式》,载《综合运输》1999年第7期。

2. 管道运营中的环境保护

20世纪70年代以来，随着环境保护运动的兴起，由能源生产和消费所引起的环境问题，开始逐渐引起人们的关注。《政府间与东道国之间跨国油气管道协议示范文本》规定："若经由管道运输的石油与天然气发生泄漏，或是发生任何其他导致重大环境污染、或对人体健康与安全有重大威胁的事故，管道投资方应立即采取措施，以便1)避免对环境造成更大的破坏；同时2)若补偿性措施不足以补救自然资源所受的损失，那么就应采用使受损害的自然资源恢复其原本状态和/或从损害发生之日起提供劳务直至环境完全恢复为止的方式来恢复环境，按照第二十七章及本章规定，无论投资者是否故意或过失，均应承担同等责任，除非该损害是由不可抗力所致。"[26]

二、跨国电网

关于跨国电网，目前没有学者对此作出明确的定义。我们认为，跨国电网是跨国电力联网的简称，是指两个或两个以上国家的电网跨国互联，建立跨越边界的电力传送网路，将一国发电厂发出的电力输送至其他联网国家消费电能的地区，或进行相邻电网之间的电力互送，实现电力跨越国境的流动和贸易。通过电网的跨国建设，在电网互联国家市场范围内提高电力资源配置效率，促进联网各国间电力资源的优化配置和利用。跨国联网包括双边电网互联和多边电网互联。

(一)跨国电网项目的法律分析

1. 跨国电网的法律挑战

跨国电网的特殊属性决定了相应法律调整的特殊性。在跨国电网建设、运营过程中面临较多的法律挑战，如国家审批管辖权、工程融资建设、工程建设用地、工程质量管理、工程安全运营、工程环境保护以及劳动雇用等，这些问题亟须通过立法予以解决，以保障跨国电网项目的顺利完工。在跨国电力贸易中，又面临着电力贸易、电力市场改革及电力贸易纠纷等法律问题，这些问题的解决有赖于尽快建立、完善我国相关法律和法规。

2. 跨国电网项目审批

跨国电网项目一般由相关国家政府相互合作所促成，具体通过政府间协议确立跨国联网的法律框架和相互间的权利义务，并由联网国所属具体的公司建设和管理跨国电网项目。一般说来，跨国电网项目审批最主要的障碍是对预期传输线路的建设限制。因为建设远距离穿越国境的电力传输线路，必须获得沿途不同国家内各地区的地方主管机构的批准，也要得到政府主管部门的批准。

对于我国参与的跨国电网工程项目的审批程序，参与该工程的联网国家首先应就国家之间电网互联达成协议；其次再就联网工程建设的审批程序进行协商。由于不同的电网互联国对电力工程的建设审批规定不同，所以跨国电网工程建设审批程序需要电网互联国共同协商，先就跨国电网工程制定一个各电网互联国的有机协调并必须遵守的审批程序和建设标准。这一程序必须是公开透明的，以备跨国电网利益相关方进行监督。这样可以减少因为各国法律对工程建设审批规定的不一致而导致的工程建设延误。

---

[26] *The Host - Government Model Agreement on Cross - Border Pipelines.*

电网互联国就跨国电网建设相互协商建立的审批程序应具备三个特点:(1)在跨国电网项目审批原则上,不仅要注重项目的安全性与效益性之间的协调,还要注意电网互联国之间利益的协调,以保证整个项目的正常建设;(2)在电网项目审批机构设置上,要综合考虑多方面的因素,建立独立于电网互联国政府之外的垂直管理机构,杜绝个人因素对项目审批可能产生的影响;(3)在电网项目建设审批程序上,建立必要的行政听证制度和重大项目公示制度,接受社会和相关利益群体的监督,以民主化和科学化的决策机制来保障电力项目审批的正确性。

3. 跨国电网项目融资

建设跨国电网项目需要投入大量资金,依靠传统的融资方式,远远达不到要求,因此要借助于国际金融机构以及其他投资者的力量。英法海底隧道工程、我国广东沙角B电厂、广州北环高速公路、北京京通公路、广西来宾电厂和山东日照电厂等都是通过项目融资的方式进行建设的。因此,跨国电网是一项跨国境、投资大、周期长的工程,各国一般是通过项目融资方式来筹集跨国电网项目的建设基金。

由于跨国电网项目具有跨国性的特点,在项目融资方面与其他项目融资不同,表现在以下两个方面:(1)其他项目融资的工程位于一国境内,而跨国电网项目跨越两国或多国国境;(2)其他融资项目一般是在项目所在国由项目发起人成立项目公司,该公司行为受项目所在国的法律调整,而跨国电网项目是否需要成立项目公司,公司行为受哪国法律调整,则没有具体的法律可循,所以跨国电网在项目融资上具有特殊性。

前已述及,由于跨国电网项目投资风险大,投资回报周期长,操作过程复杂,资金需求量大,必须通过项目融资的方式筹集资金。因此,有必要组建跨国电网项目公司,但如何确定项目公司的法律地位、注册地址和法定形式,则要综合考虑诸多因素。电网互联国应承认项目公司在其境内从事与跨国电网建设融资有关的民事活动的行为能力,并应提供相应的优惠政策,鼓励自然人、法人、跨国公司、国际组织等参与跨国电网项目的融资和建设。

项目公司的责任是以自己的名义筹集项目所需资金,具体负责融资的执行、项目的开发建设,在项目竣工后运营项目、偿还项目贷款以及执行项目主办人决策等事项。

电网互联国各方的主办人采取非公司型合作协议的形式成立项目公司,"各自专门为该项目的融资成立单一的项目子公司,由各项目子公司以自身的名义为各个项目主办人筹集项目资金"。[27]也就是电网互联国在协商成立项目公司的基础上,各自成立一个项目子公司,为其境内的跨国电网项目筹集资金。因此,跨国电网项目资金的筹集可以以国家边界为界分为两部分,贷款银行的追索权只能涉及电网互联国各项目子公司的资产和现金流量,比较容易划清项目的债务责任,有利于跨国电网互联国认真审慎地对待其境内跨国电网的建设。

4. 跨国电网建设用地

跨国电网建设用地要经过各电网互联国分别审批,对土地使用的补偿程序和标准需要依据各国法律法规分别进行。由于各电网互联国土地管理法的规定不同,而跨国电网

〔27〕 朱怀念:《国际项目融资法律问题研究》,武汉大学出版社2002年版,第22~23页。

的建设是一个整体的工程,在经过不同电网互联国的土地部分的补偿,应怎样适用法律,需要什么样的标准,是一个值得深入研究的问题。

从国际公法的角度分析,土地是一国领土的主要组成部分,跨国电网涉及不同国家土地的占用,直接与一国主权密切相关。依照联合国通过的《各国经济权利和义务宪章》第一条、第二条的规定,“每个国家对其全部财富、自然资源和经济活动享有充分的永久主权,包括拥有权、使用权和处置权在内,得自由行使此项主权”。所以,国家对其境内的自然资源享有永久主权,即经济主权,这是国家主权不可分割的部分,任何行为不得干涉国家经济主权的行使。因此,跨国电网所涉对土地的占用,应当尊重各电网互联国的经济主权,交由各电网互联国自主处理其境内跨国电网所涉土地占用问题。

根据国家经济主权原则和相关理论,跨国电网所涉对土地占用的补偿问题应当适用属地原则解决,即电网用地位于哪国境内就适用哪国的土地管理法。整个电网建设的顺利进行需要各电网互联国共同努力处理好土地的使用问题。

5. 跨国电网与环境保护

跨国电网对其所经过国家的环境影响是巨大的,跨国电网对电力的输送一般是高压输送,如何对跨国输电线路经过地区的人畜、土地、植被以及主要是林木的环境进行有效保护,是电网互联国应该共同关注的问题。1972 年6 月5 ~16 日,在斯德哥尔摩举行的联合国人类环境会议上通过的著名的《斯德哥尔摩人类环境宣言》第二十一条规定:“按照联合国宪章和国际法原则,各国有按自己的环境政策开发自己资源的主权权利,并且有责任保证在它们管辖或控制之内的活动,不致损害其他国家的或在国家管辖范围以外地区的环境。”上述环境保护问题要通过国际的和国内的环境保护法律进行调整。

跨国电网互联国应对建设过程中可能产生的环境影响事先进行调查,并选择一条环境影响最小的线路。在跨国电网建设中,电网互联国应做好事前预防工作,即协商确定怎样对跨国电网线路的选择进行环境影响调查,依据什么制度来进行,环境损害发生后的环境责任由谁承担等问题。此外,电网互联国还应就环境保护的法律适用达成一致协议。

依照我国《环境影响评价法》第二条的规定,环境影响评价,是指对规划和建设项目实施后可能造成的环境影响进行分析、预测和评估,提出预防或者减轻不良环境影响的对策和措施,进行跟踪监测的方法与制度。我国应在遵守与电网互联国签署的环境保护协议基础上,根据我国环境影响评价制度,对位于我国境内的跨国电网建设作出环境影响评价报告,并予以公开,规定在一定的期限内,接受利害关系方或社会公众的异议与监督,使社会各方在跨国电网建设中能表达其意见或诉求。

对于跨国电网建设环境责任的分担,应当根据环境法律关系分析。所谓环境法律关系,是指由环境立法所确认和调整的、各主体在环境利用和环境保护活动中形成的权利义务关系。在跨国电网建设中,项目公司、贷款人是环境利用的主体,因此是环境法律关系的主体之一,应承担建设中的环境责任。为分散环境风险,可以通过要求项目主办人提供担保的方式明确环境责任,即由跨国电网互联项目主办人对项目提供担保。这一担保可分为两种情形:(1)在环境责任由项目公司和贷款人共同承担时,主办人只对项目公司应承担责任的部分提供担保,即保证由于项目公司承担环保责任给项目收益造成的损失由项目主办人负责补偿;(2)环境责任由项目公司单独承担时,主办人承担由于环境风险给项目造成的全部损失由其负责赔偿。由于跨国电网的建设是由项目子公司进行融资并承担相应责任,所以对于环境责任,相应的也应由项目子公司进行责任分担。

6. 跨国电网与劳动雇佣

跨国电网建设需要投入大量人力资源,在建设过程中需要聘用电网建设方面的专家、技术人员以及大量劳务人员。但跨国电网互联国在上述电网专家、技术人员等资格认证条件及程序方面规定不一,对于劳务人员的流动也有不同规定。这些专家和技术人员对电网工程建设过程中出现的问题可能有不同见解、存有分歧,意见的不统一不利于工程顺利建设,妨碍工程的顺利完工。

因此,如果项目公司可以在电网互联国灵活选择管理人员和技术人员,则跨国输电线路的建设会减少许多障碍。《北美自由贸易协定》规定,任何协定参与国不得要求在其境内的其他国家投资者投资的企业"委任任何特别国籍的人员担任高级管理职位",应当简化跨境受雇人员的流动手续和程序。协定要求每一参与国应当"授予临时的进入权……给其他企业雇佣的经营人员"在其他参与国家的"管理、行政活动包括专业知识的能力",如果该人员已经在上述三方面"被该企业连续雇佣一年"。[28]《北美自由贸易协定》这一规定,可以被借鉴用于跨国电网的建设中。即跨国电网互联国应当达成协议,对专家和技术人员的资格相互认可,并允许其他电网互联国的管理和技术人员在一定条件下参与本国的管理和行政活动。此外,还应简化劳务人员在电网互联国之间的相互流动,授予这些人员以临时的进入许可,为这些劳务人员提供符合法律要求的工作环境,给付与其劳务付出相当的薪酬,保护其作为劳动者所享有的所有劳动权益,允许劳务人员所获薪酬的自由转移,保证劳务人员的外汇收入通过正当渠道汇回国内。

7. 跨国电网的经营与管理

相邻国家的电网互联之后,如何保障跨国电网安全、合理、经济运行,是一个新的问题。在这方面,我国除了自己研究探索外,还应积极学习国外的先进成功经验。如北美电力联合系统,覆盖了加拿大、美国和墨西哥的加利福尼亚半岛,北美电力系统的安全稳定运行是通过各项规则提供保障的。1968 年北美电力系统可靠性委员会(North American Electric Reliability Council, NERC)成立,由美国、加拿大和墨西哥三国组成。该委员会通过制定一系列规则,加强对区域电网的协调以提高北美电力系统的安全可靠性。

由于各电网互联国的经济利益相对独立,由其分别管理,利益冲突不可避免。建议借鉴北美电力系统的经验和教训,经营与管理我国涉外电网。具体来说,就是由电网互联国彼此签订协议,成立一个统一的协调委员会,该委员会由各电网互联国有关专家按一定比例组成,根据电网互联国的国情讨论制定相关规则,规范约束电网的运行,为电力贸易、电网互联工作建立统一协调的管理机构和工作机制,通过设置专门机构,解决电力调度和输电价格等问题,制定或调整区域间输电计划,协调解决跨国电力调度,确定跨境输电线路容量,推动跨国输电系统尤其是跨多国输电线路建设总体标准的制定和颁布等。如果成立跨国电网统一协调委员会性质的机构,其组成人员的知识和素质要求对我国现行的电网运行及管理专家是一个挑战,这些专家担负着保障我国在跨国电网经营和管理方面合

---

〔28〕 Asia Pacific Energy Research Centre, *Electric Power Grid Interconnections in the Apec Region*,2004.

法权益的重任。因此,我国必须加强对这些专家的知识和技能进行系统培训,通过提高其专业素养和素质,使其能胜任跨国电网经营管理的国际水平,能够在协调委员会制定规则、计划等过程中,维护我国的合法权益。

(二)基于跨国电网进行的电力贸易

基于跨国电网基础之上的电力贸易,将会给每个电网互联国带来显著的经济和环境利益:(1)它将减少一国为了应付电力需求高峰而对电力储备的投资;(2)为电力供应提供更可靠的保证,包括电力故障时可以从国际电力联网上获得供应;(3)降低运营成本;(4)降低温室气体排放以及其他污染;(5)使本区域消费者可以获得更加便宜而且更加有利于环境可持续发展的电力供应。

跨国电力贸易不能不考虑电力的可靠性、普遍性和可持续性。随着跨国电力交易的发展,需要更加自由的电力市场。不同国家通过这样或那样的方式改革他们的电力市场,使他们更具竞争力。然而,各国改革进程和改革程度不同,有些国家仍处于电力生产、分配、传输和供应完全垄断的阶段;有些国家已经开放电力趸售市场;还有一些国家开放了部分零售市场。不同国家处在不同的改革阶段会形成其相互之间通过跨国电网进行跨国电力贸易的障碍。对于发电企业与电网企业已经分离国家而言,其独立发电商可能不愿意参与纵向一体化垄断国家电力企业的竞争;相反,采用纵向一体化垄断国家的电力企业,可能会勉强接受发电企业与电网企业已经分离国家的独立发电企业的竞争。而我国要与相邻国家进行电网互联,参与更加自由的跨国电力贸易,应该具有一个自由竞争的电力市场。但我国电力市场应如何应对跨国电力贸易带来的自由竞争,却是一个值得探讨的法律问题。

跨国电网互联以及国际电力贸易要求建立和完善相应的电力法制,这就对我国电力立法提出了更新更高的要求。世界各国电力体制改革的经验表明,电力市场的自由竞争需要国家建立完善市场监管体制,通过设立专业监管机构对电力市场运营进行监管。

思考练习题

1. 国际能源法的法理基础有哪些?
2. 论述国际能源法的基本原则。
3. 国际能源合作的主要方式是什么?
4. 怎样理解国际能源合作法?
5. 论述国际能源投资法的调整范围。
6. 简述国际能源贸易法的概念和种类。
7. 国际能源金融领域有哪些法律问题?
8. 跨国油气管道的主要法律问题是什么?
9. 论述跨国电网涉及的法律问题。

第十一章　能源监督管理*

导读

能源监督管理是能源管理的重要形式之一，其内容主要包括能源规划、政策和法律执行情况、能源市场秩序、能源行业节能情况以及能源安全与环境保护。专项监督检查、问题监督检查和社会监督检查，是能源监督检查的主要方式。本章的重点是能源规划、政策和法律执行情况、能源市场秩序、能源行业节能情况以及能源安全检查。本章的难点是能源市场秩序监督检查、能源行业节能情况检查以及能源安全检查。

能源基本法应当系统地规定能源执法检查的事权范围及程序。如负有能源监督管理职责的部门应当依照有关法律、法规的规定，对涉及能源开发利用的事项需要行政许可或者验收的，必须严格进行审查或者验收；不符合有关法律、法规规定的条件的，不得许可或者验收通过。对未依法取得许可或者验收合格的单位，擅自从事有关能源开发利用活动的，负责许可或者验收的部门检查发现或者接到举报后，应当立即责令其停止建设或者限期整改。对已经依法取得许可的单位，负责许可的部门发现其不再具备许可条件的，应当撤销原许可。县级以上人民政府负有能源监督管理职责的部门按照职责分工，对本行政区域内执行本法、能源规划和能源开发利用的情况进行监督检查。

第一节　能源监督检查的范围

一、能源供应监督检查

能源供应监督检查包括：(1)负有能源监督管理职责的部门应当监督检查煤炭、石油、天然气、电力等能源供应情况，督促能源供应企业做好城镇燃气、热力、电力供应保障工作。(2)能源管网公平开放监管，如规定县级以上人民政府能源主管部门会同有关部门依法对具有自然垄断特征的石油、天然气、电力等能源输送管网的公平开放、普遍服务等实施监管，促进公平竞争，保护消费者权益。

* 感谢黄鹏辉对本章撰写工作的支持。

二、能源储备应急检查

能源储备监督检查，如规定国务院能源主管部门对能源产品战略储备的建设、收储、轮换、动用等情况进行监督检查。能源应急监督检查，如规定负有能源监督管理职责的部门依照能源基本法和有关法律、法规的规定对能源企业和重点能源用户的能源应急处置预案、应急体系建设和应急保障措施等实施监督检查，依法参与能源突发事件的处置工作。

三、能源统计、计量检查

能源统计检查方面，如规定县级以上人民政府统计部门应当会同同级负有能源监督管理职责的部门，建立统一的能源统计分析机构，负责建立和完善统一的能源统计体制机制，以及统一的能源统计分析计算机系统，确保能源统计数据及时、真实、完整。能源计量检查方面，如规定能源企业、能源用户应当按照国家有关规定加强能源计量，计量行政主管部门应当加强对能源计量工作的监督管理。能源计量器具应当由无利害关系的独立第三方检定机构进行检定。具体检定办法由国务院计量主管部门会同有关部门依照能源基本法另行制定。

四、现场检查及联合检查

现场检查的，能源基本法应当规定能源主管部门为履行法定职责，可以进入能源企业和用能单位的生产经营场所实施现场检查，查阅、复制与检查事项有关的文件和资料，对可能被转移、隐匿或者毁损的予以封存。联合检查的，拟规定负有能源监督管理职责的部门在监督检查中应当互相配合，可以实行联合检查。分别进行检查的，应当互通情况，发现存在的违法问题应当由其他有关部门进行处理的，应当及时移送其他有关部门并形成记录备查，接受移送的部门应当及时进行处理。

五、监督检查的执法要求

能源基本法中应当规定：(1)监督检查人员进行现场检查应当符合法定程序。(2)被检查单位应当配合检查，如实反映情况，提供必要的条件、资料。(3)能源监督检查人员应当恪尽职守、坚持原则、秉公执法。(4)能源监督检查人员执行监督检查任务时，必须出示有效的监督执法证件，保守被检查单位的商业秘密。(5)负有能源监督管理职责的部门对涉及能源开发利用的事项进行许可、验收，不得收取任何费用，但法律、行政法规另有规定的除外。(6)不得要求接受许可、验收的单位购买其指定品牌或者指定生产、销售单位的相关设备、器材或者其他产品。(7)能源主管部门在监督检查中，发现能源企业、用能单位违法使用不符合强制性国家标准、行业标准或者国家禁止使用的能源产品、技术或者设备的，可以予以查封、扣押；发现能源企业、用能单位有转移、隐匿资金或者销毁财物嫌疑的，可以申请人民法院予以冻结。(8)能源企业或者能源用户对负有能源监督管理职责的部门的监督检查人员依法履行的监督检查职责，应当予以配合，不得拒绝、阻挠。

六、能源检查的社会监督

能源基本法应当设定社会监督和举报制度，如规定任何单位和个人可以对负有能源监督管理职责的部门履行职责的情况提出意见和建议，并对能源违法行为进行举报。负有能源监督管理职责的部门应当建立举报制度，公开举报电话、信箱或者电子邮件地址，受理有关能源违法行为的举报，受理的举报事项处理结果应当及时告知举报人。负有能源监督管理职责的部门应当建立能源违法行为信息库，如实记录能源企业或者重点能源用户的违法行为信息；对违法行为情节严重的能源企业或者能源用户，应当向社会公告，并通报行业主管部门、投资主管部门、国土资源主管部门、环境保护主管部门、证券监督管理机构等有关部门以及有关金融机构。

第二节　能源监督检查的种类

监督检查是能源监督管理的重要方式之一。能源监督检查的种类可以分为：能源规划、政策和法律执行情况监督检查、能源市场秩序监督检查、能源行业节能减排监督检查、能源环境监督检查、能源安全监督检查五类。

一、能源规划、政策和法律执行情况监督检查

我国能源行业已经颁布了一系列能源规划、政策和法律法规，内容涉及煤炭、电力、石油、天然气、新能源、节约能源等各领域，这些规划、政策和法律法规能否得以顺利实施，对于我国能源产业的发展至关重要。为了保障能源规划、政策和法律的有效落实，能源规划、政策和法律（包括法规、规章等）执行情况的监督检查，是新形势下能源监督检查的重要内容。

（一）能源规划监督检查

就能源规划而言，它决定着能源行业发展及能源产业布局，关系到能源市场运营效率、资源优化配置效果等方面，是能源行业顺利发展的关键环节。为确保整体规划的内在统一，各类规划应衔接协调，遵循专项规划和区域规划服从本级和上级总体规划、下级政府规划服从上级政府规划、专项规划之间不得相互矛盾的原则。我国编制了能源发展“十三五”规划，以及节能减排、煤矿安全生产、石油天然气、生物质能、太阳能、地热能发展等专项规划，每个省、市除了制定综合性的能源发展规划之外，还有各种专项规划。为保障规划的内在统一，督促规划的有效落实，国家对能源规划执行情况实施监督检查，重点包括：(1)地方规划与国家规划的衔接情况。包括地方规划编制工作按期开展及完成情况；地方规划与国家规划的一致性；能源规划确定的开发次序、开发规模等与能源供需的协调匹配情况。(2)规划内容的科学合理性。包括地方规划落实国家能源发展战略及能源产业政策情况；能源重大项目列入规划前开展论证情况；能源规划发挥优化资源配置，促进能源结构调整以及增强能源利用效率等方面情况。(3)规划的有效落实情况。包括动态掌握核准（备案）能源项目规模及实际开发建设运行规模等情况；能源企业按照

规划进行开发建设情况；是否存在不按规划总量进行产能布局、重复建设、能源开发利用效率低下、发展失衡等问题；是否存在项目开发与规划不一致等情况。(4)项目优选情况。包括能源项目优选办法(优选流程、评分标准等)制定以及向项目申请单位公开情况；优选办法与国家能源局的有关要求相符合的情况；优选过程公开透明情况；优选结果公示以及意见采纳情况。

(二)政策和法律执行情况监督检查

就能源政策而言，在当前能源行业立法进展缓慢以及能源改革快速推进的情况下，它是我国进行能源行业管理的重要依据，加强对能源政策执行情况的监督检查意义重大。目前，无论是国务院能源管理部门还是地方能源管理部门，都陆续出台了一系列重要的行业管理政策，并取得了很好的社会效果，例如，我国出台的一系列清洁生产政策，有效促进了我国能源产业的清洁、高效、安全发展。对能源政策执行情况的监督检查主要包括两方面：(1)地方能源政策制定情况。包括地方按照国家能源政策制定出台相关配套政策措施情况；地方能源政策的科学性和合理性，是否违背国家相关能源政策。(2)企业执行能源政策的情况。包括监督检查企业执行国家能源政策的情况，及时提出监督检查意见建议；是否存在选择性执行，变相、消极或错误执行有关政策的情况。

就能源法律而言，它是能源行业管理的权威依据。能源作为国家的战略性资源，是国家经济发展的源泉和动力，必须要以法律的形式来保障能源安全。[1]我国已颁布了《煤炭法》《电力法》《可再生能源法》《节约能源法》等各领域相关的单行法律，以及《乡镇煤矿管理条例》《城镇燃气管理条例》《电力供应与使用条例》等数十部相关法规或部门规章，并且在不断完善各领域单行法的同时组织制定能源法，因此，对能源法律执行情况的监督检查必将成为能源监督检查的重要内容之一。对能源法律执行情况的监督检查主要包括：(1)不同位阶能源法律之间的衔接情况。(2)企业执行能源法律的情况。监督检查企业执行能源法律时是否存在选择性执行、消极或违反执行等问题。(3)能源行政管理部门执行能源法律的情况。监督检查能源管理部门是否存在滥用权利、消极怠工等情况。

二、能源市场秩序监督检查

能源市场秩序监督检查是能源监督检查的重要内容。自党的十八大以来，我国越来越重视对能源市场秩序的监督检查，中央作出全面深化改革的决策部署，要求充分发挥市场在资源配置中的决定性作用，降低能源市场准入门槛，加强市场秩序监管，公平公正维护投资者、经营者、使用者的合法权益。能源市场秩序监督检查主要包括市场准入监督检查、能源价格监督检查、能源公用事业监督检查等。

(一)能源市场准入监督检查

能源市场准入监督检查，它是指对我国为了国家安全、能源安全、生活用能、生态环境和经济发展的需要，就市场主体可以进入能源领域中的哪些市场进行投资和经营等市场行为，哪些能源商品或者耗能商品可以进入哪些领域或者哪些部分的市场进行营销和销售等市场行为，以及相应市场主体需要具备哪些实体条件，经由哪些程序，才可以开展经

[1] 张兰、林芳萍：《能源安全视野下的能源市场监管法律问题研究》，载《现代商业》2015年第30期。

营活动、进行市场行为的一系列法律规则和规范以及相应运行机制所组成的相对独立和完整的规则体系的运行状况进行监督检查。从政府监管政策工具意义上看，市场准入监督检查属于事前审批，个人或企业为了从事一定的受监督检查活动之前必须向监督检查机构提出申请，由监督检查机构对从事该活动的行为人进行审查和评估，并对符合条件者予以颁发执照或许可证。[2]与此同时，根据准入市场性质的不同，可以将市场准入监督检查分为竞争性业务的市场准入监督检查和自然垄断业务的市场准入监督检查。竞争性业务的市场准入监督检查，目的在于减少能源项目建设和运营过程中所可能产生的风险或外部性问题，具体而言审查重点在于技术安全和环境保护两方面。[3]

我国对电力业务许可监督检查就是能源市场准入监督检查的典型代表，它的目的是为了促进电力企业依法持证经营，发挥电力业务许可在维护电力市场秩序，保障电力系统安全、优质、经济运行等方面的作用，内容包括对电力企业执行许可制度情况的监督检查、承装（修、试）企业许可制度情况监督检查和进网作业电工执行许可制度情况的监督检查等，以上三个方面的监督检查重点又都包含对依法持证情况、许可条件保持及表更情况和依法经营情况（持证作业情况）的监督检查。

（二）能源价格监督检查

能源价格监督检查，是指对我国为了预防或者纠正因能源商品或者服务价格导致的市场失灵情形发生，制定和实施的了解和分析能源市场价格形势、引导能源价格、规范垄断能源价格、监督能源价格法律实施情况并查处能源价格违法行为的一系列法律规则和规范及其运行机制所组成的相对独立和完整的规则体系的运行状况进行监督检查。在市场经济条件下，能源商品和服务的价格应该由正常的市场供求关系决定，并具有一定的相对稳定性，但是，在经过市场竞争而形成垄断或者存在自然垄断的情形下，政府需要对垄断情形下的价格形成进行规制，防止垄断者制定不合理的价格，损害消费者秩序或扰乱市场秩序，因此能源价格监督检查是能源市场监督检查的重点内容。目前，我国能源价格监督检查执法较为常见的领域有石油、天然气和电力等，如《电力监管条例》第二十条明确规定，国务院价格主管部门、国务院电力监管机构依照法律、行政法规和国务院的规定，对电价实施监管。

（三）能源公用事业监督检查

能源公用事业监督检查，是指能源公用事业监督检查单位对电力、天然气等能源公用事业企业的活动进行监督检查，主要包括能源供应、公平开放和普遍服务义务履行等情况的监督检查。其中，能源供应监督检查，是指能源管理有关部门依法对煤炭、石油、天然气、电力等能源供应企业的能源供应情况展开监督检查，要求从事能源生产、供应的企业不得擅自中断或者停止能源供应，也不得擅自提高价格、减少供应数量，目的是督促从事能源生产、供应业务的企业做好城镇燃气、热力、电力的有效供给工作，确保能源供应满足国计民生的基本需求。公平开放监督检查，是指能源管理有关部门依法对具有自然垄断

[2] 苏苗罕：《能源产业市场准入监管的法律分析》，载肖国兴、叶荣泗主编：《中国能源法研究报告（2008）》，法律出版社 2009 年版，第 186 页。

[3] 邱新：《能源监管革新：制度设计与制度选择》，中山大学公共管理系 2013 年博士后学位论文，第 55 页。

特征的石油、天然气、电力等能源输送管网的公平开放实施监管，目的是为了促进能源市场公平竞争，保护消费者权益。普遍服务义务监督检查与能源普遍服务制度密切相关，普遍服务制度通过为能源商品或者能源服务企业设定法律义务，向它们或者用能户提供财政税收支持以及进行监管等措施，让个人或其家庭能够以负担得起的价格获得可靠的、可持续的能源商品或者服务。与此同时，尽管能源品种繁多，但是目前真正需要提供能源普遍服务的却仅限于电力、燃气和热力三个领域。[4]普遍服务义务监督检查，是指对为了保障个人或家庭为了生活用能的需要，国家制定的一系列法律规则和规范、构建的一套运行机制所组成的相对独立和完整的规则体系运行状况的监督检查。它是促进能源行业普遍服务义务履行的有力保障，有助于确保能源普遍服务目标的实现和补贴的正确发放，维护能源市场的有机统一。现阶段，我国正逐步完善能源公用事业监督检查机制，如《能源法（征求意见稿）》修改稿第一百零六条明确提出："县级以上人民政府能源主管部门会同有关部门依法对具有自然垄断特征的石油、天然气、电力等能源输送管网的公平开放、普遍服务等实施监管，促进公平竞争，保护消费者权益。"

三、能源行业节能监督检查

能源行业节能监督检查，是指能源监督检查机构依据国家的能源利用政策规划、能效标准和法规，对能源节约的情况和能源利用效率进行监督检查的活动。能源行业节能监督检查的目的是为了排除不当的能源利用和消费方式，避免能源利用的浪费现象，实现能源利用效率的提高。能源行业节能监督检查的主要内容包括：能效标准和用能限额监督检查；能效标识和认证监督检查；高能耗产品、淘汰设备监督检查；用能产品的进出口和价格监督检查等。从行业来分，节能监督检查主要包括工业节能、建筑节能、公共机构节能、交通运输节能和国家重点用能单位的节能监督检查等。如《节约能源法》第三十四条、第三十五条规定了国务院建设主管部门负责全国建筑节能的监督管理工作。

目前，我国能源行业节能监督检查已经在各个领域顺利开展，如电力领域节能监督检查就涉及发电企业节能监督检查和电网企业节能监督检查。发电企业节能监督检查主要针对节能降耗工作情况，包含发电企业完成政府下达的煤电升级改造计划情况、改造后供电煤耗是否达到相应标准、综合厂用电率等主要指标情况、发电燃煤消耗量与发电量增长率对比合理性情况等。电网企业节能监督检查则主要包括三方面内容：(1)电网线损管理情况。具体涉及电网企业技术降损情况、管理降损情况；电网输电效率、供电效率及线损指标情况。(2)保障资源综合利用项目并网情况。具体涉及电网企业安排符合规定的热电联产和利用余热发电的机组并网运行情况；相应资源综合利用电价执行情况；对热电联产机组按照"以热定电"原则安排电量情况。(3)节能发电调度情况。具体涉及电网企业优化安排火电机组运行方式情况；高效机组发电负荷率以及发电利用小时数增长情况。石油领域节能监督检查则主要包括以下三方面：(1)炼油综合能耗情况。具体涉及各种燃料消耗量、动力（电、蒸汽）消耗量和耗能工质（不包括作为原料用途的能源）使用量等。(2)原（料）油加工储运环节的损失率情况。具体涉及炼油企业在加工、储运等环节的管

[4] 苏苗罕：《我国能源产业的政府监管体系研究》，中国社会科学院2008年博士学位论文，第92页。

控情况,是否有效减少原(料)油和外购原料的损失率。(3)原(料)油加工的主要技术指标情况。具体涉及新鲜水单耗、综合商品收率、轻油收率、汽煤柴润收率等主要技术指标的管控情况。

四、能源安全监督检查

能源安全监督检查是能源监督中必不可少的内容。能源行业的安全与经济社会发展和人民群众的利益息息相关,承担着重大的经济责任。加强安全监督检查工作,提高对能源安全事故的应急处置能力,对于保证能源行业安全运行,维护社会稳定和人民群众根本利益具有十分重要的意义。从能源开发利用的过程来看,能源安全监督检查主要包括能源生产安全监督检查(如煤矿生产安全监督检查)、能源运输安全监督检查(如电网可靠性监督检查)、能源储备安全监督检查(如石油储备监督检查)、能源应急保障监督检查等。从能源各领域来看,能源安全监督检查主要包括煤矿安全监督检查、电力可靠性监督检查、石油天然气管道安全监督检查、核安全监督检查等。与此同时,随着互联网技术的快速发展,能源行业生产运行越来越依赖于计算机通信及程控技术,能源企业网络与信息安全监督检查作为一种新兴的能源安全监督检查类型应运而生。

能源安全监督检查种类丰富、内容广泛,现综合能源生产和能源领域分类标准,结合我国现阶段能源行业安全监督检查状况,着重阐述电力安全、煤矿生产安全、油气储备安全、能源应急保障、能源企业网络与信息安全这五种能源安全监督检查。

(一)电力安全监督检查

电力安全监督检查可以细分为六类:(1)发电安全监督检查,内容包括安全主体责任落实情况、发电机组(火力发电机组、水力发电机组、核电机组非涉核部分、风电场、光伏发电站等统称为发电机组)并网运行安全管理情况、设备设施安全管理情况和防范电力事故措施落实情况。(2)电网安全监督检查,内容包括安全主体责任落实情况、电网安全运行情况、电网安全风险管控工作开展情况、防范电力事故措施落实情况和防范电网大面积停电事故。(3)电力建设施工安全监督检查,内容包括安全主体责任落实情况、资质管理情况、安全生产标准化建设情况和现场施工安全管理情况。(4)电力工程质量安全监督检查,内容包括电力工程质量责任落实情况、电力工程质量管控措施制定落实情况和电力工程质量监督机构工程质量监督工作情况。(5)电力可靠性监督检查,内容包括主体责任落实情况、发电设备可靠性情况和输变电设施可靠性情况。(6)水电站大坝安全监督检查,内容包括大坝安全注册登记(备案)情况、大坝安全运行状态、大坝安全监测和信息化工作情况及大坝除险加固情况。

(二)煤炭生产安全监督检查

煤矿生产安全监督检查的目的是为了保障煤矿安全,规范煤矿安全监察工作,保护煤矿职工人身安全和身体健康。抓好煤矿生产安全是保护生命、保护资源、保护环境的"民生工程",对于遏制煤矿安全事故,增加清洁能源供应,减少温室气体排放,都具有重要意义。我国《煤炭法》第七条就明确规定了"安全第一"的安全生产原则:"煤矿企业必须坚持安全第一、预防为主的安全生产方针,建立健全安全生产的责任制度和群防群治制度。"由于我国与先进煤炭国家相比,煤炭安全事故发生频率仍然很高,因此国家为加大煤矿安全监督检查力度,设立国家煤矿安全监察局专职负责煤炭安全监督检查工作,其监督检查内容包括:煤矿企业执行有关煤矿安全的法律、法规以及安全标准、规程和行业技术规范的情况;煤矿建设工程安全设施设计和验收情况;煤矿制定的发现和消除事故隐患的措施及其落实情况;煤矿矿井通风、防火、防水、防瓦斯、防毒、防尘等安全设施和条件达标情况;煤矿作业合规情况;煤矿安全技术措施专项费用的提取和使用情况;煤矿矿井使用的设备、器材、仪器、仪表、防护用品达标情况;煤矿资质管理情况以及煤矿瓦斯防治情况等。

(三)油气储备安全监督检查

油气储备安全监督的目的是为了防止我国经济发展和社会稳定受到油气进口量不足或者国际油气价格剧烈波动的影响。由于我国是一个石油净进口大国,油气储备至关重要,国家发展改革委就曾于2015年1月26日出台《关于加强原油加工企业商业原油库存运行管理的指导意见》,明确要求所有以原油为原料生产各类石油产品的原油加工企业,均应储备不低于15天设计日均加工量的原油,因此,为保障油气储备达标,国家十分重视油气储备安全监督检查工作。其重点包括:加强商业石油天然气储备监督检查,监督企业义务储备建设进度;监督国家石油天然气储备规划和政策实施情况,及时提出相关意见和建议;加大油气储运设施安全保护监管力度,确保油气管道安全稳定运行。

(四)能源应急保障监督检查

能源应急保障监督检查的目的是督促能源应急制度的有效落实,以减少、消除能源突发事件对能源供给和消费带来的现实或潜在的损害。我国的能源突发事件主要表现为单品种或多品种能源的生产、进口或运输(传输)突然中断,这种中断可能会造成大范围、长时间的能源短缺(总量减少或品种断档)以及能源市场价格激烈波动等,为应对此类能源突发事件,《能源法(送审稿)》修改稿第六章明确提出建立能源应急制度的要求。而能源应急保障监督检查则是确保能源应急制度有效实施的关键,其要求能源管理有关部门依法对能源企业和重点能源用户的能源应急处置预案、应急体系建设和应急保障措施等实施监督检查,以维护基本能源供应和消费秩序,保障经济平稳运行。

(五)能源企业网络与信息安全监督检查

能源企业网络与信息安全监督检查的目的是防范能源产业享受信息化技术带来的高效和便捷的同时,所面临的与日俱增的网络与信息安全风险。2000年以来,我国相继发生了"二滩电厂停机事件"、"故障录波器事件"、"逻辑炸弹事件"和"换流站病毒感染事件"等多起电力行业网络与信息安全事件,造成了不同程度的影响,威胁到了电力系统安全稳定运行,同时也更加坚定了国家强化能源企业网络与信息安全监督检查的决心。监督检查的重点包括:(1)网络安全管理情况,即能源企业网络安全管理制度的制定及落实情况。(2)技术防护及安全防护情况,包含能源企业网络安全技术防护体系建设情况和网络安全防护工作开展情况。(3)网络安全应急工作情况,包含能源企业网络安全应急工作体系建设情况和网络安全应急工作开展情况。

五、能源环境监督检查

随着全球变暖和气候变化的形势日趋严峻,能源环境监督检查显得越发重要。党的十九大以来,中央加快构建市场导向的绿色技术创新体系,发展绿色金融,壮大节能环保产业、清洁生产产业、清洁能源产业;积极推进能源生产和消费革命,构建清洁低碳、安全高效的能源体系;推进资源全面节约和循环利用,实施国家节水行动,降低能耗、物耗,实现生产系统和生活系统循环链接。与此同时,能源环境监督检查也越来越受到重视,逐渐成为能源监督检查的一项重点内容,它的主要目的是尽量减少能源生产和消费过程中带来的环境污染,防止气候变化带来的灾难,让能源消费更加清洁、更加健康,为构建一个环境友好型社会作出贡献。从能源领域来分,能源环境监督检查的主要任务是:(1)煤炭领域,主要是防止固体废弃物、煤尘污染、地面下沉和温室气体的排放。(2)石油领域,主要是防止石油泄漏造成的环境污染。(3)电力领域,特别是火电行业,主要是防止温室气体排放和其他有毒物质的排放。(4)核能领域,主要是防止核辐射和核废料的处理问题。(5)可再生能源领域产生的环境污染问题。如水电开发带来的生态环境问题;风电开发带来的噪声污染、对景观和鸟类生存环境的破坏、对土地的占用;能源植物种植可能引起生物多样性的丧失;生产多晶硅的太阳能企业造成的废料污染;垃圾发电的尾气对环境的污染;地热开采造成的地面干扰、地面沉降、噪声、热污染和化学物质排放等。[5]

目前,我国能源环境监督检查也已经在各个领域顺利开展,其中以煤炭和电力领域的能源环境监督检查较为典型。就煤炭领域而言,长期以来,煤炭消费一直占全国能源消费总量的70%左右,煤炭开采、加工、运输、使用过程中会产生大量污染物,因此煤炭领域的环境监督检查尤为关键,其内容主要包括:(1)淘汰落后产能情况。煤炭企业按各级政府相关计划完成兼并重组以及落后产能的关停、淘汰情况。(2)煤炭生产、运输等环节的减排指标情况。具体涉及煤炭生产、运输等环节的污染物排放情况,对各种煤堆、料堆是否实现全密闭储存或建设防风抑尘设施,是否实施废水、固体废弃物、粉尘等污染物达标排放。(3)分散燃煤治理情况。地方政府主管部门以及有关企业民用清洁燃煤供应保障情况;燃煤设施清洁改造情况。就电力领域而言,能源环境监督检查主要针对发电企业环境监督检查,其监督检查重点包括:第一,脱硫、脱硝、除尘设施改造及运行情况。具体涉及发电企业按计划完成脱硫、脱硝、除尘设备改造情况;设备改造是否及时、烟气管道旁路是否拆除;环保设施的日常运行维护情况;烟气排放在线监测系统联网运行情况。第二,主要污染物排放指标情况。即实际运行中二氧化硫、氮氧化物和粉尘等主要污染物达标排放情况,排放浓度是否超过当地执行的大气污染排放限值标准。

第三节　能源监督检查的方式

科学的监督检查方式,是能源监督检查取得实效的保证。我国现有能源监督检查按照方式的不同,可以概括为专项监督检查、问题监督检查、社会监督检查三类。合适的能

〔5〕 李艳芳:《我国可再生能源管理体制研究》,载肖国兴、叶荣泗主编:《中国能源法研究报告(2008)》,法律出版社2009年版,第123页。

源监督检查方式能够突出能源监督检查的针对性、实效性、公正性，切实提高能源监督检查的效率和效能。就我国目前能源监督检查发展状况而言，应当重点强化专项监督检查和问题监督检查，建立健全能源社会督察制度。

一、专项监督检查

能源专项监督检查，是指能源监督检查机构主要采用现场检查的方法，对能源领域的某一特定事项，向有关能源企业、地方政府、部门、单位和个人进行专门监督检查。能源监督检查量大面广，在当前人手和精力有限的情况下，平均用力，面面俱到，势必会分散力量，劳而无功。专项监督检查可以达到集中治理、提高监管深度、形成示范效应的目的，可避免常规检查带来的重复检查、多头检查的低效率等问题。

专项监督检查坚持问题导向，突出监督检查的针对性、有效性。它不是全国一哄而上，而是重点选取有代表性、典型性的一个或几个省份进行驻点监督检查；不进行大而全的普查，不面面俱到、全面铺开，而是要通过总结和提炼具体点上的情况，形成向全省、全国进行推广的制度和办法；最终通过点面结合，现场与非现场相结合，达到以点带面的效果。总体来看，当前国家能源管理部门的专项监督检查主要集中在三个方面：(1)能源政策规划、法律法规和项目建设监管，包括能源项目审批简政放权落实情况专项监督检查、火电规划和建设情况专项监督检查、电力企业大气污染防治专项监督检查、成品油质量升级专项监督检查等，重在加强简政放权后续监督检查，更好地促进国家能源重大政策、规划和法律的有效实施和能源结构的调整优化。(2)能源市场公平监督检查，包括可再生能源发电并网专项监督检查、电力交易市场秩序专项监督检查、县调发电企业许可制度执行情况专项监督检查等，着眼于维护公平公正的市场秩序，促进能源资源的优化配置，保障市场主体的合法权益。(3)电力安全监督检查，包括建设施工安全生产专项监督检查、信息安全专项监督检查、电网安全风险管控专项监督检查等，目的是保持电力安全生产形势持续稳定的良好局面，为经济社会发展和人民生活水平提高创造良好的电力保障。

专项监督检查以每一个专项监督检查成立一个工作组的方式进行，工作中充分征求相关专业管理部门、监管派出机构的意见和建议，形成工作合力；在小组内部实行组长负责制，组长对专项监督检查工作负总责，负责深入一线了解和掌握情况，协调解决发现的问题，推动监督检查工作深入有效开展。与此同时，专项监督检查采取的方法也是多样的，除了采用收集资料、走访企业、召开座谈会等常用方法，更多地采用明察暗访等形式，深入一线实地检查，了解和掌握更鲜活、更丰富、更准确的真实情况；对于违法违规的企业，除了约谈、通报、稽查、处罚、督促整改等措施，还应采取区域限批、集团限批等手段，确保能源产业科学规范有序发展；并且对监督检查中发现的共性问题，监督检查机构还要认真分析监管规则、制度方面的问题和缺陷，制定、修订了一批规范性文件。

二、问题监督检查

问题监督检查是以问题为导向、实施能源监督检查的一种重要方式，是指监督检查机构针对辖区内监督检查对象存在的一个或多个问题点，有针对性地开展检查、指导、规范、查处等工作的监督检查方式，是一种集检查、调研、办案、维权等于一体的监督检查模式。

当前,问题监督检查主要由国家能源管理部门的监管派出机构组织实施。问题监督检查就是要发现问题,在发现问题的同时解决问题,它在能源监督检查中具有十分重要的意义。一方面,有助于规避执法风险。随着我国市场经济的不断发展,能源领域违法违规行为日益增多,市场主体的维权意识也越来越高,监督检查机构承担的风险和责任也日益加重。推行问题监督检查能够使监督检查人员摆脱日常监督检查等固定模式的束缚,针对具体问题采取措施,既有利于整合执法力量,促进问题的解决,又可以规避执法风险,营造良好执法环境。另一方面,有助于提升监督检查效能。问题监督检查是一种从点到面,动态的、针对性很强的监督检查模式。根据监督检查地域、监督检查事项的特点进行梳理和分析问题,列出工作重点,实现由一般性、综合性监督检查向专业性、具体性监督检查的转变,不仅增加了监督检查的深度,而且大大降低了执法成本,从而有力推动了监督检查整体工作的开展。

在问题监督检查实践中,强化问题意识、问题导向、问题倒逼,以问题为中心开展监督检查,问题在哪里,监督检查就到哪里;主动发现问题,善于分析问题,查找具有普遍性、典型性的问题;讲究方法、积极解决问题,对监督检查中发现的问题进一步建立健全问题处理机制,确保依法、高效地解决问题。也就是说问题监督检查主要包括发现问题、问题分类、解决问题。(1)发现问题是开展监督检查的基础和前提,常见的发现问题的渠道主要有:第一,利用监管信息系统,全面掌握行业形势和发展情况,综合分析辖区市场主体的变化情况,重点分析出现的异常情况,以及存在的问题。第二,通过投诉、举报发现问题。第三,通过日常监督检查发现问题。第四,通过案件分析发现问题。第五,通过新闻媒体的报道发现问题。(2)问题分类有助于节省人力、物力、财力,提高解决问题的效率,能源领域监督检查问题大致可以分为三类:第一,重大问题,包括危害公共安全、人身健康和生命财产安全的问题。第二,普遍性问题,包括国家能源政策落实不到位、相关措施不完善的问题,大型能源企业限制竞争、侵犯人民群众利益等社会热点焦点问题等。第三,一般性具体问题,包括无主观故意、社会危害较小或尚未产生社会危害后果的问题,企业能够主动改正或及时终止违法行为,且主动消除或减轻危害后果的问题。(3)解决问题应着力研究解决重大问题,重点解决普遍性问题,行政指导解决一般性具体问题。为了确保问题监督检查的成效,我国建立了年度计划机制、限时督办机制、考核评价机制等,防止监督检查机构滥用职权。

三、社会监督检查

社会监督检查是我国公众、社会组织和媒体行使能源社会监督权利的方式,旨在保障劳动者和消费者的安全、健康、卫生、环境保护,防止灾害。它不同于专项监督检查和问题监督检查,因为在能源社会监督检查中,国家能源管理机构并不直接参与管理,而是为保障公众、社会组织和媒体社会监督权利的行使提供一定的便利或履行相应的义务。事实上,能源社会监督检查的实质是公众参与原则的实践,能源社会监督权利可以在《宪法》中找到源头,我国《宪法》第二条第一、三款分别规定了:“中华人民共和国的一切权利属于人民。”“人民依照法律规定,通过各种途径和形式,管理国家事务,管理经济和文化事业,管理社会事务。”根据这一规定,我国公民可以广泛参与国家的能源监督检查活动。

由于能源是生活之要，且关系到每个人的利益，涉及每个家庭的民生，而依法实施能源社会监督检查不仅有助于促进能源产业平稳运行，缓解能源消费带来的健康、环境、安全等问题，最终实现能源的可持续发展，而且还能够督促能源监督检查机构依法履行其应尽的职责，因此，社会监督检查逐渐成为了能源监督检查方式中必不可少的重要组成部分。

我国公众、社会组织和媒体进行能源社会监督检查的渠道主要有：(1)要求各方全面、客观地披露能源信息。信息披露不仅要求能源企业在不涉及商业秘密的前提下披露规划、建设、生产、运营以及消费环节的一些具体信息，如运营资质、环评信息、排污状况等，而且要求能源管理有关机构及时披露真实、完整的监管信息。为此，一方面，国家能源管理部门针对能源行业出现的突出问题，以及社会和企业比较关注或与人民群众密切相关的问题，组织开展专门监督检查和问题监督检查，并在此基础上如实编制监管报告，及时向社会公开发布，同时，及时向社会、行业主管部门、投资主管部门、环境保护主管部门等有关部门以及有关金融机构，通报监督检查期间发现的违法行为情节严重的能源企业或重点能源用户。另一方面，能源计量行政主管部门应加强对能源企业、能源用户计量工作的监督管理，进一步确保能源信息及时、真实、完整。(2)投诉或举报。为了加强社会和公众监督，保障公众、社会组织和媒体能源社会监督检查的权利，同时为了依法履行能源监管职责，统一受理国家能源局及其派出机构能源监管职责范围内的投诉举报事项，经国家信息产业主管部门批准，国家能源局决定从 2014 年 11 月 1 日起，将全国统一开通的“12398 电力监管热线”使用用途变更为“12398 能源监管热线”。根据《国家能源局 12398 能源监管热线投诉举报处理办法》规定，个人或组织可以通过拨打“12398”电话或发送传真、电子邮件的形式，对属于国家能源局及其派出机构能源监管职责范围内的事项进行投诉或举报。(3)新闻媒体舆论监督。在不违反我国相关法律规定的前提下，媒体有权对能源规划、政策和法律执行情况、能源市场秩序情况、能源行业节能情况、能源环境情况和能源安全情况等进行报道。但总体而言，我国能源社会监督检查的广度、深度和力度有待提升。在实践中，公众、社会组织和媒体如何真正有效地参与能源监督检查还存在许多障碍，有待解决和完善。如在如何行使社会监督检查权利的形式和程序方面，缺乏具体的和具有可操作性的规定。

第四节　煤电油气行业的监督检查

目前，我国正处于能源发展转型的重要战略机遇期。《能源发展战略行动计划(2014—2020 年)》提出坚持“节约、清洁、安全”的战略方针，加快构建清洁、高效、安全、可持续的现代能源体系的宏伟目标。为保障现阶段能源目标的顺利实现，我国应强化能源监管，健全监管组织体系和法规体系，创新监管方式，提高监管效能，维护公平公正的市场秩序，为能源产业健康发展创造良好环境。与此同时，加强督促检查，要求能源监督检查机构密切跟踪工作进展，掌握目标任务完成情况，督促各项措施落到实处、见到实效，现已在煤炭、电力、石油和天然气等行业取得了一定的成效。

一、煤炭行业监督检查

2000 年国务院机构改革后，煤炭行业管理职能分散为煤炭资源管理、煤炭安全生产管理、煤炭行业管理，并且分属不同部门进行管理。按照 2018 年《深化党和国家机构改革方案》的规定，国务院有关部门对于煤炭行业监督检查工作分工是：国家能源局根据职责对煤矿建设生产加强监督检查；国家煤矿安全监察局负责拟定煤矿安全生产政策、承担国家煤矿安全监察责任等工作，从安全生产角度对煤矿进行监督检查；自然资源部负责煤炭资源方面的监督检查；国家发展改革委运行局负责煤炭经济运行方面的监督检查工作；住房和城乡建设部负责对煤矿设计、施工、监理企业资质进行监督检查；财政、生态环境、应急管理部等部门根据各自职能对煤炭行业涉及事项履行相应的监督检查职责。

我国已经颁布了一系列有关煤炭行业监督检查的法律法规和规范性文件，基本实现了煤炭行业监督检查的有法可依、有章可循。在法律层面，主要有《环境保护法》《煤炭法》《节约能源法》《循环经济促进法》等，其中《煤炭法》是煤炭监督检查的基础性法律，其设立了专章对煤炭行业监督检查相关内容进行规定，并且自 1996 年颁布至今已经经历了 4 次修改，逐步丰富了关于煤炭行业监督检查的规定，特别是 2013 年的修改，提高了煤炭安全生产许可证的法律地位，反映了我国对煤矿安全生产的高度重视，推动了煤矿安全生产监督检查工作的进一步发展。在行政法规层面，主要有《乡镇煤矿管理条例》、《煤矿安全监察条例》、国务院《关于预防煤矿生产安全事故的特别规定》等，它们着重细化了关于煤矿安全监督检查的规定。在部门规章层面，主要有《煤矿建设项目安全设施监察规定》《煤矿安全监察行政处罚办法》《煤炭经营监管办法》等。在部门规范性和政策性文件层面，主要有国务院办公厅《关于进一步加强煤矿安全生产工作的意见》、国家煤矿安全监察局《关于加强煤矿安全生产投入监管监察工作的通知》、国家能源局《关于进一步加强煤矿瓦斯防治工作的通知》和《煤炭安全生产"十三五"规划》等，与此同时，地方政府也根据各地实际情况颁布了关于煤炭行业监督检查的地方性法规和规章，并且主要集中在乡镇小煤矿的安全监管方面。

通过上述关于煤炭行业监督检查的立法梳理，可见我国关于煤炭行业的监督检查涉及煤炭安全、煤炭市场、节能减排等多方面，其中最为重要的部分是煤矿安全生产监督检查。我国现有煤矿安全监察体制是由 1999 年国务院批准实施的《煤矿安全监察管理体制改革实施方案》确立的。根据该方案，建立由国家统一领导的三级煤矿安全监察机构，代表国家直接对煤矿安全实施国家监察。在中央，在我国原有的煤炭行业管理部门基础上设国家煤矿安全监察机构，实现由行业管理和安全监管的职能合并；在地方，一些煤炭行业管理部门改组为煤矿安全监察机构，行业管理任务重的地方仍旧保留行业管理部门。依照 2000 年国务院颁布的《煤矿安全监察条例》的规定，煤矿安全监察的内容包括：依法监察煤矿企业执行安全生产法律法规情况及其安全生产条件、设备设施安全情况；依法查处不具备安全生产条件的煤矿；组织煤矿建设工程安全设施的设计审查和竣工验收；承担煤矿企业安全生产准入管理工作；承担对重大煤炭建设项目的安全核准工作；指导和监督煤矿整顿关闭工作；检查指导地方煤矿安全监督管理工作等。

二、电力行业监督检查

电力监督检查是我国基础产业领域里的一次重大探索和实践，也是一次独特的有益尝试。20 世纪 80 年代，我国的电力体制改革拉开帷幕，目标指向政企分开、厂网分离、主辅分离等，2002 年我国出台实施了电力体制改革方案，电力监督检查由此强势进入人们视野。2003 年成立了国家电力监管委员会，负责履行全国电力监管职责，由此正式开启了我国电力监管的 10 年探索与实践。随着电力体制改革的不断深入，2013 年国家电监会正式并入国家能源局，截至目前我国仍由国家能源局主要负责电力行业监督检查工作。当然，国家能源局并非履行电力监督检查的唯一机构，还有部分监管检查职能分散于政府其他部门。[6] 如生态环境部负责评估电力项目的环境影响、规定电力企业的排放标准、监控电力企业的排污情况；财政部主要负责管理电力项目投资中的国家资本金，监督国有电力企业的财务状况等。[7]

我国已经颁布了一系列有关电力监督检查的法律法规、规范性以及政策性文件，初步形成了电力监督检查法规体系。围绕建立和完善电力监督检查法律体系，国家不仅对《电力法》进行了两次修改，而且先后颁布了《电力监管条例》、《电力市场监管办法》、《电力监管机构现场检查规定》、《电力可靠性监督管理办法》、《电力安全事故应急处置和调查处理条例》、《电力安全生产监督管理办法》和《电力建设工程施工安全监督管理办法》等一系列法规规章，以及《电力需求侧管理办法》、《电力安全隐患监督管理暂行规定》和《电力建设工程施工安全专项治理行动实施方案》等规范性文件，为依法监督检查提供了依据。

现阶段，我国电力监督检查工作任务是基本实现维护电力市场秩序、依法保护电力投资者、经营者、使用者的合法权益和社会公共利益、保障电力系统安全稳定运行三大目标。具体而言，在电力市场准入制度方面，依法监管发电类、供电类、输电类、承装电力设施等许可证，基本实现电力企业持证经营、电工持证上岗，并不断加大对持证企业和人员的监管力度，促进市场主体守法依规经营。在电力监督检查手段和措施方面，监督检查措施主要包括：(1) 要求电力企业、电力调度交易机构报送与监督检查事项相关的文件和资料；(2) 建立电力监管信息系统；(3) 责令电力企业、电力调度交易机构如实披露有关信息；(4) 进行现场检查；(5) 对并网和互联纠纷进行协调或裁决；(6) 对电力安全事故采取处置措施；(7) 行政处罚。在社会监督方面，监督检查机构为了加强监管力度，开通了“12398”投诉举报热线，开展了全国供电服务质量检查，每年依法查处千余起消费者投诉案件。特别是 2011 年以来，监督检查机构在全国开展了提高居民用电服务质量监督检查专项行动，得到了各级政府、电力企业和人民群众的广泛支持和普遍好评，取得了阶段性成果。总体而言，在电力监督检查机构、电力企业、公众和社会组织等各方的共同努力下，电力行业实现了快速、高效发展，安全、稳定供应，装机容量大幅增长，电网规模跃居世界第一位，电力可靠性进一步提升，为社会发展提供了良好的电力能源支撑。

三、油气行业监督检查

我国石油天然气行业管理体制变动频繁，主要能源监督检查机构由新中国成立初期

---

〔6〕 王伟：《主要国家政府能源监管研究及其启示》，华北电力大学 2014 年博士后学位论文，第 102～106 页。

〔7〕 唐松林、任玉珑：《电力行业政府监管体制改革：国外经验与中国对策》，载《经济问题探索》2008 年第 8 期。

的燃料工业部到石油工业部再到能源部等，其间经历了多次机构改革，现由国家能源局负责石油天然气行业监督检查工作，其职责包括拟订油气开发、炼油发展规划、计划和政策并组织实施，承担石油天然气体制改革有关工作，承担国家石油天然气储备管理工作，监督管理商业石油天然气储备等。此外，石油天然气行业监督检查职能还分散在国家发展改革委、生态环境部、应急管理部、商务部、自然资源部、水利部等部委中。如应急管理部负责石油天然气产业安全生产监督管理，生态环境部负责监督检查炼油企业在锅炉、催化裂化烟气等环节安装并运行水处理、脱硫脱硝等环保设施的情况，以及生产运行中污染物达标排放情况等。

我国各层级立法机构相继出台了数量众多的与石油天然气行业监督检查相关的法律法规、政策性文件等，可以说油气行业上游生产中的大多数环节实现了有法可依。如在法律层面，主要有《矿产资源法》《清洁生产促进法》《石油天然气管道保护法》。在法规和规章层面，主要有《海洋石油勘探开发环境保护管理条例》《矿产资源监督管理办法》《原油市场管理办法》《成品油市场管理办法》《海洋石油安全管理细则》《城镇燃气管理条例》《天然气基础设施建设与运营管理办法》等。在规范性或政策性文件层面，主要有《海洋石油建设项目生产设施设计审查与安全竣工验收实施细则》《关于建立保障天然气稳定供应长效机制若干意见》《石油发展"十三五"规划》《天然发展"十三五"规划》等。总体而言，虽然我国石油天然气监管法律体系各个层次都有相应的监督检查规范，但是仍然缺乏专门的油气资源法和详细的地方政府规章，[8]这也将是进一步完善我国石油天然气行业法治建设的重要方向。

近年来，我国能源管理部门重点针对保障石油天然气稳定供应开展了相关监督检查工作，促进了石油天然气的合理有序利用，其监督检查内容主要包括：

1. 油气市场秩序监督检查。由于我国油气市场还存在不同程度的垄断行为，拥有管道的少数企业凭借其垄断地位实施歧视性服务，常常出现影响市场公平公正的问题，因此，油气市场秩序的监督检查十分必要。它主要涉及油气交易合同的制定、签订及执行情况，涉及油气交易中价格政策执行情况、油气供应保障情况、落实天然气"压非保民"政策情况和有序"煤改气"情况。

2. 油气管网公平开放监督检查。由于我国油气管网设施建设、运营主要集中于少数大型央企，主干油气管网处于高度垄断经营状态，部分省份也出现了天然气管网由地方企业垄断经营现状。随着国家鼓励和引导民间资本进入石油天然气领域，相关市场主体对于油气管网公平开放的需求日益凸显。为提高管网设施利用效率，保障油气安全稳定供应，我国加强了对油气管网公平开放的监督检查。它主要涉及油气管网设施运营企业开放设施情况及提供服务情况、油气管网设施的接入申请和受理情况、油气管网设施使用合同签订与执行情况、信息公开与报送情况、油气管网设施的运输（储存、气化、液化和压缩）能力和效率情况以及信息公开和披露情况。

3. 炼油行业节能减排监督检查。炼油行业是高耗能高污染排放产业，为实现国家节能减排目标和低碳绿色循环发展，我国对于炼油行业实施了节能减排监督检查，内容包括

---

〔8〕 蒋瑞雪、余秉森编著：《中国油气资源保护监管法律制度前瞻》，中国石化出版社 2017 年版，第 88 页。

炼油综合能耗情况、原油加工储运环节的损失率情况、原油加工的主要技术指标情况、主要污染物排放情况以及成品油质量升级情况。

4. 油气储备监督检查。随着我国经济的高速发展，对油气的需求量逐年增加，尽管我国油气行业取得了长足发展，但是仍然跟不上国内油气需求的增长速度，而油气储备正是国家为应对油气供应严重短缺、供应中断或者价格剧烈波动等能源紧急事态，而事先通过各种途径储备油气的一种应对措施，[9]因此必须继续强化油气储备监督检查，其内容包括监督检查商业石油天然气储备情况、油气企业义务储备建设进度情况、国家石油天然气储备规划和政策实施情况等。

综上所述，我国正在积极探索和完善能源监督检查体制机制。现阶段中央政府层面的能源监督检查执法主体，包括国家发展改革委、应急管理部、生态环境部、国家市场监督管理总局、国家能源局、国家煤矿安全监察局以及国家核安全局等。这些机关各司其职，通过专项监督检查、问题监督检查、社会监督检查三种主要方式对我国能源规划、政策和法律执行情况、能源市场秩序情况、能源行业节能减排情况、能源环境情况和能源安全情况展开规制管理、监督检查和行政执法，能源监督管理工作力度逐步加大，在煤炭、电力、石油和天然气等主要能源行业取得了明显成效。

思考练习题

1. 能源监督检查的范围有哪些？

2. 如何理解能源检查的执法要求？

3. 能源监督检查的种类有哪些？

4. 简述能源检查的主要方式。

5. 我国目前的能源监督检查内容是否存在缺位？若存在，你认为如何改进？

6. 各类监督检查方式的利弊是什么？如何在能源执法过程中充分发挥这些监督检查方式的积极作用？

7. 从煤炭、电力或者油气行业的视角出发，讨论如何完善我国能源监督检查法律体制。

[9] 张剑虹：《中国能源法律体系研究》，知识产权出版社2012年版，第92页。

第十二章　能源法律责任

导读

能源法律责任，是能源法律关系主体因违反能源法律规定的义务或者合同约定的义务所应承担的不利法律后果。能源法律责任是规范能源开发利用和监督管理、提高能源利用效率、保障能源安全的关键环节。能源法律责任包括能源行政法律责任、能源民事法律责任和能源刑事法律责任。本章的重点问题包括能源法律责任的概念及特征、能源行政法律责任的实现方式、承担能源民事法律责任的原因行为、能源刑事法律责任的构成要件等。本章的重点是能源法律责任的功能、归责原则及承担方式；能源行政法律责任的构成要件及责任形式；能源民事法律责任的构成要件及责任承担方式；能源刑事法律责任的犯罪构成及责任承担方式。本章的难点是能源行政法律责任的构成要件、能源刑事法律责任的犯罪构成。

第一节　概　　述

一、能源法律责任概述

（一）能源法律责任的概念

法律责任有广义和狭义之分，广义的法律责任与一般意义上的法律义务同义。狭义的法律责任，是指违反一般意义上的法律义务所应当承担的不利法律后果。本章在狭义上使用“法律责任”这一术语。能源法律责任属于法律责任的范畴，即指能源法律关系主体因违反能源法律规定的义务或者合同约定的义务所应承担的不利法律后果。[1] （1）能源法律关系的主体包括国家和政府或其机构、能源企业、其他社会组织以及个人。（2）能源法律责任产生的原因是行为人违反了能源法律、法规的规定，或违反了根据能源法律规定签订的合同的约定。（3）这种责任对于行为人而言是不利的，是行为人因违反能源法律、法规规定的义务或合同约定的义务而应当承担的不利法律后果。（4）这种不利法律后果是由国

理论探讨

能源企业的环境责任

〔1〕　胡德胜主编：《能源法学》，北京大学出版社 2017 年版，第 101 页。

家强制力保证实施的，是国家强制违法行为人或违约行为人作出一定行为或禁止作出一定行为，从而补救受到侵害的合法权益，恢复被破坏的法律关系和法律秩序。

（二）能源法律责任的特征

1. 能源法律责任是一种特殊义务

所谓特殊义务是相对于一般义务而言的。一般义务又称第一性义务，包括法律规定的作为或不作为的义务或者合同约定作为或不作为的义务；特殊义务又称第二性义务，是指由于违反第一性义务而引起的新的义务。[2] 能源法律责任则是行为主体违反了第一性义务所引起的，对损害结果予以补偿、强制履行或接受处罚的特殊义务。此语境下的能源法律责任属于狭义上的法律责任。

能源法律责任产生的原因主要有两个：（1）违反能源法律、法规直接规定的义务。如《煤炭法》规定，煤炭开采企业应当履行开采煤炭资源符合煤矿开采流程、遵守合理开采顺序、达到国家规定的煤炭资源回采率的义务，即第一性义务。煤炭开采主体开采煤炭资源未遵循煤矿开采流程或未达到国务院煤炭管理部门规定的煤炭资源回采率的，就违反了第一性义务，即引起了承担限期改正的新的特殊义务。这一新的义务即是对违反了第一性义务所应当承担的不利法律后果。（2）违反根据能源法律、法规的规定所签订能源合同中约定的义务。如《电力法》规定，电力企业和电力用户签订供用电合同，双方应当自觉履行合同约定的义务，即第一性义务。双方或其中一方违反供用电合同约定的义务给对方造成损失的，应当承担对损害结果予以赔偿这一新的特殊义务。

2. 能源法律责任具有复合性

由于能源法律关系是由多种不同性质的能源法律规范予以规制的，因此能源法律责任包括能源行政法律责任、能源民事法律责任和能源刑事法律责任。如电力企业违反供用电合同，给用户造成损失的，则应当承担民事赔偿责任；若未经许可变更供电营业区的，则应当承担没收违法所得和罚款等行政责任；电力企业的工作人员违反规章制度、违章调度或者不服从调度指令，造成重大事故的，则应当依照《刑法》有关规定承担相应的刑事责任。

二、能源法律责任的功能

（一）能源法律责任的惩罚功能

能源法律责任以国家强制力为后盾，通过法律授权的国家机关依照法定程序要求行为人承担不利的法律后果，以此惩罚违法行为人或违约行为人，从而确保能源立法目的的实现。如能源刑事法律责任通过限制或者剥夺责任人的自由、财产、政治权利甚至生命，以惩罚其违反能源法律、法规规定而对社会造成严重损失的行为。能源行政法律责任中罚款、没收违法所得、没收非法财物等，都是以惩罚功能为主的责任形式。能源民事法律责任主要不是惩罚责任，但它也执行某些惩罚的功能，具有惩罚的内容，如能源合同中的违约金条款的规定就具有一定的惩罚功能。可以说，能源法律责任的惩罚功能是能源法

---

〔2〕 张文显主编：《法理学》（第4版），高等教育出版社2012年版，第122页。

律责任的首要功能。[3]

（二）能源法律责任的救济功能

能源法律责任通过设定一定的财产责任，赔偿或补偿在一定能源法律关系当中受到侵犯的能源权利或受到损失的利益，使其恢复到违约或违法侵权从未发生前的状态。如《电力法》第五十九条规定，电力企业或电力用户违反供用电合同，给对方造成损失的，应当承担赔偿责任。又如《煤炭法》第六十一条规定，未经煤矿企业同意，占用煤矿企业的铁路专用线、专用道路、专用航道、专用码头、电力专用线、专用供水管路造成损失的，依法承担赔偿责任。

（三）能源法律责任的预防功能

能源法律责任的预防功能主要体现在两个方面：（1）直接规定一些具有预防功能的责任制度对个案进行预防。如在无安全措施的前提下，相关主体在电力设施周围进行作业，会危及电力设施安全，为了防止这类行为的发生，《电力法》规定了行为人应当承担的停止作业的责任。（2）通过具体责任制度的落实，发挥法律责任的一般预防功能，即通过严格追究加害人的能源法律责任，以对潜在的违法行为人形成威慑，从而使行为人按照能源法律、法规的规定或者能源合同的约定履行相应法律义务，以维护能源法律秩序。

三、能源法律责任的归责原则

法律责任的归责，指对因违法行为、违约行为或法律规定而引起的法律责任，进行判断、认定、追究、归结以及减缓或免除的活动。[4] 能源法律责任的归责原则包括责任法定原则，责任与违法程度相一致原则，惩罚、救济与教育相结合原则，责任自负原则。

（一）责任法定原则

责任法定原则，是指国家机关必须依照能源法律、法规规定的责任性质、责任范围、责任幅度和程序等追究违法行为人和违约行为人的能源法律责任。该原则主要包括以下3方面的内容：（1）该原则要求作为不利后果的能源法律责任必须是由能源法律规范或根据能源法律规定所签订的能源合同预先予以规定的。违法行为或违约行为发生后，按照事先规定对违法行为人或违约行为人追究相关的法律责任。（2）该原则否定和摈弃责任擅断、非法责罚等没有法律依据的行为。强调无法律授权的任何国家机关和社会组织都不能向能源法律责任主体认定和归结法律责任，国家机关和社会组织也不能超越权限追究责任主体的法律责任，任何责任主体都有权拒绝承担法律明文规定以外的责任。（3）该原则要求必须严格依照能源法律、法规规定的程序来认定和归结能源法律责任。

（二）责任与违法程度相一致原则

责任与违法程度相一致原则主要体现在：（1）能源法律责任的性质应该与能源违法行为或违约行为的性质相适应。（2）能源法律责任的种类和轻重应当与能源违法行为或违约行为的具体情节和社会危害程度相适应。（3）能源法律责任的强度与种类等应当与违法行为人或违约行为人的主观恶性相适应。行为人主观的故意、过失以及事后的态度

---

[3] 张骐：《论当代中国法律责任的目的、功能与归责的基本原则》，载《中外法学》1999年第6期。

[4] 张文显主编：《法理学》（第4版），高等教育出版社2012年版，第127～129页。

等因素对法律责任的认定都具有一定的影响。因此，在认定能源法律责任时既不能有所疏漏，也不能偏废，应当全面衡量，正确认定能源法律事实，准确适用能源法律规定。

（三）惩罚、救济与教育相结合原则

能源违法行为或违约行为的责任追究，往往表现为对能源违法责任者的惩戒，通过要求违反能源法律规范的行为人承担能源民事法律责任、能源行政法律责任和能源刑事法律责任，以惩罚违法行为人或违约行为人，补救受害人遭受到的损失，恢复正常的能源管理秩序。这些追究责任的方式也是一种教育手段，能够产生教育违法行为人不再重犯以及震慑潜在违法行为人放弃实施违法行为的效果，预防将来危害能源管理秩序行为的发生。

（四）责任自负原则

能源法律责任的认定和归结应当严格按照法律规定追究违法行为人或违约行为人的法律责任，国家机关和其他社会组织不能在没有法律特别规定的情况下，要求未实施违法行为或违约行为的人承担法律责任。但是在某些特殊情况下，也会产生法律责任转移承担的问题，如监护人对被监护人、担保人对被担保人承担的替代责任等。

四、能源法律责任的承担方式

法律责任的承担方式，是指承担或追究责任的具体形式。根据违法者所应承担的法律责任的性质、损害后果的严重性以及社会危害性，可将能源法律责任的承担方式分为能源民事法律责任、能源行政法律责任和能源刑事法律责任。

实务研析

傅钦其与仙游县社硎乡政府采矿权纠纷案

行政法律责任、民事法律责任和刑事法律责任的功能和作用各有侧重。行政法律责任和刑事法律责任侧重于对违法行为人的惩罚与强制，而民事法律责任则侧重于对被侵犯的权利及能源管理秩序进行修复和救济。

根据法律责任的履行方式，可将能源法律责任的承担方式分为有形责任和无形责任。有形责任包括罚款、拘留、没收违法所得、责令停产停业等责任方式；无形责任则包括警告等处罚方式，通过对违法者的名誉、荣誉、信誉等给予负面评价，以惩戒和教育违法者。

第二节　能源行政责任

一、能源行政责任概述

（一）能源行政责任的概念

能源行政责任，是指能源行政法律关系主体因违反能源行政法设定的义务而应当承担的不利法律后果，是政府或其主管部门（特别是能源主管部门）或其授权机构（以下简称国家能源管理机关）对违反能源法律规范的行为人实施的行政制裁。它主要针对的是违反能源行政法律规范，侵害法律所保护的能源行政法律关系，对社会造成一定程度的危害，但尚未构成犯罪的行为。这既是对违法行为人的惩戒和教育，也是违法行为人应当承担的不利法律后果。

（二）能源行政责任的特征

1. 能源行政责任的责任主体多元。其主要体现在：（1）在能源开发、建设、生产、经营、输送、供应、使用、服务提供、管理和保护等活动中，能源行政责任主体既包括依照能源行政法律规范行使能源管理权力的行政主体及其工作人员、授权或受委托的社会组织及其工作人员，还包括应当自觉遵守能源行政法律规范、认真履行相应法律义务的行政相对人。（2）能源行政法律责任的承受主体不仅包括企业和其他社会组织，还包括个人。只要行为人违反了能源行政法律的相关规定，侵犯了能源行政管理的正常秩序，就要承担相应的能源行政法律责任。

2. 能源行政责任构成要件中的违法行为，是指行为人触犯能源法律规范，对社会造成一定危害，尚未构成犯罪的行为。一般而言，根据违法行为的性质以及后果的严重程度等情节，能源法律责任可分为能源行政责任、能源民事责任和能源刑事责任。在这三种责任中，应当承担能源行政责任的违法行为的社会危害程度较为“适中”，或者大多数行为尚未造成直接的损害后果，只是造成了一定的不良影响或具有潜在的社会危险，尚不构成犯罪。如《电力法》第七十四条规定：“电力企业的管理人员和查电人员、抄表收费人员勒索用户、以电谋私，构成犯罪的，依法追究刑事责任；尚不构成犯罪的，依法给予行政处分。”

3. 能源行政责任是一种否定性的法律后果。行为人违反能源行政法律规范，不履行能源行政法律规范所设定的义务，滥用权力或权利，所应承担的否定性的法律后果，是对能源违法行为的否定性评价所产生的新的法律义务。

4. 能源行政责任的责任追究方式多样。行为人认为能源管理机关的行政行为违法并侵犯其合法权益的，既可以依法申请行政复议，也可以向法院提起行政诉讼。行政复议既是能源管理机关进行行政监督的重要环节，也是能源管理机关在行政系统内部解决行政争议的一种方式。对复议结果不服的，以及复议机关不予受理或者在法定期限内没有答复的，行为人可以向人民法院提起行政诉讼来追究行政责任。

二、能源行政责任的构成要件

（一）行为人的违法行为

行政违法行为是产生行政法律责任的前提。能源行政违法行为，通常是指行为人不履行能源法律、法规规定的义务，或权利行使不当，实施了能源法律、法规所禁止的行为。可以根据不同的标准，对行政违法行为进行分类。

1. 行政作为违法行为和行政不作为违法行为

按行政违法行为是否改变现有法律状态（权利义务关系）为标准，可以将行政违法行为分为行政作为违法行为和行政不作为违法行为。行政作为违法行为，是指行政主体积极改变现有法律状态的具体行政行为。行政不作为违法行为，是指具有实施能源行政法律、法规规定的某种行为的义务而又能够履行这种义务的人采取消极的态度维持现有法律状态，或不改变现有法律状态的具体行政行为。如《电力监管条例》第二十九条规定：

“电力监管机构从事监管工作的人员有下列情形之一的,依法给予行政处分;构成犯罪的,依法追究刑事责任:(一)违反有关法律和国务院有关规定颁发电力业务许可证的;(二)发现未经许可擅自经营电力业务的行为,不依法进行处理的;(三)发现违法行为或者接到对违法行为的举报后,不及时进行处理的;(四)利用职务便利谋取不正当利益的。”其中,违反有关法律和国务院有关规定颁发电力许可证的行为、利用职务便利谋取不正当利益的行为,属于作为的违法行为;而发现未经许可擅自经营电力业务不依法进行处理的行为、发现违法行为或者接到对违法行为的举报后不及时进行处理的行为,则属于不作为的违法行为。

2. 行政机关工作人员的违法行为

行政机关工作人员的违法行为,是指行政系统组织内部的工作人员所实施的具体的行政违法行为,如滥用职权、利用职务谋取私利、玩忽职守、徇私舞弊等,尚不构成犯罪的行为。

按照责任主体是否是行政组织内部的工作人员为标准,可将违法行为分为行政机关的违法行为和行政机关工作人员的违法行为。行政机关的违法行为,是指能源管理机关在履行能源管理职责过程中实施的应当承担行政法律责任的违法行为。如未经上级机关许可擅自作为,或者未严格执行上级机关计划的行为、弄虚作假的行为、不符合发展规划的行为、不及时消除安全隐患的行为、对危害能源安全的行为不及时进行处理的行为以及未履行监管职责的行为等。如《石油天然气管道保护法》第五十六条明确列举了这种行为,如县级以上地方人民政府及其主管管道保护工作的部门,或者其他有关部门,对应当组织排除的管道外部安全隐患不及时组织排除,发现危害管道安全的行为或者接到对危害管道安全行为的举报后不依法予以查处,或者有其他不依照该法规定履行职责的行为。

3. 行政主体的违法行为和行政相对人的违法行为

根据行政法法律关系主体的不同,可将违法行为分为行政主体的违法行为和行政相对人的违法行为。行政主体的违法行为包括地方各级政府、县级以上能源主管部门和其他负有能源监督管理职责的部门所实施的应当承担能源法律责任的行为。如《可再生能源法》第二十八条规定的不依法作出行政许可决定的行为、发现违法行为不予查处的行为,以及不依法履行监督管理职责的其他行为。根据行为主体的不同,行政相对人的违法行为可分为能源企业的违法行为、能源用户的违法行为和有关单位或组织的违法行为。能源企业行政违法行为,是指能源企业在能源开发、能源加工转换、能源储备、能源供应与服务等环节违反能源行政法律、法规规定的违法行为。如《电力法》第六十二条规定的能源企业使用国家明令淘汰的技术或设备的违法行为。

(二)违法行为或其危害后果

存在违法行为或者产生危害后果是构成能源行政法律责任的客观要件。具体的危害后果不是行为人承担行政责任的必要条件之一,行为人实施的造成或可能造成危害后果的行为时,就应当承担相应的能源行政责任。如《电力法》第六十八条规定:“违反本法第五十二条第二款和第五十四条规定,未经批准或者未采取安全措施在电力设施周围或者在依法划定的电力设施保护区内进行作业,危及电力设施安全的,由电力管理部门责令停止作业、恢复原状并赔偿损失。”行为人所实施的行为危及电力设施安全,尚未造成具体的危害结果时，应当承担停止作业等不利的法律后果。

（三）违法行为与危害后果之间的因果关系

法律、法规规定行为人承担行政责任以违法行为造成危害后果为要件的，在认定和归结行政责任时，还必须考虑违法行为与危害结果之间的因果关系。即在要求违反能源法律、法规的行为人承担行政责任时，应当查明违法行为与危害后果之间的内在联系，危害后果的发生必须是由行为人所实施的违法行为引起的。如《电力法》第六十八条规定："违反本法第五十二条第二款和第五十四条规定，未经批准或者未采取安全措施在电力设施周围或者在依法划定的电力设施保护区内进行作业，危及电力设施安全的，由电力管理部门责令停止作业、恢复原状并赔偿损失。"其中，未经批准或者未采取安全措施在电力设施周围或者在依法划定的电力设施保护区内进行作业是行为人实施的违法行为，危及电力设施安全是危害后果，而造成这种危害后果是由于行为人实施违法行为造成的，而非自然灾害或不可抗力，两者之间必须具有引起与被引起的因果关系。

（四）行为人的主观过错

行为人主观方面的过错，是行为人承担行政责任的主观要件。行为人的主观过错，是指其对自己违反能源法律、法规的行为或其引起的危害后果所持的心理态度，包括故意和过失。

故意，是指行为人明知自己所实施的行为是违反能源行政法律规范或者会发生一定的社会危害后果，希望或者放任这种行为实施或者危害结果发生的心理态度。如电力企业职工故意延误电力设施抢修或者抢险救灾供电，造成严重后果的行为等。过失，是指行为人应当预见自身所实施的行为会违反能源行政法律规范或者发生危害社会的结果，因为疏忽大意没有预见或者已经预见而轻信能够避免的心理态度。

三、能源行政责任的责任形式

行政责任的责任形式，是指承担行政责任的方式。根据能源法律关系主体的不同，可以将能源行政责任的责任形式分为行政主体和行政相对人能源行政责任的责任形式，而行政主体的能源行政责任的责任形式又可分为行政机关能源行政责任的责任形式和行政机关工作人员能源行政责任的责任形式。

（一）行政机关能源行政责任的责任形式

行政机关能源行政责任的责任形式包括履行行政行为，撤销、变更或确认行政行为违法，行政赔偿。

履行行政行为的责任形式发生在能源行政机关不履行法定职责或拖延履行法定职责的情形下，经行政相对人提起行政复议或行政诉讼，由复议机关或人民法院责令能源行政机关在一定期限内履行法定职责。

撤销、变更或确认行政行为违法的责任形式发生在能源行政机关违法作出相关行政行为，由复议机关或人民法院对具体的行政行为进行审查之后，依法作出的撤销、变更或确认该行为违法的决定。

行政赔偿的责任形式发生在能源行政机关及其工作人员在行使职权的过程中，侵犯公民、法人或其他组织的合法权益并造成损害，由其对该损害进行赔偿的责任形式。

（二）行政机关工作人员能源行政责任的责任形式

行政机关工作人员能源行政责任的责任形式包括赔偿损失和行政处分。

赔偿损失的责任形式是在行政机关工作人员因故意或重大过失引致国家赔偿责任，国家赔偿义务机关向受害人实际支付了国家赔偿费用之后，向行政机关工作人员追偿全部或部分赔偿费用。

行政处分的责任形式是行政机关工作人员承担能源行政责任的主要形式，分为警告、记过、记大过、降级、撤职、开除六种。

（三）行政相对人能源行政责任的责任形式

行政相对人的能源行政责任，是指行政相对人作为能源开发利用活动的主要参与者，违反了能源行政管理秩序或不履行能源法律义务，尚未构成犯罪的，由国家有关行政主体依法对其作出制裁的不利法律后果。其责任形式主要有警告，罚款，责令限制生产、停产整治，责令停产、停业、关闭，暂扣、吊销许可证或者其他具有许可性质的证件，没收违法所得、没收非法财物，行政拘留，法律、行政法规设定的其他行政处罚八种。

四、能源行政责任的实现

能源行政制裁，是指能源行政管理主体依照能源行政法律、法规规定，对责任主体依其所应承担的能源行政法律责任而实施的强制措施。从这一角度讲，能源行政法律责任的实现方式可以分为行政处分和行政处罚。

（一）能源行政处分

1. 能源行政处分的概念及特征

能源行政处分，是指依照能源法律规定的隶属关系，由能源管理机关对下属的违反能源行政管理法律、法规规定但尚未构成犯罪的工作人员，按照有关纪律处分作出的一种行政制裁。

能源行政处分具有以下特点：(1)实施行政处分的主体，必须是能源法律规定的具有隶属关系和行政处分权的能源管理机关。(2)行政处分的相对人是能源管理机关内部实施了能源行政违法行为或违纪行为，但尚未构成犯罪的工作人员。(3)实施行政处分的依据是国家能源管理法律、法规。(4)能源行政处分是能源管理机关内部承担责任的主要形式，是一种惩罚性后果。

2. 能源行政处分的对象

能源行政处分的对象是能源管理机关的主管人员或其他责任人员。如《民用核安全设备监督管理条例》第四十三条规定：“国务院核安全监管部门及其民用核安全设备监督检查人员有下列行为之一的，对直接负责的主管人员和其他直接责任人员，依法给予处分；直接负责的主管人员和其他直接责任人员构成犯罪的，依法追究刑事责任：（一）不依照本条例规定颁发许可证的；（二）发现违反本条例规定的行为不予查处，或者接到举报后不依法处理的；（三）滥用职权侵犯企业的合法权益，或者利用职务上的便利索取、收受财物的；（四）从事或者参与民用核安全设备经营活动的；（五）在民用核安全设备监督管理工作中有其他违法行为的。”又如《矿产资源法》第四十七条规定：“负责矿产资源勘查、开采监督管理工作的国家工作人员和其他有关国家工作人员徇私舞弊、滥用职权或者玩忽职守，违反本法规定批准勘查、开采矿产资源和颁发勘查许可证、采矿许可证，或者对违法采矿行为不依法予以制止、处罚，构成犯罪的，依法追究刑事责任；不构成犯罪的，给予行政处分。”

3. 能源行政处分的种类

(1)警告，是指对违反能源管理行政纪律的行为主体提出告诫，使之认识到应负的行政责任，以便加强警惕，使其注意并改正错误，不再犯此类错误。警告的处分期限为6个月。

(2)记过，是指对能源管理机关的工作人员所犯过错在档案中予以登记。这种处分适用于违反行政纪律行为比较轻微的人员。记过的处分期限为12个月。

(3)记大过，是指对能源管理机关的工作人员所犯的比较严重的过错在档案中予以登记，以示严重惩处。记大过的处分期限为18个月。

(4)降级，是指对于违反能源行政纪律行为比较严重，给国家和人民造成一定损失但仍可以继续担任现任职务的工作人员，相关部门对其降低工资等级。降级的处分期限为24个月。

(5)撤职，是指对于犯有严重错误或违法违纪行为，且不再适合担任现任职务的工作人员，相关部门解除其现有职务或工作的处分措施。撤职的处分期限为24个月。

(6)开除，是指开除公职，主要是针对犯有严重违法违纪行为、屡教不改的公职人员。开除是行政处分中最严重、最严厉的处分措施。

(二)能源行政处罚

1. 能源行政处罚的概念及特征

能源行政处罚，是指行政相对人因违反能源行政管理秩序尚未构成犯罪的，由国家有关行政主体依法作出的一种行政制裁。能源行政处罚主要具有以下三个特点：

(1)行政处罚的主体是依照法律、法规授权，享有能源行政处罚权的行政机关。在能源基本法中，应规定行政处罚的主体是能源主管部门。而在各单行法中，能源主管部门专指不同的主体。如《电力法》中规定的电力监管机构、电力管理部门以及公安机关；《煤炭法》中规定的县级以上政府以及煤炭管理部门与劳动行政主管部门；《节约能源法》中规定的管理节能的工作部门、工商行政管理部门等。

理论探讨

行政犯罪与行政违法行为

(2)行政处罚的对象是行政相对人中的违法行为人，即因违反能源行政法律、法规规定而应当受到行政处罚的能源企业、能源用户或其他有关单位及组织。作出行政处罚决定的机关和行政处罚的对象之间存在监督管理与被监督管理的法律关系。在能源基本法中，应规定行政处罚的对象主要是能源企业。

(3)行政处罚的目的注重对违法者予以惩戒和教育。通过对违反能源行政管理秩序的行政相对人的人身自由、财产、名誉或其他权益予以限制、剥夺，或者对其规定新的义务，体现了行政处罚强烈的制裁性和惩罚性。

2. 能源行政处罚的种类

依照能源法律、法规及《行政处罚法》第八条的规定，行政处罚的种类主要有以下几种：

(1)在能源行政处罚中,人身罚只有行政拘留一种方式,且仅适用于严重违反能源法律规定但尚未构成犯罪的行为。行政拘留,是公安机关对违法的相对人实施的短期限制其人身自由的一种处罚。如《安全生产法》第一百零六条规定"生产经营单位的主要负责人在本单位发生生产安全事故时,不立即组织抢救或者在事故调查处理期间擅离职守或者逃匿的……对逃匿的处十五日以下拘留。"实施行政拘留的机关是公安机关,行政拘留的对象是生产经营单位的主要负责人,行政拘留的前提条件是生产经营单位的主要负责人在本单位发生生产安全事故时,不立即组织抢救或者在事故调查处理期间逃匿,且尚未构成犯罪的违法行为。

(2)财产罚,是指特定的能源行政机关或其他有关机关,强迫违反能源行政管理法律、法规的企业、单位或个人缴纳一定数额的金钱或者其他物品,或者限制或剥夺其某种财产权的处罚。但这种处罚并不影响违法行为人的人身自由和其他权利的行使。主要包括罚款、没收违法所得和没收非法财物等两种形式。

在能源基本法中,应规定:"能源企业违反本法规定,有下列情形之一的,由能源主管部门责令改正,没收违法所得,并处违法所得一倍以上五倍以下罚款;没有违法所得或者违法所得不足 50 万元的,处 50 万元以上 200 万元以下罚款……"此外,能源单行法中也有罚款和没收违法所得、没收非法财物的规定。如《电力法》第六十三条规定:"违反本法第二十五条规定,未经许可,从事供电或者变更供电营业区的,由电力管理部门责令改正,没收违法所得,可以并处违法所得五倍以下的罚款。"

(3)能源行政处罚中的行为罚,是指能源行政管理机关依法限制或剥夺能源违法行为人的某种特定的行为能力,令其作为或不作为的制裁方式。主要包括责令停产、停业、关闭和暂扣、吊销许可证或者其他具有许可性质的证件等责任形式。

责令停产、停业、关闭,是指对违反能源行政法律规范的企业责令其停止生产、停止营业或者关闭的一种处罚方式。这种处罚方式不是直接限制或剥夺违法者的财产权,而是责令违法者暂时停止其所从事的生产经营活动;违法者若在一定期限内纠正了违法行为或履行了相关的行政义务,仍可以使用原来的许可证和执照继续从事相关的能源开发利用活动。在能源基本法中,应规定:"从事能源供应业务的企业和重点用能单位未能实现节能目标的,由能源主管部门责令改正;情节严重或者逾期不改正的,可以强制减少用能指标,强制实行能源审计或者责令停业整顿。"又如,《煤炭法》第五十七条规定,开采煤炭资源未达到国务院煤炭管理部门规定的煤炭资源回采率,由煤炭管理部门责令限期改正后逾期仍达不到规定的回采率的,处以责令停止生产的行政处罚。

(4)申诫罚,又称声誉罚或精神罚,是指能源行政管理主体对违法者的名誉、荣誉、信誉等造成一种负面影响以表示警戒的处罚。主要是适用警告,即行政主体对较轻的违法行为人予以批评教育、谴责或告诫的处罚方式,旨在对行为人予以精神惩戒,申明其违法行为。如《电力法》第六十五条规定:"违反本法第三十二条规定,危害供电、用电安全或者扰乱供电、用电秩序的,由电力管理部门责令改正,给予警告;情节严重或者拒绝改正的,可以中止供电,可以并处五万元以下的罚款。"

3. 能源行政处罚与能源行政处分的区别

(1)实施处罚的机关不同:实施行政处罚的机关是依照法律、法规授权实施能源监督管理的国家机关。实施行政处分的机关是上级政府或其职能部门以及承担行政管理职能的事业单位。

(2)处罚对象不同:行政处罚的对象是违反能源行政法律、法规规定而应当受到行政处罚的作为行政相对人的能源企业、能源用户或其他有关单位或组织。而行政处分的对象是能源管理机关违法失职的工作人员。

(3)承担责任的形式不同:行政处罚的责任形式是警告、罚款、责令限制生产、停产整治、责令停产、停业、关闭、暂扣、吊销许可证或者其他具有许可性质的证件、执照、没收违法所得、没收非法财物、行政拘留,及法律、行政法规设定的其他行政处罚等。而行政处分的责任形式是警告、记过、记大过、降级、撤职和开除处分等。

(4)救济途径不同:行政处罚针对的是作为行政相对人的企业、个人或其他组织的行政违法行为,因行政处罚引起的行政争议,可通过提起行政复议或行政诉讼的途径予以解决。而行政处分针对的是能源管理机关内部行为,因此,因行政处分引起的争议,受处分的行政机关工作人员一般不得提起行政诉讼,而只能依照《公务员法》向原处分机关的上级机关提出复核或申诉。

实务研析

寻乌县桠髻钵山电力实业有限公司与国家能源局南方监管局电力行政纠纷案

第三节　能源民事责任

一、能源民事责任概述

(一)能源民事责任的概念

能源民事责任,是指在能源民事活动中,作为自然人、法人及其他组织的能源民事主体,由于其违约行为或违反有关能源法律法规的规定而侵害他人、集体或国家的合法权益,依民事法律法规的规定等应当承担的法律后果,或基于法律特别规定而应当承担的民事法律责任。

(二)能源民事责任的特点

能源民事责任具有三个特点:(1)能源民事责任的承担主体是从事能源活动的单位或者个人。(2)能源民事责任是在能源活动中因民事侵权或违约行为所应当承担的责任,即行为本身与能源开发、建设、生产、经营、输送、使用、服务提供和保护等能源活动相关。(3)在涉及能源普遍服务义务的情况下,能源主体还需承担能源普遍服务的社会民事责任,从而保证能源服务的可持续性、可负担性与无差别性。

二、能源民事责任的分类及其构成要件

(一)能源民事责任的分类

可以依据不同的标准,对能源民事责任进行不同的分类。根据责任产生的原因,可以

分为违约责任、侵权责任与其他责任;根据责任承担的主体,可以分为单方法律责任、双方法律责任和多方法律责任;根据责任承担的内容,可以分为财产责任与非财产责任;根据责任承担的形式,可以分为单独责任、按份责任和连带责任。

(二)能源民事责任的构成要件

1. 能源合同违约责任的构成要件

能源领域的合同违约责任的构成要件,是指当一方当事人违反能源合同义务时,具备哪些条件才应当承担违约责任。《民法总则》第一百七十六条和《合同法》第一百零七条关于违约责任的规定适用于能源合同违约责任。

基于不同的行为,能源合同违约责任的构成要件有所差别,包括一般构成要件与特殊构成要件。能源合同违约责任的一般构成要件主要包括:(1)违反能源合同约定的行为。这种违约行为一般包括以下几种情况:第一,拒绝履行,即能源合同一方当事人拒绝履行能源合同的义务;第二,不完全履行,又称为部分履行,指当事人只履行能源合同规定义务的一部分,对其他的部分不予履行;第三,迟延履行,又称逾期履行,指当事人超过能源合同规定的期限履行合同义务;第四,质量瑕疵,是指履行的合同标的与能源合同约定的质量不符;第五,不正确履行,是指合同义务人未按能源合同所约定的方式或地点履行义务。(2)不存在法定或者约定的免责事由。从法律上看,非违约方请求违约方承担能源合同违约的赔偿损失责任,是需要承担损害事实存在及行为与损害有因果关系的证明责任的,但损害事实本身不成为违约责任的一般构成要件。其原因在于:一方面,一方当事人违反合同规定的义务,并不一定必然会给另一方带来损害。如在能源产品买卖合同中,若买方在订立合同后无故提出解除合同,但该能源产品之后又被另外的买方以更高的价格买走,那么卖方实际上并未遭受损害。另一方面,一方当事人违约给对方造成了损害,但此种损害可能难以确定,特别是要由对方当事人就其遭受的损害数额、损害与违约行为之间的因果关系举证,可能使非违约方放弃赔偿损失的请求,而选择其他的请求,如继续履行、违约金责任、定金责任等。赔偿损失以外的责任形式并不要求以实际发生的损害为前提。所以,损害事实不应成为违约责任的一般构成要件。

能源合同违约责任的特殊构成要件,一般有三种情形:(1)关于能源合同领域的加害给付违约责任,其构成要件较为严苛,包括有加害给付的能源活动行为、造成了损害结果、加害给付与损害结果之间有因果关系、行为人有过错等四个要件,且缺一不可。由于能源本身的开发与加工转换活动常常比较危险,因而安全事故偶有发生,所以在事故发生后,能源开发与加工活动领域的加害给付责任可能需要重点关注。(2)预期违约责任的构成要件相对较宽松,因为它不需要预期违约的行为造成了实质的后果。预期违约带来的是一种可预见的损失,另一方当事人可以以提前解除合同的方式避免损失发生,因而,预期违约的构成要件包括能源预期违约行为的存在、当事人有主观上的过错。(3)违约金责任,其构成要件应当包括能源合同中违约金约定的有效性和违约行为的存在。在当事人有特别约定或存在法定事由且违约金的性质为惩罚性的情况下,承担违约金责任的构成要件还需要有违约方的主观过错这一要件。

2. 能源侵权责任的构成要件

能源侵权民事责任的构成要件,是指能源主体因违反能源法律法规的行为或者因法律法规的特殊规定，承担民事责任所必须具备的条件。

(1)发生了侵权行为。能源领域的民事侵权行为，是指行为主体在能源开发、建设、输送、供应、使用、服务提供、管理等活动中发生的侵权行为。在特殊情况下，需将行为的民事违法性与行政违法性区分对待，不应把行为的行政违法性作为能源民事责任的要件。如在利用能源的过程中对大气、水体造成污染的，无论其排污是合法的还是违法的，只要造成了损害事实，都应当承担相应的民事责任。在其他非能源活动中发生的行为虽然违法，但因行为主体不是能源企业，活动内容与能源活动无关，不构成能源民事责任。

(2)出现了损害事实。一般侵权行为的致害状态包括实际损害或有发生实际损害之虞。若能源民事主体的民事行为只是造成有发生损害的危险，但无损害后果发生，这类行为一般不需要行为人承担相应的民事责任。一般而言，能源民事侵权行为的损害基础是存在实质损害事实。

能源侵权行为的损害内容主要包括财产损害事实、人身损害事实和精神损害事实。其中，财产损害事实，是指由于侵权行为侵害了他人的财产权或人身权而致其经济利益遭受损失，包括直接损失和间接损失；人身损害事实，是指能源领域的主体的侵权行为对受害者的身体权、健康权及生命权等人身权的侵害；精神损害事实，是指因能源主体的民事法律行为造成的不良后果而致受害人精神痛苦或精神利益的损失，并造成严重后果。

(3)行为与损害事实之间有因果关系。侵权责任法中的因果关系，是指作为原因的违法行为与作为结果的损害事实存在的引起与被引起的联系。在能源侵权责任的认定中，因果关系作为构成要件之一，是能源主体承担民事责任的基础，学界并无争议。在认定能源民事法律责任的因果关系时，有人建议采用特殊原则，主要是因果关系推定原则与举证责任倒置原则。

三、能源民事责任的承担方式

(一)能源合同违约责任的承担方式

能源合同违约责任的承担方式，因其造成的损害结果的可救济性的不同而有所差别。具体而言，主要有四种。

1. 支付约定违约金

违约金，是指在合同一方当事人不履行或不适当履行合同义务时，其需要向对方当事人支付的一定数额的金钱。《合同法》第一百一十四条第三款规定，当事人就迟延履行约定违约金的，违约方支付违约金后，还应当履行债务；第一百一十六条规定，当事人既约定违约金，又约定定金的，一方违约时，对方可以选择适用违约金或者定金条款。

2. 进行损害赔偿

当合同一方当事人实施违约行为，给对方当事人造成财产损失时，违约方需向对方当事人作出经济赔偿。经济赔偿的范围一般包括直接损失和间接损失，但不包括非财产损失(精神损害)。《合同法》第一百一十三条规定："当事人一方不履行合同义务或者履行合同义务不符合约定，给对方造成损失的，损失赔偿额应当相当于因违约所造成的损失，包括合同履行后可以获得的利益，但不得超过违反合同一方订立合同时预见到或者应当预见到的因违反合同可能造成的损失。经营者对消费者提供商品或者服务有欺诈行为的，依照《中华人民共和国消费者权益保护法》的规定承担损害赔偿责任。"《合同法》第一百一十九条规定："当事人一方违约后，对方应当采取适当措施防止损失的扩大；没有采取适当措施致使损失扩大的，不得就扩大的损失要求赔偿。"

3. 继续履行

继续履行，是指由法院或仲裁机关作出要求实际履行的判决或下达特别履行命令，强迫债务人在指定期限内履行合同债务。《合同法》第一百一十条规定："当事人一方不履行非金钱债务或者履行非金钱债务不符合约定的，对方可以要求履行，但有下列情形之一的除外：(一)法律上或者事实上不能履行；(二)债务的标的不适于强制履行或者履行费用过高；(三)债权人在合理期限内未要求履行。"

4. 其他补救措施

其他补救措施，是指当违约行为发生，不适合采用以上三种补救方式时，就采用如更换能源产品、退货、减少价款等方式进行弥补。如《合同法》第一百一十一条规定："质量不符合约定的，应当按照当事人的约定承担违约责任。对违约责任没有约定或者约定不明确，依照本法第六十一条的规定仍不能确定的，受损害方根据标的的性质以及损失的大小，可以合理选择要求对方承担修理、更换、重作、退货、减少价款或者报酬等违约责任。"第一百一十二条规定："当事人一方不履行合同义务或者履行合同义务不符合约定的，在履行义务或者采取补救措施后，对方还有其他损失的，应当赔偿损失。"

(二)能源侵权责任的承担方式

能源侵权责任的承担方式，因侵权行为的不同而有所差别。

1. 妨碍性质的侵权行为的承担方式

当侵权行为是妨碍性质的时候，侵权责任的承担方式一般是防御与修复性的。具体包括：(1)停止侵害。即当侵权行为人实施的侵权行为仍然处于继续状态时，受害人可以依法要求法院责令加害人停止侵害人身或财产权的行为。(2)排除妨碍。当侵权行为人实施的侵权行为使受害人的财产或者权利无法正常行使时，受害人有权请求排除妨碍。(3)消除危险。当行为人的行为对他人的人身财产安全造成了威胁，或存在对他人人身、财产造成损害的危险时，处于危险中的人有权要求行为人采取措施消除危险。(4)返还财产。当侵权行为人没有合法依据，将他人财产据为己有时，受害人有权要求返还财产。(5)恢复原状。是指侵权行为致使他人的财产遭到损坏或形状改变，受害人有权要求加害人对受损财产进行修复或采取其他措施，使其回复到原来状态。

2. 侵权行为给他人造成损失的承担方式

当能源活动中的侵权行为给他人造成损失的，能源侵权民事责任的承担方式主要有两种：(1)赔偿损失。当侵权行为人给他人造成财产或人身损害时，应当给予赔偿。所谓赔偿，就是以金钱方式对受害人遭受的损失进行弥补。一般而言，包括对财产损失、人身损害以及精神损害的赔偿。(2)赔礼道歉。侵权行为人通过向受害人承认错误、表达歉意、请求原谅的方式以弥补受害人心理上的创伤。进行赔礼道歉的方式可以是公开的，如将道歉声明刊登于报纸、期刊上；也可以是不公开的，由加害人在特定场合对受害人进行口头道歉，或向受害人提交道歉信。

上述侵权责任方式可以单独适用，也可以合并适用。

四、能源民事责任的相关法律规定

(一)行为主体需承担“民事责任”的能源法律

在我国的能源法律中,仅提及行为主体需承担“民事责任”的能源法律有《石油天然气管道保护法》与《水法》。《石油天然气管道保护法》第五十条第三款规定,管道企业给他人合法权益造成损害的,依法承担民事责任。《水法》第七十六条规定,引水、截(蓄)水、排水,损害公共利益或者他人合法权益的,依法承担民事责任。

(二)明确行为主体需承担能源合同违约责任的能源法律

在我国的能源法律中,明确行为主体需承担能源合同违约责任的能源法律主要有《电力法》。《电力法》第五十九条规定,电力企业或者用户违反供用电合同,或电力企业未能保证供电质量或未事先通知用户中断供电,给对方造成损失的,应当依法承担赔偿责任。

(三)明确要求行为主体需承担能源侵权责任的能源法律

在我国的能源法律中,明确要求行为主体需承担能源侵权责任的能源法律包括《可再生能源法》《节约能源法》《电力法》《煤炭法》《水法》《石油天然气管道保护法》等。其中,《可再生能源法》《节约能源法》《电力法》《煤炭法》《核安全法》等法律侧重于对赔偿损失的责任承担方式进行规定。

《可再生能源法》中关于赔偿损失的民事责任的规定主要是第二十九条、第三十条。如第二十九条规定,违反该法第十四条关于电网企业配合落实可再生能源发电全额保障性收购制度的规定,未完成收购可再生能源电量,造成可再生能源发电企业经济损失的,应该承担相应的赔偿责任;第三十条规定,若经营燃气管网、热力管网的企业不准许符合入网技术标准的燃气、热力入网,造成燃气、热力生产企业经济损失的,应当承担赔偿责任。这两条规定旨在保障落实可再生能源发电全额保障性收购制度。推动这一制度良好落实,一方面需要政府政策积极引导;另一方面需要相关能源企业承担应有的责任,全面、全方位地协调与支持。

《节约能源法》中关于赔偿损失的民事责任的规定主要是第七十八条、第七十九条。如第七十八条规定,电网企业未按照本法规定安排符合规定的热电联产和利用余热余压发电的机组与电网并网运行,或者未执行国家有关上网电价规定的,造成发电企业经济损失的,依法承担赔偿责任;第七十九条第二款规定,设计单位、施工单位、监理单位违反建筑节能标准,造成损失的,依法承担赔偿责任。能源系统一方面需要支持经济发展对能源需求的不断增长;另一方面也要考虑环境保护,即“既需要金山银山,也需要绿水青山”。

《电力法》中关于赔偿损失的民事责任的规定主要是第六十条、第六十七条、第六十八条。如第六十条规定,因电力运行事故给用户或者第三人造成损害的,电力企业应当依法承担赔偿责任;第六十七条规定,电力企业减少农业和农村用电指标,造成损失的,责令赔偿损失;第六十八条规定,未经批准或者未采取安全措施在电力设施周围或者在依法划定的电力设施保护区内进行作业,危及电力设施安全的,由电力管理部门责令停止作业、恢复原状并赔偿损失。

《煤炭法》中关于赔偿损失的民事责任的规定主要是第五十八条、第六十一条、第六十二条。如《煤炭法》第五十八条规定,违反该法第二十四条的规定,擅自开采保安煤柱或者采用危及相邻煤矿生产安全的危险方法进行采矿作业的,造成损失的,依法承担赔偿责任;第六十一条规定,违反该法第五十一条的规定,未经煤矿企业同意,占用煤矿企业的铁路专用线、专用道路、专用航道、专用码头、电力专用线、专用供水管路的,造成损失的,依法承担赔偿责任;第六十二条规定,违反该法第五十二条的规定,未经批准或者未采取安全措施,在煤矿采区范围内进行危及煤矿安全作业的,造成损失的,依法承担赔偿责任。

理论探讨

能源企业是否应该对其环境侵权行为承担惩罚性赔偿责任

《核安全法》中关于赔偿损失的民事责任的规定主要是第九十条,因核事故造成他人人身伤亡、财产损失或者环境损害的,核设施营运单位应当按照国家核损害责任制度承担赔偿责任,但能够证明损害是因战争、武装冲突、暴乱等情形造成的除外。

作为规范水能开发利用法律的《水法》,单独地就能源侵权责任需要承担的防御与修复性质的民事责任进行了规定,其规定主要是《水法》第三十一条、第三十五条。如《水法》第三十一条规定:"从事水资源开发、利用、节约、保护和防治水害等水事活动,应当遵守经批准的规划;因违反规划造成江河和湖泊水域使用功能降低、地下水超采、地面沉降、水体污染的,应当承担治理责任。开采矿藏或者建设地下工程,因疏干排水导致地下水水位下降、水源枯竭或者地面塌陷,采矿单位或者建设单位应当采取补救措施;对他人生活和生产造成损失的,依法给予补偿。"《水法》第三十五条规定:"从事工程建设,占用农业灌溉水源、灌排工程设施,或者对原有灌溉用水、供水水源有不利影响的,建设单位应当采取相应的补救措施;造成损失的,依法给予补偿。"

实务研析

能源民事责任的优先性

作为规范能源企业安全生产的《安全生产法》,也对包括能源企业在内的生产经营单位的民事违法行为设定了民事责任。如《安全生产法》第一百条规定:"生产经营单位将生产经营项目、场所、设备发包或者出租给不具备安全生产条件或者相应资质的单位或者个人的,责令限期改正,没收违法所得;违法所得十万元以上的,并处违法所得二倍以上五倍以下的罚款;没有违法所得或者违法所得不足十万元的,单处或者并处十万元以上二十万元以下的罚款;对其直接负责的主管人员和其他直接责任人员处一万元以上二万元以下的罚款;导致发生生产安全事故给他人造成损害的,与承包方、承租方承担连带赔偿责任。"

第四节　能源刑事责任

一、能源刑事责任概述

(一)能源刑事责任概念

能源刑事责任,是指在能源活动中,行为人因为能源领域的违法行为构成犯罪而应该承担的刑事上的法律责任。目前,我国能源领域的刑事违法行为主要表现在一般主体盗窃能源产品、破坏能源设施并危及公共安全,或特定主体履行职务不当、渎职以至于发生重大安全事故等行为。

(二)能源刑事责任的特点

与一般的刑事责任相比,能源刑事责任的特点在于:一是能源刑事责任的前提是涉能犯罪行为的存在。涉能犯罪是一种极其严重的违法行为,必须依法承担相应的法律责任。二是能源刑事犯罪的社会危害性很大,因而能源刑事责任也应较大。能源安全是重要事项,所涉及群体广泛。能源犯罪行为不仅会使能源投资者、开发者、生产者、供应者等遭受巨大损失,也会使能源用户群体无法正常生产生活。如某一盗窃行为所盗窃的正在使用的输电线路的电线仅价值几百元,但其造成的损失却远不仅仅是电线所有者的财产损失,因为还会由于停电导致生产停止、医疗手术失败等,从而造成许多单位或者个人的(重大)财产损失、危及某些人的人身健康和生命等后果,因而也会被追究刑事责任。

(三)能源犯罪行为

根据不同的标准,对能源犯罪行为可以进行不同的分类。

根据犯罪行为主体的不同,可以分为能源管理机关及其工作人员的能源犯罪行为、能源企业的能源犯罪行为、能源用户的能源犯罪行为等。能源管理机关及其工作人员的犯罪行为,是指能源行政主体及其工作人员滥用职权、玩忽职守,导致严重后果的发生。如能源领域相关人员的职务犯罪行为。能源企业的能源犯罪行为,是指能源企业在能源开发、加工转换、储备、供应与服务等环节实施触犯刑事法律的行为。如能源领域的环境污染犯罪行为。能源用户的犯罪行为,是指用能群体实施了触犯相关《刑法》规定而应该承担刑事法律责任的行为。

根据能源犯罪的主观方面的差异,可以分为故意的能源犯罪和过失的能源犯罪。故意的能源犯罪,是指行为人明知自己的行为违反能源法与刑法的相关规定,且会引发危害社会的结果,而在希望或放任这种危害结果的发生的心理状态下,实施的不法行为。过失的能源犯罪,是指行为人应当预见自己的行为可能发生危害后果,因为疏忽大意而没有预见,或者已经预见而轻信能够避免,以致危害后果发生的情况。

根据能源犯罪的客观表现,可以分为不作为的能源犯罪和作为的能源犯罪。不作为的能源犯罪行为,是指负有作出能源法律法规规定的某种行为的义务,且能够作出此义务的人,不为此义务的行为。这种不作为的能源犯罪也是违反刑事法律,有严重社会危害性且将受到刑罚制裁的。作为的能源犯罪行为是相对不作为的能源犯罪而言的,一般是指行为人以积极的行动实施了能源法律法规和刑事法律所禁止的行为。

根据行为人的错误认识,可以分为法律认识错误的能源犯罪行为和事实认识错误的能源犯罪行为。法律认识错误的能源犯罪行为,是指行为人在对自己的行为在法律上是否构成犯罪、构成何种犯罪或者应当受到怎样的处罚有错误认识的前提下实施的犯罪行为。事实认识错误的能源犯罪行为,是指行为人所认识、所意欲的事实与实际情况、客观事实不一致,但行为已经实施完毕。事实认识错误一般包括对象错误和行为差误等。

二、能源刑事责任的犯罪构成

犯罪构成,是指由刑事法律规定的,一个行为构成犯罪要件的总和。它是判断一个违法行为是否应受刑罚制裁的重要标准,也是区分罪与非罪、此罪与彼罪的尺度。

(一)能源犯罪的主体

能源犯罪主体,是指在涉能领域实施犯罪行为的主体。与一般犯罪主体相同,能源犯罪主体也分为特殊主体与一般主体。能源犯罪特殊主体,是指依据法律规定,拥有特殊身份与职务的主体。能源犯罪一般主体,是指具备一般刑事责任能力的主体。法律规定该类主体具备行为能力与刑事责任能力即可,对该主体没有特殊身份要求。

关于拥有特殊身份与职务的主体范围问题,现行法律中有多种表述。如在能源基本法中应规定,能源犯罪特殊主体包括县级以上政府负有能源监督管理职责的部门及其工作人员和能源主管部门。在能源单行法中有不同的表述,如《可再生能源法》中将能源犯罪的特殊主体明确为国务院能源主管部门和县级以上地方政府管理能源工作的部门和其他有关部门。

(二)能源犯罪的主观方面

犯罪构成的主观要件,一般是指行为人在实施涉能犯罪行为时的心理状态,包括故意、过失、犯罪目的与犯罪动机等方面。其中,犯罪故意或者过失是一切能源犯罪的构成要件,但是犯罪动机一般不是能源犯罪的构成要件,犯罪目的是一些特殊的能源犯罪的构成要件。

(三)能源犯罪的客体

能源犯罪的客体,是我国《刑法》与能源法都予以保护的,而由能源犯罪行为所侵害的社会关系。这一客体决定了能源犯罪行为的社会危害性程度与刑罚的力度。具体而言,能源犯罪的客体主要有能源领域的管理制度、公民的人身权利与财产权利、能源安全关系等。能源犯罪的客体不是能源犯罪的对象,能源犯罪的对象是指犯罪行为直接指向的人、物等,犯罪客体则是社会关系。如行为人盗窃了电力设备,这一事件中的犯罪对象是电力设备,犯罪客体是社会安全关系。行为人所需要承担的刑事责任不仅要考虑其犯罪对象,还要考虑其对社会关系的破坏程度。

(四)能源犯罪的客观方面

能源犯罪的客观方面主要包括犯罪行为、危害后果、犯罪时间、地点、犯罪手段等。在这几个方面中,能源犯罪行为是能源犯罪的要件,没有犯罪行为,仅靠意识是不构成犯罪的。除犯罪行为以外的其他方面,如危害后果、犯罪地点等,可能是某一个罪名中特别规定的要件,并不是所有的犯罪都必须具备的。在一个行为构成犯罪需要具备危害结果这一要件时,危害行为与危害结果还应具有因果关系。

能源犯罪的规定与认定,必须保证主观要件与客观要件都具备,缺一不可。尽管在一些法律条文中没有逐一列明,但是就法律目的而言,其内涵有上述四个要件。

三、能源刑事责任的承担方式

能源刑事责任的承担方式,适用《刑法》的规定:主要分为主刑与附加刑两大类,包括生命刑、自由刑、财产刑和资格刑。其中,生命刑是指死刑,自由刑包括管制、拘役、有期徒刑和无期徒刑,财产刑包括罚金和没收财产,资格刑包括剥夺政治权利和驱逐出境等。为保证能源法律法规与刑事法律的体系性,刑事法律责任的承担方式可以分为两大类。

1. 对刑事责任的承担只作较为粗略的抽象性原则规定，这是为了与刑事法律规范协调运作，避免法律法规过度重复规定。如《石油天然气管道保护法》第五十七条规定，违反该法规定，构成犯罪的，依法追究刑事责任。《节约能源法》第八十五条规定，违反该法规定，构成犯罪的，依法追究刑事责任；第八十六条规定，国家工作人员在节能管理工作中滥用职权、玩忽职守、徇私舞弊，构成犯罪的，依法追究刑事责任。

2. 对于能源领域类技术性较强或者其他需要特别明确的事项，通过能源法的专项法律内容对能源刑事责任加以规范。不过，在现行能源法律法规中，这类专项立法几乎没有，各类提及能源刑事责任的法律多是对能源犯罪的行为表现形式进行了细化，并未具体对特殊的犯罪行为的刑事责任的承担方式作出明确规定，当出现特殊的能源犯罪行为时，我国多半是以《刑法》与司法解释进行弥补处理。

四、能源基本法中应规定的能源刑事责任

能源基本法应分别就违反管网开发责任、普遍服务责任、不配合执法责任、开发利用责任、横向协作责任和社会主体责任而应该承担的能源刑事责任问题作出规定。

能源基本法应对管网开放责任作出规定，如能源企业的某些违法行为，有可能被追究刑事责任。具体包括：经营能源输送管网设施的企业违反法律规定，未履行公平、无歧视地开放管网义务的；接入能源输送管网的设施、设备、产品，不符合强制性国家、行业标准和相关安全技术规范的。

能源基本法应对普遍服务责任作出规定，如承担能源普遍服务义务的企业未经批准，擅自中断或者停止按照法定条件履行普遍服务义务的，有可能被追究刑事责任。

能源基本法应对不配合执法责任作出规定，如能源企业的某些违法行为，有可能被追究刑事责任。具体包括：对负有能源监督管理职责的部门及其人员依法履行监督检查等职责，不如实反映情况或者提供虚假信息，不提供必要条件和资料的；妨碍或者不配合负有能源监督管理职责的部门及其人员依法履行监督检查等职责，情节恶劣或者后果严重的；妨碍或者不配合负有能源监督管理职责的部门及其人员依法采取的应对能源重大突发事件的；未依法履行其他配合义务的。

能源基本法应对开发利用责任作出规定，如能源企业的某些违法行为，有可能被追究刑事责任。具体包括：未经批准从事能源开发和加工转换以及能源供应活动的；从事能源开发利用活动，不符合能源战略和能源规划、国家标准和行业标准，不具备国家规定的资质条件，未依法加强安全生产管理，降低资源消耗的；从事能源开发利用活动，未依法履行污染治理、生态保护、土地复垦义务，未依法进行环境影响评价和安全评价，未履行节能环保设施、安全设施与主体工程同时设计、同时施工、同时投产或者使用义务的；从事能源开发利用活动的企业，未依法履行安全经营管理义务，未对能源设施、设备、场所进行安全管理的；石油天然气生产企业未提高石油天然气采收率的；非法占用基本农田发展生物质能源产业的；未依法履行其他相关义务的。

能源基本法应对横向协作责任作出规定，如能源企业的某些违法行为，有可能被追究刑事责任。具体包括：从事能源开发生产活动，未依法共同开发共生、伴生能源矿产资源，或者弃风、弃水、弃光、弃热等资源浪费的；电网企业未依法收购可再生能源电力的；成品

油销售企业未依法建立生物液体燃料收购和销售体系，完善配套的收储、调配等基础设施的；从事燃气、热力和电力等能源供应业务的企业，未依法履行其能源供应保障义务，未依法履行相关公告和查询义务的；从事相关能源产品生产、加工、销售的企业，未依法建立企业义务储备的；承担义务储备的企业不按照国家规定的储备数量进行储备，未定期向国务院能源主管部门报告有关数据和信息的；有关单位和个人未执行能源应急预案，或者未执行政府下达的应急指令、不承担相关应急任务的；从事涉外能源输送管网、能源运输通道及配套设施的投资、开发、建设、经营等活动，不符合国家能源战略和规划，妨碍或者不配合国务院能源主管部门和有关部门管理、监督和协调的；未依法履行其他相关义务的。

能源基本法应对社会主体责任作出规定，如有关单位和个人的某些违法行为，有可能被追究刑事责任。具体包括：未依法节约能源、降低能源消耗总量、杜绝不合理能源浪费的；未依法减少能源污染物及温室气体排放的；未按照安全使用规范和节能要求使用能源的；未按照国家规定或者当事人约定的价格支付能源费用的；擅自进入能源设施和场所隔离区或者保护区内从事危及相关设施和场所安全活动的；违反法律、法规规定的其他情形。

总体来看，能源领域的犯罪集中于渎职犯罪、危害生产安全犯罪、危害公共安全犯罪、扰乱公共秩序犯罪等。相关罪名包括滥用职权罪、玩忽职守罪、徇私舞弊不移交刑事案件罪、破坏电力设备罪、生产安全事故罪、聚众扰乱社会秩序罪、妨害公务罪和破坏易燃易爆设备罪等。

五、关于能源刑事责任的法律规定

（一）单行能源法律关于刑事责任的规定

理论探讨

关于能源污染犯罪适用严格责任的争论

在我国单行能源法律中，有些条文直接规定了刑事责任。如《节约能源法》第八十五条规定，违反本法规定，构成犯罪的，依法追究刑事责任；第八十六条规定，国家工作人员在节能管理工作中滥用职权、玩忽职守、徇私舞弊，构成犯罪的，依法追究刑事责任。

又如《可再生能源法》第二十八条规定，国务院能源主管部门和县级以上地方管理能源工作的部门和其他有关部门在可再生能源开发利用监督管理工作中，违反该法规定，有下列行为之一，构成犯罪的，依法追究刑事责任：（1）不依法作出行政许可决定的；（2）发现违法行为不予查处的；（3）有不依法履行监督管理职责的其他行为的。

再如《电力法》第七十条规定，有下列行为之一，构成犯罪的，依法追究刑事责任：（1）阻碍电力建设或者电力设施抢修，致使电力建设或者电力设施抢修不能正常进行的；（2）扰乱电力生产企业、变电所、电力调度机构和供电企业的秩序，致使生产、工作和营业不能正常进行的；（3）殴打、公然侮辱履行职务的查电人员或者抄表收费人员的；（4）拒绝、阻碍电力监督检查人员依法执行职务的。

（二）关于能源犯罪的《刑法》规定

在与能源犯罪有关的《刑法》条文中，根据条文内容，可将其分为与能源建设、生产、供应和使用活动有关的犯罪条文和与所有的能源活动均有关的犯罪条文。

与电力建设、生产、供应和使用活动有关的犯罪，主要在《刑法》分则危害公共安全罪和侵犯财产罪这两大类犯罪中有所规定。如《刑法》第一百一十八条规定：“破坏电力、燃气或者其他易燃易爆设备，危害公共安全，尚未造成严重后果的，处三年以上十年以下有期徒刑。”在能源领域，该罪主要表现为行为人故意破坏正在使用中的电力设备，使电力设备方面的公共安全受到破坏。《刑法》第二百六十五条规定：“以牟利为目的，盗接他人通信线路、复制他人电信码号或者明知是盗接、复制的电信设备、设施而使用的，依照本法第二百六十四的规定定罪处罚。”在能源领域，该罪主要表现为行为人以非法占有他人财物为目的，盗接他人通信线路、复制他人电信码号或者明知是盗接、复制的电信设备、设施而使用，使公私财物的所有权受到侵犯。

实务研析

矿业大数据制度中平台运营方的刑事责任

在所有的能源活动中都有可能出现的犯罪行为，主要在《刑法》分则中危害公共安全罪、破坏社会主义市场经济秩序罪、侵犯公民人身权利或民主权利罪、侵犯财产罪、妨害社会管理秩序罪和渎职罪这6大类犯罪中有所规定。

（1）危害公共安全罪。如《刑法》第一百三十四条第一款规定：“在生产、作业中违反有关安全管理的规定，因而发生重大伤亡事故或者造成其他严重后果的，处三年以下有期徒刑或者拘役；情节特别恶劣的，处三年以上七年以下有期徒刑。”第一百三十五条规定：“安全生产设施或者安全生产条件不符合国家规定，因而发生重大伤亡事故或者造成其他严重后果的，对直接负责的主管人员和其他直接责任人员，处三年以下有期徒刑或者拘役；情节特别恶劣的，处三年以上七年以下有期徒刑。”第一百三十六条规定：“违反爆炸性、易燃性、放射性、毒害性、腐蚀性物品的管理规定，在生产、储存、运输、使用中发生重大事故，造成严重后果的，处三年以下有期徒刑或者拘役；后果特别严重的，处三年以上七年以下有期徒刑。”第一百三十七条规定：“建设单位、设计单位、施工单位、工程监理单位违反国家规定，降低工程质量标准，造成重大安全事故的，对直接责任人员，处五年以下有期徒刑或者拘役，并处罚金；后果特别严重的，处五年以上十年以下有期徒刑，并处罚金。”第一百三十九条之一规定：“在安全事故发生后，负有报告职责的人员不报或者谎报事故情况，贻误事故抢救，情节严重的，处三年以下有期徒刑或者拘役；情节特别严重的，处三年以上七年以下有期徒刑。”在能源领域，关于危害公共安全的犯罪具有典型性，因为能源各项活动的开展离不开“能源安全”一词。在该大类犯罪中，若相关能源主体的行为不符合安全管理规定，安全生产设施或安全生产条件不符合国家规定，极易造成不特定多数人的生命、健康或重大公私财产安全受到严重侵害。

（2）破坏社会主义市场经济秩序罪。如《刑法》第一百六十三条规定：“公司、企业或者其他单位的工作人员利用职务上的便利，索取他人财物或者非法收受他人财物，为他人谋取利益，数额较大的，处五年以下有期徒刑或者拘役；数额巨大的，处五年以上有期徒刑，可以并处没收财产。”能源领域的这一犯罪，是指能源主体在能源活动中故意利用职务便利，索取他人财物或非法收受他人财物，为他人牟取利益，而侵犯能源公司、企业或其他单位的正常管理活动和社会主义市场经济公平竞争的交易秩序。

（3）侵犯公民人身权利或民主权利罪。如《刑法》第二百三十四条规定：“故意伤害他人身体的,处三年以下有期徒刑、拘役或者管制。犯前款罪,致人重伤的,处三年以上十年以下有期徒刑;致人死亡或者以特别残忍手段致人重伤造成严重残疾的,处十年以上有期徒刑、无期徒刑或者死刑。本法另有规定的,依照规定。”在能源活动中,行为人对他人身体的伤害,极易引发其他能源安全事故。

(4)侵犯财产罪。如《刑法》第二百七十六条规定:“由于泄愤报复或者其他个人目的,毁坏机器设备、残害耕畜或者以其他方法破坏生产经营的,处三年以下有期徒刑、拘役或者管制;情节严重的,处三年以上七年以下有期徒刑。”若行为人毁坏能源活动中的机器设备,会使能源生产经营活动无法正常进行,造成能源领域的公私财产受到侵害的严重后果。

(5)妨害社会管理秩序罪。如《刑法》第三百三十八条规定:“违反国家规定,排放、倾倒或者处置有放射性的废物,含传染病病原体的废物、有毒物质或者其他有害物质,严重污染环境的,处三年以下有期徒刑或者拘役,并处或者单处罚金;后果特别严重的,处三年以上七年以下有期徒刑,并处罚金。”在能源领域,该条污染环境罪是指行为人违反国家规定,排放、倾倒或者处置有放射性的废物、含传染病病原体的废物、有毒物质或者其他有害物质,使人们享有的环境权受到严重侵害。第三百四十三条规定:“违反矿产资源法的规定,未取得采矿许可证擅自采矿,擅自进入国家规划矿区、对国民经济具有重要价值的矿区和他人矿区范围采矿,或者擅自开采国家规定实行保护性开采的特定矿种,情节严重的,处三年以下有期徒刑、拘役或者管制,并处或者单处罚金;情节特别严重的,处三年以上七年以下有期徒刑,并处罚金。违反矿产资源法的规定,采取破坏性的开采方法开采矿产资源,造成矿产资源严重破坏的,处五年以下有期徒刑或者拘役,并处罚金。”该条非法采矿罪,是指在各类矿产开采过程中,相关主体通过违反国家对矿产资源和矿业生产的管理制度,使国家对矿产资源的所有权以及人们享有的环境权受到严重侵害。

(6)渎职罪。如《刑法》第三百九十七条规定:“国家机关工作人员滥用职权或者玩忽职守,致使公共财产、国家和人民利益遭受重大损失的,处三年以下有期徒刑或者拘役;情节特别严重的,处三年以上七年以下有期徒刑。本法另有规定的,依照规定。”在能源活动中,此种犯罪是指国务院能源主管部门、县级以上地方管理能源工作的部门和其他有关部门,在能源开发利用监督管理工作中,滥用职权或玩忽职守,使人们与能源相关的正常生活生产活动受到影响。

思考练习题

1. 什么是能源法律责任?
2. 能源行政处罚与能源行政处分有何区别?
3. 能源法律责任有哪些特征?
4. 能源行政法律责任的构成要件有哪些?
5. 简述能源犯罪的构成要件。
6. 论述能源企业环境责任与能源基本法的衔接。

参 考 文 献

一、政策文件

1. 江泽民:《对中国能源问题的思考》,载《上海交通大学学报》2008 年第 3 期。

2.《能源技术革命创新行动计划(2016—2030 年)》。

3. 国务院:《中国制造 2025》,2015 年。

4. 2016 年《能源技术创新“十三五”规划》。

5. 2016 年《能源发展“十三五”规划》。

6. 2016 年《天然气发展“十三五”规划》。

7. 2016 年《电力发展“十三五”规划(2016—2020 年)》。

8. 2017 年《中长期油气管网规划》。

二、中文著作

1.《能源百科全书》编辑委员会:《能源百科全书》,中国大百科全书出版社 1997 年版。

2. 邹广严主编:《能源大词典》,四川科学技术出版社 1997 年版。

3. 叶荣泗、吴钟瑚主编:《中国能源法律体系研究》,中国电力出版社 2006 年版。

4. 肖乾刚、肖国兴编著:《能源法》,法律出版社 1996 年版。

5. 吕振勇主编:《能源法导论》,中国电力出版社 2014 年版。

6. 吕振勇:《能源法简论》,中国电力出版社 2008 年版。

7. 于文轩:《面向低碳经济的能源法制研究》,中国社会科学出版社 2018 年版。

8. 于文轩主编:《环境资源与能源法评论》(第 2 辑),中国政法大学出版社 2017 年版。

9. 黄振中、赵秋雁、谭柏平:《中国能源法学》,法律出版社 2009 年版。

10. 黄锡生、史玉成主编:《环境与资源保护法学》(第 4 版),重庆大学出版社 2015 年版。

11. 胡德胜主编:《能源法学》,北京大学出版社 2017 年版。

12. 王文革、莫神星主编:《能源法》,法律出版社 2014 年版。

13. 王文革主编:《环境资源法》,北京大学出版社 2009 年版。

14. 王文革:《中国节能法律制度研究》,法律出版社 2008 年版。

15. 王文革主编:《自然资源法——理论·实务·案例》,法律出版社 2016 年版。

16. 龚向前:《气候变化背景下能源法的变革》,中国民主法制出版社 2008 年版。

17. 张勇:《能源基本法研究》,法律出版社 2011 年版。

18. 李响、陈熹、彭亮编著:《能源法学》,山西经济出版社 2016 年版。

19. 赵爽:《能源法律制度生态化研究》,法律出版社 2010 年版。

20. 张忠民:《能源契约论》,中国社会科学出版社 2013 年版。

21. 郑佳宁:《能源财产交易基本法律问题研究》,北京理工大学出版社 2016 年版。

22. 中国百科大辞典编委会编:《中国百科大辞典》,华夏出版社 1990 年版。

23. 张文显主编:《法理学》(第 4 版),高等教育出版社 2012 年版。
24. 张国宝:《筚路蓝缕——世纪工程决策建设记述》,人民出版社 2018 年版。
25. 余劲松、吴志攀主编:《国际经济法》,北京大学出版社 2009 年版。
26. 邵沙平主编:《国际法》,中国人民大学出版社 2007 年版。
27. 黄进主编:《中国能源安全问题研究——法律与政策分析》,武汉大学出版社 2008 年版。
28. 吕忠梅主编:《环境法学概要》,法律出版社 2016 年版。
29. 肖兴利:《国际能源机构能源安全法律制度研究》,中国政法大学出版社 2009 年版。
30. 范必:《中国能源市场化改革》,中信出版集团股份有限公司 2018 年版。
31. 谭荣尧等:《中国能源监管探索与实践》,人民出版社 2016 年版。
32. 林伯强、黄光晓:《能源金融》,清华大学出版社 2011 年版。
33. 李仲周等主编:《世界贸易组织乌拉圭回合多边贸易谈判结果法律文本》,对外贸易经济合作部国际经贸关系司译,法律出版社 2000 年版。
34. 世界贸易组织秘书处编:《乌拉圭回合协议导读》,索必成、胡盈之译,法律出版社 2000 年版。
35. 刘振亚主编:《特高压交流输电技术研究成果专辑》,中国电力出版社 2006 年版。
36. 姜明安主编:《行政法与行政诉讼法》(第 6 版),高等教育出版社 2015 年版。
37. 罗玉中主编:《科技法学》,华中科技大学出版社 2005 年版。
38. 申素平著:《教育法学:原理、规范与应用》,教育科学出版社 2009 年版。
39. 陈祥明、杨圣春主编:《新能源新技术与人才培养》,合肥工业大学出版社 2013 年版。
40. 王启富、陶髦主编:《法律辞海》,吉林人民出版社 1998 年版。
41. 谢旭人:《中国财政管理》,中国财政经济出版社 2011 年版。
42. 宁吉喆主编:《领导干部统计法律读本》,党建读物出版社 2018 年版。
43. 林卫斌、方敏:《能源管理体制比较与研究》,商务印书馆 2013 年版。
44. 国际原子能机构编:《发展中国家核电项目的资金筹措》,傅济熙、郑玉辉译,原子能出版社 1997 年版。
45. 于民编著:《英国法国石油政策和石油工业的发展》,石油工业出版社 1992 年版。
46. 王年平:《国际石油合同模式比较研究》,法律出版社 2009 年版。
47. 朱怀念:《国际项目融资法律问题研究》,武汉大学出版社 2002 年版。
48. 国际能源机构编著:《世界能源展望中国特别报告——中国能源展望 2017》,石油工业出版社 2017 年版。
49. 张华明、康爱香:《能源市场与价格理论》,中国财政经济出版社 2016 年版。
50. 高锡荣、刘卉、徐璐璐:《中国自然垄断行业效率比较与结构优化研究》,中国社会科学出版社 2013 年版。
51. 魏一鸣等:《中国能源报告(2016):能源市场研究》,科学出版社 2016 年版。
52. 北京电力交易中心编:《电力直接交易服务手册》,中国电力出版社 2018 年版。

三、外文著作

1. [美]约瑟夫·熊彼特:《经济发展理论》,何畏等译,商务印书馆 1990 年版。
2. [美]杰里米·里夫金:《第三次工业革命》,张体伟、孙豫宁译,中信出版社股份有限公司 2012 年版。
3. [英]艾琳·麦克哈格等主编:《能源与自然资源中的财产和法律》,胡德胜等译,北京大学出版社 2014 年版。
4. [美]约瑟夫·P. 托梅因、理查德·D. 卡达希:《能源法精要》,万少廷、张利宾、顾伟译,南开大学出版社 2016 年版。
5. [美]理查德·T. 德·乔治:《经济伦理学》,李布译,北京大学出版社 2002 年版。
6. International Energy Agency, *World Energy Balances 2018: Overview*, IEA, 2018.
7. International Energy Agency, *World Energy Outlook Special Report 2016: Energy and Air Pollution*, IEA, 2016.
8. World Energy Council, *Energy efficiency policies 2016: A straight path towards energy sustainability*, World Energy Council, 2016.
9. World Energy Council, *Energy efficiency policies 2013: What works and what does not*, World Energy Council, 2013.
10. International Energy Agency, *Energy Efficiency Governance Handbook* (2nd edn.), IEA, 2010.
11. *Energy Law in Europe: National, EU and International Law and Institutions*, Edited by Martha M. Roggenkamp, Anita RØnne, Catherine Redgwell, Iñigo Del Guayo, Oxford University Press, 2001.
12. Rex J. Zedalis, *International Energy Law: Rules governing future exploration, exploitation and use of renewable resources*, Dartmouth Publishing Company Limited, Ashgate Publishing Ltd. ,2000.
13. John S. Lowe, *Chapter 12 International Transactions in Natural Gas, in International Petroleum Transactions*, Second Edition, Rocky Mountain Mineral Law Foundation, 2000.
14. UNCTAD, *Energy and Environmental Services: Negotiating Objectives and Development Priorities*, New York and Geneva, 2003.
15. Secretary of State for Energy and Climate Change, *Planning our electric future a white paper for secure, affordable, and low - carbon energy*, 2011.
16. Peter Pearson & Jim Watson, *UK Energy Policy 1980 - 2010: A history and lessons to be learnt*, The Parliament Group for Energy Studies, 2012.
17. Department of Energy and Climate Change, *Electricity market reform: Policy overview*, 2012.

四、中文论文

1. 肖国兴:《我国〈能源法〉起草中应考虑的几个问题》,载《法学》2007 年第 2 期。
2. 林安薇:《能源安全观助解我国〈能源法〉之结》,载《环境科学与管理》2006 年第 8 期。
3. 苏苗罕:《美国联邦政府“全方位能源战略”评述》,载《中共浙江省委党校学报》2017 年第 5 期。
4. 杨永明:《欧美积极制定能源技术战略抢占发展制高点》,载《中国电力报》2017 年 9 月 30 日。
5. 肖国兴:《论能源战略与能源规划的法律界定》,载《郑州大学学报》(哲学社会科学版)2009 年第 3 期。
6. 杨永明:《全球主要能源展望报告研究成果分析与启示》,载《新能源经贸观察》2018 年第 3 期。
7. 马燕:《应对气候变化背景下城市能源规划立法的完善》,载《中国政法大学学报》2015 年第 6 期。
8. 肖国兴:《〈能源法〉制度设计的困惑与出路》,载《法学》2012 年第 8 期。
9. 杨嵘:《美国能源政府规制的经验及借鉴》,载《中国石油大学学报》(社会科学版)2011 年第 1 期。
10. 肖国兴:《论民营资本规制与能源发展转型的法律契机》,载《法学》2013 年第 12 期。
11. 郑佳宁:《能源市场准入法律制度的四维架构》,载《中国政法大学学报》2011 年第 4 期。
12. 张忠民:《能源危机的私法应对——以能源合同为中心》,载《法商研究》2013 年第 2 期。
13. 杨艳玲:《我国自然垄断行业——石油行业的研究》,载《企业导报》2010 年第 4 期。
14. 李楠:《我国煤炭产业有效竞争分析与对策》,载《现代工业经济和信息化》2014 年第 9 期。
15. 肖国兴:《再论能源革命与法律革命的维度》,载《中州学刊》2016 年第 1 期。
16. 莫神星:《论低碳经济与低碳能源发展》,载《社会科学》2012 年第 9 期。

17. 莫神星:《谈突破能源瓶颈的法律调控机制》,载《华东理工大学学报》2006 年第 4 期。
18. 叶玉:《石油贸易措施的国际法规制》,复旦大学 2007 年博士学位论文。
19. 朱熹洋:《政府能源储备的公法初探》,载《行政法学研究》2007 年第 1 期。
20. 薛惠锋、周奕琛:《全球经济增长减缓下的中国能源储备策略》,载《环境保护》2009 年第 2 期。
21. 廖建凯:《我国能源储备与应急法律制度及其完善》,载《西部法学评论》2010 年第 2 期。
22. 蒋朝莉、蒲宇阳:《生态文明理念下的能源教育路径探究》,载《西南石油大学学报》(社会科学版)2017 年第 3 期。
23. 王宁等:《我国能源科技需全面提升段位》,载《中国能源报》2017 年 6 月 26 日。
24. 尹明、张铁峰:《欧盟能源科技创新战略对我国能源互联网发展的启示》,载《电力信息与通信技术》2016 年第 3 期。
25. 景春梅:《能源技术革命:能源革命的动力源泉》,载《经济研究参考》2016 年第 48 期。
26. 郝召召:《绿色专利强制许可制度研究——在气候变化背景下》,华东交通大学 2012 年硕士学位论文。
27. 刘雪凤、郑友德、蔡祖国:《我国新能源技术知识产权战略的构建》,载《科学学与科学技术管理》2011 年第 10 期。
28. 叶勇飞:《论碳排放权之用益物权属性》,载《浙江大学学报》2013 年第 6 期。
29. 吴志功:《国外能源教育发展现状研究》,载《中国电力教育》2007 年第 12 期。
30. 刘岩:《关于进一步加强我国能源人才队伍建设的思考》,载《中国人才》2012 年第 8 期。
31. 马文秀:《日本政府在节能方面的主导作用》,载《经济论坛》2004 年第 21 期。
32. 王伟、高莉:《日本的能源教育》,载《中国电力教育》2008 年第 2 期。
33. 杨世关、李继红、董长青:《国内外新能源专业人才培养方案对比与分析》,载《中国电力教育》2013 年第 6 期。
34. 张骐:《论当代中国法律责任的目的、功能与归责的基本原则》,载《中外法学》1999 年第 6 期。
35. 刘赫喆:《行政处分在行政责任追究中的落实——以行政主体责任追究与行政处分的衔接为切入点》,载《东岳论丛》2018 年第 6 期。
36. 王艾芝:《对我国环境侵权诉讼中因果关系认定方法的思考——从现行法律规定谈起》,载《中国法学会环境资源法学研究会年会论文集(2006 年)》。
37. 吴勇、王霞:《环境诉讼中的因果关系推定探析》,载《中国法学会环境资源法学研究会年会论文集(2007 年)》。
38. 蔡志强、陈鸿:《民事侵权因果关系推定应注意的几个问题》,载《福建法学》2004 年第 3 期。
39. 苏苗罕:《能源普遍服务的法理与制度研究》,载《法治研究》2007 年第 10 期。
40. 魏巍贤、马喜立:《能源结构调整与雾霾治理的最优政策选择》,载《中国人口资源与环境》2015 年第 7 期。
41. 杨文成:《国际石油合作开发合同研究》,西南政法大学 2006 年硕士学位论文。

五、外文论文

1. Thomas Wälde, *International Energy Law: Concepts, Context and Players*, May 6, 2007.
2. Owen Anderson, *Chapter 11 International Crude Oil Sales, in International Petroleum Transactions*, Second Edition, Rocky Mountain Mineral Law Foundation, 2000.
3. [UK House of Commons] Energy and Climate Change Committee, *Implementation of Electricity Market Reform: Eighth Report of Session* 2014 - 15, 2015.

图书在版编目(CIP)数据

能源法学总论 / 中国法学会能源法研究会编. -- 北京 : 法律出版社, 2019
ISBN 978-7-5197-3500-5

Ⅰ. ①能… Ⅱ. ①中… Ⅲ. ①能源法－法的理论－中国－高等学校－教材 Ⅳ. ①D922.671

中国版本图书馆 CIP 数据核字(2019)第 089849 号

能源法学总论
NENGYUAN FAXUE ZONGLUN

中国法学会能源法研究会 编

责任编辑 郑怡萍
装帧设计 乔智炜

出版 法律出版社
总发行 中国法律图书有限公司
经销 新华书店
印刷 固安华明印业有限公司
责任校对 王晓萍
责任印制 沙　磊

编辑统筹 法律教育出版分社
开本 787 毫米×1092 毫米　1/16
印张 22.25
字数 486 千
版本 2019 年 7 月第 1 版
印次 2019 年 7 月第 1 次印刷

法律出版社/北京市丰台区莲花池西里 7 号(100073)
网址/www.lawpress.com.cn
投稿邮箱/info@lawpress.com.cn
举报维权邮箱/jbwq@lawpress.com.cn
销售热线/400-660-8393
咨询电话/010-63939796

中国法律图书有限公司/北京市丰台区莲花池西里 7 号(100073)
全国各地中法图分、子公司销售电话:
统一销售客服/400-660-8393/6393
第一法律书店/010-83938432/8433　西安分公司/029-85330678　重庆分公司/023-67453036
上海分公司/021-62071639/1636　深圳分公司/0755-83072995

书号:ISBN 978-7-5197-3500-5
定价:49.00 元
(如有缺页或倒装,中国法律图书有限公司负责退换)